Björn Engholm

Rainer Burchardt

Werner Knobbe

Björn Engholm

Die Geschichte einer gescheiterten Hoffnung

Deutsche Verlags-Anstalt Stuttgart

Die Deutsche Bibliothek – CIP-Einheitsaufnahme

Björn Engholm : die Geschichte
einer gescheiterten Hoffnung /
Rainer Burchardt ; Werner Knobbe. –
Stuttgart : Deutsche Verlags-Anstalt, 1993
ISBN 3-421-06643-4
NE: Burchardt, Rainer [Hrsg.]

Lektorat: Ulrich Volz
Satz: Setzerei Lihs, Ludwigsburg
Druck und Bindearbeit: Clausen & Bosse, Leck
Printed in Germany

Inhalt

Vorbemerkung

Dieses Buch erscheint nach dem Ende einer Karriere. Das ist nicht ungewöhnlich, sondern normalerweise die Regel. Hier geht es jedoch nicht um die Beschreibung und Deutung einer abgeschlossenen Laufbahn oder eines unvollendeten Lebens, sondern um die Geschichte eines Mannes, der vorgestern noch gute Chancen hatte, der siebte deutsche Nachkriegskanzler zu werden, und der schon übermorgen in keiner Schlagzeile mehr auftauchen wird. Lohnt es sich unter diesen Umständen, den steilen Aufstieg und jähen Fall eines Politikers zu schildern, der nicht einmal zwei Jahre Vorsitzender der SPD war und nicht viel länger als ein Jahr ihr Kanzlerkandidat?

Wir meinen, es lohnt sich. Denn zum einen hat seit Gründung der Bundesrepublik niemand vor einer Bundestagswahl auf seine Kanzlerkandidatur verzichtet; Björn Engholms Rücktritt ist also ohne Beispiel. Zum anderen haben sich sowohl seine Parteifreunde als auch die Medien über die tieferen Ursachen dieses Rücktritts ausgeschwiegen. Und schließlich ist nun eine große politische Hoffnung enttäuscht worden, was lange nachwirken wird.

Diese große Hoffnung basierte auf der moralischen Sehnsucht der Deutschen nach vorbildlichen Politikern, nach politischen Vorbildern. Björn Engholm war ein solches Vorbild, ein »Hoffnungsträger«, der neue Maßstäbe setzen wollte und darum für eine andere, für eine bessere politische Kultur eintrat, ohne realitätsblind Utopien nachzulaufen oder auch nur Illusionen zu hegen. Eben diese Mischung aus moralischem Anspruch und Sinn für politische Wirklichkeit hat ihn zum Gegenbild von Helmut Kohl werden lassen, auch wenn sein Wille zur Macht, sein Durchsetzungsvermögen, seine Belastbarkeit, kurzum, seine Kanzlerqualitäten von Anfang an bezweifelt wurden.

Daß auch Björn Engholm nicht halten konnte, was sich das Publikum von ihm gerade in einer Zeit versprochen hat, in der eine Affäre nach der anderen offenbar wird, nährt die vieldiskutierte Politikverdrossenheit. Weil sie auf der falschen Voraussetzung beruht, daß Politiker gewissermaßen höhere Wesen sind, die den Niedergang der privaten Moral kompensieren können, wird in diesem Buch die Geschichte einer gescheiterten Hoffnung erzählt. Sie ist zugleich die Geschichte eines Mannes, dessen Lebensweg typisch für die Generation ist, die die Bonner Republik nicht geschaffen, sondern von ihren politischen Eltern und Großeltern übernommen hat. Und die beweisen wollte, daß Politik nicht den Charakter verdirbt, wohl aber schlechte Charaktere die Politik verderben können, wie es bei Johannes Gross heißt.

Stuttgart, Anfang Mai 1993 *Deutsche Verlags-Anstalt*

Wegwende: »Als hätte man mir die Zähne ausgeschlagen«

Dieser graue und trübe Sonntagnachmittag soll zumindest für etwas Gemütlichkeit in jenen aufgewühlten Tagen und Wochen sorgen. Deshalb hat sich eine intime sozialdemokratische Runde zu Kaffee und Kuchen in der Kieler Kate des Bundestagsabgeordneten Norbert Gansel verabredet. Der Parlamentarier von der Förde, der insbesondere unter Wehners Fraktionsregiment lange als parlamentarischer Provokateur abgetan wurde, will damit anstoßen, was er schon längst für überfällig hält: »mit Björn das Gespräch« zu suchen.

Am Vormittag dieses 11. Oktober 1987 hatte er die Gelegenheit in der Kieler Kunsthalle genutzt, das kleine Genossenhäuflein zu sich nach Hause einzuladen. Hier hatte man sich aus Anlaß des 60. Geburtstages des Schriftstellers, Grafikers und Engholm-Freundes Günter Grass zu einer Feierstunde versammelt.

Es ist die Zeit, in der das politische System der Bundesrepublik seine vielleicht schwerste Krise erlebt. Der »Barschel-Skandal« hat die knapp vierzigjährige Republik bis ins Mark erschüttert. Der Begriff »barscheln« etabliert sich, wie der *Spiegel* konstatiert, als Synonym für eine Kategorie »schmutziger Tricks« zur Diffamierung und Vernichtung des politischen Gegners. In Anlehnung an das amerikanische »Watergate«-Trauma ist die Kieler Affäre zum »Waterkantgate« geworden. Die Politik und ihre Repräsentanten erleiden, weit über diesen Einzelfall hinaus, einen Ansehensverlust bis an die Grenzen der ruinösen Rufschädigung.

Dr. Dr. Uwe Barschel, das vermeintlich neue Polittalent der Nord-CDU und Ziehkind von Ex-Ministerpräsident Gerhard Stoltenberg, hat aus Angst vor dem Verlust der Macht eine Diffamierungskampagne angezettelt, die bis dahin ihresgleichen sucht. Das

Objekt seiner zunächst unvorstellbaren Verleumdungsaktionen ist der sozialdemokratische Oppositionsführer Björn Engholm, der neue Star des traditionell »linken« SPD-Landesverbandes im Norden der Republik. Als willfährigen »Mann fürs Grobe« hatte der Kieler Ministerpräsident den beim Springer-Verlag ausgeliehenen und von dem Pressegiganten mitfinanzierten Medienreferenten Reiner Pfeiffer angeheuert. Sein Kampfauftrag: die Reputation des politischen Kontrahenten zu erschüttern. Zu den miesen Methoden gehören eine fingierte Steueranzeige, Observierung durch Privatdetektive, ein vorgetäuschter Lauschangriff mit Wanzen, ein lancierter Aids-Verdacht und die gestreute Unterstellung, Engholm sei homosexuell und führe – so Barschel – »auf jeden Fall ein ausschweifendes Sexualleben«.

Die Kampagne aus der Kieler Staatskanzlei ist auf die Landtagswahl am 13. September 1987 zugeschnitten. Sie platzt am Sonnabend vor dem Wahltag, als der *Spiegel* mit der Titelgeschichte über »Barschels schmutzige Tricks« auf den Markt kommt. Reiner Pfeiffer selbst hat die pathologischen Aktionen des »MP« enthüllt und dem Hamburger Nachrichtenmagazin offenbart.

Das Ergebnis der Wahl ist ein parlamentarisches Patt, Barschel bleibt zunächst geschäftsführend im Amt. Und noch am Wahlabend spricht sein Mentor Stoltenberg von einer gezielten Desinformationskampagne der »linken Kampfpresse«. Auch Barschel selbst leugnet seine Intrigen bis zuletzt und verpfändet sogar sein Ehrenwort. Doch die Pfeifferschen Aussagen werden Stück für Stück verifiziert, Barschel ist nicht mehr zu halten und muß am 25. September 1987 zurücktreten. In den ersten Oktobertagen verbringt er zunächst einen Kurzurlaub auf den Kanarischen Inseln. Am Montag, dem 12. Oktober, ist er vor den inzwischen eingerichteten Parlamentarischen Untersuchungsausschuß geladen. Seine Partei hat ihn bereits fallengelassen. Springers *Bild* titelt tags zuvor mit der Frage, ob »Barschel ins Gefängnis?« muß.

Aus dem Urlaubsort Baia Feliz telegrafiert der bereits hoffnungslos in die Enge getriebene Barschel, er werde noch an diesem Wochenende einer Information nachgehen und könne vermutlich schon am Montag vor dem Untersuchungsausschuß in Kiel »einen wesentlichen Beitrag zur Aufklärung leisten«.

Unterdessen versammelt sich an diesem grauen norddeutschen Herbstsonntag in der Kieler Kunsthalle eine treue Gemeinde des aufgeklärten Bürgertums. Hier, nur wenige hundert Meter von Staatskanzlei und Parlamentssitz entfernt, soll Günter Grass an seinem Jubeltag gehuldigt werden – für manchen eine angenehme Abwechslung zu dem deprimierenden politischen Geschäft dieser Tage. Doch die gleichermaßen maliziösen wie eigentlich düsteren Federzeichnungen von Menschen, Schnecken und Ratten tragen zu der dumpf-tristen Atmosphäre eher noch bei, die in diesem Gewölbe des engen, provinziellen Kieler Kunsttempels herrscht.

Für die Laudatio auf Grass und sein Werk ist Björn Engholm angekündigt. Seit Beginn der Affäre hat er sich nur wenig in der Öffentlichkeit blicken lassen. Er soll nicht nur tief geschockt sein, wie es heißt, sondern sogar erwägen, gänzlich aus der Politik auszusteigen – nicht zuletzt deshalb, weil auch die sozialdemokratische Weste in dieser schmierigen Angelegenheit offenbar nicht unbefleckt geblieben ist. Denn daß die SPD angeblich von alledem nichts weiß, hat sich inzwischen als Unwahrheit herausgestellt.

Pfeiffer selbst hatte vor der Wahl mit der Oppositionspartei Kontakt aufgenommen und sie informiert. Und entgegen den Angaben Engholms hatte sein Berater und Parteisprecher Klaus Nilius bereits im Sommer vier Gespräche mit Pfeiffer geführt, von dem der SPD-Oppositionschef allerdings nichts gewußt haben will. Zudem muß Engholm sechs Jahre später zugeben, von seinem Anwalt noch vor der Wahl über Pfeiffers Machenschaften detailliert unterrichtet worden zu sein. Aber obwohl Engholm selbst schon in dieser Phase ins Zwielicht gerät, scheitern die wochenlangen Versuche der rechten Presse, ihm und seiner Partei eine Mitverantwortung im Barschel-Komplott anzuhängen, letztlich doch eher kläglich. Dennoch – die Bemühungen, das Opfer zum Mittäter zu stempeln, sind nicht ganz ohne Wirkung auf dessen psychische Verfassung geblieben.

Björn Engholm, der mit seinen Töchtern Kerstin und Britt in die Kunsthalle gekommen ist, schlendert betont lässig mit Grass dessen Bildergalerie ab. Mit der für ihn typischen schrägen Kopfhaltung wägt er ab, kommentiert und spendet hier und da dem dafür überglücklich erscheinenden Künstler ein Lob. Seine Schritte beschleunigen sich, als Presseleute zunehmend aufdringlicher werden.

Eigentlich möchte er das Ganze möglichst schnell hinter sich bringen, um sich anschließend »ein paar Tage mit den beiden Mädchen irgendwo an der Westküste vom Streß zu erholen«.

Im Foyer hat sich indessen das Publikum versammelt. Man wartet mit einer gewissen Spannung auf die Rede Engholms, insbesondere in der Journalisten-Ecke. Möglich, daß er sich zur Affäre äußert, wird gemutmaßt. Vielleicht ein neuer Aspekt, vielleicht eine Sensation – womöglich sein Rücktritt? Nichts erscheint in dieser gleichermaßen erschütterten wie sensationsgierigen Szenerie unmöglich. Vor der Öffentlichkeit spielt sich ein Politkrimi ab, der selbst die Phantasie des begabtesten Thriller-Autors übertrifft.

Vor solchem Hintergrund skizziert Engholm in der Kieler Kunsthalle seine Vision von einer »neuen politischen Kultur«, von der Nachbarschaft der politischen und der darstellenden Kunst, der Verantwortung für beide Seiten, vom faktischen Zwang der kritischen Kooperation – kurzum: Mehr Kunst soll in die Politik, mehr Politik in die Kunst Einzug halten. Eine typische Engholm-Rede, idealistisch bis weltentrückt wirkend. Und dennoch eine schöngeistige Utopie, die hier Applaus für den eher mittelbar Bedachten und den unmittelbar Betroffenen bringt, dezent und voller Sympathie. Was immer Engholm auch sonst gesagt hätte, die geradezu rührende Zustimmung wäre wohl stets die gleiche gewesen.

An diesem Sonntag wirkt die Kieler Kunsthalle wie die Tagesstätte der linken Politikschickeria Nordelbiens. Hier ist man unter sich und irgendwie noch immer und nicht erst seit den Tagen des »roten Jochen« die Diaspora fortschrittlicher Sozialdemokratie, die jetzt, nach fast vierzigjährigem CDU-Filz, endlich die berechtigte Hoffnung auf eine politische Wende im von der norddeutschen Hymne gepriesenen Land »deutscher Sitte, hoher Wacht« hegt. Barschel, so fühlen und denken die hier Vereinten, hat sich nicht nur an der Person Engholms, sondern eben auch an Grundsätzen des betulichen Nordens vergangen. Hier ist – man kann es kaum fassen – einer aus der Rolle gefallen, und irgendwie definiert jeder dieser Bürger für sich die Opferrolle gleich mit.

Engholm trägt dieser Stimmungslage in fast kühler Professionalität Rechnung. Niemand im Saal merkt ihm an, daß er nach tagelangen zermürbenden Politikgeschäften mit Inventurcharakter und nächtelangen Disputen und Diskussionen mit Familie und Freunden so gut wie entschlossen ist, sich bei nächster Gelegenheit aus der Politik zurückzuziehen. Andere sollen »diese Drecksarbeit« weitermachen, er hat nur noch den Wunsch, sich endlich »sich selbst und den eigenen Interessen zu widmen«. Die Anwürfe und Verdächtigungen haben ihn zermürbt. Es ist ein Gefühl, formuliert er rückblickend einmal, »als hätte man mir die Zähne ausgeschlagen«.

Seine beiden Töchter, so werden sie später sagen, sind zu diesem Zeitpunkt fest entschlossen, ihren Vater in der gemeinsamen Abgeschiedenheit an der Nordsee in seiner Absicht zu bestärken. Sie und ihre Mutter, Engholms Ehefrau Barbara, haben längst genug von alledem: noch mehr lästige Prominenz in der Schule und auf der Straße, plötzliche Vergesellschaftung des Familienlebens, Drohanrufe zu Hause und bei Freunden, bösartige Briefe und Pöbeleien. Nach ihrer Beobachtung geht in diesen Tagen in ihrem Vater eine deutliche Veränderung vor. Mal ist er geistesabwesend, dann wieder mürrisch und ungerecht, nur selten entspannt, stets auf der Hut vor neuen Schweinereien und ansprechbar allenfalls noch abends, nach ein paar Gläsern Wein.

»Das alles hat nicht nur ihn, sondern die ganze Familie getroffen«, sagt Britt, die sich selbst als »Vaters Tochter« bezeichnet, während sie bei ihrer älteren Schwester Kerstin eine stärkere Bindung zur Mutter sieht. Barbara Engholm, seit mehr als zwanzig Jahren mit Ehemann Björn verheiratet und gerade während der Affäre trotz einiger Irritationen so etwas wie eine »Über-Lebensgefährtin«, sieht allerdings auch, daß die Affäre die bisweilen etwas entfremdeten Familienmitglieder wieder fester zusammengefügt hat. Sie, die ohnehin immer stärker für ein interessengebundenes Eigenleben in der Ehe plädiert, hat sich an diesen Oktobertagen zu Verwandten in die DDR begeben. Die Malerin findet es völlig in Ordnung, daß »Björn mal ein paar Tage allein mit den Kindern braucht«.

Und so trudelt dann, nachdem sich der Kieler Kunst- und Kulturkreis nur schwerfällig aufgelöst hat, die Handvoll Genossen am frühen Nachmittag in der gemütlichen Bauernkate der Gansels in dem kleinen Dorf am Kieler Stadtrand ein. Die gleichermaßen neugierigen wie auf ihren örtlichen prominenten Politiker stolzen Dorfbewohner kennen die Szene schon, wenn sich wieder einmal »dicke Sozi-Limousinen« auf dem Dorfplatz breitmachen und zwischen Bäumen und Beeten fast brutal Platz verschaffen. Doch diesmal ist es nicht eine der »Kieler Kungelrunden«, diesmal ist eher so etwas wie ein sozialdemokratisches Familientreffen angesagt.

»Irgendwie war es höchste Zeit, daß diese Runde zusammenkam. Ich hatte das Gefühl, daß uns Björn von den Fahnen gehen wollte«, meint später Hausherr und Gastgeber Gansel. An diesem Vormittag hatte er, ebenso wie Günter Grass, sich des Eindrucks nicht erwehren können, daß »in Björn irgend etwas vorging, was wir zumindest wissen, wenn nicht gar beeinflussen mußten«.

In der »guten Stube« des geduckten Reetdachhauses ist es ähnlich wie bei nahezu jedem Familientreffen in Holstein. Hier tagt alsbald ein Männerforum, zu dem unter anderem der Fraktionsgeschäftsführer der SPD im Kieler Landtag, Gert Börnsen, der Bundestagsabgeordnete Horst Jungmann, der Landtagsabgeordnete Kurt Hamer und der Schriftsteller Günter Grass zählen, während sich im Nebenraum ein »Frauen-Kränzchen« bildet. Eifrig um das Wohlbefinden der Gäste bemüht, reicht Gansels Ehefrau Lesley, eine sympathische Engländerin, Tee und Gebäck. Dennoch ähnelt die Stimmung in der Stube eher dem Zusammentreffen einer verfeindeten Erbengemeinschaft, alles schweigt sich an. Engholm, zunächst auf dem Sofa von seinen beiden Töchtern eingerahmt, brütet düster vor sich hin. Die anderen beginnen, unverfänglich über Wetter, Kleidung und Kunst zu parlieren. Aber selbst das wiederholte und eher verlegen und ängstlich-bemüht anmutende »Björn, was meinst du dazu?« kann ihn nicht aus der Reserve locken. »In diesem Augenblick hatte ich Angst«, erinnert sich Gansel, »daß er, von seinen Töchtern noch einmal bedrängt, sagen würde, ein anderer solle sein Amt übernehmen, er wolle und könne nicht mehr. So etwas, einmal gesagt, wenn auch in kleinstem Kreis, ist nicht mehr zurückzuholen.«

In dieser gespannt-verkrampften Atmosphäre entschließt sich Gansel kurzerhand, die Töchter zu einem Spaziergang im Garten einzuladen. Draußen versucht er den Mädchen im Gespräch deutlich zu machen, daß es allen Belastungen zum Trotz Sozialdemokraten in dieser Gesellschaft relativ leicht haben. Vor fünfzig Jahren, sagt er, sei man als Sozialdemokrat noch im KZ gelandet. Natürlich gebe es Krisen, aber man dürfe vor einem politischen Gegner dieses kriminellen Zuschnitts nicht einfach zurückweichen.

Währenddessen lockern Tee und Kekse die Runde drinnen etwas auf. Engholm erzählt von seiner Vorfreude auf die Tage an der Küste, »weit weg von allem, nur mit den Töchtern spazierengehen, lange schlafen, entspannen, lesen« und überhaupt endlich mal »diese ganze Scheiße vergessen«. Er wirkt merkwürdig verbittert und abgehoben gleichermaßen. Es scheint, als hätten ihn der Barschel-Skandal und die damit verbundenen Anwürfe und Verletzungen die Grenzen seiner physischen und psychischen Belastbarkeit erreichen lassen.

Während Gansel draußen vor der Tür den Engholm-Töchtern die Herausforderungen der Alltagspolitik und die Notwendigkeit einer gewissen Opferbereitschaft zu verdeutlichen versucht, trifft eine Nachricht ein, die wie ein Schock wirkt: Seine Frau Lesley hat einen Anruf von der Familie erhalten – Barschel sei in Genf erschossen worden!

Gansel eilt ins Wohnzimmer, die Mädchen – »Björn braucht uns jetzt!« – hinterdrein. Die Worte scheinen zunächst gar nicht anzukommen. Gansel wiederholt sie, doch niemand will das Unglaubliche glauben. Vor allem Engholm nicht. Entsetzt blickt er in die Runde. Erst als die Töchter ihn in den Arm nehmen, beginnt er zu begreifen. Er verliert die Fassung, schüttelt die Mädchen ab, springt auf, schlägt die Hände vor das Gesicht und sagt immer wieder vor sich hin: »Nein, nicht auch das noch. Nein, das bitte nicht auch noch.« Er wendet sich von der Runde ab, steht starr am Fenster, blickt nach draußen. »Ich war wie benommen«, schildert er später seine Gefühle, »ich wollte und konnte es nicht glauben. Für mich starb damals auch etwas ganz Wichtiges: der unbedingte Glaube daran, daß Politik niemals lebensbedrohlich sein müsse. In diesem Augenblick hatte ich nur noch unendliches Mitleid mit Uwe Barschel.«

Die Politprofis am Kaffeetisch sitzen wie versteinert. Niemand wagt vorerst, etwas zu sagen, minutenlang herrscht entsetztes Schweigen. Engholm verharrt am Fenster, die Frauen schleichen, fast als hätten sie Angst, eine Andacht zu stören, ins Zimmer. Die

Szene hat etwas irreal Inszeniertes, etwas von einer Tragikomödie, bei der jemand den Text vergessen hat und ein Souffleur fehlt. Und dann entsteht plötzlich Geschäftigkeit, eingeleitet von der Frage Gansels, ob das denn auch wirklich alles so stimme? Alsbald stellt sich heraus, daß das Kieler Landeskriminalamt aus bis heute ungeklärten Gründen die Fehlversion vom erschossenen Barschel verbreitet hat. Wenig später ist vom ertrunkenen Toten in der Wanne des Genfer Hotels »Beau Rivage« die Rede – ob durch Selbstmord oder Fremdverschulden, ist eine bis heute nicht mit letzter Gültigkeit beantwortete Frage.

Doch an diesem Nachmittag ist das nahezu gleichgültig. Fest steht, die Barschel-Affäre hat ihr erstes Todesopfer, den Hauptakteur selbst. Für Engholm ist in diesen denkwürdigen Minuten klar, daß es jetzt – auch wenn er nach eigenem Bekunden von Politik nie zuvor oder danach so angewidert war wie in dieser Situation – kein Zurück mehr gibt. Was folgt, ist Politikroutine. Der Entwurf eines bedauernden und mahnenden Statements, Telefoninterviews mit Hörfunk-Stationen, die ersten Fernsehteams tauchen auf.

Kerstin und Britt, die schnell begriffen haben, daß sie ihren Vater nun nicht mehr zu einem Ausstieg aus der Politik bewegen können, lassen sich von Gastgeberin Lesley Gansel ablenken und bewundern deren neuestes Ballkleid. Sie probieren es an, und während in der urplötzlich zur Politzentrale umfunktionierten Bauernkate Trauer und Entsetzen formuliert werden, ist aus dem Nebenzimmer verkrampft-verdrängendes Gekicher zu vernehmen.

Günter Grass steht kopfschüttelnd in einer Zimmerecke, schielt immer wieder verstohlen zum Fernseher und nimmt begierig die neuesten Nachrichten auf. Der Dichter spricht von einer »klassischen griechischen Tragödie«, die Aufforderung, diese Szene müsse er irgendwann einmal »aufschreiben«, wehrt er verlegen ab. Es gibt nicht viel zu sagen in diesem Moment.

Am frühen Abend verläßt SPD-Fraktionsgeschäftsführer Gert Börnsen die Ganselsche Kate, um ins Kieler Landeshaus zu eilen. Vor dem Parlament wird er von aufgebrachten CDU-Anhängern mit »Mörder-Mörder«-Rufen begrüßt.

Anfänge:
Herkunft – Kindheit – Schuleintritt

Annäherung: Es gibt ein Leben vor der Politik

Für norddeutsche Verhältnisse ist es ungewohnt heiß an diesem Frühsommertag in Lübeck. Ein Freitag, an dem die Stadt rund ums Holstentor von Wochenend-Touristen schon fast überquillt. Die attraktive Verbindung aus städtebaulichem Reiz und weißen Ostseestränden vor den Toren der Stadt hat Lübeck zu einem Magneten für Urlauber und Ausflügler werden lassen. Erst recht seit der Maueröffnung, mit der die alte Hansestadt von der deutschen Randlage zu einem Mittelzentrum in der Küstenregion aufgerückt ist.

Wir sind zu einem ersten ausführlichen Interview mit dem SPD-Vorsitzenden in seiner Wohnung verabredet.

Nur mühselig quälen wir uns durch die verstopften Straßen der Innenstadt. Und als wir endlich in die Jürgen-Wullenwever-Straße einbiegen, sind wir bereits ein paar Minuten über die verabredete Zeit hinaus.

Unten vor der Tür des gediegenen lübschen Patrizierhauses auf dem Eckgrundstück liegt ein weiß eingewickeltes Wäschepaket mit dem schlichten Vermerk »Engholm«. »Hier ist der Wäschedienst«, kündigen wir uns an, als sich Britt, die jüngere der beiden Engholm-Töchter, über die Gegensprechanlage auf unser Klingeln meldet. »Lassen Sie es bitte vor der Tür liegen«, lautet ihre spontane Reaktion. Ein kurzes Stutzen, aber dann folgt auch schon das Geräusch des Summers, die Tür öffnet sich.

Oben, im dritten Geschoß des Hauses, das sich die Engholms mit zwei weiteren Familien teilen, erwartet uns Britt. Der Empfang ist freundlich, fast herzlich. »Björn«, wie sie ihren Vater zu nennen pflegt, »ist in der Küche.« Der Ministerpräsident legt Hand an die letzten knoblauchgeschwängerten Details eines Dressings, das uns später in Kombination mit einer opulenten Salatschüssel und einer köstlichen Käseplatte munden soll.

Das Auffällige in diesen Räumen mit dem unprätentiösen Ambiente skandinavischer Wohnkultur sind weder das schlichte, überwiegend helle Mobiliar noch die antiken Einrichtungsgegenstände dazwischen. Die mit vornehmlich abstrakter, auf jeden Fall ausschließlich moderner Kunst ausstaffierten Wände sind es vor allem, die sofort die Augen der Betrachter auf sich ziehen. Engholm sammelt Kunst, wie etwa Bilder des Abstrakten Emil Schumacher, mit Leidenschaft. Was in frühen Ehejahren, als die materiellen Verhältnisse noch bescheiden waren, mit den Drucken aus Kalendern begann, die in der Regel billiger als die erforderlichen Glasrahmen waren, hat sich inzwischen zu einer kleinen Privatsammlung von rund 200 Originalen ausgewachsen.

Daß sein öffentliches Amt zuweilen in dieses private Refugium hineinragt, ist nicht ganz zu vermeiden und ein Zustand, den Engholm nicht gerade goutiert: »Je höher man klettert in der Hierarchie, je häufiger man bis aufs Hemd ausgezogen wird vor laufenden Bildern«, formuliert er einmal, »desto mehr verliert man an Privatheit.« Und diese Gefahr des Verlustes von Intimität und Privatheit ist für ihn die bedrohlich anmutende Kehrseite der Medaille »Öffentlichkeit«.

Auch wir brechen in dieses private, feierabendliche Terrain ein, das er insbesondere gern vor der nicht gerade innig geliebten Spezies neugieriger bis nervender Journalisten abzuschotten pflegt. Engholms Äußeres, Bademantel und Latschen, das später einem anderen Freizeitlook, schwarzem Poloshirt und gleichfarbiger Hose, weichen wird, unterstreicht den außerdienstlichen Gemütszustand des Berufspolitikers.

Am liebsten würde Engholm wohl alles, was nicht mit seinem Politikerdasein zu tun hat, vor öffentlicher Neugier abschotten. Nun, er hat zugesagt, für diese Biographie zur Verfügung zu stehen. Aber daß er das nicht gerne macht, jedenfalls soweit dies Bereiche seines Privatlebens berührt, ist unverkennbar. Seine Kindheit? Seine Eltern? Seine Jugend? Nur mühevoll ist ihm zu entlocken, daß es einen privaten Teil Björn Engholms gab und gibt. Eher mürrisch sind die Auskünfte, die da zwischen den Käsehäppchen oder zwei Zügen an der Pfeife auf entsprechende Fragen gegeben werden. »Das weiß ich nicht mehr«, »Daran erinnere ich mich nicht« – so oder ähnlich lauten bei diesen Themen bemerkenswert oft die Standardantworten.

Doch allen Ausblendungsversuchen zum Trotz: Auch bei Engholm gibt es ein Leben vor und neben der Politik.

»Anständig und treu«: Eine Hommage an Mecklenburg

Irgendwo im Schwedischen verlaufen sich die Spuren. Nicht nur der Name Engholm, der frei übersetzt soviel wie »Warft« oder »kleine, baumbestandene Insel« bedeutet, gibt darauf einen Hinweis. Auch Dokumente aus dem Taufregister der evangelischen Kirchengemeinde »Sankt Marien« im mecklenburgischen Stralsund untermauern die schwedische Abstammungslinie. Dort ist in dem am weitesten zurückreichenden Beleg Engholmscher Familiengeschichte bereits dieser Name zu finden, wenngleich ihn die Taufbescheinigungen ohne das dazugehörige »g« ausweisen. In jener alten Hansestadt, die von 1648 bis 1814 unter schwedischer Krone stand und nach einem kurzen dänischen Intermezzo erst 1815 preußisch wurde, gab es dieser Urkunde zufolge einen »Enholm« mit den Vornamen Johann Abraham Martin, der 1768 getauft wird. Ein »schwedischer Bediensteter« wird unter der Rubrik »Beruf des Vaters« registriert. Im Jahre 1772 wird Ludwig Friedrich Christoph Enholm geboren. »Fabrikant«, so heißt es in der kirchlichen Taufbescheinigung, soll dessen Vater Sven gewesen sein, ein Sohn skandinavischer Einwanderer, die vermutlich aus dem schwedischen Skane auf das kontinentale Festland übergesetzt hatten. Wann und wie sich »Enholm« zu »Engholm« wandelte, oder ob es sich bei diesen frühen Urkunden gar lediglich um einen Schreibfehler handelt, ist nicht sicher auszumachen. Letzteres ist zumindest wahrscheinlich. Spätere Stralsunder Dokumente, wie etwa die Sterbeurkunden der 1810 im Alter von 94 Jahren verstorbenen »Soldatenwitwe« Louise Engholm oder des »Militärinvaliden« Nicolaus Engholm aus dem Jahre 1857, weisen jedenfalls die »korrekte« Schreibweise auf.

Rund zwei Jahrhunderte, so sagt die kleine Ahnenkunde, waren die Engholms in diesem »von seinen früheren Besitzern über lange Perioden zur Fortschrittslosigkeit verdammten Teil Deutschlands«[1] ansässig: als schwedische Bedienstete, Bauern, Handwerker oder Kaufleute. Von Stralsund führen Spuren zur damals noch eigenständigen Ostsee-Stadt Ribnitz, dem heutigen Ribnitz-Damgarten am Saaler Bodden. Eine Heirat war es wohl, die einen der Nachfahren des Fabrikanten Sven Engholm dorthin verschlagen hatte.

Später, »so nach zwei, drei Zwischenetappen, wo die Leute sich entlang der mecklenburgischen Küste bewegt haben«, weiß Engholm, werden sie in Gadebusch ansässig. Hier im Lande des letzten mecklenburgischen Großherzogs Friedrich Franz IV., der 1918 abdanken und der parlamentarischen Demokratie von Weimar weichen muß, ist noch der Großvater väterlicherseits als Posthalter im Kaiserlichen Postamt zu Gadebusch tätig – »karg bezahlt, aber hoch dekoriert«[2]. Einige der Verdiensturkunden, mit denen Großvater Ferdinand ausgezeichnet wurde, haben die Engholms bis in die heutige Zeit hinüberretten können. 1912 erhält der Postsekretär Ferdinand Engholm vom mecklenburgischen Großherzog Friedrich Franz das »Verdienstkreuz in Silber«. Sechs Jahre später folgt eine weitere Auszeichnung für den Gadebuscher Posthalter: 1918 wird ihm – »auf Befehl seiner Majestät des Königs« – das »Königlich Preußische Verdienstkreuz in Gold« überreicht.

Gegenüber von Gadebuschs Pfarrkirche und alter Post steht noch immer das rote Backsteinhaus, in dem Großvater Ferdinand lebte und Engholms Vater Kurt aufwuchs. 1891 wird er hier geboren und besucht später die Schule im gut zwanzig Kilometer entfernt gelegenen Schwerin. Dort wird ihm dann auch die zu damaliger Zeit besondere Ehre zuteil, dem Großherzog zu begegnen, als der im Rahmen eines Besuchsprogramms in das Schweriner Gymnasium kommt. Ehrfurcht und Stolz sollen die Großeltern bewegt haben, als Sohn Kurt vor dem Landesvater Orgel spielen und singen durfte.

Möglicherweise ließ sich ein weiterer Zweig der Nachfahren Svens in Ratzeburg nieder, jener Kreisstadt im schleswig-holsteinischen Lauenburg, die lange ebenfalls mecklenburgisch war. Dort ist die Figur des Armenarztes Dr. Engholm angesiedelt, die Ernst

Barlach in seinem Drama »Der arme Vetter« beschreibt. Ein Mann, der keineswegs nur das Produkt schriftstellerischer Phantasie ist, sondern der tatsächlich gelebt hat. Sein Grab ist noch heute auf dem Domfriedhof in Ratzeburg zu finden. Ein Redakteur der *Lübecker Nachrichten* hatte Engholm Anfang 1989 darauf aufmerksam gemacht. Er war im Zuge einer Recherche über Ernst Barlach auf den Armenarzt und Geburtshelfer Dr. Friedrich Wilhelm Gabriel Christian Engholm gestoßen, der 1880, im Alter von 73 Jahren, als angesehener »Königlich Dänischer Oberarzt a. D.« verstorben war.[3] Engholm wußte bis dahin von dieser möglichen Verzweigung seiner Abstammung nichts. Aber das ist ein Hinweis, so sagt er, dem er nachgehen will, wenn er Zeit dazu hat – »im Alter, so mir das vergönnt ist«.

Mecklenburg, das ist für Engholm, wie er selbst sagt, »zweite Heimat«. Ein bißchen pathetisch klingt es zwar, wenn er, in Anlehnung an Ernst Bloch, von diesem Land als dem »Gehäuse der Erfahrung meiner Vorfahren« und der »Wurzel vieler meiner Einstellungen und Eigenarten« spricht. Dennoch zeugt sein Verhältnis zur Geschichte des Landes seiner Vorfahren nicht von romantisch verklärter Eindimensionalität. »Hinter der zwei Jahrtausende langen, wechselvollen Geschichte in Mecklenburg, mehr noch als in Pommern und in anderen deutschen Ländern, verbirgt sich auch der Grund für die immer wieder belächelte Rückständigkeit des Nordens«, schreibt er in einem Beitrag über seine »zweite« Heimat. »Die adlige Ritterschaft knebelte die Bauern als Leibeigene, der bürgerliche Großgrundbesitz betrieb das sogenannte ›Bauernlegen‹, um seine Besitztümer zu mehren, und noch 1864 wurde die ›Prügelstrafe‹ angewendet. Die Führungsschicht, die ihren Rang und Besitz trotz Demokratisierung nach 1918 bis in die dreißiger Jahre hinein behielt, wehrte allen wirtschaftlichen, wissenschaftlichen und industriellen Fortschritt ab, trieb junge und ambitionierte Kräfte aus dem Lande und konservierte so aus krudem Eigennutz und Engstirnigkeit das Land in seinem dörflich-kleinbürgerlich-agrarischen Zustand.«[4]

Eben diesen verharrenden Zustand des Dahindämmerns muß wohl schon Bismarck gemeint haben, von dem überliefert wird, er wollte sich nach Mecklenburg davonmachen, bevor eines Tages der Weltuntergang käme. Dort nämlich passiere alles hundert Jahre später. Ein Bonmot über Schleswig-Holsteins Nachbarn, das sich hartnäckig hält. Richtig ist aber wohl, daß der Menschenschlag dort eher zu den bedächtigen Naturellen, den bodenständigen, nicht so leicht aufbrausenden und ebensowenig zu spontaner Fröhlichkeit neigenden Charakteren zählt. »Niemand wird sie als Bruder oder Schwester Leichtfuß bezeichnen können, kaum jemand ihnen übersprudelnd mediterrane Lebensart nachsagen«, schreibt Engholm über die mecklenburgische Verzweigung seines Stammbaums. »Nein, sie sind so, wie Geschichte, Landschaft und Natur, wie Meer und Küste, Besiedlungsformen und Erwerbsstrukturen sie jahrhundertelang prägten und heute noch prägen: eher wortkarg und zurückhaltend, ein wenig rauh und äußerlich anscheinend kühl, gelegentlich dickschädelig und widerborstig; aber immer zuverlässig, ein einmal gegebenes Wort haltend, den Begriffen Anstand und Treue auf eine sehr natürliche Art verbunden, heimatbewußt und seßhaft. Freundschaften, hier geknüpft, sind weniger oberflächlich und halten länger als anderswo.«[5]

Das, was Engholm da mit Blick auf die Heimat eines Zweiges seiner Vorfahren formuliert, ist wohl nicht nur eine deutliche Liebeserklärung an die Wurzeln der eigenen Herkunft. Es ist wohl auch eine Definition eigener Wertmaßstäbe. Engholm ist nicht nur zu einem guten Stück Mecklenburger. Er definiert das, was für ihn mecklenburgische Moralkategorien sind, als eigene Handlungsmaxime. Etwas einfacher und gestraffter, unter Weglassung heimatlicher Bezüge, aber wohl das gleiche meinend, formulierte er seinen »kategorischen Imperativ« einmal mit den Worten: »Wenn die Leute einen für einen anständigen Kerl halten, dann ist das doch nichts Schlimmes.« Und so meint er das auch.

Familiengründung: Ein Beginn zwischen zwei Kriegen

Nach Schule und bestandenem Abitur verläßt Kurt Engholm, wie so viele in jener Zeit, das heimatliche Mecklenburg. Ihn zieht es aus dem dörflichen Gadebusch in die große Stadt. Im schleswig-holsteinischen Lübeck läßt er sich nieder, um einen kaufmännischen Beruf zu erlernen.

Eigentlich soll es nur eine Zwischenstation werden. Kurt Engholm will weg aus Deutschland in die weite Welt der Kolonien: am liebsten nach Madagaskar, um dort als Kaufmann zu arbeiten. Die Koffer des jungen Mannes sind schon so gut wie gepackt, doch seine Träume werden vom hereinbrechenden Ersten Weltkrieg gründlich zerstört. Kurt Engholm muß für das Vaterland an die Front. 1916 wird der Leutnant der Reserve in Flandern schwer verwundet und von den Engländern gefangengenommen. Die Gefangenschaft geht vorbei, die körperlichen Nachwirkungen seiner Verletzung bleiben. Sein Leben lang behält Kurt Engholm Splitter im Körper und eine Deformation der Wirbelsäule zurück. Beides allerdings soll ihn nicht nachhaltig beeinträchtigen.

Rund zwei Jahre dauert die Kriegsgefangenschaft bei den Briten, an die er sich indes später mit Hochachtung erinnert. Die gute Behandlung während der Internierung, vermutet Sohn Björn, muß wohl »für diese alten deutsch-nationalen Mentalitäten so eine richtige Überraschung« gewesen sein.

Nach Kriegsende, zurück in Lübeck, lernt der inzwischen 31jährige Kurt 1922 die acht Jahre jüngere Alma Siegel kennen. Die hübsche junge Frau, in die sich Kurt auf den ersten Blick während einer Straßenbahnfahrt verliebt, ist die Tochter eines selbständigen Klempners. Ihre Angehörigen und Vorfahren gehören einer lange in der Hansestadt ansässigen Handwerkerfamilie an.

Auf Kurt Engholms Drängen heiraten die beiden bereits ein knappes Jahr nach dem Kennenlernen. 1927 kommt das erste Kind, eine Tochter, zur Welt. Die Eltern geben ihr den Namen Antje.

Vater Engholm, der zunächst wie so viele am Ende der zwanziger Jahre unter der Weltwirtschaftskrise zu leiden hat und arbeitslos wird, findet schließlich wieder Lohn und Brot bei den Lübecker Dräger-Werken. Doch diese Tätigkeit soll nur für eine kurze Übergangsphase andauern, bis er schließlich in der Speditionsabteilung der Schwartauer Marmeladenwerke wieder seinem gelernten kaufmännischen Beruf nachgehen kann. Er macht rasch Karriere in dem Betrieb und gelangt zu bescheidenem Wohlstand. Mit dem Verdienst kann man sich eine große Wohnung mit schönen Stuckdecken in der ersten Etage eines gutbürgerlichen Dreifamilienhauses in der Lübecker Katharinenstraße leisten. Mit den Nachbarn in dieser eher mittelständischen Wohngegend versteht man sich gut, insbesondere auch mit den anderen beiden Mietparteien im Haus. Über den Engholms wohnt ein Kapitän zur See mit Frau und zwei Kindern, unter ihnen ein Mineralöl-Händler mit seiner Familie.

Hier, nahe der Innenstadt und nur wenige Fußminuten vom Hauptbahnhof entfernt, wohnen die Engholms, als am 9. November 1939, morgens um 4 Uhr 10, ihr zweites Kind das Licht der Welt erblickt. In der innerstädtischen Privatklinik am Pferdemarkt Nr. 8 wird fast 13 Jahre nach Tochter Antje ein knapp sechs Pfund leichter Sohn geboren. Als Björn Hermann Ferdinand registriert vier Tage später die amtliche Geburtsurkunde den offiziellen Namen des Stammhalters. Mit Björn, was zu gut deutsch »Bär« bedeutet, wird an eine alte Familientradition angeknüpft, dem skandinavischen Nachnamen passende Rufnamen voranzustellen. Die beiden Zusatznamen werden zu Ehren der Großväter Hermann Siegel und Ferdinand Engholm angefügt.

Der Zweite Weltkrieg hat gerade begonnen. Dennoch ist das Familienleben der Engholms weitgehend unbeschwert. Vater Engholm kann in den ersten Kriegsjahren noch weiter seiner Arbeit bei den Marmeladenwerken nachgehen. Und mit Verdienst und Deputat kommt man ganz gut über die Runden, zumal die Mutter eine sparsame Frau ist, die gut mit dem Haushaltsgeld umzugehen versteht. Die Familie kann sich sogar Bedienstete leisten. Ein Kindermädchen wird eine Zeitlang beschäftigt, eine Waschfrau, eine Weißnäherin und eine Reinmachefrau arbeiten über Jahre für die Engholms. Und auch wenn die Grundnahrungsmittel im Laufe der Jahre immer knapper werden, meistens gelangt man an das Notwendigste, auch an die Milch für den kleinen Sohn, die in aller Regel von Tochter Antje bei einem Bauern außerhalb Lübecks gegen Marmelade eingetauscht wird.

Antje ist in diesen Kriegsjahren beim »Bund Deutscher Mädel« aktiv und engagiert sich durchaus mit einem gewissen Stolz für die Nazi-Organisation. Zu ihren Aufgaben zählt unter anderem das Kassieren der Mitgliedsbeiträge, auch in einem traditionell sozialdemokratischen Wohnviertel hinter der Schwartauer Allee. Dort wird die BDM-Aktivistin zuweilen nicht eben freundlich behandelt, wenn sie die Groschenbeträge bei den Eltern der Mädchen abholen geht. Es kommt vor, daß sie beschimpft oder auch schon mal aus dem Haus gejagt wird. Als die Mutter von dieser etwas rüden Behandlung erfährt, verbietet sie der Tochter, weiterhin in diesem Viertel ihrer Kassiererinnen-Tätigkeit nachzugehen. Die fälligen Mitgliedsbeiträge zahlt sie ihrer Antje aus dem eigenen Portemonnaie.

Die Eltern sind beide nicht Mitglieder der NSDAP. Die Mutter ist eher sozial und liberal eingestellt. Der Vater zwar von patriotisch-konservativem Geist und ein intellektuell überaus interessierter Mann, aber letztlich doch unpolitisch. Ihn interessieren seine zahllosen Bücher, und er liebt guten Wein. Mit beidem zusammen kann er stundenlang in seiner Bibliothek verweilen, ohne sich um die Ereignisse in der Welt draußen sonderlich zu kümmern. Und auch, was im kleinen Familienkreis zu organisieren und zu regeln ist, überläßt er nahezu ausschließlich seiner Frau.

Außer der Literatur und einem guten Glas Wein ist die Musik eine seiner weiteren Vorlieben. Neben den Orgelstunden im heimatlichen Gadebusch hatte er lange Gesangsunterricht genommen. Auch in Lübeck tritt er noch öffentlich auf und singt vornehmlich Arien. Ganz besonders mag er Wagner, den er auch zu Hause oder bei Konzertbesuchen mit seiner Frau immer wieder gerne hört. Die Tochter hält er früh zum Erlernen eines Instrumentes an. Acht Jahre lang geht sie zum Klavierunterricht.

Der kleine Björn wächst in einem wohlbehüteten Umfeld auf, in dem neben der Mutter sich auch die große Schwester maßgeblich um den männlichen Familiennachwuchs sorgt. »Björn hatte quasi zwei Mütter«, sagt Schwester Antje noch heute über den spät und unverhofft nachgekommenen Bruder. Sie kümmert sich nach der Schule, die sie bis zum siebzehnten Lebensjahr besucht, intensiv um das Kind. Und sie tut es gern, nicht zuletzt weil sie von dem Kleinen so fasziniert ist, daß sie zunächst fest entschlossen ist, ihn später einmal zu heiraten. Noch nie hatte sie »ein so schönes Baby« gesehen, versichert sie.

In den ersten drei Lebensjahren besteht die Haarpracht des kleinen Bruders Björn aus silberblonden, langen Korkenzieherlocken, dazu hat er dunkel-lavendelblaue Augen, und weil er gut ernährt wird und meistens im Kinderwagen draußen in der Sonne steht, ist sein Teint in der Regel leicht gebräunt. »Er war ein so bildschönes Kind«, schwärmt Schwester Antje, die ihn gerne im Kinderwagen spazierenfährt. Schließlich ist nicht nur sie allein von der Optik des Buben beeindruckt, anderen geht es mit dem vorzeigbaren Björn ebenso. Später, nach Kriegsende, wird sie häufig von englischen Soldaten angesprochen, ob der Junge wohl ihr Sohn sei, und nicht selten gibt es dann für den Kleinen eine Tafel Schokolade.

Nicht immer allerdings gibt der spätgeborene Björn nur zu Freude Anlaß. In den frühen Kindheitsjahren demonstriert er bereits eine gewisse Eigenwilligkeit, die er gelegentlich dann auch durchaus vehement durchzusetzen sucht. Und auch ansonsten wartet er zuweilen mit Schabernacks auf, die Mutter oder große Schwester nicht eben begeistern. Eines Tages sitzt der etwa Dreijährige im Erkerfenster der Wohnung in der Katharinenstraße, während unten johlende Nachbarkinder mit Garnknäulen hantieren. Die Enden dieser Rollen hält Björn in seinen kleinen Händchen. Die von der Mutter in diesen Kriegsjahren so mühsam gehorteten und gehüteten Nähschätze hat er rollenweise aus dem Fenster geworfen: Nähgarn, Nähseide und Maschinengarn sind zur Spielmasse der vergnügten Kinder im Vorgarten geworden.

Ein ähnlich wertvolles Gut ist eine nagelneue hellgraue Lederhose, die die Mutter unter Aufbietung diverser Tauschobjekte organisiert hat, als Björn etwa vier Jahre alt ist. Schwester Antje erzählt ihm angesichts des neuen Kleidungsutensils, daß so eine Lederhose ja eigentlich erst eine richtige Lederhose sei, wenn sie ordentlich glänzt und speckig ist. Und Björn nimmt den Hinweis durchaus ernst. Als Mutter und Schwester nach einigen Stunden Abwesenheit in die Wohnung zurückkehren, finden sie ihn und seine neue Hose umgeben von Schmalz, Creme, Butter und Hautöl. All dieses ist mit viel Mühe auf das neue Kleidungsstück aufgetragen und eingebürstet. Und die schier entsetzte Mutter und die Schwester fragt der kleine Björn nicht ohne Stolz nach dem getanen Werk, ob die Hose denn wohl jetzt so richtig sei. Das lederne Kleidungsstück stinkt zwar »nach allen Düften des Orients, nach geronnenem Schmalz und verrottetem Öl«, wie sich seine Schwester noch gut erinnert, »aber er hat die Hose getragen«.

Palmarum 1942: Der Krieg kommt nach Lübeck

Lübeck bleibt in den ersten Jahren von den Schrecken und Zerstörungen des Zweiten Weltkrieges weitgehend verschont. Doch dieser Zustand soll sich am 26. März 1942, Björn ist knapp zweieinhalb Jahre alt, abrupt ändern.

Um 23 Uhr 16 heulen an diesem späten Samstagabend wieder einmal die Sirenen in der Hansestadt. Eine Situation, mit der die Lübecker inzwischen vertraut sind. Zu oft hatte es das gleiche Geheul schon gegeben. Über zweihundertmal hatte man sich bis dahin mit den wichtigsten Habseligkeiten in die Kellerräume begeben und die Entwarnung abgewartet, ohne daß Schlimmeres passiert wäre. Doch diesmal wird alles ganz anders. Das erste nächtliche Flächenbombardement fällt in dieser Palmsonntagnacht auf Lübeck hernieder und zerstört mit dem historischen Dom und der Marienkirche über tausend weitere Gebäude. 4200 Häuser werden oft schwer beschädigt. Weite Teile Lübecks verschwinden in Schutt und Asche. 320 Menschen sterben, 785 werden verwundet, 16000 obdachlos. Ein Fünftel der bebauten Innenstadtfläche Lübecks wird ausradiert. Es ist Churchills Antwort auf die Verwüstung Coventrys durch die Hitlersche Luftwaffe zwei Jahre zuvor.

Die Engholms kommen relativ glimpflich davon. Ihre Wohngegend bleibt einigermaßen verschont. Dennoch ist plötzlich alles anders: Von nun an werden bei Luftalarm, wann immer möglich, eilig die nötigsten Habseligkeiten zusammengeklaubt. Und dann geht es meist nachts zu Fuß und mit dem Kinderwagen ins sieben Kilometer entfernte Bad Schwartau. Dort, wo man bei einer befreundeten Familie während des Alarms Unterschlupf findet, hofft man die Angriffe zu überstehen. Schließlich gibt es in Bad Schwartau nur jene Marmeladenfabrik, nichts also, was als kriegsbedeutendes Ziel in Frage käme. Den beschwerlichen regelmäßigen Weg nach Bad Schwartau nimmt allerdings nur die Mutter mit dem Sohn auf sich. Der Vater und die inzwischen fast erwachsene Tochter begnügen sich mit der Übernachtung im heimischen Keller der Katharinenstraße.

Tatsächlich bleibt die Familie von schweren Kriegseinwirkungen verschont. Vater Kurt Engholm wird nicht an die Front gerufen.

Aufgrund seiner Verletzung aus dem Ersten Weltkrieg ist er wehruntauglich und wird gegen Ende des Zweiten Weltkrieges lediglich zur Koordinierung des Fuhrparks der Wehrmacht in Lübeck eingesetzt. Und auch die Engholmsche Wohnung in der Katharinenstraße 17 ist noch intakt, als der Krieg zu Ende geht. Lübeck war vor allem durch das Engagement des Schweizer Diplomaten Dr. Carl Jacob Burckhardt vor weiteren schweren Bombardements bewahrt worden. Der Präsident des Internationalen Roten Kreuzes während dieser Kriegsjahre hatte 1944 dafür gesorgt, daß das Lübecker Hafengebiet als »Warenlager und Umschlagplatz« deklariert wurde.

»Als im Juni 1944 mit der Invasion im Westen Marseille als Umschlaghafen für die aus den USA kommenden ›Liebesgabenpakete‹ für alliierte Kriegsgefangene in Deutschland ausfiel, übernahmen schwedische Schiffe den Transport von Göteborg nach Lübeck. Ebenso liefen auch die Pakete und Postsendungen für deutsche Kriegsgefangene in Übersee über diesen Pendelverkehr. Mit dieser Einrichtung bewahrte Carl Jacob Burckhardt die Bevölkerung und die Stadt vor weiteren Bombenangriffen.«[6]

Am 2. Mai ist der Krieg schließlich für Lübeck beendet. Die Stadt wird kampflos den alliierten Truppen übergeben. Ab 14 Uhr rollt die elfte britische Panzerdivision ein.[7]
Für die Engholms beginnt damit erneut eine schwierige Zeit. Denn die Alliierten, vor allem Engländer und einige Kanadier, benötigen Platz zur Unterbringung ihrer Soldaten. Die Verwaltung der Stadt hat Wohnraum zur Verfügung zu stellen. Insgesamt 1219 Grundstücksbeschlagnahmungen weisen die städtischen Archivakten für die Jahre 1945 bis 1950 aus, darunter auch die Katharinenstraße 17 und sämtliche umliegenden Häuser. Hier, unweit von Bahnhof und Zentrum, wird im Haus mit der Nummer 11 ein Militärhospital eingerichtet, in den Nachbarhäusern werden Armee-Angehörige der verschiedensten Dienstgrade einquartiert.

Ganze zwei Stunden haben die Engholms und die beiden anderen Familien aus der Katharinenstraße 17 Zeit, ihr Haus zu verlassen. Zu räumen und zu packen gibt es ohnehin nichts, denn die Wohnungen müssen »komplett«, inklusive Mobiliar und aller Privatsachen, überlassen werden.

Vor den Haustüren stehen Posten, die darüber zu wachen haben, daß diese Anordnung nicht umgangen wird. Dennoch gelingt es der Familie, neben ein paar für das Überleben notwendigen Habseligkeiten wie etwa Kleidung, auch einige Stapel Bücher aus der Wohnung zu schaffen.

Lektüre, die vor allem dem Vater wichtig ist, der nicht nur »so ziemlich alle Nobelpreisträger jener Zeit gelesen hatte«, wie Engholm erzählt. Besonders gern studiert er darüber hinaus Reisebeschreibungen, Erzählungen aus fernen Ländern, in die er selbst eigentlich in jungen Jahren hatte aufbrechen wollen. Diese Lektüre liefert ihm wohl ein Stückchen Kompensation für den Verbleib in der heimatlichen Enge. Der schwedische Forschungsreisende und Schriftsteller Sven Hedin ist einer seiner Lieblingsautoren. Mit ihm führt Kurt Engholm sogar über lange Jahre einen ausführlichen Briefwechsel. Alles in allem hat der belesene Vater Engholm inzwischen eine Bibliothek von mehreren tausend Büchern angesammelt.

Doch zuallererst wird ein anderes, wichtigeres Utensil aus dem Haus geschafft. Auf besonderes Verlangen der Mutter steht vornan die Rettung der Nähmaschine, nicht zuletzt, um den Kindern, vor allem dem kleinen Björn, Kleidung fertigen zu können.

Hinter dem Haus befindet sich ein kleiner Hofplatz mit einer Holzwand und einem Durchgang zu einem Autohaus an der benachbarten Schwartauer Allee. In diesen Hinterhof gelangen schließlich neben der Nähmaschine und einigen anderen unverzichtbaren Utensilien auch ein paar Buchpakete – vorbei an den strengen Augen der Bewacher, draußen vor dem Hauseingang.

So bepackt zieht die Familie in die Karpfenstraße. Hier wohnen inzwischen die Großeltern, die von Sohn Kurt und Schwiegertochter Alma nach einigem Hin und Her nach Lübeck geholt worden waren. Ursprünglich war man davon ausgegangen, daß die Großeltern sicherer im mecklenburgischen Gadebusch leben würden. Und nicht zuletzt deshalb hatte man bereits während des Krieges zahlreiche Habseligkeiten und Wertgegenstände dorthin geschafft, darunter das Tafelbesteck und einige Gemälde. Doch mit dem Näherrücken der Roten Armee war die Befürchtung gewachsen, daß die Verhältnisse in Mecklenburg schließlich die noch unsichereren werden könnten. Grund genug, auch die Großeltern von Gadebusch nach Lübeck zu holen. Bei ihnen in der Karpfenstraße richten sich in dieser Nachkriegszeit die vier Engholms von der Katharinenstraße auf Matratzen und im Fremdenzimmer ein provisorisches Zuhause ein, das letztlich fast zwei Jahre Bestand haben soll.

Nachkriegsjahre: Zwischen Deputat und Schulspeisung

Noch im Jahre 1950 sind in Lübeck 152 Grundstücke requiriert. Doch die meisten der vielen nach Kriegsende Ausquartierten kommen schon viel früher, innerhalb der ersten beiden Jahre nach Ende des Zweiten Weltkrieges, wieder zurück in ihre Wohnungen. Fast alle erfahren sie von ihrem Rückkehrrecht durch öffentliche Aushänge oder aus der örtlichen Zeitung. So auch die Familie Engholm.

Die meisten dieser Wohnungen sind nicht nur durch die Militärstiefel nachhaltig strapaziert. In den Fußböden finden die Engholms bei ihrer Rückkehr in die Wohnung stattliche Durchbrüche vor. Die waren von den Militärs hineingeschlagen worden, damit die Kohlen nicht aus dem Keller hochgeschleppt werden mußten. Statt dessen hatten die zwischenzeitlichen britischen Bewohner einen Flaschenzug installiert, mit dem die Ofenbefeuerung dann durch die Decken zur jeweiligen Brennstelle hochgezogen werden konnte.

Darüber hinaus hatten die Militärs das meiste Brauchbare entfernt und mitgenommen, darunter auch die Sessel aus dem Engholmschen Wohnzimmer. Und was die Soldaten übriggelassen hatten, ließen dann in aller Regel deutsche Bedienstete der alliierten Truppen »mitgehen«. Schließlich macht sich auch ein deutlich anderes ästhetisches Empfinden in den Wohnungen bemerkbar. »Sie haben schönere Lampen von der Decke genommen und statt dessen eine Glühbirne angebracht«, erinnert sich Björn Engholm an die Rückkehr in die vertraute Umgebung. Ein großer Geweihleuchter, den sein Vater aus Norwegen oder Schweden mitgebracht hatte, ist ebenfalls verschwunden. Auch dort hängt an einem Kabel eine große Glühbirne.

Aber das Wichtigste wohl ist: Die Familie ist wieder zu Hause. Das Leben normalisiert sich, soweit man in dieser Nachkriegszeit überhaupt davon sprechen kann. Vater Engholm arbeitet bereits wieder in der Schwartauer Marmeladenfabrik und bekommt dort nicht nur seinen Lohn, sondern auch ein Deputat. Eine maßgebliche Beigabe, die wohl wesentlichen Anteil daran hat, daß – so Engholm – »die ganz große Not« dieser Zeit an der Familie vorbeizieht. Die Schwartauer Beschäftigten erhalten neben ihrem kargen Lohn, für den es ohnehin kaum etwas zu kaufen gibt, vor allem natürlich die hauseigene Marmelade, aber auch Zucker und Persipan, jene marzipanähnliche Rohmasse, die zum Backen für Kuchen und Torten verwendet wird. Nicht viel, aber immerhin ein Tauschobjekt, mit dem man auf dem Schwarzmarkt an die allgemeingültige Nachkriegs-Leitwährung – Zigaretten – gelangt, die dann wieder zur Beschaffung notwendiger anderer Waren dient. »Service« und »Players« sind die gängigen Zahlungsmittel, für die ein Teil der Süßwaren damals den Besitzer wechselt. Zuweilen kann man auch ein paar Gegenstände aus dem Haushalt veräußern, erinnert sich Engholm an die frühen Jahre – »Bücher für ein Butterbrot und ein Ei«, etwaiger Tarif: drei Bücher pro Zigarette.

Auch die Kinder tragen in bescheidenem Umfang zum Lebensunterhalt bei. Gegenüber auf der anderen Straßenseite der Hausreihe in der Katharinenstraße laufen hinter einer steil hinabführenden Böschung die Bahngleise entlang. Und die vorbeiratternden Güterwaggons haben in dieser Zeit vor allem eins geladen: Kohle. Alles, was herabfällt, wird von Björn und den Nachbarskindern gesammelt und nach Hause geschleppt. Und selbstverständlich bleibt es nicht beim züchtigen Sammeln: Natürlich, »wir haben auch geklaut«, sagt Engholm, ohne zu zögern. »Wenn die mal hielten, waren wir drauf. Es gab ja nichts zum Brennen damals.« Und irgend etwas muß in die Öfen rein, wenn es Winter wird. Das gilt für alle, für Björn genauso wie für die anderen Kinder aus der Katharinenstraße. »Wir waren damals eine ganz gute Jungen-Gemeinschaft«, sagt Engholm. »Wir haben die Kohlen da hochgeholt. Und da hat keiner einem was geneidet. Das war so eine Art Notgemeinschaft.« Zwar patrouillieren gelegentlich Bahnbeamte an der Strecke, aber für die Jungen ist das kein Problem. »Da konnte man die Böschung hoch und über die Hecke rüber, da kamen die nicht mit. Das ist der Vorzug der Jugend: Wir waren einfach schneller.«

Doch die frühen Jahre in der Katharinenstraße sind längst nicht allein mit »Beschaffungsaktivitäten« ausgefüllt. Der Magen ist zwar häufig leer, aber im wesentlichen verbringt Björn in dem behüteten Elternhaus eine weitgehend unbeschwerte Kindheit. Zu den zahlreichen Vergnügungen gehört das Aufsitzen auf den schweren Gäulen vor den Karren der Reichspost, die noch durch die Katharinenstraße fahren und Pakete und Päckchen ausliefern. Björn erwartet den Postwagen jeweils an der nicht weit entfernt liegenden Marienbrücke. Dort darf er dann aufsitzen und bis zum elterlichen Haus in der Katharinenstraße auf dem Postgaul reiten. Ein besonderes Privileg, das längst nicht allen Kindern zuteil wird.

Spielzeug gibt es nur wenig in dieser Zeit – gekauftes ohnehin nicht. Statt dessen wird in der Familie vieles selbst gebastelt. Björn bekommt beispielsweise einen vom Vater hergestellten Bagger und eine Mühle geschenkt. Und einige dieser Spielzeuge werden von Vater Engholm, der ein begeisterter Hobby-Fotograf ist, im Bild festgehalten. Darunter auch eine hölzerne Straßenbahn, die dem kleinen Björn bereits zur Kriegsweihnacht 1944 beschert wird. Mit viel Liebe und Phantasie sind die Fahrgäste in dem Wagen mit der Aufschrift »Lübecker Straßenbahn« hergestellt. Mutter und Schwester haben den Figuren kleine, hübsche Kleidungsstücke genäht. Auf dem Lastenwagen des »Straßenbahngüterverkehrs« liegen Tonnen und Pakete, einige mit Hinweisen wie »Vorsicht Glas« versehen, oder auch solchen Inhalts, den man in dieser Zeit wohl entbehren muß: Auf einer Kiste ist die Aufschrift »Apfelsinen« zu lesen, auf einer Werbefläche des Straßenbahnwagens prangt der Schriftzug »Kaffee Haag schont das Herz!«.

Aber für gewöhnlich benötigen die Kinder zu ihrem Lieblingsvergnügen kaum mehr als ein paar angespitzte Holzstöcke, mit denen man ein Loch in den Fußboden ritzt und die dann so weit wie möglich fortgeschleudert werden müssen. »Kippel-Kabbel« heißt dieses Spiel, eine Disziplin, in der unter den Kindern regelmäßig Straßenmeisterschaften ausgetragen werden.

In dieser Zeit, »als die Züge noch dampften«, kristallisiert sich beim sechsjährigen Björn auch der erste Berufswunsch heraus:

Richtig, Lokführer möchte er damals unbedingt werden. Nicht nur, weil ihn die »dampfenden Ungetüme« so beeindruckten. Das hat auch, rekapituliert er, »jedenfalls wenn man das nachträglich rationalisiert«, ein bißchen mit Alfred Anderschs Roman »Sansibar oder der letzte Grund« zu tun. Mit der Geschichte eines mecklenburgischen Jungen, der in der Zeit des Faschismus den Schiffen nachträumt, »weil das Land einfach zu ist, keine Weltoffenheit da ist«. Auch für Engholm stellt sich in diesen ersten acht oder zehn Lebensjahren, wie er meint, Deutschland – oder besser: sein kleiner Lebensraum – als »ziemlich eng« dar. Vielleicht ist es so etwas wie das vorbewußte Fernweh eines Kindes oder das mitfühlende Teilen unerfüllter väterlicher Sehnsüchte. Sansibar als Synonym, auch für Madagaskar.

Doch statt in die weite Ferne geht es für Engholm in die räumliche Enge der Schulklassen. Für die ersten beiden Jahre wird der Unterrichtsbetrieb im Gebäude der alten Hanse-Meierei an der Schönböckener Straße untergebracht, in unmittelbarer Nähe der heutigen Autobahnabfahrt »Lübeck-Zentrum«. Der Molkereibetrieb ist stillgelegt, provisorisch werden hier Bänke und Katheder eingeräumt. Die gut zwanzig Minuten Fußweg zur Schule sind für den sechsjährigen Björn keine allzu große Überwindung. Denn in der alten Meierei gibt es neben Unterricht auch eine tägliche Portion Milchreis. Schulspeisung, die die Engländer der unterversorgten Nachkriegsgeneration spendieren. Durchaus ein attraktiver Grund, die Schule im Sinne des Wortes »schmackhaft« zu machen. »Es gab ja nichts zu futtern in dieser Zeit.«

Zu den außerhäuslichen Nahrungsquellen dieser Zeit gehört auch eine Art frühe Imbißbude in der Nähe der elterlichen Wohnung, an der Ecke des Katharinenstegs zur Schwartauer Allee. Dort wird in einem alten Topf und unter Ausdünstung penetranter Gerüche Brühe aus Knochen und Schwarten gekocht. Und an diese Kochstelle zieht es den kleinen Björn zuweilen mit den ersten Pfennigen eines kleinen Taschengelds, um hier einen Teller dieser Suppe zu erstehen. Schwester Antje kennt diese Vorliebe ihres Bruders und geht ihn dort zuweilen suchen. Manchmal ist er bereits schon wieder fort, wie sie dann von dem Betreiber dieser kleinen Bude erfährt, der aber seine Mitteilung meistens mit dem Satz verbindet: »Der weiß, wo es die gute Brühe gibt!« Diese Feststellung sorgt nicht nur regelmäßig für Heiterkeit, sondern sie etabliert sich auch im Engholmschen Sprachgebrauch. »Der weiß, wo es die gute Brühe gibt« wird zum geflügelten Wort, das immer wieder auftauchen soll, um humorvolle Anerkennung zu dokumentieren.

Doch auch der Unterricht selbst schmeckt in dieser Zeit noch einigermaßen. Björn Engholm ist in dieser schulischen Anfangszeit das, was man als guten Schüler bezeichnet. Als »erfreulich« charakterisiert er noch heute diesen ersten Abschnitt des vermeintlichen Lernens fürs Leben. Und das gilt besonders im Hinblick auf seinen ersten Lehrer. Dieser Mann namens Wagner, den Engholm als ungefähr so breit wie groß in Erinnerung hat – »Hätte der den Kopf eingezogen, wäre er eine Kugel gewesen« –, ist ein »Allround-Pädagoge«, so eine Art Dorfschullehrer, der alles kann. Kurzum: »ein liebenswerter Mann«, bei dem die Kinder vieles lernen: Schreiben, Rechnen, Heimatkunde, Singen und Spielen. Bei ihm bekommt Björn das erstemal eine Blockflöte in die Hand. Und wenn Lehrer Wagner seinen Unterricht abhält, dann kann es mitten im Lernen neuer Buchstaben passieren, daß er mit den Worten abbricht: »Jetzt wird erst mal ein Lied gesungen.«

Nach zwei Jahren endet die Zeit in der Meierei. 1948 wird nicht nur das gesellschaftliche Leben geordneter. Auch die Schule findet zu festeren Formen. Björn wechselt in das Schulgebäude am Steinrader Weg, nicht weit entfernt von der elterlichen Wohnung. Hier geht es nicht nur räumlich weniger provisorisch zu. Erste Lehrplanansätze machen darüber hinaus den Unterricht straffer und wohl auch weniger fröhlich. Dennoch: Leistung und Lust an der Schule sind vorhanden. Björn ist ein guter Schüler, der bei Lehrern wie Klassenkameraden ausgesprochen beliebt ist. Die Verehrung bei seinen Mitschülern geht sogar so weit, daß sie ihm den Ranzen nach Hause tragen, ihm Äpfel und für die Mutter Blumen mitbringen. »Er war damals schon so etwas wie eine ›Führungspersönlichkeit‹, die haben ihn alle gemocht«, meint Schwester Antje, die ihn in dieser Zeit eher schilt und mahnt, er solle seine Sachen gefälligst selbst tragen. »Aber, das war seine Ausstrahlung, das war ihm nicht bewußt, und er konnte auch nichts damit anfangen. Das war ihm eher peinlich.«

Die Welt des jungen Björn ändert sich in dieser Zeit der ausgehenden vierziger Jahre »sehr schnell«, wie Engholm in einem Zeitungsbeitrag zum vierzigsten Jahrestag des Inkrafttretens des Grundgesetzes am 23. Mai 1949 rückblickend feststellt. »Es gab plötzlich regelmäßig richtiges weißes Brot, eine Sensation, nachdem wir in den Nachkriegstagen noch Pellkartoffeln zu Puffern verarbeitet hatten. Es gab, viel wichtiger gerade für uns Kinder, Eis am Stiel und Lollies zuhauf, und in den Geschäften füllten sich auf eine unvorstellbare Weise die Regale ... Und dennoch war da mehr als nur die stetige Verbesserung der täglichen Lebensbedingungen. Ich erinnere, daß meine Eltern zu Hause weit weniger bedrückt waren, daß sie wieder in die Zukunft schauten, statt auf den kargen Nachkriegsalltag oder gar auf die bittere zurückliegende Geschichte. Ein Stück verlorener Würde kehrte zurück, die Hoffnung auf eine langfristig bessere und friedliche Zukunft war eingekehrt.«[8]

Die Schule – nichts fürs Leben?

Das Johanneum: »Feste Regeln – wenig Freiheit«

Es scheint, als hätte die Zeit diesem wuchtigen Backsteinbau an der ehemaligen Johannis- und heutigen Julius-Leber-Straße bis heute nichts anhaben können. Ringsum hatte der Bombenhagel in jener Palmsonntagnacht des Jahres 1942 fast alles dem Erdboden gleichgemacht. Das Johanneum hingegen, heute ein Neusprachliches und Mathematisch-Naturwissenschaftliches Gymnasium für Jungen und Mädchen, kann noch bis zum April 1945 den Unterricht fortsetzen und obendrein zeitweilig andere Institutionen der Stadt aufnehmen. Etwa das Lübecker Wirtschaftsamt, das nach der Zerstörung von 1942 hier vorübergehend Unterkunft findet.

1906 wird das Gebäude auf dem Gelände des St.-Johannis-Klosters fertiggestellt, in das im April des Jahres die 1872 gegründete »Höhere Bürgerschule« Einzug hält. Und zumindest die Lokalpresse jener Zeit ist schier begeistert von diesem Schulneubau. »Alles ruft uns entgegen: Licht! Freude! Hier ist gut sein!« lautet der euphorische Kommentar eines nicht bekannten Schreibers in den *Lübeckischen Blättern* aus Anlaß der Einweihung im April 1906. »Schönheit, Wahrheit, Echtheit« entdeckt er in dem Schulgemäuer, was ihn schließlich zu der Prognose veranlaßt: Diese Freudigkeit der Umgebung werde »auf den Geist der Arbeit und des Zusammenlebens ihre segensreichen Auswirkungen üben«.[1] Eine waghalsige Voraussage, die nachfolgende Schülergenerationen nicht nahtlos einlösen sollten.

Als der elfeinhalbjährige Björn hier Ostern 1951 in das Johanneum kommt, nimmt er Schule das erste Mal so richtig als Schule wahr. Die Jahre zuvor, ob in der alten Meierei oder am Steinrader

Weg, hatte er sie nicht als diese strenge Erziehungseinrichtung erlebt und begriffen. Schulen waren aus seiner Sicht einfach »Gebäude, in denen Menschen zusammenkamen«. Das Johanneum dagegen verkörpert für ihn »die Institution Schule – mit ganz festen Regeln, mit wenig Freiheit, nicht mehr mit dem Spielerischen, das die anderen Schulen vorher hatten«.

Hier ist nicht seine Welt, keine jedenfalls, in die er sich einfinden und in der er sich wohlfühlen kann. Schon bald gehen seine Leistungen bergab. Latein mag er von Anfang an nicht, die Noten in Mathematik sind ebenfalls schlecht.

Die Eltern sind nicht gerade erfreut angesichts der begrenzten schulischen Begeisterungsfähigkeit ihres Stammhalters. Aber sie nehmen es mit einer gewissen Gelassenheit. »Das war kein Problem«, meint Engholm sich zu erinnern. Denn der Erziehungsstil seiner Eltern ist alles andere als autoritär. Die Mutter steht ohnehin stets zu ihren Kindern. Und der Vater ist ebenfalls kein Anhänger von Drill und Knute. Er geht schlicht davon aus, daß seine Sprößlinge einfach klug genug sind, um die Schule zu bewältigen, ohne daß er sich darum kümmern müßte. »Ich bin sehr liberal erzogen, zu nichts gezwungen worden, wenn ich mich recht erinnere«, sagt Engholm über sein Elternhaus, in dem Erziehung nie mit Handgreiflichkeit exekutiert wurde.

In der Schule herrscht da schon ein deutlich strengeres Regiment. Eine »berechtigte Strenge« allerdings, wie sich ein ehemaliger Lehrer Engholms beeilt hinzuzufügen – so, wie das in einem reinen Jungen-Gymnasium, wie es das Johanneum damals war, vonnöten gewesen sei. Aber im Prinzip, räumt auch er ein, wurde erzogen, wie er selbst es als Schüler dort auch schon erlebt hatte.

Dennoch, für verknöchert dürfe man das Johanneum jener Jahre nicht halten, versichert er. Nicht mehr als andere Gymnasien dieser Zeit auch. Denn von dem Reformwind der sechziger Jahre ist man damals noch weit entfernt – in der Gesellschaft ebenso wie in der Schule.

Dabei hatte das Johanneum in der Zeit vor dem deutschen Faschismus durchaus einen Ruf als Ort liberaler Pädagogik. Willy Brandt etwa, der über zwanzig Jahre vor Engholm als Herbert Frahm ans Johanneum gekommen war, konnte es sich damals leisten, regelmäßig am 11. August, zum Verfassungstag der Weimarer Republik, im Blauhemd der Roten Pioniere und mit rotem Halstuch in der Schule aufzutauchen. Zwar wurde er genauso regelmäßig, »weil das Tragen von Uniformen gegen die Schulordnung verstieß, wieder nach Hause geschickt«[2] – mehr aber auch nicht. Einer seiner Lehrer, »mit dem konservativen Freiheitsgeist der Friesen«, zeigte sogar »Verständnis für das frühe politische Engagement des jungen Willy Brandt und ließ ihn als Primaner eine Jahresarbeit über August Bebel schreiben. Seine ›Eins‹ im Mündlichen durfte Herbert mit einem Vortrag über den Unterschied zwischen Ursache und äußerem Anlaß von Kriegen verteidigen.«[3]

Als Willy Brandt sich vierzig Jahre später, inzwischen deutscher Bundeskanzler, in einer Festschrift zum hundertjährigen Jubiläum des Gymnasiums an seine Zeit am Johanneum erinnert, zeigt er sich »in eigener Rückschau« selbst erstaunt »über das Maß an Toleranz«, das er an dieser Schule erleben konnte.[4] Aber das war eben *vor* der Nazizeit.

Jene »liberalen« Pädagogen, erinnert sich Engholms ehemaliger Lehrer Hans Millies, wie etwa Professor Pauls, von dem der pensionierte Pädagoge noch selbst unterrichtet worden war, die »verschwanden« in diesen Jahren mehr oder minder plötzlich. Vom Johanneum ebenso wie von anderen Schulen des »Tausendjährigen Reichs« auch. Der von Brandt geschätzte Pauls war ein solcher toleranter Geist – obendrein Freimaurer. Ein Lehrertypus, der arbeitslos wird oder im Internierungslager verschwindet und auch am Lübecker Johanneum durch die »sehr forschen National-Sozialisten« ersetzt wird.

Von diesen nationalsozialistisch orientierten Lehrern sind auch nach Kriegsende die meisten noch oder wieder am Johanneum. Aber prägend, versichern Schüler wie Lehrer jener Zeit übereinstimmend, sind sie nicht. Die »braune« Lehrergeneration hält sich jetzt eher zurück. Wie es heißt, auch ein Verdienst des damaligen Schulleiters Dr. Albert Pickert, ein den Sozialdemokraten zugerechneter ehemaliger Volksschullehrer, der sich zum Direktor des Gymnasiums hochgearbeitet hatte und ein Aufkommen faschistischen Gedankengutes nach Meinung eines Mitglieds des Kollegiums dieser Zeit »nie geduldet« hätte.

Im Unterricht macht sich statt dessen ein brauner Verdrängungswettbewerb bemerkbar. Etwa im Geschichtsunterricht, in dem das Mittelalter noch intensiv und auch Weimar noch einigermaßen ausführlich behandelt wird. »Nur, als es spannend wurde«, so erzählt ein ehemaliger Mitschüler Engholms, »da haben die gekniffen. Da wurden Referate an Schüler vergeben – obendrein nicht an die Besten in der Klasse. Und was die dann vorgetragen haben, konnten wir in unseren Geschichtsbüchern mitlesen – ohne Stellungnahme, ohne Erklärung. Und in Gemeinschaftskunde wurde dafür das hohe Lied des Grundgesetzes gesungen – ohne Stellungnahme, ohne Wertung.«

Ohnehin ist diese Zeit, als die Brotkörbe hoch hängen und die Auswirkungen von Krieg und Faschismus der Gesellschaft noch in den Knochen stecken, keine, in der Politik und politische Diskussionen eine große Rolle spielen. »Wir waren naiv und ziemlich bieder beziehungsweise bürgerlich«, beschreibt einer aus dem Klassenverband Engholms die Stimmungslage der frühen fünfziger Jahre. Die erste Sorge ist für die meisten immer noch das Wohnen und Sattwerden. Viele der Knaben im Johanneum sind Kinder von Kriegerwitwen oder Flüchtlingen. Überall muß man eng zusammenrücken. Die Stadt platzt aus den Nähten. Durch den Zustrom von fast 100000 Flüchtlingen aus den deutschen Ostgebieten ist die Lübecker Bevölkerung von ehemals 150000 auf rund 250000 Einwohner geradezu explodiert.

Abgang: Das frühe Ende einer mißlichen Verbindung

Wohlwollende Schilderer der Engholmschen Vita pflegen zuweilen einen ausgesprochen honorigen Anlaß für seinen gymnasialen Abgang zu bemühen. Eine Anekdote, die geeignet sein könnte, gleichermaßen seine ausgeprägte soziale Veranlagung wie auch frühe Führungsqualitäten unter Beweis zu stellen. Beim Notenschwimmen im Sportunterricht nämlich, so kann man verschiedentlich lesen, habe die ganze Klasse gleichzeitig an Ziel und Beckenrand angeschlagen, um einem kleinen, dicklichen – also sportlich nicht eben hochbegabten – Mitschüler die sichere Fünf zu ersparen. »Rädelsführer« Björn, so die immer wieder gern überlieferte Darstellung, habe derlei frühe Trainingseinheiten in Sachen »praktischer Solidarität« mit dem Rausschmiß bezahlen müssen.

Letzteres zumindest ist eine hübsche Legende. Denn Engholms Abgang aus der Anstalt bürgerlicher Bildung gestaltet sich weit weniger heldenhaft. Der Rest indessen muß sich so oder ähnlich zugetragen haben. Ob die Motive dieser Aktion nun im sozialen Engagement für den sportlich Schwachen oder aber einfach nur in dem nicht ganz so ehrenhaften Wunsch begründet lagen, dem von der Klasse ungeliebten Sportlehrer eins auszuwischen, kann Engholm heute selbst nicht mehr mit Sicherheit sagen: Möglicherweise war es ja auch von beidem etwas.

Jedenfalls gilt Engholm als Anführer der Aktion und handelt sich, immerhin inzwischen ungefähr sechzehn Jahre alt, dafür eine deftige Ohrfeige ein. Für ihn bestätigt sich damit schmerzhaft die Richtigkeit des Eindrucks, den er von seinem Sportlehrer ohnehin gewonnen hat: »Ich glaube, mein Gefühl war: Wer das nötig hat, ist ein Schwachkopf.« Und mit dieser Handgreiflichkeit läßt der Johanneums-Pädagoge es nicht bewenden. Eine Runde »Nachsitzen« kommt hinzu. Als seine an der Aktion beteiligten Mitschüler nach der fünften Unterrichtsstunde die Schule verlassen können, wird am Tertianer Engholm das Strafexempel statuiert. In einer höheren Klasse, einer Prima, muß er die sechste Schulstunde schweigend in der letzten Reihe absitzen.

Unter der Bank hat er ein »Tom Mix«-Heft – »so was las man in dieser Zeit«. Der Pauker merkt irgendwann, daß sich der »Straftäter« in der letzten Reihe mit irgendwelcher Lektüre beschäftigt, und herrscht ihn an, was er denn da lese. Engholm hält das Heft hoch und erklärt wahrheitsgemäß: »Tom Mix«. Bei den Primanern löst das heftige Heiterkeit aus, aber für den Lehrer ist diese Szene, nach Engholms Erinnerung, damals »ziemlich tödlich«.

Diese Anekdote aus Engholms Pennälerzeit ist insgesamt wohl exemplarisch für sein damaliges Verhältnis zur Institution Schule. Ein Verhältnis, das sich zwischen innerer Rebellion und noch stärkerem Desinteresse gegenüber dieser Einrichtung bewegt. Auch die Episode aus dem Schwimmunterricht ist wohl eher auf eine solche innere Auflehnung zurückzuführen. Denn durch soziales Engagement fällt Engholm in den Jahren im Johanneum nach übereinstimmender Meinung seiner damaligen Klassenkameraden sonst nicht auf. Im Gegenteil verkörpert er, wie einer von ihnen zuspitzt, eher einen »absoluten Ohne-mich-Standpunkt«.

Zu seinen Mitschülern hat er außerhalb des Johanneums kaum Kontakt, sein soziales Umfeld, seine Interessen und Freundschaften liegen nicht in diesem Bezugssystem Schule. Schon früh interessieren ihn Ereignisse und Entwicklungen, die in der Welt draußen, außerhalb der strengen pädagogischen Einrichtung, angesiedelt sind. Selbständige Ferienreisen gehören schon ab etwa dem vierzehnten Lebensjahr dazu. Sein Vater leitet inzwischen die Speditionsabteilung der Schwartauer Werke. Hier kann er gelegentlich auf einem der Lastwagen sein Fahrrad mitnehmen, etwa in den Schwarzwald. Von da radelt er zurück und übernachtet in Jugendherbergen. Meistens haben die Eltern die Reisequartiere für den Rückweg vorgebucht. Und der Sohn wird angehalten, sich von den einzelnen Stationen seiner Reise jeweils telefonisch daheim zu melden. In den Herbergen lernt Björn häufig Jugendliche kennen, mit denen er dann einige Etappen gemeinsam verbringt. Fahrradtouren ins Ausland, nach Frankreich, Luxemburg, Holland und Norwegen, folgen in späteren Ferien.

In diesen Jahren, nicht lange nach Krieg und Hitler-Faschismus, sind Deutsche nicht überall gerade wohlgelitten. Die Ablehnung im Ausland empfindet der junge Engholm subjektiv als ungerecht. In der Schule hatte es bis dahin niemanden gegeben, der dem Jugendlichen die Ursachen für diese Reaktionen plausibel gemacht hätte. Denn: »Es gab keine Geschichtsaufklärung, das war das Problem.«

Die Eltern ermöglichen ihm nicht nur die frühen Auslandsreisen. Darüber hinaus genießt Engholm auch zu Hause zahlreiche Freiheiten. Im Alter von etwa fünfzehn Jahren darf er sich in einer kleinen, zur Wohnung gehörigen Kemenate unter dem Dach des Hauses seine »eigene Bude« einrichten. Mit Mutters Zustimmung – »wohl auch mit dem Hintergedanken, du kommst mal später, als es guttut« – hat er hier sein kleines Refugium, inklusive Bett und wessen es sonst zur relativen Eigenständigkeit unter dem gemeinsamen Dach bedarf. Ein Kabel verbindet die Dachstube mit der elterlichen

Wohnung. Daran angebracht ist eine Klingel, mit der das morgendliche Wecken geregelt wird.

Zum Zubehör dieses kleinen Domizils zählt auch ein bescheidener Detektor-Empfänger mit Kopfhörer – »Ein Radio konnten wir uns damals noch nicht leisten«. Aber mit diesem simplen Funkempfänger bekommt Engholm »das unmöglichste Zeug rein«. Zwar nur schlecht zu hören und begleitet von starkem Rauschen, erzählt er, aber »da habe ich Jazz gehört und fand das faszinierend«. Die amerikanischen Soldaten haben diese Musik mit ins Nachkriegs-Deutschland gebracht, und die in ihren Sektoren stationierten Sender, vor allem AFN, strahlen den Jazz jetzt auch unter die deutschen Dächer.

Es dauert nicht lange, bis diese Musik auch in Deutschlands Kneipen und gerade auch in Lübeck Einzug hält. In Engholms Heimatstadt beginnt Mitte der fünfziger Jahre die Jazz-Zeit im »Riverboat«. Anfangs wird in einem alten Bunker aufgespielt, aber schon bald zieht die neue Musik mit ihrem jungen Publikum auf ein ausgemustertes Schiff unter der Puppenbrücke, nur wenige Schritte vom Holstentor entfernt. Der gerade 15- oder 16jährige Björn ist begeisterter Anhänger dieser faszinierenden Musik und als einer der Jüngsten, wann immer möglich, mit unter den Gästen des »Riverboat«. Noch heute erzählt er begeistert von den musikalischen Größen jener Zeit, die damals im »Riverboat« – schon bald eine Hochburg der deutschen Jazz-Szene – ihre Aufwartung machen: Von dem früh gestorbenen Jazz-Bassisten Peter Trunk, von Michael Naura oder der Vibraphonistin Vera Auer und dem Falke-Septett und wer sonst als Aushängeschild der deutschen Jazz-Szene in diesem »Riverboat« der fünfziger Jahre bejubelt wird. »Das war eine eigene Welt. Die Jazzer, das waren immer feine Leute«, schwärmt Engholm noch heute. »Und das war eine andere Art, Musik zu machen. Das war ein Wahrnehmungserlebnis«, dem er – neben seiner hinzugekommenen Lust an Klassik – bis heute frönt, soweit die Zeit es zuläßt.

Mutter Engholm sieht den Hang des noch jugendlichen Björn zur Lübecker Jazz-Szene überhaupt nicht gern. Mehrfach kommt es vor, daß sie ihren Sohn – meist im Verein mit Tochter Antje – höchstselbst aus der Vergnügungsstätte an der Puppenbrücke herausholt. Später, als es ihm dann doch gestattet wird, setzt die Mutter ihm jeweils den Glockenschlag, bei dem er wieder zu Hause anzutreten hat. Doch das nützt wenig, meistens hält der Sohn sich nicht an die Vorgabe. Aber trotzdem gibt es nur selten Ärger. In der Regel ist Mutter Engholm froh, daß ihr Sohn wieder heil daheim auftaucht.

Bis zum Ende der Schulzeit und darüber hinaus zählt Engholm zu den regelmäßigen Gästen des »Riverboat«. Auch wenn er später, ab Ende der Fünfziger, zuweilen nach Hamburg fährt, dort unter anderem im »Starclub« die Beatles und Jerry Lee Lewis erlebt – »die wesentlichen Ereignisse hatten wir hier«, betont er, »im Jazz, im ›Riverboat‹«.

Auch im Habitus des jungen Björn machen sich die Zeichen der Szene bemerkbar. Von der amerikanischen Musik ist der Weg zu Jeans und Kaugummi fast zwangsläufig. Aber es ist weniger ein ausgeprägter Hang zum Anglo-Amerikanismus, was ihn damals treibt, als vielmehr so etwas wie ein früher »Zeitgeist« – »ein bißchen vor den anderen«, wie er selbst meint.

Tatsächlich sind »die anderen« seines Alters, vornehmlich seine Klassenkameraden, noch weit von dieser Art des amerikanischen Kultureinflusses entfernt. »Wir anderen«, erinnert sich ein Mitschüler, »wir hatten vielleicht ein Theaterabonnement: Ich ging mit meiner Freundin ins Theater und habe noch als Primaner kurze Lederhosen getragen. So wie Engholm ins ›Riverboat‹ zu gehen, das hätte mir mein Vater nie erlaubt. Wir waren alle konservativer, wenn Sie so wollen.« Engholm dagegen ist der erste Jeansträger der Klasse, erinnert sich ein anderer, »je enger, desto besser«.

Und während seine Mitschüler nach dem Unterricht brav nach Hause gehen, macht Engholm mit Freunden häufig erst einmal einen Abstecher in die Kneipe mit den Spielgeräten – das, was man heute wohl »Spielhalle« nennen würde. Aber nicht die Groschengräber sind es, die ihn anziehen, sondern die Fußballtische mit den Drehknäufen und den an Stangen aufgezogenen Spielern aus Holz. »Ja«, sagt Engholm, »ich war ein großer Kicker.«

Als »großer Schüler« – zumindest hinsichtlich seiner Leistungen – soll er in diesen Jahren nicht mehr auffallen. Ihm gefällt fast nur das Fach Kunst, jedenfalls dann, wenn nicht das sture Zeichnen von

Straßenperspektiven gefordert ist. Im Sport ist er ebenfalls ganz gut. Im Werfen und Schleuderball einer der Besten, außerdem macht er in der Ruderriege mit. »Ich hatte zwar wenig Lust zum Sport, so wie heute. Aber wenn ich es machte, machte ich es ganz gut.« Eine Tatsache, die sich 1956 sogar in dem schulischen Mitteilungsblatt mit dem ausgefallenen Namen »Das Johanneum« dokumentiert. Die Märzausgabe dieses Periodikums registriert »Engholm, Björn, UIIb« als Jahrgangs-Zwölften bei den Bundesjugendwettkämpfen vom 28. Februar des Jahres.

Ansonsten aber ist vielen eher seine äußere Erscheinung als irgendeine besondere schulische Leistung als auffällig in Erinnerung geblieben: »Er war schon immer gut angezogen, sah schon immer gut aus, piko frisiert«, beschreibt einer seiner Lehrer ihn rückblickend. »Eigentlich möchte man sagen: ein bißchen äußerlich und in seiner Art etwas oberflächlich – flippig, wie man heute sagen würde ... Die Schüler der damaligen Generation waren ja insgesamt sehr viel bescheidener und weniger aufs Äußere bedacht, als das jetzt der Fall ist. Man kann aus heutiger Sicht wohl sagen: Sie waren absolut angepaßt. Bei Engholm war das etwas anderes: Er war recht reif. Das bezog sich aber nicht auf seine intellektuelle Reife, jedenfalls nicht auf seinen Fleiß. Der lavierte sich durch, bis er festgenagelt wurde ...«

Solche Situationen, in denen Engholm »festgenagelt« wird, kommen nach Erinnerungen von Mitschülern gelegentlich im Unterricht vor. Einer der Lehrer, zu denen Engholm ein eher gespanntes Verhältnis hat, ist der Deutschlehrer Max Dehtloff. Zwischen den beiden, resümiert ein Ex-Johanniter, »herrschte ein unangenehmes Fluidum«. Dehtloff gilt als ausgesprochen empfindlich, wenn ein Schüler mogelt, unzuverlässig ist oder dem Unterricht fernbleibt – »und das waren ja alles Probleme in der Schulzeit von Engholm«.

Als im Unterricht der Obersekunda oder Unterprima »Jürg Jenatsch« von Conrad Ferdinand Meyer ansteht, wird den Schülern als Hausaufgabe die Lektüre des Textes aufgetragen. Dehtloff fordert Engholm auf, er möge eine Inhaltsangabe des Stückes geben. Engholm, der den Text offenkundig bestenfalls angelesen hat, beginnt mit der Zusammenfassung, gerät ins Stocken, bastelt um sein fragmentarisches Wissen einige mehr oder minder nichtssagende Ausführungen. Aus den Sitzreihen seiner unmittelbaren Umgebung werden einige bescheidene Hilfen über den nächsten Akt, das nächste Kapitel herübergeflüstert. Die sonderbare Inszenierung dauert letztlich fast die ganze Schulstunde, fast 45 Minuten also, in denen Engholm über ein Stück redet und radebricht, das er – wie sehr schnell zu merken ist – nicht gelesen hat. »Der Dehtloff hat den Engholm stehend abgeputzt«, beschreibt ein Mitschüler diese Szene. »Der Lehrer hat ihn damals böse auflaufen lassen. Aber die große Leistung Engholms war, daß er 45 Minuten über etwas geredet hatte, wovon er nichts verstand.« Und dieser Eindruck hat sich bei diesem Mitschüler offenbar festgesetzt. Denn nicht gerade wohlwollend fügt er hinzu: »Das tut er ja heute noch.«

Gespannt ist auch das Verhältnis zu Klassenlehrer Wäsche, dem Mathematiklehrer mit dem ausgeprägten Hang zur Philosophie. Für die meisten der Mitschüler ist er bis heute ein »Ausnahme-Pädagoge«. Einer von ihnen beschreibt es gar als »Gnade«, von ihm unterrichtet worden zu sein. Jedenfalls ist er der einzige Lehrer, dem die Schüler in der Oberstufe anbieten, das bisher gepflegte »Du« – statt des in den Abschlußklassen üblichen »Sie« – beizubehalten. Bei keinem anderen Lehrer wäre man auf diese Idee gekommen.

Wäsche ist Junggeselle und bemüht sich außerordentlich und mit hohem Zeitaufwand um seine Schüler. So organisiert er zum Beispiel in der Unterprima eine Klassenfahrt nach Lappland, von der die meisten bis heute angenehme bis schwärmerische Erinnerungen pflegen. Die vierwöchige Fahrt reicht noch zwei Wochen in die Ferien hinein. Einige der Mitreisenden sind so von dieser Tour angetan, daß sie im nächsten Jahr erneut mit Lehrer Wäsche – dieses Mal ausschließlich während der Sommerferien und somit gänzlich aus eigenem Antrieb – auf die gleiche Reise gehen. Lagerromantik fernab der Zivilisation, ein Leben als Selbstversorger und völlig auf sich allein gestellt im schwedischen Teil Lapplands, den meisten Schülern gefällt das. Auch wenn die Angelegenheit mit einem sonderbaren Beigeschmack verbunden ist: Die Klasse nimmt nicht den Weg über Dänemark, sondern setzt per Schiff nach Schweden über. Wäsche hat dort Einreiseverbot, angeblich ebenso wie auch in Norwegen. In Dänemark soll er über einige Jahre inhaftiert gewesen sein, wie es heißt wegen Spionagetätigkeit für die Deutsche Wehrmacht, was die Schüler allerdings damals nicht und bis heute nicht sicher wissen.

Ebenfalls unbekannt bleibt ihnen damals, daß der Preis für ihre Klassenfahrt zu einem erheblichen Anteil aus einem privaten Beutel finanziert wird: aus dem von Lehrer Wäsche, der den Preis für alle Eltern seiner Schüler in erträglichem Rahmen zu halten sucht.

Für Engholm pflegt Wäsche »eine von diesen nicht nachvollziehbaren Verehrungen für den Norden«. Er verbindet mit dieser Tour eine schwache Erinnerung an »versteckt Heldisches« und »falsche Heldenverehrung«. »Aber«, räumt er ein, »das kann ich nur so ungefähr aus dem Gefühl sagen.« Klar sei dies im Grunde ein großes Erlebnis gewesen. »So wie heute Manager in die Tundra gefahren werden, um zu ordentlichen Männern gemacht zu werden. Ich glaube, daß hinter diesem Bewähren und Hartwerden eine Ideologie steckt, ein politisches Syndrom.«

Daß die nicht eben gute Erinnerung an Klassenlehrer Wäsche auch etwas mit seinen schwachen Leistungen in Mathematik zu tun hat, gibt er unumwunden zu: »Ganz bestimmt. Ja, das auch.« Aber auch den Philosophie-Neigungskursen, die Wäsche bei sich zu Hause abhält, kann Engholm nicht viel Positives abgewinnen. Während sich seine Mitschüler vor allem daran erinnern, daß sich hier auch Gelegenheit zu sehr persönlichen Gesprächen bietet und daß es im Anschluß immer einen »Fingerhut voll Moseltröpfchen« gibt, ist bei Engholm vor allem der frühe philosophische Dissens hängengeblieben: »Ich habe da immer Philosophen rausgesucht, die ihm nicht paßten.«

Einer der wenigen Lehrer, an die Engholm eine positive Erinnerung hat, ist Englischlehrer Kempf, der unter anderem eine Theater-Arbeitsgemeinschaft einrichtet, an der auch er sich beteiligt. Ein Kriegsbehinderter, berichtet er, und so etwas wie ein »widersetzlicher, nicht organisierter Linker«. »Der hatte diesen aufklärerischen Geist, was zu dieser Zeit gar nicht so üblich war.« Und der habe es eben auch nicht leicht gehabt.

Im Prinzip aber gehen ihm die Schule und das »preußisch pyramidale Schulsystem« gründlich gegen den Strich. Geprägt von einem liberalen häuslichen Erziehungsumfeld hat er eine andere Vorstellung von Freiheit und Würde des Menschen. »Und wenn man das nicht entsprechend wiederfindet in Erziehungssystemen, wenn es da genau wieder rückwärts geht, dann beginnt Auflehnung.« Und das ist aus heutiger Sicht für ihn auch der tiefere Grund für sein Unbehagen an der Schule.

Die Tatsache, daß er mit Mathematik in dieser Zeit nichts am Hut hat, ist allenfalls eine Zutat. »Die Schule war ein Korsett, ein Zwangssystem, eine Glocke, die eigentlich nie danach gefragt hat, welche Neigungen man hat und was man aus denen machen kann. Sie hat nur danach gefragt, wie paßt der sich ins System ein und was macht der in dem System. Das war ziemlich rüde – nicht in der Form, das mir da jemand eine ballert, wie dieser Sportlehrer. Aber: Der Freiheitsgrad war zu gering!«

Das klingt ein wenig nach später Aufarbeitung einer inneren Rebellion gegen das frühe System. »Ich kam mit der Schule nicht zurecht, und die Schule mit mir auch nicht«, faßt er seine Sicht der Pennälerzeit über dreißig Jahre danach einmal etwas unkomplizierter zusammen. Wahrlich, ein nicht ungetrübtes Verhältnis, das sich vor dem Abgang dann auch in der Notengebung wiederfindet. Vor allem in den naturwissenschaftlichen Fächern sind die Leistungen noch schwächer geworden – und das in einem naturwissenschaftlichen Zweig. Den hatte er in der Untersekunda ohnehin nicht aus Neigung gewählt, sondern nur, weil er im sprachlichen Zweig, der ihm eigentlich viel besser lag, das verhaßte Latein noch ein weiteres Jahr hätte mitmachen müssen. »Und da war ich Beton-Fünfer.« Mathe und Physik sind inzwischen nicht mehr »ausreichend«, und der Chemielehrer setzt noch eins drauf. »Das hätte nicht nötig getan«, meint noch heute einer seiner Mitschüler. Dennoch, im Prinzip sei Engholm nicht anders behandelt worden als andere auch. Zwar sei er auch nicht gerade »durchgezogen« worden wie mancher, aber »abgehen müssen hätte der nicht, wenn er sich etwas zusammengerissen hätte«.

Am 15. März 1958 bekommt Engholm am Ende der Unterprima sein Zeugnis mit der unerquicklichen Bemerkung »Nicht versetzt«. Und auch der Wiederholungsversuch währt nicht allzu lange. Nach weniger als drei Monaten beendet er die »Ehrenrunde« und verläßt am 5. Juni desselben Jahres das Johanneum endgültig.

Mehrfach kommt es in der letzten Phase der Schulzeit zu deutlichen Problemen. Neben der mangelnden Leistung ist Björns unentschuldigte Abwesenheit in der Regel der Grund. Engholms Vater ist inzwischen, im Jahr 1955, verstorben. Die Mutter, eine eher einfache Frau, steht zwar zu ihrem Sohn, kann aber mit der Schulbürokratie nur schwer umgehen. Als sie eines Tages zum Lehrer zitiert wird, schickt Engholm kurzerhand seine Schwester Antje zum Rapport dorthin.

Antje ist inzwischen bereits viele Jahre bei der Post tätig. Nach dem Ende der Schulzeit inmitten des Krieges arbeitet sie in einem Haushalt und bekommt danach die Möglichkeit, eine postinterne Ausbildung zu absolvieren. Ansonsten gibt es in diesen Kriegsjahren kaum Möglichkeiten, sich überhaupt beruflich zu qualifizieren. Nach 1945 arbeitet sie zunächst bei der englischen Militärregierung, die in diesen Jahren in dem roten Backsteingebäude im Handelshof neben dem Bahnhof untergebracht ist. Zunächst ist sie Telefonistin, später Privatsekretärin, ehe sie dann wieder in ihren Beruf bei der Post zurückkehren kann.

Antje Engholm geht tatsächlich in die Schule. Auch in einem weiteren Fall nimmt sie den Gang für ihren Bruder auf sich. Ihre Mutter, so meint sie, wäre der Sache vielleicht nicht gewachsen. Sie hört sich statt ihrer an, was der Lehrer über Björn zu sagen hat, und verspricht, mit ihm darüber zu sprechen. Gleichwohl, erklärt sie dem Pädagogen, könne sie diese Charakterisierung aus Sicht der Schule nicht so ganz teilen. Schließlich kenne sie ihren Bruder ja schon ein bißchen länger und wisse ihn auch einzuschätzen.

Auch für Engholm ist dieser Schritt nichts anderes als Schutzinteresse gegenüber der Mutter. »Sie«, so sagt er, »konnte mit solchen Dingen nie umgehen. Sie war schlichterer Herkunft und konnte mit diesen nur formal intelligenten Leuten – denn Intelligenz im wesentlichen bedeutet ja die Beherrschung eines Systems – nie umgehen. Dazu war sie zu naiv.«

Er selbst beschreibt sein Elternhaus als »wirklich freundlich, fröhlich und offen«. Eine Atmosphäre, zu der »diese feine, distanzierte, glatte Art« der Schuloberen nicht paßt. Bei diesen Gesprächen mit der Mutter »wird ja nicht nur der Sohn niedergemacht, da wird die ganze Familie niedergemacht«. Und auch wenn die Mutter stets zu ihren Kindern hält, Zweifel kommen dann zuweilen doch auf, ob dieser Lehrer da nicht doch recht hat. An ein Beispiel dieser Art erinnert sich Engholm noch gut: Bei einem Klassenabend bringt er eine Freundin mit, »ein blondes, sensibles, schönes Mädchen« aus guter lübscher Familie. Damals beginnt die Zeit der ersten, noch zaghaften Miniröcke, und einen solchen trägt die Begleitung Björns an diesem Abend. Die Reaktion des Lehrers gegenüber der Mutter ist aus seiner Sicht wieder einmal typisch: Er habe genau gewußt, bekommt sie zu hören, daß ihr Sohn entweder gar nicht oder mit »einem solchen Mädchen« kommen würde.

Eine der zahlreichen Geschichten, die seinen Widerstand gegen das System Schule bestärken. Aber in dieser Zeit glaubt Engholm, sich sein Durchhaltevermögen angeeignet zu haben: »Ich glaube, daß ich damals meine innere Resistenz gelernt habe, die ich bis heute besitze.«

Engholms Verhältnis zu seiner Schule ist im Grunde längst erledigt. Er mag sie nicht, seine Leistungen stimmen nicht, und die Lehrer, da ist er sich sicher, mögen ihn umgekehrt auch nicht. Der Grund, der dann schließlich zum Ende einer solchen Liaison führt, ist letztlich eher zufällig. Engholm hält sich zunehmend fern, und als er sich dann eines Tages statt zur Schule wieder einmal auf dem Weg zum Ostseestrand von Travemünde befindet, wird er von einem Lehrer gesehen. Der meldet dieses Ereignis der Schulleitung, und als obendrein noch bekannt wird, daß er eine Entschuldigung selbst geschrieben hat, kommt das pädagogische Faß am Johanneum zum Überlaufen. »Da war wohl der Siedepunkt erreicht«, vermutet Engholm, »und da wurde wohl gesagt: Bestellt die Mutter ein und knetet sie zusammen – und das konnten die wirklich meisterlich.«

Wie auch immer – der Mutter wird in der mündlichen Unterredung von Schulleiter Pickert das »Consilium abeundi« nahegelegt. Mit dieser akademischen Formulierung im Bildungsbürgerduktus ist nichts anderes als der lateinisch verfeinerte Rausschmiß gemeint. Engholm muß das Johanneum verlassen.

Ein letzter Versuch wird – auf Wunsch und Drängen der Mutter – dann noch an einer anderen Schuleinrichtung Lübecks gemacht. Wenige Monate, bevor er schließlich ein Lehrverhältnis bei der

»Wullenwever«-Druckerei eingeht, besucht er noch die »Oberrealschule zum Dom«. Doch lange hält es Engholm auch dort nicht aus. Nicht nur, weil die Struktur dieser Schule der ähnlich ist, die er schon zuvor am Johanneum gehaßt hat. Obendrein ist seine »Vorgeschichte« hier bekannt, was nicht eben das Wohlbefinden in dieser Einrichtung steigert. »In dieser Zeit«, sagt Engholm, »war es eben nicht besonders angenehm, gefeuert worden zu sein – auch unter den Schülern nicht.«

Noch ein Versuch: Vom mäßigen Schüler zum »besten Lehrling«

»Wullenwever«: Ein Lehrbetrieb auf sozialdemokratisch

Von der Autobahnabfahrt »Lübeck-Moisling« sind es nur wenige hundert Meter bis zum Gewerbegebiet der Hansestadt mit dem hübschen Namen »Buntekuh«. Hier findet 1976 die »Wullenwever«-Druckerei, der ökonomisch gerettete Restteil jenes Betriebes, bei dem Engholm nach dem nicht ganz glücklichen Ende seiner Schulzeit den Einstieg ins Arbeitsleben üben soll, seine neue Heimat.

1959 tritt er in den Betrieb ein, um zunächst als Industriekaufmann im grafischen Gewerbe zu lernen, er entscheidet sich aber schon kurze Zeit später für die Schriftsetzerei. Zu diesem Zeitpunkt ist »Wullenwever« vor allem die Produktionsstätte des sozialdemokratischen Traditionsblattes *Lübecker Morgen*. Die 1893 aus »Arbeitergroschen« unter dem Titel *Lübecker Volksbote* gegründete Zeitung befindet sich zu dieser Zeit noch an ihrem Stammsitz in der Johannis-, der heutigen Julius-Leber-Straße – keine hundert Meter vom Johanneum entfernt.

Den Namen für den Druckereibetrieb hatte man sich bei Lübecks Bürgermeister der Jahre 1533 bis 1535 entliehen. Der 1520 von Hamburg nach Lübeck zugewanderte kleine Kaufmann Jürgen Wullenwever galt aus Sicht der Arbeiterbewegung der damaligen Zeit als einer der ersten, die Reformen für die »kleinen Leute« wagten. Er war weder Patrizier noch Jurist, wie für Stadtoberhäupter und Senatoren damals üblich. Und ihm wurde hoch angerechnet, daß er zur Finanzierung des Krieges gegen Holland die Einschmelzung des Kirchensilbers angeordnet hatte, statt den Lübeckern neue Steuern abzupressen. 1537 wurde Wullenwever, dessen geschichtliche Rolle bis heute recht unterschiedlich interpretiert wird, in

Wolfenbüttel zum Tod durch das Schwert verurteilt und hingerichtet. Für Taten, die er in einer Verhandlung Punkt für Punkt widerrufen und die er zuvor nur unter dem Druck mehrfacher schwerer Folter eingestanden hatte.

Als Björn Engholm sich für eine Ausbildung bei »Wullenwever« entscheidet, befindet er sich nach dem Johanneum erneut auf den Spuren von Herbert Frahm, seinem späteren Parteivorsitzenden Willy Brandt. Seit 1928, nach dem Wechsel zum Gymnasium an der Johannisstraße, hatte der junge Brandt regelmäßig nach der Schule das in unmittelbarer Nähe gelegene Gewerkschaftshaus aufgesucht, in dem auch die Redaktion des *Volksboten* untergebracht war. Erst vierzehnjährig, hatte der Arbeitersohn bei einem Schreibwettbewerb gewonnen und als Prämie ein Exemplar des »Lederstrumpf« erhalten. Und von da an schrieb er regelmäßig für die Jugendbeilagen des Blattes, *Rote Falken* und *Die Stimme der Jugend.*[1]

Eigentlich hatte Willy Brandt im Anschluß an seine schulische Ausbildung auch eine journalistische Laufbahn einschlagen sollen. Der Lübecker Reichstagsabgeordnete und sozialdemokratische Chefredakteur des *Lübecker Volksboten*, Dr. Julius Leber, hatte ihm ein Parteistipendium für ein entsprechendes Studium zugesagt. Doch Brandt vollzog den Bruch mit der Sozialdemokratie. 1931 trat er mit Gleichgesinnten zum Sozialistischen Jugendverband (SJV) über, der Jugendorganisation der Sozialistischen Arbeiterpartei (SAP). Und auch intensive Bemühungen des vierzigjährigen Arbeiterführers Leber, den siebzehnjährigen Rebellen umzustimmen, fruchteten nichts. Der junge Frahm blieb bei seiner SPD-kritischen Haltung und verlor sowohl sein Zubrot als von der Redaktion geschätzter Schreiber des *Volksboten* wie auch die Aussicht auf das Journalistik-Studium mit Parteistipendium. Statt an die Universität ging es 1932 nach dem Abitur in das Volontariat bei der Lübecker Schiffsmaklerei F. H. Bertling.[2]

Ein Jahr später, 1933, stellen die Nationalsozialisten den *Lübecker Volksboten* ein. Zwölf Jahre darauf wird der Chefredakteur des Blattes und SPD-Parlamentarier Julius Leber wegen seiner Beteiligung an der Erhebung des 20. Juli 1944 zum Tod durch Erhängen verurteilt. Am 5. Januar 1945 findet im Zuchthaus Plötzensee seine Hinrichtung statt.

Nach dem Ende des Zweiten Weltkrieges erhalten die Sozialdemokraten 1945 über die Gewerkschaften die erste Lübecker Zeitungslizenz der Alliierten. Die *Lübecker Freie Presse* wird gegründet. Nicht nur ein neuer Name und ein redaktioneller Neubeginn, auch physisch hatte der Krieg nicht viel vom ehemaligen *Volksboten* übriggelassen. Die alten Druckerei-Gebäude waren im Bombenhagel der Palmsonntagnacht von 1942 nahezu völlig zerstört worden.

Trotz der Anfangsprobleme entwickelt sich die Auflage des Blattes geradezu rasant: Über 80000 Exemplare gelangen in den ersten Nachkriegsjahren täglich an die Leser. Doch das Hoch der *Freien Presse* währt nicht lange. Als 1948 auch die Bürgerlichen ihre Lizenz erhalten, geht es gleichermaßen dramatisch wieder bergab. Als weitgehend dogmatisches Parteiverlautbarungsblatt ist die *Lübecker Freie Presse* für die Mehrheit der hanseatischen Leserschaft offenkundig uninteressant. Und überhaupt, so mutmaßt ein Sozialdemokrat in Erinnerung an jene Zeit, war der Abonnentenstamm der Nachkriegsjahre wohl nur deshalb so beachtlich, weil dies damals die einzige Methode war, an ein knappes Gut zu gelangen – an Papier.

Der Verfall der Auflage bringt das Unternehmen in immer größere Schwierigkeiten. 1952 muß ein Vergleich durchgestanden werden. Danach kann die Zeitung zwar unter dem neuen Titel *Lübecker Morgen* weitererscheinen. Aber auch diese Kur verhilft dem maroden Blatt nur zu einer kurzen Atempause. Die Auflagenzahlen gehen weiter in den Keller. Allein die Infusionen des gut florierenden Fremddrucks können den *Morgen* noch über die Tage bringen.

Auf Dauer jedoch vermag auch der Akzidenzbereich das von der Zeitung gerissene wirtschaftliche Loch nicht zu stopfen. Bei der Neubetitelung 1952 hatte die verkaufte Auflage noch bei 13000 Exemplaren gelegen, in den sechziger Jahren sinkt sie unter die Hälfte dieses ohnehin schon bescheidenen Niveaus ab. Die Zeitung, erinnert sich der damalige Druckereileiter und heutige Wullenwever-Geschäftsführer Friedemann Schnepel, »erschien quasi unter Ausschluß der Öffentlichkeit«. Und mit den abstürzenden, wenngleich nach außen geschönten Verkaufszahlen bleiben zwangsläufig auch immer mehr Inserenten weg – die Verschuldung wächst von

Jahr zu Jahr weiter an. Nach langer Agonie kommt zum 1. April 1969 schließlich das endgültige Aus für das sozialdemokratische Traditionsblatt. Gegen den heftigen Protest der Parteibasis erleidet der *Lübecker Morgen* das Schicksal der meisten sozialdemokratischen Presseprodukte der Nachkriegszeit. In Lübeck erscheint jetzt nur noch eine Zeitung; die konservativen *Lübecker Nachrichten* haben von Stund an das Meinungsmonopol an der Trave.

Friedemann Schnepel allerdings ist sich noch heute sicher: Es war allerhöchste Zeit für diesen Schnitt. Andernfalls, meint er, wäre wohl der ganze Betrieb, inklusive der wirtschaftlich intakten Druckerei, »den Bach runtergegangen«. Seitdem ist das Unternehmen, das sich nach wie vor zu hundert Prozent im Besitz des SPD-Unternehmensbereiches befindet, längst gesund. 140 Beschäftigte hatten bis zum Aus für den *Lübecker Morgen* dort Arbeit gefunden. Nach dem Zeitungs-Exitus waren es 75, heute zählt Wullenwever noch 53 Arbeitnehmer. Die allerdings sorgen für einen Umsatz, der etwa viermal so hoch ist wie der vor dem Umzug 1976 ins Lübecker Gewerbegebiet »Buntekuh«.

Lehrlingsalltag: Zwischen Schriftmusterbuch und Brikettbesorgung

Engholms Entscheidung für die Firma Wullenwever ist eher zufällig. Als nach dem gescheiterten Schulversuch das Thema »Lehre« geradezu zwangsläufig auf die Tagesordnung rückt, rät ein kundiger Onkel – ein alter Sozialdemokrat und treuer Leser des *Lübecker Morgen* – ihm zu, dort sein berufliches Glück zu versuchen: »Das ist eine gute Zeitung. Da lernt man was Anständiges.« Engholm bewirbt sich – und bekommt die gewünschte Lehrstelle im Verwaltungsbereich des Betriebes.

Doch schon bald muß er feststellen, daß die kaufmännische Abteilung einer Kleindruckerei nicht gerade seine Welt ist. Der Arbeitsalltag zwischen drei älteren Herren ist eher langweilig, die Abrechnung der Stundenzettel aus der Setzerei monoton, Büroklammer und Aktenablage sind offenbar nicht seine Sache. Überhaupt ist die Palette der beruflichen Aufgaben nach des Lehrlings

Geschmack zu begrenzt. Was hier zu bewältigen ist, befindet der junge Björn, das hat man nach einigen Monaten begriffen. Spätestens von da an ist der Büroalltag trocken und nur noch wenig lehrreich.

Druckereileiter Schnepel zeigt Verständnis für den Neunzehnjährigen und rät ihm zum Wechsel in die Schriftsetzerei. Engholm folgt der Empfehlung; Setzkasten und Druckerschwärze faszinieren ihn mehr als Akten und Abrechnungen.

Überhaupt zeigt sich die Leitung der Druckerei großzügig: Die Ausbildungsmonate im kaufmännischen Bereich des Betriebes werden voll auf die dreijährige Lehrzeit angerechnet. Und auch als es zu einer weiteren Ausfallzeit kurz nach dem Wechsel in die Wullenweversche Satzabteilung kommt, muß die Fehlzeit nicht an den Ausbildungsgang angehängt werden.

Einen Tag vor seinem ersten Lehrlingsurlaub hatten Engholm und ein Freund, mit dem es am nächsten Tag auf dessen erster »Vespa« gemeinsam nach Frankreich gehen sollte, abends noch die Straßenkarten studiert. Auf dem Weg nach Hause, es ist bereits dunkel, läuft plötzlich ein nicht angeleinter Dackel vor den Motorroller. Die beiden Freunde stürzen schwer, und Engholm, der auf dem Sozius gesessen hat, gerät mit seinen Beinen unter das Hinterrad. Der Aufprall ist so heftig, daß er sich einen komplizierten Bruch zuzieht. An Bett und Krücken gebunden, dauert es fast ein halbes Jahr, bis er schließlich wieder an seinen neuen Arbeitsplatz zurückkehren kann.

Der harte Sturz wird ein wenig durch ein für damalige Verhältnisse ganz anständiges Schmerzensgeld abgepolstert. Außerdem ist der Unfall die Ursache für seine spätere Wehruntauglichkeit. Wegen der dabei erlittenen Verletzung wird Engholm nicht zur Bundeswehr eingezogen.

Die Wullenwever-Setzerei dieser Zeit ist, ähnlich wie in vielen anderen Betrieben dieses Gewerbes, ein länglicher Saal, von dem rechts und links die engen Gänge mit den Setzkästen abzweigen. Meistens arbeiten zwei Setzer in einer solchen Reihe, überwiegend Gesellen, die man damals »Gespane«, Gefährten, nennt. Rücken an Rücken stehen sie dort. Und der jeweilige Hintermann ist im Jargon der Setzer der »Arschgespan«. Engholms Arschgespan sollte über eine lange Strecke seines Lehrlingsdaseins sein späterer Mitstreiter bei den Jusos und in der SPD, Rüdiger Möbusz, werden.

Von Angesicht kennen sich die beiden aus schulischen Ruderwettbewerben. Möbusz hat, wie Engholm, das Gymnasium vorzeitig abgebrochen und steht bereits im ersten Lehrjahr, als sein späterer Vorsitzender zum Dienstantritt über den Wullenwever-Hof in Richtung Verlagsgebäude schreitet. »Ich erinnere mich noch ganz genau. Ich guckte von unserer Setzerei runter und sagte: Guck mal, da kommt noch so ein Gymnasiast!« Und diese »Gymnasiasten« sollten die beiden dann auch zunächst bleiben. Eine gewisse Skepsis – »Ihr bleibt doch keine Setzer. Ihr werdet mal was Besseres.« – und gelegentliche Frotzeleien, bei denen man dann befriedigt feststellen kann, daß auch »Gymnasiasten blöd sind«, sind zunächst an der Tagesordnung.

Doch das ändert sich, als man merkt, daß die beiden durchaus in der Lage sind, den Anforderungen des Berufs gerecht zu werden, und auch ansonsten ganz »brauchbare Kollegen« sind. »Schließlich«, versichert Engholms damaliger Chef Schnepel mit Nachdruck, »war der Björn immer ein Mensch mit ausgesprochen kollegialem Verhalten. Der hat nie den Gymnasiasten rausgekehrt oder sich abgehoben.«

Auch bei seinen Mitlehrlingen ist der Umsteiger aus dem Büro des Betriebes relativ schnell wohlgelitten. Kaum ein viertel Jahr im neuen Job, wählt der Wullenweversche Nachwuchs den »Gymnasiasten« zu seinem Jugendvertreter in den Betriebsrat. Aber auch die Erwachsenen im Betrieb zollen dem Neuen schon bald Respekt. Eine Auseinandersetzung mit Lehrmeister Heinz Lebe sollte daran erheblichen Anteil haben. »Ein ganz feiner Kerl«, wie Engholm noch heute nachdrücklich versichert. Aber Lebe hat zunächst seine Probleme mit diesem Lehrling, der nicht nur älter, sondern auch anders ist als jene, die ihm bisher unterstellt waren. Engholm fühlt sich von ihm gegängelt und zurückgesetzt. Die Mahnungen, daß er hier nur Anfänger sei, reizen ihn schließlich so weit, Lehrmeister Lebe anzublaffen, den Kittel auszuziehen und die Sache auszutragen: »Besser jetzt als gar nicht.« Man schaut sich scharf an – es kommt zu keiner Prügelei –, aber von da an verstehen die beiden sich prächtig. Engholm hat deutlich gemacht, wo die Grenzen seiner Bereitschaft zur Unterordnung sind, und das wird offenbar respektiert. Möglicherweise auch, weil er nicht nur einen eigenen Kopf, sondern auch Kraft und eine respektable Körpergröße aufzuweisen hat. Wäre es zu Handgreiflichkeiten gekommen, hätte Lebe »den kürzeren gezogen«, ist sich Engholm noch heute sicher. Aber auch ohne solcherart körperliche Beweiskraft hat Engholm für klare Verhältnisse gesorgt. Der ganze Betrieb hat den Disput miterlebt. Spätestens jetzt gibt es an Status und Stehvermögen des »Gymnasiasten« nichts mehr zu deuteln.

Auch sonst findet Lehrling Engholm Gefallen an dem neuen Job, entdeckt seinen Hang zum Handwerk: »Das war ein ausgesprochen sinnlicher Beruf«, rekapituliert er rückblickend, »eine ganzheitliche, auch gestalterische Arbeit.« Damals, schwärmt er, konnte man noch selbst Titelseiten umbrechen, Bücher machen, Tabellen setzen. »Jawohl – das war ein kreativer Beruf.«

In der Tat sind die Bedingungen dieser Lehre deutlich besser als an vergleichbaren Ausbildungsorten in Lübeck, wie man nicht zuletzt aus Schilderungen von Mitschülern in der Berufsschule erfährt. Wullenwever hat nicht nur einen eigens für die Ausbildung zuständigen Lehrmeister, was in den anderen Druckereien in dieser Zeit keineswegs die Regel ist. Außerdem sind die Auszubildenden – ebenfalls damals nicht allgemein üblich – weitgehend von der Produktion freigestellt. Man hatte »relativ große Narrenfreiheit«, charakterisiert einer der ehemaligen Lehrlinge rückblickend diesen Zustand.

Lediglich in Urlaubszeiten müssen sie vertretungsweise die Arbeit der Gesellen übernehmen und bei Satz und Umbruch der Zeitung helfen. In diesen Jahren sind die wirtschaftlichen Probleme des Unternehmens bereits evident und bleiben auch den Lehrlingen nicht verborgen. Während Engholm in seinem zweiten Lehrjahr vertretungsweise die Sportseite mitzugestalten hat, ist Möbusz dem »Vermischten« zugeteilt. Zu diesem Ressort gehört auch die Seite mit den Horoskopen. Doch der Vertrag mit dem Zulieferunternehmen für die Tagesprognosen ist aus Ersparnisgründen bereits gekündigt. Improvisation ist gefragt, und so obliegt es dem jeweiligen Setzer, aus dem aus rund 120 Einzelhoroskopen bestehenden »Stehsatz« irgend etwas unter die jeweiligen Tierkreiszeichen einzusetzen. Möbusz macht sich ein Vergnügen aus diesem Job. »Ich habe mir immer sehr gute Tageshoroskope gemacht und meinen Feinden, wenn ich deren Geburtsdaten kannte, immer die schlimmsten zugeordnet.« Seinen Glauben an die Welt der Astrologie allerdings verliert der Lehrling in dieser Zeit gründlich und endgültig.

In der Regel aber bekommen die Lehrlinge Themen und Aufgaben abseits vom täglichen Produktionsrhythmus zugeteilt. Zum Beispiel: eine Visitenkarte zu gestalten oder eine Alternative zu einem Buchumschlag zu entwerfen. »Das war anders als in anderen Betrieben. Die wurden gleich immer eingespannt.« Bei Wullenwever hingegen dürfen die »Stifte« sogar Eigeninitiative an den Tag legen. So haben etwa die Lehrlinge Engholm und Möbusz in diversen Schrifttypen herumgestöbert und entwerfen daraus – »aus reinem Spaß an der Sache« – schließlich ein Schriftmusterbuch, das dann tatsächlich für lange Jahre in der Kundenberatung der Druckerei zum Einsatz kommen wird.

Bei den Gesellen im Betrieb sind dieser Art Freiräume nicht durchgängig wohlgelitten. Für sie nämlich heißt das, die Arbeitsplätze selbst aufzuräumen. Die Lehrlinge für die Drecksarbeit herbeizuzitieren ist andernorts üblich, nicht bei Wullenwever.

Eine Ausnahme allerdings gibt es dann doch. Die betrifft das Frühstück der Gespane. Das zu besorgen ist Aufgabe der Lehrlinge im ersten Jahr, und es beinhaltet auch die Erfüllung manch skurriler Wünsche. Für einen der Gesellen, erinnert sich Möbusz, muß er immer Mohrenköpfe und Sauerkraut mitbringen. Eine merkwürdige Mischung, »aber das aß der immer mit großem Genuß«. Ein anderer, »so ein armes Schwein, das sich wohl keine Anlieferung leisten konnte«, orderte jeden Tag drei Briketts für den heimischen Kanonenofen. Ein Job, den Möbusz als der »Dienstältere« an Engholm abgeben kann, als der vom Schreibtisch an die Setzbank wechselt – allerdings nicht für lange. Zufall oder nicht: Am Tag nach der klarstellenden Beinahe-Handgreiflichkeit zwischen Engholm und Lehrmeister Lebe findet sich der nächste, der die Tradition dieser Aufgabe fortzuführen hat.

Der »Beste«: Und dennoch beinahe schon wieder gefeuert

Ja, das habe ihm »der Björn auch später mal gesagt, das mit dem Beinahe-Rausschmiß«, räsoniert Friedemann Schnepel. »Ich selbst hätte das schon längst vergessen. Und daran können Sie sehen«, fügt Engholms ehemaliger Vorgesetzter hinzu, »daß das so bitter ernst damals nicht gemeint war.«

Ein kräftiger Rüffel ist es wohl dennoch, den Lehrling Engholm damals verpaßt bekommt. Mehrfach war er in der Mittagspause verbotswidrig vom Betriebsgelände verschwunden und obendrein zu spät an seinen Arbeitsplatz zurückgekehrt. Was er in dieser Zeit trieb, war Schnepel nicht bekannt. Aber dieser Verstoß wird zumindest mit deutlicher Drohgebärde geahndet. Dabei war die Pausenbetätigung des Lehrlings eher harmlos. Ganz in der Nähe gab es eine Kneipe, wo man für ein paar Mark ein »ganz anständiges Essen bekam«, klärt Engholm seine mittäglichen Extratouren auf. Und dort war er eben zuweilen hingegangen, einfach um eine Mahlzeit einzunehmen.

Die Verwarnung des Vorgesetzten fruchtet jedenfalls. Engholm ist fortan stets pünktlich zurück zum Dienstantritt. Auf die außerbetriebliche Nahrungsaufnahme wird von nun an verzichtet.

Die kleine Episode ist aber auch schon alles, was Engholms Ex-Chef – und auch das nur mit Mühe – rekapitulieren kann, fragt man ihn nach Auffälligkeiten der unangenehmen Art. Ansonsten schwelgen seine Erinnerungen an den Schriftsetzer-Lehrling Björn in Superlativen. Für ihn, der immerhin Generationen von Auszubildenden durch die Lehrwerkstätten von Wullenwever ziehen sah, steht fest: »Das war der beste Lehrling, den wir jemals hatten.« Vom eher desinteressierten Johanneum-Schüler Engholm ist hier für ihn nichts mehr zu entdecken. Im Gegenteil: »Der war motiviert, in keiner Weise faul und von allen der Talentierteste«, schwärmt Schnepel. »Obendrein hatte er auch noch gestalterische Fähigkeiten. Und sein ausgeprägter Sinn für Kunst kommt auch nicht von ungefähr.« Hinzu kommt des jungen Björn ruhige, ausgeglichene, immer überlegte und ausgesprochen kollegiale Art. »Der war nie laut oder arrogant, der hat nie auf den Tisch gehauen. Der hätte auch in jedem anderen Beruf seinen Weg gemacht, wenn er nicht in die Politik gegangen wäre«, ist sich der heutige Wullenwever-Geschäftsführer und erkennbare Bewunderer seines früheren Lehrlings sicher. Tatsächlich, der Eindruck verfestigt sich: Das Persönlichkeitsbild vom Schüler Engholm zum Lehrling Engholm hat einen deutlichen Wandel durchgemacht. Die Gleichgültigkeit eines schulischen Daseins hat einem aufkommenden Interesse und ungewohnter Lernbereitschaft Platz gemacht.

Man akzeptiert ihn im Betrieb als guten Kollegen, sachkundigen Handwerker und sogar als »kleinen Künstler«. Engholm leistet »anständige Arbeit« und gilt bei den Kollegen als zuverlässig. Fleißig und pünktlich sind die »beiden vom Gymnasium« sogar nach gelegentlichen vergnüglichen Nächten. »Selbst wenn wir spät nach Hause kamen«, erinnert sich Engholm, »also um zwei aus dem ›Riverboat‹ raus und vier Stunden später in den Betrieb, haben wir gute Arbeit gemacht.« Hier, um die Ecke seines Gymnasiums, merkt Engholm nach der unfriedlichen Scheidung von der Institution Schule, »wie offen diese Welt« ist, auch wenn ihn die meisten seiner ehemaligen Lehrer und Mitschüler im Setzerkittel nun nicht mehr kennen.

Anders als in der Schule fühlt Engholm sich hier akzeptiert und ernst genommen. Und dieses Gefühl der Anerkennung setzt offenbar die Lernmotivation und das Engagement frei, an denen es bei seinen schulischen Bemühungen gemangelt hat. Warum das am Johanneum nicht in ähnlicher Weise möglich war? Engholms Erklärung für diesen Wandel aus heutiger Sicht klingt gleichermaßen schlicht wie plausibel: »Im Widerstand kann man nichts leisten. Das frißt achtzig Prozent der Kraft.«

Die dreijährige Lehre wird schließlich – durch Anerkennung des kaufmännischen Abschnitts und des Krankheitsausfalls – nach faktisch nur gut zweijähriger Ausbildungszeit mit einer »Eins« im Theoretischen abgeschlossen. Die um einen Punkt schlechtere Benotung im Praktischen ist offenkundig nur auf einen früh entdeckten Reiz der Langsamkeit zurückzuführen. Engholm setzt, nicht zuletzt, weil er mit seiner Muttersprache schon damals ordentlich umgehen kann, zwar fehlerfrei. Aber in die Note fließt maßgeblich ein, wie viele Buchstaben pro Stunde weggeschafft werden. »Und da«, sagt er rückblickend, »war ich nicht so gut«.

Der zweite Weg: Vom Setzkasten zur Studierbank

Gewerkschaft und Betrieb: »Nukleus« einer Politisierung

Wer in jenen Jahren bei »Wullenwever« arbeitet, ist in der Regel auch Parteimitglied. Überwiegend sind die Setzer Sozialdemokraten, einige Kommunisten. In jedem Fall aber gehört man der Gewerkschaft an. Wer nichts mit der Arbeitnehmer-Organisation zu tun haben will, hat einen schweren Stand unter den Kolleginnen und Kollegen – wird gemieden oder auch schon mal aus dem Betrieb »geekelt«.

Den Lehrlingen wird von Anbeginn der Gewerkschaftsbeitrag vom Lohn mit abgezogen. Meistens aber wird man zuvor doch wenigstens gefragt. Lehrling Björn, gerade erst ein paar Tage weg vom Büro und unter den Gesellen der schwarzen Zunft, wird von einem älteren Metteur angesprochen, ob er denn nicht auch beitreten wolle.

Zu diesem Zeitpunkt hat Engholm bereits erste Eindrücke in Sachen praktischer Demokratie und Mitbeteiligung hinter sich. In der kaufmännischen Berufsschule hatte er in das Schülerparlament hineingeschnuppert, war mitverantwortlich für die Schulbibliothek und obendrein bei der Schülerzeitung engagiert. Diese ersten Erfahrungen mit Anfängen von Politik, sich für etwas einzusetzen und mit Lehrern zu diskutieren, das alles motiviert ihn zu mehr. Engholm sagt ja und wird 1959 Mitglied der IG Druck und Papier.

Er beginnt sich gewerkschaftlich zu engagieren und ist bereits nach kurzer Zeit Jugendvertreter im Betriebsrat. Dort lernt er, was eine Betriebsverfassung und Arbeitnehmerrechte, Tarifverträge und Mitbestimmung bedeuten. Er kümmert sich um Arbeitszeiten und Berufsschulwege: Welche Zeiten wie angerechnet werden und ob nach der Berufsschule gegebenenfalls noch im Betrieb gearbeitet werden muß – und vergleichbare Dinge mehr. Dieses gewerkschaftliche Engagement, aber auch die Zusammenarbeit mit Leuten, die am Arbeitsplatz über Politik reden – »was in der Schule nie vorgekommen war«, wie sich Engholm erinnert –, bilden zusammengenommen den »Nukleus« seiner Politisierung.

In der Drucker-Gewerkschaft wird man auf ihn aufmerksam. Uwe Körner, ein Kollege bei Wullenwever und Vorsitzender der Lübecker IG Druck und Papier, der später dann dem Landesbezirk Nordmark vorstehen wird, empfiehlt ihn als Gewerkschafts-Stipendiaten der »Stiftung Mitbestimmung« – der heutigen »Hans-Böckler-Stiftung«. Diese Empfehlung Körners ist offenbar von Gewicht: Zwar muß noch der Hauptvorstand der Gewerkschaft entscheiden und auch die zuständige Kommission des DGB-Bundesvorstandes zustimmen. Aber das ist letztlich kaum mehr als Formsache. Nach allem, »was wir gehört hatten«, erinnert sich die damals für den DGB-Landesbezirk Nordmark zuständige Bildungssekretärin Inge Sommer, »galt Engholm als sehr guter Kollege und war im Betrieb akzeptiert und beliebt«. Er bekommt schließlich die Zusage für ein Stipendium aus jenem Stiftungsfonds, der vor allem aus Gremienbezügen gespeist wird, die Gewerkschaftsvertreter von ihren Aufsichtsratstantiemen für die Bildungsförderung des Nachwuchses abzweigen müssen. Nach knapp einem dreiviertel Jahr Gesellenzeit als Setzer und Metteur bei Wullenwever geht Engholm im Oktober 1962 zum Studium an die Hamburger Hochschule für Wirtschaft und Politik (HWP). Als Berufsziel gibt er damals »Mitarbeit in einer politischen Zeitungsredaktion« an.

Journalistische Leidenschaften: Vom Blattgründer zum Beinahe-Volontär

»Wo immer ich hinkam, hatte Engholm eine Zeitung gegründet«, erzählt Rüdiger Möbusz, Engholms Freund und Lehrlingskollege zu Wullenwever-Zeiten. Die erste dieser Gründungen ereignet sich bereits kurz nach Abbruch der Engholmschen Gymnasialkarriere. Schon in der kaufmännischen Berufsschule engagiert er sich im

Schülerparlament und hebt dort gemeinsam mit anderen das Blatt mit dem Namen *süh mal süh* aus der Taufe. Man will etwas für Lübeck »Typisches« im Titel haben und findet es in dem Ausspruch eines Lübecker Originals – einer Art Nachtwächter, der durch die Innenstadt streift und den Leuten stets dieses »süh mal süh« auf den Weg gibt, was soviel wie »Guck mal«, »Sieh mal« bedeuten soll.

Engholm wechselt mit dem innerbetrieblichen Arbeitsplatztausch bei Wullenwever auch die Berufsschule. Aber auch hier bleibt er seinem Zeitungsengagement treu. Im gewerblichen Bereich gestaltet er die *Parade Zwei*, wie das Blatt dieses Schulzweiges heißt, maßgeblich mit. Im Zeitungsumbruch kennt er sich inzwischen aus und weiß, wie man beispielsweise »Löcher« zumacht. Etwa mit einem Foto von seiner damaligen Freundin Monika: »Einfach, weil das ein hübsches Mädchen war – und die Jungs und Mädchen in der Schule mochten das.« Aber auch inhaltlich trägt Lehrling Björn maßgeblich zum Füllen der Seiten bei. Er schreibt zahlreiche kritische Artikel, etwa in der Weihnachtsausgabe über die Frage, ob denn dieses christliche Fest noch zeitgemäß sei. Tenor des Beitrages: Vom eigentlichen Sinn dieser Feiertage, von Einkehr und Besinnung, sei nicht mehr viel übriggeblieben. Statt dessen dominiere das Vollfressen und Vollkaufen, während in der Dritten Welt Menschen an Hunger stürben.

Die Meinungsäußerung hat ein Nachspiel: Die *Parade*-Ausgabe wird dem Kieler Kultusministerium zugespielt, und das reagiert sofort. Engholms Klassenlehrer Rolf Fischer, als Vertrauenslehrer zugleich für die redaktionelle Kontrolle des Blättchens zuständig, wird von den christdemokratischen Ministerialbürokraten harsch angegangen. Fischer ist ein Erzkonservativer, »der hatte so etwas von einem preußischen General«, charakterisiert ihn ein ehemaliger Schüler. Obendrein ärgert ihn, daß gerade die Lehrlinge aus dem »sozialistischen« Lehrbetrieb »Wullenwever« stets zu den Besten in der Klasse gehörten. Sie malträtiert er besonders gern, bis hinein in das Privatleben. Morgendliche Sprüche zum Unterrichtsbeginn, wie »Na, Engholm, Sie sehen wieder so unausgeschlafen aus. Ich weiß wohl, daß Sie gestern wieder mit Ihrer Freundin im Riverboat rumgemacht haben«, sind in dieser Zeit keine Seltenheit.

Die Lehrlinge wissen nicht sicher, ob er ihnen selbst nachstellt oder sich das Freizeitverhalten seiner Schüler von anderen zutragen läßt. Daß er »irgendwie einen kleinen Tick« hat, darüber herrscht noch heute weitgehend Einigkeit. Gestützt wird diese Auffassung auch dadurch, daß sich Lehrer Fischer ständig auf dem Bahnhof »herumtreibt« und dort zuweilen Ärger mit den Bahnbeamten inszeniert.

Aber der konservative Pauker hat darüber hinaus auch »nihilistische Züge«, wie sich Engholm erinnert. »Der hat immer über alle Dinge mit einem gewissen Sarkasmus gesprochen.« In dieser Angelegenheit jedenfalls stellt Fischer sich voll und ganz vor seinen Schüler Engholm. Er übernimmt die Verantwortung und ficht die Sache mit dem Kultusministerium aus. Engholm hat schließlich keinerlei praktische Konsequenzen aus der Affäre zu tragen. »Am Ende«, so der Schreiber der inkriminierten Zeilen über den leicht skurrilen Vertrauenslehrer, »war der doch immer sehr kooperativ.«

Die Episode bleibt Engholm jedenfalls in guter Erinnerung. Vermutlich trägt sie maßgeblich dazu bei, daß er fast dreißig Jahre später, in seiner ersten Amtsperiode als schleswig-holsteinischer Ministerpräsident, Schulzensur und Lehrerzuständigkeit abschafft. Schleswig-Holstein gehört zu den ersten Bundesländern, die im Schulgesetz die redaktionelle Verantwortung für Schülerzeitungen neu regeln.

Von nun an sind die jungen Blattmacher selbst für ihre Produkte verantwortlich. Für den Ministerpräsidenten und SPD-Parteichef Engholm hat dieser Schritt etwas mit *learning by doing* und mit »Lernen von Verantwortung« zu tun. Das andere Prinzip, das da heißt »Dialog mit der Jugend« oder »Wir reden mal mit denen«, ist aus seiner Sicht schlicht »Quatsch«. Jugendliche, befindet er, müsse man machen und lernen lassen, »was der richtige Weg ist«. Und das bedeute eben auch »Lasten tragen, wenn mal was schiefgeht«. Verantwortung »richtig schulterlich zu spüren, das ist das beste Lernprinzip«. Und seine schleswig-holsteinischen Erfahrungen scheinen ihm recht zu geben: Ernsthafte Probleme mit der Neuregelung der redaktionellen Verantwortung hat es bisher an den Schulen des Landes nicht gegeben, lediglich ein paar kleinere Konflikte, die ernsthaft ausgetragen worden seien. »Die Schüler sind doch alle relativ vernünftig. Wenn einer mal einen verrückten Artikel schreibt, geht davon doch keine Welt unter.«

Auch für den Schüler-Redakteur Engholm geht damals keine Welt unter. Im Gegenteil: Er bleibt dem Metier noch lange treu. Er schreibt weiter für die *Parade* und ist Mitinitiator einer schulübergreifenden Zeitung von gewerblicher und kaufmännischer Berufsschule mit dem Lübecker Friedrich-List-Gymnasium. Sie wird mit einer Auflage von rund 12000 Exemplaren zu der bis dahin wohl größten Schülerzeitung überhaupt.

Später, noch Lehrling, gründet Engholm mit Gleichgesinnten eine Juso-Zeitung. Weil man ohnehin immer etwas anderer Meinung ist als die anderen und obendrein auch innerhalb der Jungsozialisten noch Wert auf Unterschiede in der Bewertung der Dinge legt, nennt man das Blättchen, ganz programmatisch, *Variante*.

Und die Lust am Schreiben findet nicht nur in selbstgeschaffenen Bahnen ihren Weg. Engholm beginnt, für den *Lübecker Morgen* Artikel zu verfassen und finanziert sich später sogar sein Studium teilweise mit Hilfe des journalistischen Handwerks. Vornehmlich für das *Hamburger Abendblatt* schreibt er Reportagen und Features aus dem schleswig-holsteinischen Sportgeschehen. Die Themen kann er sich weitgehend selbst aussuchen. Entscheidend für die Verlagspolitik des *Abendblatts*, das in jener Zeit versucht, auch außerhalb Hamburgs Leserbindungen herzustellen, ist vor allem, daß sich die Regionen Schleswig-Holsteins widerspiegeln. Engholm geht zum Rudern oder Segeln, zum Hand- oder Fußball – auch zum Damen-Fußball nach Ratekau. Wichtig ist neben der regionalen Einfärbung vor allem, daß die Geschichten bunt und ein bißchen originell sind und etwas über die Menschen erzählen. »Ein Trainer, der weint, war immer einen Zehner extra wert.« Rund 30 Mark pro Geschichte und ebensoviel pro Foto erhält er dafür von dem Hamburger Blatt. 60 bis 80 Mark sind es allemal pro Wochenende, im Monatsschnitt fast noch mal soviel wie das gesamte Stipendium. Für Engholm, der diese journalistischen Wochenendtouren damals ziemlich regelmäßig macht, ein anständiges Zubrot, das ihm unter anderem die Finanzierung seines ersten klapprigen Volkswagens ermöglicht. Der Job macht ihm so viel Spaß, daß er gegen Ende seines HWP-Studiums ernsthaft überlegt, ganz in den Schreiber-

Beruf zu gehen. »Ich wollte immer etwas bewegen und glaubte es in diesem Beruf zu können«, sagt er einmal in einem Interview.[1]

1964 bewirbt er sich bei verschiedenen Zeitungen als Volontär und erhält mehrere Zusagen, von der *Hannoverschen Allgemeinen*, der linksliberalen *Bielefelder Freien Presse* und auch vom *Hamburger Abendblatt*. Nur eine Zeitung muß ihm mit Bedauern absagen, weil bereits alle Volontärsplätze belegt sind: die *Frankfurter Rundschau*. Doch selbst die bietet ihm eine Alternative bei einem anderen Verlag an.

Engholm entscheidet sich schließlich anders und setzt nach der HWP sein Studium an der Hamburger Universität fort. Doch auch wenn er letztlich nicht den Weg in den Journalismus einschlägt, bleibt er dieser Neigung noch über lange Zeit treu. Später soll es sich zuweilen auch für seine politischen Ambitionen als praktisch und nützlich erweisen, daß er die Mittel des Journalismus und des gelernten Schriftsetzer-Handwerks beherrscht.

Als die Warschauer-Pakt-Truppen 1968 in Prag einmarschieren, gibt Engholm gemeinsam mit Freunden ein »Extrablatt« des *Lübekker Morgen* heraus. In seiner alten Arbeitsstätte bei »Wullenwever« macht er selbst den Satz und Umbruch für das Protestblatt gegen die Okkupation der Tschechoslowakei. Verleger Geusendam ist zwar angesichts der materiellen Misere des Betriebes nicht begeistert von der Idee, aber da Engholm und ein paar Freunde das ganze Blatt in Eigenarbeit an diesem 21. August produzieren, läßt er die jungen Leute gewähren. »ČSSR von Invasionstruppen besetzt«, lautet die Überschrift über die ganze Breite des Blattes, in dem über die Ereignisse der vorangegangenen Nacht und die internationalen Reaktionen berichtet wird. Engagierte Jusos sowie die Freundinnen und Frauen der Blattmacher übernehmen an diesem für den *Lübekker Morgen* eigentlich druckfreien Tag den Vertrieb. Kaum kommen die »Extrablätter« aus den Maschinen, packen sie die Stapel unter und verschwinden damit zur Verteilung in der Stadt.

Drei Exemplare dieses »Extrablatts« werden über die Zeit gerettet. Eins davon bekommt am 20. Jahrestag, im August 1988, Jiři Pelikan von Gerd Walter bei einer gemeinsamen Veranstaltung zum Thema in der Kieler »Räucherei« überreicht. Walter war damals Volontär beim *Morgen* und ebenfalls an der »Extrablatt«-Produktion beteiligt. Das vorletzte Exemplar schließlich schenkt Björn Engholm im Mai 1992 dem damaligen KP-Chef und Reformer Alexander Dubček, als er zu einem Besuch in der Bundesrepublik weilt.

Studium: *»Exemplarisches Lernen« und »interdisziplinäres Denken«*

Das gewerkschaftliche Ja zum Stipendium der »Stiftung Mitbestimmung« sollte im Leben des Björn Engholm zu einer der entscheidenden Weichenstellungen werden. Ohne diese Möglichkeit, sagt er dreißig Jahre später einmal, wäre er heute wohl nicht Ministerpräsident und SPD-Vorsitzender. Die Alternative ohne die Finanzierung aus den Tantiemen der Arbeitnehmervertreter hätte für ihn bedeutet, im gelernten Handwerk zu verbleiben. »Ich wäre nach der Lehre nie aufs Gymnasium oder Abendgymnasium zurückgegangen, da ich längst absolut schulentwöhnt und wohl auch aus dem ›Schulalter‹ raus war.«[2]

Engholm nutzt die Chance und wird nach der Prüfung als einer von jenen zwanzig in die »Hochschule für Wirtschaft und Politik« aufgenommen, die sich durch eine Prüfung aus der hundertköpfigen Bewerberschar qualifiziert haben. Sein Allgemeinwissen, seine Fähigkeiten im Aufsatzschreiben und seine rhetorische Gewandtheit lassen ihn diese Hürde problemlos überspringen.

Auch mit dem Studienantritt in Hamburg bleibt der knapp 23jährige Erstsemestler seiner Katharinenstraße treu. Er wohnt weiterhin bei seiner Mutter und »pendelt«, meist mit dem Zug, in die andere, fast siebzig Kilometer entfernt liegende Hansestadt. Die von der »Neuen Heimat« zur Verfügung gestellte Studentenbude am Habichtplatz in Barmbek nutzt er nicht. Inge Sommer, die aus Lübeck stammende DGB-Bildungssekretärin und spätere Stadtpräsidentin in Engholms Heimatstadt, ist für die Betreuung der Stipendiaten zuständig. Sie setzt sich dafür ein, daß er als Ausgleich für diesen Wohnraumverzicht 50 Mark zusätzlich zu seinem Stipendium erhält. »Das war zwar nicht ganz korrekt«, sagt sie heute, »aber das wurde damals im Interesse der Studierenden einfach so gemacht.«

Obendrein gibt es auch noch 50 Mark Büchergeld. Was dafür gekauft wird, muß nicht mit Quittungsbelegen nachgewiesen werden. Und so schreibt dann auch Engholm, ebenso wie die meisten anderen Stipendiaten, häufig irgendwelche Fachtitel auf. Tatsächlich aber frönt er mit wesentlichen Teilen dieser monatlichen Bücherpauschale seinen belletristischen und musikalischen Neigungen, kauft Romane und Schallplatten.

Zu den Regularien des von der »Stiftung Mitbestimmung« geförderten Studentendaseins gehören auch regelmäßige Zusammenkünfte, bei denen im allgemeinen auch der Leiter des HWP-Rektorats dabei ist. Vor allem aber trifft man sich mit ehemaligen Stipendiaten und Professoren, die sich mit um die Betreuung des gewerkschaftlichen Nachwuchses kümmern. Bei diesen Gesprächen und gelegentlichen Reisen wird über alles diskutiert, was die Studenten bewegt. Und natürlich will man auch wissen, ob es irgendwelche Probleme gibt. Aber mit Engholm, unterstreicht Inge Sommer, gibt es keine: »Er war ein so glatter Studiengänger, völlig unauffällig und fleißig – sonst hätten wir etwas gehört!«

Jeweils am Ende des Semesters müssen die Stipendiaten darüber hinaus einen Bericht für die »Stiftung« beziehungsweise die betreuende Gewerkschaft schreiben. Dort ist auf sechs bis acht Seiten der Fortgang des Studiums darzulegen, zu berichten, welche Kurse besucht und welche Scheine in dem betreffenden Semester gemacht wurden. Eine nützliche Einrichtung, befindet Engholm, sich ein paar Gedanken zu machen, was man denn in dem abgelaufenen Halbjahr geschafft hat. »Ich wünschte, meine Kinder würden das auch so machen.«

Die Hochschule für Wirtschaft und Politik hat sich in dieser Zeit bereits weitgehend aus der gewerkschaftlichen Tradition der ehemaligen »Akademie für Gemeinwirtschaft«, wie sie zunächst hieß, gelöst. Engholm studiert hier im bereits 15. Lehrgangsjahr, »und da war das eigentlich schon eine richtige Hochschule«. An ihr lernt er nach eigener Einschätzung ungefähr genausoviel wie später in den ganzen Jahren an der Universität. Das Arbeitspensum ist streng: Zwischen 32 und 36 Stunden die Woche müssen die Fachhochschüler die Studienbank drücken und Buchhaltung und Volkswirtschaftslehre, Mathematik und Politische Wissenschaften büffeln.

Insbesondere in den ersten drei Monaten ist das ein »Bimskurs«, in dem das kleine Wirtschafts-Einmaleins gepaukt wird: Bilanzen, Buchhaltung und ähnliche Grundlagen, die bei Engholm nicht die allergrößte Lernbegeisterung wecken. Aber er hat eine nette Nachbarin, eine »gute Kollegin aus der Nordheide«, und die ist gelernte Buchhalterin von Beruf und kann das alles aus dem Stand. »Ich habe ihr immer das, was in Deutsch und Literatur und in anderen Dingen notwendig war, rübergeschoben. Und sie hat mir die Buchhaltungsgeschichten gemacht. Da sind wir gut über die Runden gekommen.«

Engholm lernt eine Menge in diesen zwei Jahren. An besonderen Qualifikationen aus dieser Zeit zählt er auf: »Exemplarisches Lernen statt stupider Wissensspeicherung und interdisziplinäres Denken, also etwa Mikro- und Makroökonomie, Recht und Soziologie, Ökonomie und Recht im Verhältnis zu politischen Systemen etc. Typisch waren aus meiner Sicht die eher gleichberechtigte Begegnung von Lehrern und Studenten, die starke Verbindung von Praxis und Theorie, die sehr starke soziale, solidarische Motivation, auch die rationelle Arbeitsbewältigung.«[3]

Der Abschluß nach zwei Jahren, Ende 1964, ist so erfolgreich, daß sich Engholm entschließt, nicht, wie ursprünglich geplant, ins Berufsleben zu gehen. Statt dessen wird weiter studiert: Politologie, Soziologie und Volkswirtschaftslehre an der Universität in Hamburg. Aber er kapriziert sich nicht ausschließlich auf diese Fächer. Nebenbei hört er Vorlesungen in Psychologie und Anthropologie oder Professor von Weizsäcker über den Philosophen Platon. Er ist inzwischen längst zu der Einsicht gelangt, »daß Wissen freier macht, kreativer, gestaltungsfähiger«. Seine Neugier und die Lust auf mehr Wissen motivieren ihn zu immer wieder neuen Ausflügen in andere Fakultäten.

Auf dem Campus und den Straßen der großen Städte meldet sich in diesen Jahren immer stärker die Opposition gegen das Establishment in Staat und Gesellschaft und nicht zuletzt in der Hochschule zu Wort. Der Protest gegen den Vietnamkrieg eint weite Teile der Studentenschaft in der ganzen westlichen Welt. In der Bundesrepublik formiert sich darüber hinaus der Widerstand gegen Notstandsgesetzgebung und Bildungsmisere. Die entstehende außerparlamentarische Opposition, die APO, vertritt kraftvoll ihre Parolen auf der Straße. In den Universitäten wird der rebellische Geist dieser sechziger Jahre vor allem vom Sozialistischen Deutschen Studentenbund, dem SDS, organisiert.

Engholms Verhältnis zu dieser Bewegung ist eher ambivalent. Zum einen teilt er viele der Ziele der Studentenbewegung, zum anderen ist er inzwischen längst Mitglied der Sozialdemokratischen Partei und vertritt einen eher reformerischen Politikansatz. »Ich bin nie so ein praktischer Achtundsechziger gewesen. Ich komme ja aus der Praxis und bin nie nur mit den Theorien von Adorno und Horkheimer groß geworden. Ich hatte was Handfestes vorher gemacht, und deshalb waren mir manche der damaligen Kommilitonen etwas zu jugendlich, etwas zu vandalisch. Also, ich war einfach schon ein Stück älter und handfester. Aber für die Freiheit von vielen Völkern dieser Erde habe ich vor manchem Generalkonsulat in Hamburg demonstriert.«

Er demonstriert gegen die Apartheid in Südafrika ebenso wie für ein freies Nicaragua, »wie ich ohnehin mein halbes Leben für die Autonomie der Völker meine Faust gehoben habe«. Aber wichtig ist ihm bereits in dieser Zeit die Erkenntnis, daß Ideen nur taugen, wenn sie umsetzungsfähig gemacht werden, in einen reformerischen Prozeß einfließen. Für ihn macht es nur wenig Sinn, wenn richtige Forderungen nicht in eine Partei, in einen Antrag einfließen und von dort in praktische Politik transportiert werden. »Es muß ja eine Umsetzungsschiene geben«, lautet sein praktisch-politisches Credo damals wie heute. »Die Leute wären ja hochgradig frustriert, wenn die Ziele immer höher gesteckt werden und es ist nichts davon hinterher realisiert. Ich habe früh begriffen, daß Dinge sich nicht von selbst materialisieren. Eine gute Idee aufs Plakat zu bringen oder eine gute Rede vor dem Springer-Verlag – wo ich auch gesessen habe – heißt noch nicht, daß sich in der Gesellschaft etwas verändert.«

Mit einem warmen Gefühl im Bauch nach Hause zu gehen und vier Wochen später festzustellen, daß die Welt völlig identisch geblieben ist, widerspricht seinem politischen Grundverständnis. Engholm setzt auf Reformen: »Man kann nicht wunderschöne revolutionäre Reden halten, wenn hinterher sich nicht wenigstens zehn Prozent davon umsetzt, dann wird die Enttäuschung ein paar Jahre später riesengroß sein.«

Er bewundert in diesen Jahren die politische wie charismatische Potenz eines Rudi Dutschke. Der Studentenführer bringt aus seiner damaligen Sicht das zum Ausdruck, was John F. Kennedy auf der anderen Seite in den »großen Staatsgeschäften« verkörpert, nur eben »viel kecker, viel frecher, viel weiter abweichend von der bisherigen Norm«. Die Bewunderung relativiert sich allerdings, als Dutschke während des Prager Frühlings in der damaligen ČSSR, die auch Engholm in dieser Zeit des Umbruchs besucht, vor Prager Studenten eine Rede hält. Daß Dutschke dort der Studentenbewegung Anweisungen und Ratschläge gibt, wie die Tschechen und Slowaken modernen Sozialismus zu gestalten haben, findet Engholm mehr als vermessen. Wie kann jemand, der mit einem puren Theorieansatz von der Hochschule kommt und noch nie ein praktisches Problem zu bewältigen hatte, daherkommen und Menschen in einer revolutionären Phase Ratschläge geben, wie sie die Dinge handhaben sollen, fragt er sich.

Dennoch bleibt Dutschke für ihn, wegen seines »humanitären Backgrounds«, eine der zentralen politischen Figuren jener Phase des gesellschaftlichen Umbruchs. Vor allem auch deshalb, weil er für ihn nicht zu der Riege beinharter Dogmatiker zählt, von der weite Teile der Studentenschaft dominiert werden. Dogmen, so befindet Engholm, können dazu beitragen, Verkrustungen aufzubrechen, nur dürften sie nicht zur Totalität für alle Zeiten erhoben werden. »Es kann ein absoluter Wert, ein Dogma, konstruiert werden, um ein Bollwerk zu durchbrechen. Es darf aber hinterher nicht, was im Theoretischen entstanden ist, für alle Menschen gültig gemacht werden, ob die es wollen oder nicht.« Und solche Verhaltensweisen findet er in diesen sechziger Jahren in der rebellierenden Studentenschaft nur allzuweit verbreitet. Abschreckend ist für ihn vor allem die teils rüde, schlimme und besserwisserische Behandlung von Professoren – insbesondere, daß Hochschullehrer bis hinein in die links-humanistische »Frankfurter Schule« in Seminaren und auf Großkundgebungen niedergemacht werden. »Ich habe das in Hamburg miterlebt, daß hochanständige Leute, Linksliberale, die man eigentlich braucht, damit sich ein Betrieb wie die alte Hochschule neu formiert, auf eine ganz schlimme Art verprellt worden sind. Und immer da, wo die Grenze zum Totalen und zur Totalisierung der Wahrheit überschritten worden sind, habe ich mich innerlich abgekehrt.«

Nach rund vier Jahren Universität kehrt Engholm der Alma mater den Rücken. Doch diese Trennung soll nur eine vorübergehende sein. Drei Jahre später kommt er, für drei Semester und um sein Studium mit dem dazugehörigen Diplom abzuschließen, an die Hamburger Hochschule zurück.

Lübsche Karriere: Ein Juso für den Bundestag

Parteieintritt: Der Basis die Literatur-Leviten lesen

Als Björn Engholm 1962 knapp 23jährig in die SPD eintritt, haben bereits der Genosse Trend und das Prinzip Hoffnung in den sozialdemokratischen Reihen Platz genommen. Die Bundestagswahl im vorangegangenen Jahr hatte den Sozialdemokraten und ihrem Spitzenkandidaten Willy Brandt mit seinem nach amerikanischem Muster geführten Wahlkampf einen satten Zuwachs von fünf auf 36,2 Prozentpunkte eingebracht. In den Länderparlamenten zieht die SPD bei den Urnengängen der Jahre 1961 bis 1963 mit durchschnittlich 43,3 Prozent sogar an der CDU (42 Prozent) vorbei – und mausert sich zur wählerstärksten Partei im Lande.

Der Parteitag von Hannover 1960 hatte offenbar erfolgreich zur Wählbarkeit der Sozialdemokraten beigetragen. Die Reform von Godesberg war, wie der Sozialwissenschaftler Theo Pirker kommentiert, an der Leine »noch um einen Grad weitergetrieben worden«.[1] Und zwar um einen Schritt nach rechts, hin zur Mitte. Die Bejahung der Nato gehört nun ebenso zur erneuerten Programmatik wie die Forderung nach einer »Deutschen Volksaktie« zur Vermögensbildung und – mit Blick auf die Union – das Versprechen einer »Politik der Redlichkeit, der Sachlichkeit, der Zusammenarbeit, des Ausgleichs«.

Björn Engholm ist zu diesem Zeitpunkt schon zwei Jahre als Jungsozialist registriert. Der Beitritt zum sozialdemokratischen Nachwuchs ist damals nicht automatisch mit einer Mitgliedschaft in der Partei verbunden. Schon als Lehrling war er zu den Jusos gelangt, motiviert vor allem durch seine Aktivitäten im Schülerparlament der Berufsschule. Dort lernt er Mitschüler kennen, die bereits in Parteien organisiert sind. Zunächst schnuppert er bei den Jungdemokraten hinein. Sie sind die »netteren Typen, linksliberal und locker«, während sich die »Junge Union« für ihn schon damals so darstellt, »wie sie heute ist«. Aber es bleibt bei dem nur kurzen Kontakt mit der freidemokratischen Jugend, ohne daß Engholm – wie er sagt – »ernsthaft in deren Fänge« gerät, ohne also dort Mitglied zu werden.

Eine der ersten Taten in den jungsozialistischen Reihen ist die Gründung eines Literatur-Arbeitskreises. Während die frühen Genossen stets über große politische Entwürfe und die Veränderung der Welt debattieren, fragt er immer wieder nach, was sie denn überhaupt schon gelesen hätten. Und weil das so viel nicht ist, sagt der frischgebackene Jungsozialist und Vielleser Engholm: Wir holen das nach und machen einen Literatur-Arbeitskreis. Ein ganzes Jahr lang hält dieser Lese- und Debattierzirkel, in dem man sich mit Gerhart Hauptmann und den Fragen des Naturalismus ebenso beschäftigt wie mit aktueller Literatur. Zum Beispiel mit den Werken des jungen Enzensberger.

Engholm ist hungrig nach Lesbarem verschiedenster Art. Er bekommt in dieser Zeit zum ersten Mal »Die Abenteuer Tom Sawyers« von Mark Twain in die Hände, der bis heute zu seinen Lieblingsautoren zählt. Er liest Camus, Steinbeck und Sartre, der damals bei einem kleinen Kreis von Leuten in Deutschland *en vogue* ist. Der Philosophie und Romanen gehört sein Interesse, weniger der politisch-gesellschaftskritischen Lektüre. Das meiste liest er, weil es ihn interessiert und weil es in der Schule nicht angeboten wurde, manches auch, weil es gerade »chic« ist und man ja mitreden will. Hin und wieder mal ein kluges Zitat fallenzulassen macht sich gut, »ist aber auch legitim, wenn man das gelesen hat«, befindet Engholm.

Seine Vermittlungsbemühungen in die Reihen der Jungsozialisten hinein beschränken sich aber nicht auf die Literatur allein. Früh fängt er an, die Inhalte seines zweiten Bildungsweges in die Parteiorganisation weiterzutragen. In der *Variante*, dem jungsozialistischen Informationsblatt, erklärt er, was Mindestreserve und Diskontpolitik sind, oder schreibt Artikel über die Politik der Bundesbank. Die anderen, so befindet er, haben zwar große Flausen im

Kopf, aber von Wirtschaftspolitik keine oder nur wenig Ahnung. Sukzessive setzt er um, was er auf der Studierbank erarbeitet, und bringt sein Wissen unter die Leute.

Sehr schnell wendet sich Engholm auch an Interessierte außerhalb der Partei. Kaum hat er ein Semester hinter sich, bietet er an der Lübecker Volkshochschule Kurse unter dem Titel »Volkswirtschaft I« an. Ein riskantes Unternehmen, aber da die Besucher dieser Kurse von Wirtschaftswissenschaften noch weniger Ahnung haben als er, reichen seine Erstsemester-Kenntnisse aus, um Grundlagen zu vermitteln und die »Kreislauf-Theorie« zu erklären. Engholm bringt es neben ein paar Mark und interessanten Gesprächen eine Menge an Erfahrungen. Er verinnerlicht in dieser Unterrichtssituation viel von dem Stoff, den er vorher teils nur abstrakt gelernt hat. Manches von dem, was in den Volkshochschulkursen von den Teilnehmern gefragt wird, geht ihm selbst erst in diesen Diskussionen auf. Natürlich ist diese frühe Parallelschaltung von Lehren und Lernen »riskant, aber zugleich fröhlich«, sagt Engholm rückblickend.

Erste »Dozenten-Erfahrungen« hatte er schon zuvor in der gewerkschaftlichen Fortbildung sammeln können. Schon früh steigt er als »Teamer«, vor allem bei Jugendbildungsmaßnahmen der IG Metall und der IG Chemie, ein. Unmittelbar nach Studienbeginn hatte man den Gewerkschafts-Stipendiaten nach der Bereitschaft zu einer solchen Mitarbeit gefragt. Und da neben freier Kost und Logis bei diesen Wochenendseminaren auch noch ein paar Mark für Engholm herausspringen, fällt die Zusage nicht schwer.

Auf der »Passat«, einer in Travemünde liegenden Viermastbark, in Lütjensee und anderen gewerkschaftlichen Bildungsstätten wird mit jungen Gewerkschaftskollegen gesellschaftliche Wirklichkeit analysiert. So etwa am Beispiel der Reproduktion dieser Wirklichkeit in den Medien: Mit Schere und Kleber basteln die Seminarteilnehmer jeweils aus einem Stapel von Illustrierten Collagen zum Thema »Arbeitswelt« und deren Widerspiegelung in den bunten Bildern der Zeitschriften zusammen. Anhand der geschnittenen und geklebten Ergebnisse wird analysiert und diskutiert: Warum kommen »Blaumänner« in diesem Abbild der Wirklichkeit nicht vor?

Warum sehen die Menschen auf den Bildern fast immer fröhlich und braungebrannt und fast nie abgearbeitet aus? Kurzum: Gesellschaftskritik mittels Medienanalyse. Und auf dieser Grundlage wird dann auch über die eigene Lebenswirklichkeit diskutiert – über Gewerkschaften, Tarife und Arbeitskämpfe, auch über theoretische Elemente von Gesellschafts- und Wirtschaftspolitik. Und das, sagt Engholm im nachhinein, »war lehrreich, auch für mich selbst«.

Intensiv und über längere Zeit aber setzt er vor allem sein Engagement an der Volkshochschule fort. Gesellschaftspolitische Themenbereiche kommen zu den volkswirtschaftlich orientierten Kursangeboten hinzu, so etwa ein Doppelkurs unter dem Titel »Vietnam – Geschichte eines Konflikts«, eins der bewegenden Themen dieser Zeit. Ein »Erweckungsthema«, wie Engholm sagt, mit dem die erste Identifikation mit der Dritten Welt entsteht. Zum ersten Kurs melden sich über 120 Teilnehmer an, er muß geteilt werden. Zwei Termine pro Woche also zu diesem Thema, und das dreimal hintereinander – der Informationsbedarf der vorwiegend jungen Leute in diesem Weltkonflikt ist immens.

Schon früh hat sich Engholm mit diesem Themenbereich beschäftigt und verschiedene Bücher der frühen »Achtundsechziger« über Neokolonialismus gelesen. Aus der Stadtbücherei besorgt er sich ferner das, was über Laos und Kambodscha und andere Länder dieser asiatischen Region zu finden ist. Als er seinen Volkshochschulkurs beginnt, hat er bereits eine Tour mit Diskussionen und Vorträgen zum Thema »Vietnam« in den Parteidistrikten, wie die Ortsvereine damals noch heißen, hinter sich.

Der Juso-Chef: Anfänge eines in Ämter Gedrängten

Knapp fünf Jahre ist Engholm Juso, drei Jahre in der SPD und in dieser Zeit hinreichend aufgefallen, als ihm 1965 der Vorsitz der Lübecker Parteijugend angetragen wird. Amtsinhaber Egon Hilpert rückt in die Lübecker Bürgerschaft auf und will deshalb nicht mehr kandidieren. Er schlägt den Genossen Björn zu seinem Nachfolger vor. Hat er damals Lust, in diese Funktion zu rutschen, oder wird er eher bedrängt? Natürlich letzteres, kommentiert Engholm diese Frage lachend und dennoch nicht ganz unernst: »Ich wurde immer gedrängt in meinem Leben. Die Frage wollen wir jetzt ein für allemal beantworten. Die müssen wir nicht immer wieder stellen.«

Wer ihn da gedrängt hat, weiß der ehemalige Juso- und heutige SPD-Vorsitzende nicht mehr so genau. Aber: »Die Leute haben alle gesagt: Mit dir geht das am besten. Und das ist ja auch eine feine Art, wenn einen die Leute wollen. Besser, als wenn man sich gegen deren Willen aufdrängen muß.«

Die jungsozialistische Basis drängt massenhaft. Es sind die Jahre, in denen die Parteien – die SPD vorneweg – noch mächtig Zulauf bei der Jugend des Landes finden. In Lübeck ist das ganz besonders der Fall. Rund 150 Leute kommen im Großen Saal des Hotels »International« gegenüber dem hansestädtischen Hauptbahnhof zum Wahlabend zusammen, an dem Hilpert offiziell den Kandidaten Björn vorschlägt. In dem von Spiegeln und Lüstern geprägten Ambiente des barocken Hotelsaals gibt es zwar zaghaften Protest eines einzelnen, aber nicht etwa an der Person des Kandidaten. Lediglich daß die Basis keine Wahl bei der Wahl hat und nur ein Kandidat präsentiert wird, ist Anlaß für zaghaftes Murren. An der Grundstimmung ändert das nichts: Engholm wird – nahezu einstimmig – zum Lübecker Juso-Chef gekürt.

Der Neue sorgt für Bewegung im jugendlichen Parteivolk. Schon früh mahnt er seine Vorstandskollegen, bloß nicht im »eigenen Saft« zu schmoren und ohne Einfluß in der Gesamtpartei zu bleiben. Wer der SPD noch nicht beigetreten ist, wird aufgefordert, das nachzuholen, damit »der Laden politisch umgekrempelt werden kann«, wie sich einer der ehemaligen Juso-Vorständler dieser sechziger Jahre erinnert: »Wir bekamen sozusagen Order, erst in die Partei einzutreten und dann für die Ortsvereinsvorstände zu kandidieren. Und das hat auch geklappt. Alle waren plötzlich in der Partei und die meisten auch in Parteifunktionen.«

Die Jusos in den Distrikten sorgen unter anderem dafür, daß ihr Lübecker Vorsitzender als Referent zu den Mitgliederversammlungen geladen wird. Eins der Themen, die die Jungsozialisten besonders umtreiben, ist die »innerparteiliche Demokratie«. Engholm versucht in den Diskussionen zu vermitteln, was sich die Jungsozialisten darunter vorstellen. Einer seiner Lieblingstermini, so schildert ein Vorstandskollege aus Juso-Zeiten, ist die »Oligarchie«, ein Begriff, der immer wieder auftauchen wird. Aber Engholm sorgt nicht nur mit schönen Worten, sondern auch in der Sache für Aufmerksamkeit. »In einem dreiviertel Jahr«, erinnert sich Rüdiger Möbusz, »war er durch die ganze Partei durch. Und alle hatten irgendwie begriffen, daß es mit der innerparteilichen Demokratie nicht so war, wie es sein sollte, und dann wurde die Satzung geändert. Da wurden dann obendrein auch Leute abgewählt und jüngere in Parteifunktionen gesetzt. Das heißt: Seine Vorstellung von Veränderung der Partei mit ein paar Leuten hatte hundertprozentig funktioniert.«

Engholms Führungsposition innerhalb der Jungsozialisten ist unumstritten. Sein Stil ist nicht autoritär, charakterisiert ihn der damalige Juso Reinulf Aniol, aber »deutlich dominant«. Seine Meinung wird geachtet und gilt. Und er schafft es stets, diese Meinung auch durchzusetzen. Fast nie hört man dabei ein lautes Wort von ihm. Er haut nicht auf den Tisch, sondern wirkt überzeugend, greift allenfalls zum Mittel der Ironie, wenn einzelne seinen Argumenten nicht folgen mögen. Unisono beschreiben ihn seine politischen Mitstreiter aus jener Zeit als »eindeutig links«, als programmatisch, argumentativ und rhetorisch brillant. »Engholm war in jeder Diskussion Meinungsführer«, sagt Rüdiger Möbusz in Erinnerung an die gemeinsame Juso-Zeit, »selbst gegenüber unserem Kreisvorsitzenden Geusendamm oder dem Landtags- oder Bundestagsabgeordneten. Die hat er alle in die Tasche gesteckt. Und zwar so, daß er Alte wie Junge eingebunden hat. Der hat sogar rechte Sozialdemokraten überzeugt und meistens ein breites Bündnis hinbekommen.« Engholm ist die unumstrittene Führungsfigur im jugendlichen Parteivolk der Hansestadt.

Aber nicht nur durch Reden, vor allem durch Handeln müßten die Jusos auffallen, lautet die von Engholm ausgegebene Devise. Die Führung der Jungsozialisten versucht sich mit Erfolg an der Verlebendigung der Partei. »Wir haben das gemacht«, so Engholm, »was wir heute wieder viel mehr machen müßten: Wir haben Leute von draußen reingeholt und uns geöffnet. Wir haben Referenten und nicht Konfirmations- und Sonntagsredner reingeholt.« Zum

Beispiel laden die Jusos in dieser Zeit den in Hamburg geborenen DDR-Schriftsteller Hermann Kant nach Lübeck ein. Der liest aus Büchern, von denen die meisten noch nichts gehört haben. Und die Teilnehmer dieser Lesung sind beeindruckt, manche begeistert. Politisch ist Hermann Kant zwar ein *hardliner* des DDR-Systems, aber seine Literatur und seine intelligente und rhetorisch packende Analyse der Genesis der DDR hinterlassen Wirkung. Und er ist in jedem Fall eine historisch interessante Figur, die viele Neugierige in die Juso-Veranstaltung zieht.

Solche *outsider* oder auch nur innerparteiliche Querdenker werden aus verschiedenen Bereichen zu Veranstaltungen nach Lübeck geholt. Unter ihnen finden sich Wissenschaftler wie Hartmut von Hentig oder der Hamburger Wirtschaftsprofessor Ortlieb, also keineswegs nur solche, die der SPD nahe oder links von ihr stehen. »Wir hatten fantastische Versammlungen in Lübeck«, schwärmt Engholm, »und wir waren ein Ticket von wirklich ganz guten zehn oder fünfzehn Leuten bei den Jusos. Das ist für die Zeit und für die Stadt wirklich eine Menge. Und alles keine Spinner, sondern wirklich harte Arbeiter, die auch was getan haben. In Lübeck war das wirklich eine quantitativ wie qualitativ ganz starke Truppe.«

Ehe und Familiengründung: Am Anfang war das »Riverboat«

In dieser »Truppe« stimmt weitgehend auch die »Chemie«. Einige kennen sich schon seit Jahren, aus den Anfängen der Juso- oder – wie Engholm und Möbusz – sogar aus der Lehrzeit. In den frühen Twenjahren ist vier oder fünf von ihnen darüber hinaus mit Engholm der Besitz eines Motorrollers gemein. Entweder fährt man »Vespa« oder, wie Engholm, eine »Lambretta«. Für Engholm ist seine »Lambretta« vor allem notwendiges Transportmittel für die Zeit von April bis Oktober, um nach Travemünde an den Strand zu kommen. »Da konnten die Schlangen auf den Straßen ruhig lang sein. Man fuhr einfach an ihnen vorbei, auch auf dem Radweg.«

Am Travemünder Ostseestrand haben die Jugendlichen in der Regel die ganze Saison über gemeinsam einen Strandkorb gemietet, meistens mit einem ganzen Dutzend von Leuten, von denen einer dann jeweils die obligate Kurtaxe bezahlt. Immer wenn der Kurwächter zur Kontrolle anrückt, bleibt einer von ihnen im Strandkorb sitzen, um brav das Billet vorzuweisen, während die anderen sich, bis die Gefahr vorüber ist, zum Baden in die Ostseewellen verdrücken.

Aber neben dieser »Transportfunktion«, räumt Engholm ein, war so eine Vespa oder Lambretta in jenen Jahren natürlich auch »chic«. »Jede Freundin verliebte sich zunächst in meinen Motorroller mehr als in mich.« Seiner ist hellblau, und diese Fortbewegungsmittel sind damals ein Statussymbol der etwas schickeren, bürgerlichen Jugend – in England, wo sich die gepflegt frisierten Parka-Träger, die Motorroller-»Mods«, auf der einen und die in Leder und Jeanskutten gestylten Motorrad-»Rocker« auf der anderen Seite regelrechte Straßenschlachten liefern, mehr als hierzulande.

Tatsächlich erinnern sich noch heute Gleichaltrige an jene Lübekker »Vespa- und Jazz-Scene« der frühen sechziger Jahre, zu der damals eben auch Engholm gehört. Aber das Fortbewegungsmittel ist es dann wohl doch nicht vorrangig, was die Herzen der Lübschen Mädels für den schlank gewachsenen, dunkelhaarigen und äußerlich stets adretten Björn aufgehen läßt. »Frauen flogen schon immer auf Engholm«, versichert einer der jungsozialistischen Mitstreiter jener Jahre, »die konnte er sich aussuchen, wenn er wollte.« Und ein anderer erinnert sich an »mindestens drei Freundinnen von Björn – die waren alle groß, blond, schlank und schön«.

1961 aber trifft Björn auf Barbara. Wo anders als im »Riverboat« lernen sich die beiden durch gemeinsame Freunde kennen. Barbara lebt zu dieser Zeit noch in Braunschweig, ist dort Schülerin, aber häufig zu Besuch bei Freunden und Bekannten in der Hansestadt. Die gebürtige Hamburgerin, die in Soltau, in der Lüneburger Heide, aufgewachsen ist und später im niedersächsischen Wolfenbüttel und in Braunschweig lebt, fühlt sich in Lübeck so wohl, daß sie nach dem Schulabschluß ihren Wohnsitz dorthin verlegt. Wie der Zufall es will, ist ihre neue Wohnung nur wenig von der Katharinenstraße entfernt. Sie arbeitet zunächst in einer Hamburger Werbeagentur und pendelt – wie Björn – täglich per Bahn zwischen

Wohnstätte und Arbeitsplatz hin und her. Häufig sitzen die beiden im selben Zug.

Doch zu Anfang besteht zwischen den beiden ein nur freundschaftliches Verhältnis. Sowohl Björn als auch Barbara, die Tochter eines Offiziers und einer Künstlerin, Nichte der im Frühjahr 1993 verstorbenen Tänzerin Gret Palucca, sind noch anderweitig »liiert«. Außerdem ist sie zu diesem Zeitpunkt wenig an Politik und damit auch an Björns diesbezüglichen Aktivitäten interessiert.

Aber irgendwann geht sie dann doch mit zu den Juso-Sitzungen. Die »Strauß/*Spiegel*«-Affäre erlebt damals gerade ihren Höhepunkt und trägt dazu bei, daß auch Barbara sich zunehmend für die politischen Verhältnisse im Lande interessiert. Dennoch sind ihr die Sitzungen der sozialdemokratischen Nachwuchsriege nicht ganz geheuer. Mit Parteiarbeit hat sie im Prinzip »nichts am Hut«, und das Duzen der Genossinnen und Genossen bleibt der Tochter aus gutbürgerlichem Elternhaus doch eher fremd.

Aber der Kontakt zu Björn wird intensiver. Bei einer Juso-Fahrt nach Kopenhagen »passiert« es schließlich. Am Ziel angekommen, steigt die lübsche Reisegruppe aus – auch Björn und Barbara. Doch die beiden steigen kurz danach gleich wieder ein und fahren zurück zum Ausgangspunkt. An diesem Ausflugstag 1962 hat es »geknallt«, erzählt Barbara Engholm, »und dann ging alles sehr schnell«.

Zwei Jahre später wird in Lübeck geheiratet. Zunächst wohnt das junge Paar bei Björns Mutter in der Katharinenstraße. Doch als weitere zwei Jahre später die erste Tochter geboren wird, der die jungen Eltern den Namen Kerstin geben, werden die räumlichen Verhältnisse doch ein wenig eng. Die junge Familie verfügt dort nur über ein Zimmer, das zwar relativ groß, aber vom Wohnraum der Großmutter nur durch eine Schiebetür getrennt ist.

Sie mieten schließlich eine eigene kleine Neubauwohnung in der Fridtjof-Nansen-Straße. Und weil Björns bescheidenes Stipendium von 390 Mark monatlich – trotz des journalistischen Zubrots – nicht sehr weit reicht, »jobbt« Barbara für den Familienunterhalt mit. Unter anderem arbeitet sie in der Schuhabteilung eines Kaufhauses. Das angenehmste dieser befristeten Beschäftigungsverhältnisse aber ist eine halbjährige Tätigkeit bei einer finnischen Reederei. Nicht nur, weil dieser Job für damalige Verhältnisse ordentlich bezahlt wird. Das Schönste ist, daß sie zum Abschluß eine Freifahrt geschenkt bekommt – und mit der Familie Urlaub machen kann.

Nominierungs-Prozedur: Kandidat wider Willys Willen

Die Begehrlichkeiten der hansestädtischen Damenwelt werden durch die Eheschließung des Jungpolitikers offenkundig nur gedämpft gebremst. Eine der Frauen, die nach den Beschreibungen eines anderen Juso-Aktivisten jener Jahre »heillos in ihn verliebt gewesen sein muß«, ist die Wirtin des »Theater-Restaurants« in der Bäckergrube. Eine junge Frau, die angesichts ihrer Attraktivität in der Scene schlicht »Königin der Nacht« genannt wird. Immer wenn Engholm nach den abendlichen Sitzungen mit einer kleinen Gruppe, dem harten Kern der lübschen Jusos, vorbeikommt, eilt sie diesen Schilderungen zufolge schnurstracks in Richtung Musikbox, um dort Björns Lieblingslied zu drücken. Eine Zeitlang ist das »Yellow Submarine« von den Beatles, später dann der Schmachtfetzen »Je t'aime«.

Engholm und Mitstreiter kreuzen durchaus häufig im »Theater-Restaurant« auf. Meistens ist es die zweite gastronomische Etappe im politischen Nachbearbeitungsprogramm. Als erste Station nach den Sitzungen dient in aller Regel die nur wenige Meter entfernt liegende »Theater-Quelle«, gleich hinter dem Lübecker Musentempel. Hier, bei einer älteren molligen, sympathischen Wirtin, bei der die Getränke- und Essenspreise ausgesprochen günstig sind, ist der Scene-Treffpunkt der Jungpolitiker. Neben den Jusos sind es vor allem Jungdemokraten, die diese Kneipe frequentieren. Erst, wenn hier die Stühle hochgestellt werden, wechselt man auf die andere Straßenseite in das länger geöffnete »Theater-Restaurant«.

Bis zu drei- oder viermal pro Woche finden solche abendlichen Ausflüge statt. Und meistens, so berichtet einer von ihnen, wird in den Kneipen noch kräftig »gekungelt«, wie die nächsten politischen Schritte aussehen sollen. Häufig geht das bis zwei Uhr morgens.

Hier, an einem der Stammtische der Nachwuchspolitiker, kommt wohl irgendwann die Frage auf, ob und wie die Jungsozialisten in der Debatte um die Nominierung des Bundestagskandidaten für die Wahl 1969 initiativ werden sollen. Innerhalb der Lübecker Partei herrscht eine gewisse Unzufriedenheit über den Platzhalter in Bonn, Karl Regling. Der Tischlermeister und Kreishandwerkerchef, der bereits seit 1954 das Lübecker Mandat in der Bundeshauptstadt vertritt, wird zwar als aufrechter Genosse und menschlich anständiger Kerl geschätzt. Aber er gilt auch als eher unauffälliger Hinterbänkler und konservativer Flügelmann in der Partei. Der Drang zur auch personellen Erneuerung und Verjüngung der Partei macht vor diesem Mandat nicht halt. Juso-Chef Engholm schlägt schließlich vor, die Frage an irgendeinem Wochenende in Klausur zu behandeln.

Zu dieser »Klausur« trifft man sich Anfang 1968 in der »Gaststätte zum Teich« im nahe gelegenen Klempau. Engholm liefert in einem Eingangsvortrag eine Analyse über die Vertretung der Lübecker SPD auf Bundesebene ab – warum es ist, wie es ist, und wieso es so, wie es ist, mit der Repräsentanz im Bundestag nicht weitergehen könne. Anschließend wird debattiert, maßgeblich über die Frage, wen man als Alternativkandidaten in das Nominierungsrennen schicken könne. Nach längerer Debatte steht schließlich irgend jemand auf und fragt: »Warum soll der Engholm das nicht machen?« Schließlich sei er der Vorsitzende und habe verdammt gute Arbeit gemacht.

Der Vorschlag kommt überraschend, denn niemand – einschließlich Engholms, wie er versichert – hat zuvor über eine Juso-Nominierung nachgedacht. Aber die Initiative wird aufgenommen und ernsthaft diskutiert; schließlich genießt Engholm unter seinen politischen Freunden respektables Ansehen. »Er war ein sehr starker Vorsitzender«, erinnert sich Reinulf Aniol, der später sein Nachfolger in diesem Amt werden wird. Zwar gibt es nach Aniols Bekunden damals mehrere gute Leute bei den Jungsozialisten, »die aber nicht so konsequent an ihrer Weiterentwicklung gearbeitet haben wie Engholm«. Am Ende der Debatte hat man jedenfalls die Bedenken, daß Engholm noch zu jung und außerdem mit seinem Studium stark beschäftigt sei, beiseite geschoben. Er erscheint den Jungsozialisten als die richtige Herausforderung für Amtsinhaber Regling. Man ist sich einig, wie einer der Teilnehmer der Klausur formuliert: »Das wäre gar nicht so dusselig, wenn der Engholm nominiert würde.«

Große Hoffnungen, daß ein Juso für eine solche Funktion innerparteilich durchzusetzen wäre, hegen zwar nicht einmal die Optimisten in den eigenen Reihen. Und auch der ziemlich überraschte Engholm geht davon aus, daß die Chancen eher gering sind. Dennoch, zunächst »mehr spielerisch«, sagt er: »Versuchen kann man es ja mal.«

Dieser Versuch wird allerdings durchaus mit Ernst betrieben. Nach bewährtem Strickmuster wird in den Distrikten »Basisarbeit« geleistet. »Generalstabsmäßig«, erinnert sich einer der Jusos, wird der Vorwahlkampf geplant. Engholm, der ohnehin in den Ortsvereinen »zu Hause« ist, besucht eine Mitgliederversammlung nach der anderen, stellt sich vor, argumentiert, kämpft – unterstützt von seinem Gefolge. Kaum ein Jahr nach der Klempauer Klausur heißt der neue Lübecker SPD-Bundestagskandidat Björn Engholm.

Dabei ist die Stimmung auf dem Nominierungsparteitag im »Konsum«-Saal in der Hansestraße zunächst völlig offen. Die Atmosphäre, in der die Befragung der beiden Kontrahenten stattfindet, ist freundlich und fair. Die Situation, daß sich hier plötzlich zwei für dieselbe Bundestagskandidatur bewerben, haben die Parteitagsdelegierten bisher noch nie erlebt. Die Gegner Engholms vergessen nicht, darauf hinzuweisen, daß man den Youngster doch nicht wählen könne, weil er noch im Studium sei. Die Befürworter seiner Kandidatur mahnen ihn, in jedem Fall das Studium zu Ende zu bringen. Engholm versichert, daß er auch im Fall der Wahl vorhabe, sein Diplom in Hamburg abzulegen.

Zwei Redebeiträge sind schließlich maßgeblich dafür verantwortlich, daß die Stimmung der Delegierten deutlich zugunsten Engholms kippt. Zunächst ist es der Lübecker Wirtschaftssenator Paul Bromme, ein in der Partei hochgeschätzter Mann, der sich in die Kandidatendebatte einmischt. Bromme hält eine Lobrede auf Karl Regling, würdigt seine Verdienste um die Partei – um dann plötzlich einzuschwenken: Wenn man die Partei im Sinne Willy Brandts auf den Weg bringen wolle, sagt er, dann brauche man die Jugend. Bromme spricht sich klar und deutlich für eine Nominierung Engholms aus. Nach dieser Rede, ist sich eine Teilnehmerin dieses Parteitages noch heute sicher, »hatte Engholm gesiegt«.

Doch noch steht das Votum des Lübecker Parteivorsitzenden Wilhelm Geusendam aus. Er, das scheint sicher, würde sich für Karl Regling aussprechen. Er tut es schließlich unter anderem mit einem Brief von Willy Brandt, in dem der Bundesvorsitzende der SPD für Regling wirbt. Darin werden seine Verdienste um die Partei herausgestellt und wird erklärt, warum die Fraktion auch in der nächsten Bonner Legislaturperiode auf Regling nicht verzichten könne. Doch der Schuß geht nach hinten los: Mit dem Verlesen dieses Briefes fühlt sich offenbar ein wesentlicher Teil des Parteivolkes an die Kandare genommen. Und das lassen die selbstbewußten lübschen Sozialdemokraten, die in ihrer Mehrheit schon immer eher links und widerborstig waren, nicht mit sich machen – nicht einmal, wenn der Anleinungsversuch von dem aus den eigenen Lübecker Reihen stammenden, hochgeschätzten Vorsitzenden kommt. Die Mit-uns-nicht-Stimmung bringt die Delegiertenherzen endgültig auf die Seite des Jungpolitikers. Und obwohl auf diesem Parteitag die älteren Genossinnen und Genossen in der Überzahl sind, wird Engholm mit deutlicher Mehrheit nominiert.

Für Karl Regling ist damit das Ende seiner politischen Laufbahn erreicht. Er zieht sich, ein wenig grollend und enttäuscht, mit dem sicheren Gefühl aus der praktischen Politik zurück, daß er im Bundestag durchaus noch mehr für seine Partei hätte tun können. Seine Verärgerung richtet sich weniger gegen den letztlich überlegenen Konkurrenten Engholm als vielmehr gegen seinen Parteifreund Paul Bromme, der sich für den Jungen stark gemacht hat. Regling, einer der wenigen Handwerker im Bundestag überhaupt, bleibt seinen Kammer-Funktionen treu und genießt als Ehren-Handwerksmeister weiterhin, wie es heißt, einen guten Ruf in der Hansestadt. Die damalige Parteitagsdelegierte und spätere Lübecker Stadtpräsidentin Inge Sommer kann die Frustration des Unterlegenen noch heute nachvollziehen: Schließlich, sagt sie, »hatte er ja auch nichts verbockt. Es war einfach die Umbruchstimmung, die da durchbrach.«

Nach dem klaren Sieg in seiner Heimatstadt ist die Absicherung auf einem der vorderen Listenplätze durch den Landesparteitag der schleswig-holsteinischen SPD nur Formsache – und dies, obwohl Engholm selbst dort gar nicht anwesend sein kann. Eine Kinderkrankheit hat ihn eingeholt, er liegt mit Masern im Bett, statt sich und seine politischen Absichten den Delegierten des Landesparteitages zu präsentieren. Für ihn werben verschiedene Jungsozialisten sowie sein Hausarzt, der ebenfalls die Lübecker SPD auf diesem Parteitag repräsentiert. Er erklärt den Delegierten, daß er hier ein Attest vorzulesen hätte mit der Diagnose »Masern«, und versichert, daß der Engholm gerne gekommen wäre. Aber das habe man dem Parteitag nicht zumuten können, weil diese Krankheit nun mal ansteckend sei.

Doch die persönliche Anwesenheit ist für ein gutes Wahlergebnis letztlich nicht erforderlich – nicht nur, weil die Kandidaten der beiden schleswig-holsteinischen Zentren Kiel und Lübeck traditionell mit einem guten Listenplatz abgesichert werden. Engholm ist in der Partei weitgehend bekannt, obwohl er bis dahin nie Funktionen auf Landesebene eingenommen hat. Seine Juso-Tätigkeit, aber auch die Bildungsarbeit für Volkshochschule und Gewerkschaften haben ihm in den verschiedensten Ecken seiner norddeutschen Heimat bereits eine bescheidene Popularität verschafft. Seine Seminare mit Betriebsräten und Gewerkschaftsnachwuchs finden zumeist auf Landesebene statt, so daß er einen Teil der SPD-nahen Infrastruktur und manchen, der im Landesverband Funktionen innehat, auf anderem Weg kennengelernt hat. Er hat schon damals, erinnert sich der spätere SPD-Landesvorsitzende Günther Jansen an den Juso Engholm, »aus der Lübecker Scene heraus immer eine Rolle gespielt. Auch, weil er sehr gut Position beziehen konnte, was Argumentation und Sprache anbelangte – das sitzt offensichtlich so bei ihm drin.«

Beim anschließenden Wahlkampf kann Engholm sich weitgehend auf die Mannschaft stützen, die ihm bei der Nominierung tatkräftig zur Seite gestanden hat. Ein harter Kern von zwölf bis fünfzehn Parteifreunden ist nahezu ständig für Engholm verfügbar. Zwei der Jungsozialisten, Reinulf Aniol und Hans-Jörg Schell, setzen sogar ihr Studium aus und engagieren sich »hauptberuflich« in der Wahlkampforganisation. Anfänglich, berichtet Aniol, ist dieser Wahlkampf noch schwierig. Die Lübecker Presse mag den Neuen noch nicht so recht ernst nehmen, und selbst ältere Genossen pflegen zunächst skeptische Distanz gegenüber ihrem Bundestagskandidaten. »Aber das war nur der Anfang; der kam mit der Zeit so gut an, daß das ein Selbstläufer wurde.«

Jeden Tag führt Engholm in Lübeck zwei bis drei Veranstaltungen durch. Fast alle Termine und Auftritte seines Wahlkampfes plant er selbst. Er führt unzählige Gespräche und arbeitet teilweise mit bis dahin völlig neuen Methoden. Beispielsweise organisiert er einen »Gesprächswagen«, einen von der Partei gekauften umgebauten Wohnwagen, mit dem er durch die gesamte Stadt zieht. Jeden Vormittag steht dieser »Gesprächswagen« an einem anderen, vorher über die Medien angekündigten Standort.

Engholm beginnt mit Formen des Wahlkampfes, die später zum Allgemeingut des Wählerwerbens werden. Er veranstaltet in diesem und seinen folgenden Lübecker Wahlkämpfen Bürgergespräche, Podiumsdiskussionen, mischt Politik- mit Kulturveranstaltungen, kombiniert Jazz und Politik auf dem »Riverboat«, führt Dialoge auf den verschiedensten Podien und in Kirchenveranstaltungen. Das alles, »was später modern an Formen der Wahlkreis-, Partei- und Öffentlichkeitsarbeit war«, so rekapituliert sein langjähriger Freund und heutiger Kieler Minister für Bundesangelegenheiten Gerd Walter, »ist hier von ihm in Lübeck durchgesetzt worden«. Für damalige Verhältnisse, fügt er hinzu, »war das sensationell«.

Die Wirkung bleibt nicht aus: Es entsteht eine Wählerinitiative für Björn Engholm, in der sich viele Parteilose engagieren. Betriebsräte und Jugendvertretungen schalten Kleinanzeigen für Björn Engholm in der örtlichen Presse. Fast immer sind seine Veranstaltungen gut besucht. Engholm versteht es offenbar besonders, Gleichaltrige und Jüngere anzusprechen. In diesem Wahlkampf, erinnert sich Mitstreiter Aniol, »gab es einen ungeheuren Aufschwung für die Jusos, sehr viele junge Leute stießen in dieser Zeit dazu«.

Engholm holt schließlich bei der Bundestagswahl 1969 den Lübecker Wahlkreis für die SPD und sorgt damit für eine kleine

Sensation: Erstmals seit vielen Wahlgängen kann der CDU in dieser sicheren Hochburg eine empfindliche Niederlage beigebracht werden. Und daran soll sich auch bei den späteren Urnengängen nichts mehr ändern. Immer wenn Engholm im Wahlkreis 11 antritt, holt er für seine Partei sicher das Lübecker Mandat.

Bonner Jahre: Von links unten nach ganz oben

Anfänger-Frust: Einsam gegen den »Kanal«

An diesem 28. September 1969, als der Lübecker Jungsozialist Engholm erstmals von den Wählern der Hansestadt ein Mandat für den Bundestag erhält, verschieben sich in der politischen Landschaft der Republik die Verhältnisse. Noch am Wahlabend verabredet SPD-Chef Willy Brandt mit dem neuen FDP-Führer und Mende-Nachfolger Walter Scheel gegen 22.30 Uhr in einem kurzen Telefonat die Bildung einer sozial-liberalen Koalition. Noch unmittelbar zuvor hatte die CDU wie der sichere Sieger mit einer klaren absoluten Mehrheit ausgesehen. Im Bungalow des Palais Schaumburg, Kurt Georg Kiesingers Dienstwohnung, war schon der Sekt geflossen. Dort hatte der Kanzler der Großen Koalition auch bereits die telefonischen Glückwünsche aus Washington von US-Präsident Richard Nixon entgegengenommen. Doch gegen 21.30 Uhr kippt der Trend der Hochrechnungen geradezu abenteuerlich: Nachdem es lange nach einem klaren Durchmarsch für die Union ausgesehen hatte, haben SPD und FDP zusammen plötzlich zunächst vier, später sechs, kurz nach 23 Uhr dann sogar acht Stimmen Mehrheit.

Zwar ist die SPD die einzige Partei, die bei diesem Wahlgang dazugewinnt, dennoch wird sie erneut nur mit einigem Abstand zweitstärkste Kraft im Bonner Parlament. Die FDP schrammt haarscharf an der Fünfprozentklausel und damit an einer Beinahe-Katastrophe vorbei.[1] Aber es reicht letztlich dann doch: Die Freidemokraten wechseln zum »Klassenfeind«. Erstmals in der Geschichte der Bundesrepublik kommt auf Bundesebene eine Regierungskonstellation ohne christdemokratische Beteiligung zustande, die schließlich dreizehn Jahre halten wird.

Deutliche Signale für ein sozial-liberales Zusammengehen hat es bereits im Vorfeld gegeben. Im größten Bundesland Nordrhein-Westfalen funktioniert nach dem Sturz des CDU-Ministerpräsidenten Meyers unter dem Sozialdemokraten Heinz Kühn bereits seit 1966 ein rot-gelbes Bündnis. Und wohl endgültig hat Walter Scheel schließlich den Weg für ein Zusammengehen mit den Sozialdemokraten auf Bundesebene freigemacht, als er in seiner FDP mit Erfolg dafür wirbt, den SPD-Justizminister der Großen Koalition, Gustav Heinemann, im März 1969 zum Bundespräsidenten zu wählen.

Die Aufbruchstimmung in den sozialdemokratischen Reihen drückt sich nicht nur programmatisch, in der neuen Ostpolitik und dem von Brandt so erklärten Versuch »Mehr Demokratie wagen«, aus. Auch personell macht sich ein Erneuerungsprozeß in der SPD bemerkbar. In diesem Jahr 1969 ist fast jeder dritte sozialdemokratische Abgeordnete ein Parlamentsneuling. Björn Engholm ist der zweitjüngste Mandatsträger im Bundestag überhaupt.

Aber die Strukturen und Machtverhältnisse innerhalb der Fraktion sind immer noch weitgehend die alten. Für den Jungparlamentarier aus Lübeck sind sie so neu wie befremdlich. Ohnehin verändert sich das Leben des erst während des Wahlkampfes zum zweitenmal Vater einer Tochter gewordenen Engholm mit dem Mandat erheblich. Das Privatleben reduziert sich weitgehend auf nur wenig mehr als das Wochenende. Und an diesen Wochenenden müssen obendrein noch wesentliche Teile der Wahlkreisarbeit erledigt werden.

Doch die Schwierigkeiten, die Engholm mit den neuen Bonner Verhältnissen hat, liegen weniger im Ortswechsel als in der ungewohnten politischen Struktur, der er sich im fernen Bonn konfrontiert sieht. Die Genossinnen und Genossen, die er hier vorfindet, sind anders als die, die er aus seinem Lübecker Kreisverband kennt und schätzt. Diese Fraktion, das ist nicht die Partei, sagt er rückblickend, »mit der relativ großen Lebendigkeit und mit einem ordentlichen Maß auch an menschlicher Nähe«. Wenn es in seiner lübschen Parteiorganisation Streit gab, wurde der ausgetragen – »und dann war alles paletti«. Nicht so hier. »Du sagtest das erste Mal deutlich in einer Debatte deine Meinung und wurdest völlig niedergemacht. Herbert grunzte. Und die Kanalarbeiter schrien vor Entsetzen auf.«

Die rechten »Kanaler« unter dem damaligen Bundesminister Egon Franke haben in diesen Jahren die Fraktion weitgehend im Griff. Engholm bewirbt sich in den ersten Jahren seiner Bonner Abgeordnetenzeit gleich dreimal für den Fraktionsvorstand, chancenlos und mehr aus Protest – und wird natürlich abgelehnt. An Posten, Funktionen und parlamentarische Redezeit kommt vor allem, wer zu den »Freunden der sauberen Verhältnisse« gehört. Und das gilt nicht zuletzt für die »Neuen«. Im »Kessenicher Hof« und anderen Kneipen der Bundeshauptstadt trifft man sich zu Kungel-Zirkeln, in denen über Kurse und Karrieren vorentschieden wird.

Wer in der Fraktion auf dem linken Flügel sitzt, der gehört damals zur vergleichsweise einflußlosen Minderheit. Das gilt nicht nur für die Durchsetzung politischer Positionen, sondern reicht weit darüber hinaus bis in die Gestaltung des privaten Bonner Daseins. Beispielsweise auch in der Frage, wie man an eine Wohnung gelangt. Schon damals ist das Angebot an bezahlbarem Wohnraum eher knapp. Glück hat, wer da mit einem der rund um Bundestag und Abgeordnetenhaus liegenden Eineinhalb-Zimmer-Appartements bedacht wird. Doch an diese bundeseigenen Wohnungen kommt längst nicht jeder. »Zufällig« sind es immer eher die, die etwas weiter rechts und damit dichter am Zentrum dieser Fraktion stehen.

Aber den »Buckel krumm machen« wollen die aufmüpfigen Jungparlamentarier gegenüber den konservativen Altvorderen nicht. Man organisiert sich selbst, auch in der Wohnraumfrage. Fünf aufrechte Linke, einer von ihnen Engholm, mieten ein Haus an und etablieren dort, nur zehn Gehminuten vom Bundestag entfernt, in der Bonner Hausdorffstraße die erste »Abgeordneten-Kommune« der Bundeshauptstadt. Hugo Brandt, Günter Wichert und Fred Zander ziehen in diese Wohngemeinschaft auf sozialdemokratisch. Auch der spätere »Parteirebell« Karl-Heinz Hansen zählt zeitweilig zu den Mietern der parlamentarischen »WG«. Die private Wohngemeinschaft zwischen Juso-Plakaten, Staeck-Postern und Allende-Porträts währt rund zwei Jahre und scheitert schließlich nicht zuletzt an WG-typischen Organisationsproblemen. »Zu sehr hatte die Arbeit in Bonn vereinzelt, zu unterschiedlich waren die Arbeitszeiten, zu unorganisiert die Wohngemeinschaft, um nebenher auch noch Kohlenkäufe, verstopfte Abflüsse oder Treppenfegen zu erledigen.«[2] Engholm zieht schließlich in eine jener Abgeordnetenbuden um, in diese »little boxes mit Schlafkojen von 3,8 Quadratmetern, ein Produkt noch des berühmten Architekten Eiermann, er ruhe in Frieden, denn lebte er noch, könnte man gewalttätig werden.«[3]

Dennoch sind dies die Jahre, in denen zwischen den Linken in der Fraktion, und nicht nur unter den »Kommunarden« von der Hausdorffstraße, auch der private Zusammenhalt weitgehend funktioniert. Man hat eine schlichte Stammkneipe um die Ecke, einen Spanier, bei dem sich anständig essen läßt, und hier trifft man sich in den kleinen fraktionellen Linkszirkeln. An sitzungsfreien Tagen leistet man sich auch schon mal einen kleinen Ausflug außerhalb des Bonner Ghettos, zur Weinprobe oder zum Spargelessen irgendwo auf dem Land. »Einfach aus dem Dorf raus«, sagt Engholm. »Das war immer ganz angenehm.« Aber insgesamt ist es doch eher selten.

Die, die sich da im bescheidenen Umfang auch außerhalb der Parlamentsmauern zuweilen zusammentun, sind vor allem Jungparlamentarier aus der »16. Etage« des Abgeordnetenhochhauses »Langer Eugen«. Eher zufällig werden in diesem Geschoß zu Beginn der Legislaturperiode die Querdenker und Linksabweichler zusammengewürfelt. Einige wollen ihre Zimmer möglichst auf einem gemeinsamen Flur haben. Andere kommen dazu, weil in den anderen Etagen des Hochhauses nichts mehr frei ist oder freigewordene Abgeordnetenbüros von der »IG Kanal« für ihre politischen Freunde okkupiert werden. Später regelt sich das von selbst: Nachdem die 16. Etage sich als Domizil der Linken in der SPD-Fraktion etabliert und herumgesprochen hat, wollen einige unbedingt, andere entsprechend auf keinen Fall dorthin.

Diese Gruppe in der 16. Etage, aus der sich später dann der »Leverkusener Kreis« herausbilden wird, versteht sich nicht zuletzt auch als Kontakt- und Anlaufstelle für Jusos und Gewerkschafter. Man pflegt Kontakte zu außerparlamentarischen Gruppen, etwa linken Studentenorganisationen wie SHB oder VDS, auf deren Veranstaltungen oder Kongressen in aller Regel einer aus der

»16. Etage« – und sei es mit einem Grußwort – vertreten ist. Doch zumeist folgen auf solche Ausflüge dann in einer der nächsten Fraktionssitzungen postwendend die Retourkutschen aus der Kanaler-Ecke. Die haben sich längst die entsprechenden Protokolle mit allen Äußerungen auf der jeweiligen Veranstaltung besorgt, erinnert sich Engholm an die ersten Bonner Jahre: »Und dann kam aus dem Nichts heraus ein wohlpräparierter Kanalarbeiter, und dann ging das nach dem Motto: Ob das denn die Fraktion akzeptieren könne und so weiter... Und dann sitzt du da und bist nicht präpariert. Und zu dieser Zeit ist man ja auch noch nicht der große Schlachtenschlager gewesen. Die haben das schon ganz gut gemacht...« Was sich da im Einzelfall immer wieder abspielt, ist letztlich ein Grundsatzkonflikt, ein anderes Politikverständnis. Während die »Freunde der sauberen Verhältnisse« sich stets als stille Träger der Regierungsarbeit verstehen, sehen die jungen Linken ihre Aufgabe in der Fraktion nicht zuletzt darin, Regierungsarbeit trotz Loyalität zum Kanzler – »Willy-Leute waren wir alle« – »kontrollierfähig« zu machen.

Die rund zwanzig Abgeordneten der »16. Etage«[4] treffen sich regelmäßig einmal pro Woche in dem Sitzungsraum ihres Stockwerks und werden schließlich wegen des fixen Tagungstermins auch »Donnerstagskreis« genannt. Hier sitzen die fortschrittlich Gesinnten, die die Partei in kreativer Unruhe halten wollen, die ein wenig auch schon das alternative Leben und Arbeiten zum Ziel haben. »Das stieß auf spöttisches Kopfschütteln und Mißtrauen«, bilanziert der Staatssekretär Engholm zehn Jahre später, »und etliche mit vielen Jahren Bonn auf dem Buckel meinten, die jungen Hüpfer würden sich schon die Hörner abschleifen.« Und: »Protest hin, Protest her, sie behielten recht.«[5]

Der Auflösungsprozeß der Linken innerhalb der Fraktion wird auch durch Aktionen ausgelöst, die nicht nur die Fronten zwischen den Gruppen innerhalb von Partei und Fraktion verhärten, sondern auch im eigenen Zirkel selbst umstritten sind. Etwa eine Einladung an Vertreter der provisorischen Revolutionsregierung Südvietnams, ein Appell an Willy Brandt zum Entzug der Sendelizenz für das westliche Propagandaprogramm von *Radio Free Europe* oder Protestresolutionen gegen Spanien, Südafrika und Portugal gehören dazu.

Nur noch etwa zehn Aufrechte befinden sich im Kreis der Abgeordneten von der 16. Etage, als die *Frankfurter Rundschau* im Juni 1971 diagnostiziert: »Die sanften Rebellen werden immer sanfter.«[6] Erst nach der darauffolgenden, vorgezogenen Bundestagswahl 1972 konstituiert sich Ende November des Jahres im Leverkusener Hotel »Holzen« eine neue und erweiterte innerparteiliche Linksgruppierung. Etwa dreißig Bundestagsabgeordnete, unter ihnen der Rest der 16. Etage, gründen – assistiert vom Juso-Vorsitzenden Wolfgang Roth und dem Schleswig-Holsteiner Jochen Steffen – den »Leverkusener Kreis«. Unter anderem nimmt man sich vor, weniger demonstrativ und statt dessen stärker in der unmittelbaren Gesetzesarbeit zu wirken und dort linke Positionen einzubringen. Der Kreis erweitert sich auf schließlich fast fünfzig Bundestagsabgeordnete und entwickelt sich in der Fraktion zur nicht mehr völlig ignorierbaren Größe. Schon bald werden drei aus dieser Runde – Hauff, Zander und Matthöfer – Staatssekretäre, Lenders wird Parlamentarischer Geschäftsführer und Schmude im Januar 1973 sogar Mitglied des Fraktionsvorstandes. Ein Teilerfolg, der indessen an der geringen Repräsentanz in den Fraktionsfunktionen nur marginal etwas ändert.

Die Linken in der Fraktion sind in diesen Jahren zwar nicht völlig isoliert – »das waren ja keine kriegerischen Verhältnisse«, sagt Engholm –, aber gefördert werden sie von den Altvorderen auch nicht gerade. Wer schließlich doch eine Funktion in der oder für die Fraktion zugewiesen bekommt, hat dies meist mehr dem Umstand zu verdanken, daß dafür sonst niemand zur Verfügung steht. Auch Engholms Einzug in den Bildungsausschuß ist zum Teil wohl darauf zurückzuführen.

Engholm will in diesen Ausschuß. Nicht nur für ihn ist der Bildungssektor einer der gewichtigen Eckpfeiler gesellschaftlicher Entwicklung. Auch programmatisch gilt die Reform des Bildungswesens als besonderes sozialdemokratisches Anliegen. In der Fraktion indessen ist die Bildungspolitik nicht gerade das begehrteste Feld der praktisch-politischen Arbeit, trotz Willy Brandts Postulat in seiner ersten Regierungserklärung: »Das Ziel ist die Erziehung eines kritischen, urteilsfähigen Bürgers.« Bildungspolitik ist angesichts der Länderkompetenzen keine Hauptdomäne der Regierungspolitik, auch wenn sie in der politischen Diskussion dieser Aufbruchjahre eine erhebliche Rolle spielt. Und weil es obendrein in der Fraktion niemanden sonst gibt, der sich mit beruflicher Bildung auskennt wie der gelernte Schriftsetzer Engholm, wird über kurz oder lang gesagt: »Wahrscheinlich kann nur der es machen.«

Noch vor Ende seiner ersten Bonner Amtszeit beginnt Engholm 1972, sich darüber hinaus auch wieder dem Fortgang seiner eigenen Ausbildung zuzuwenden. Neben Abgeordnetenmandat und heimischer Wahlkreisarbeit schafft er es binnen drei Semestern, die letzten Scheine an der Hamburger Universität nachzuholen und seine Diplomarbeit zu schreiben. Gegenstand seiner empirischen Arbeit ist der selbsterlebte graue politische Alltag am Rhein. »Die Freunde sauberer Verhältnisse« nennt er sein politologisches Diplomthema. Untertitel: »Ein Beitrag zum Problem der innerfraktionellen Gruppenbildung am Beispiel der ›Kanalarbeiter‹ in der SPD-Bundestagsfraktion«.

Formal mit dem sozialwissenschaftlich geläufigen Mittel der teilnehmenden Beobachtung liefert er in der Sache eine 90seitige Skizze aus dem Innenleben der Fraktion und über Struktur und Verästelungen der »Kanaler« in Partei und Gewerkschaft. Unter anderem belegt er auch statistisch die nach wie vor deutliche Dominanz von Egon Frankes »Freunden der sauberen Verhältnisse«: 40 Prozent der Fraktionsmitglieder gehören dazu, aber drei Viertel des Fraktionsvorstandes und anderer wichtiger Entscheidungsfunktionen sind von ihnen besetzt.

Auf Regierungsebene, bei der Verteilung von Ministerposten, in der Besetzung der Nordatlantischen Versammlung, der Beratenden Versammlung des Europarates und aller übrigen Gremien und Institutionen bis hin zu den Rundfunk-Verwaltungsräten oder denen von Bundespost oder der Bundeszentrale für politische Bildung – überall in leichten Variationen ein ähnliches Bild: Wo es Jobs und Funktionen oder Mandate zu verteilen gibt, werden vor allem die Mitglieder aus Frankes konservativer Kungelrunde bedacht.

Dabei ist das Rezept der »Kanaler« ein ganz simples: Weniger die Entwicklung und Anwendung politischer Strategien machen den Erfolg der Konservativen aus. Es ist das schlichte Prinzip »Geselligkeit«. Die regelmäßigen Feste und Empfänge, die nahezu allabendliche Bier-und-Skat-Gemütlichkeit in den Bonner Kneipentreffs sind dazu angetan, den »Durst zu stillen, Niederlagen zu verdauen oder auch Fäden zu spinnen, über die schon mancher stolperte«, schreibt die *Süddeutsche Zeitung*.[7]

Die politische Willensbildung, konstatiert Engholm in seiner Diplomarbeit, vollzieht sich mehr nach dem »Prinzip der politischen Osmose denn nach rationaler Erörterung«. Wer »Kanaler« ist, befindet sich in einem den *peer groups* vergleichbaren Bezugssystem, das mit Anerkennung oder Liebesentzug bis zum Rausschmiß aus dem warmen Nest sanktioniert. Und dieser Mechanismus arbeitet weitgehend schlicht wie reibungsfrei. Ein Beispiel liefert der *Spiegel*, der über die Fraktionsvorstandswahlen 1972 unter dem Titel »Kassiber für Kanalarbeiter« beschreibt, wie es funktioniert: Im Büro des stellvertretenden Fraktionsvorsitzenden Hans Apel wird ein Zettel mit 18 Zahlen vorbereitet und unmittelbar vor der Wahl den »IG Kanal«-Mitgliedern zugesteckt. Das wirksame Resultat der Aktion: Alle 18 Kanaler-Vorschläge kommen beim Wahlgang durch.[8]

Für Engholm ist die Ausgangsfrage seiner Untersuchungen, ob Flügelbildung zulässig, produktiv und geeignet ist, eine pluralistische Gesellschaft widerzuspiegeln. Sein Ergebnis: Sie kann es sein, wenn bestimmte Bedingungen eingehalten werden, wozu er unter anderem eine Repräsentanz vorhandener Basisinteressen, eine demokratische Struktur und Transparenz in der Meinungsbildung zählt. Bedingungen, die nach seiner Analyse vom Club der »Kanaler« nicht erfüllt werden. Eine solche Gruppe ist kontraproduktiv für die Arbeit der gesamten Fraktion, befindet er, weil damit Leute ferngehalten und benachteiligt werden und Potentiale, die für die Fraktionsarbeit genutzt werden können, faktisch behindert werden.

Seine Fraktionskollegen erfahren vom Inhalt der stillen Studien nichts. Die Arbeit wird nie veröffentlicht. Das, sagt Engholm, war nur als Beitrag »für das innere Gefüge und die Forschung« gedacht. Später wird sie anderweitig für Forschungsarbeiten verwendet und zitiert, allerdings unter Weglassung oder Verschlüsselung der in der Arbeit auftauchenden Namen.

Für Engholm selbst ist die wissenschaftliche Auseinandersetzung wohl auch ein Stück Aufarbeitung ganz persönlicher Erfahrungen eines »Neuen« im Bonner Hohen Haus. Zumindest werden die subjektiven Eindrücke wissenschaftlich objektiviert und bestätigt. »Ich habe eigentlich das, was man so parallel im Alltag erleben konnte, durch Zahlen, Daten, Fakten, Unterlagen und Belege verifizieren können«, sagt er zwanzig Jahre danach.

Ende 1973 ist die Arbeit vom Tisch und das Diplom mit gutem Ergebnis in der Tasche. Das Versprechen an die Lübecker Parteibasis, trotz Nominierung für den Bundestag das Studium abzuschließen, ist erfüllt. Wenngleich dieser Abschluß erst vollbracht ist, als Engholm schon zum zweitenmal ins Hohe Haus am Rhein gewählt ist. Doch dafür kann er nur wenig. Denn diese erste Legislaturperiode war deutlich kürzer ausgefallen als erwartet: Nach dem gescheiterten Mißtrauensvotum gegen Willy Brandt vom 24. April 1972 folgte man dem Vorschlag des Bundeskanzlers, nach dem entstandenen parlamentarischen Patt zwischen Opposition und Koalition Neuwahlen anzustreben. Am 19. November 1972 schreiten die Wähler bereits wieder zu den Urnen. Engholm holt erneut sicher das Lübecker Direktmandat. Und erstmals in der Geschichte der Republik landet die SPD im Wählervotum auf Platz eins vor den Christdemokraten und damit den größten Sieg ihrer über hundertjährigen Geschichte.[9] Die Wähler haben offenbar die christdemokratischen Umsturzversuche von Barzel und der Union gegen die Brandt-Regierung abgestraft. Die sozial-liberale Koalition unter Kanzler Brandt und Außenminister Scheel kann fortgesetzt werden.

Doch diese »erste Phase« der sozial-liberalen Koalition unter dem Führungsduo Brandt/Scheel sollte nur noch bis zum Mai 1974 dauern. Willy Brandt, dem ohnehin Amtsmüdigkeit nachgesagt wird, tritt zurück, als sein persönlicher Referent Günter Guillaume als DDR-Spion enttarnt wird. In der SPD wird die Führungsmacht auf drei Köpfe umverteilt: Helmut Schmidt wird neuer Bundeskanzler, Willy Brandt bleibt Parteivorsitzender, Herbert Wehner Chef der Fraktion. Die Führungsrolle der Liberalen in Koalition und Partei übernimmt Hans-Dietrich Genscher. Walter Scheel wird Bundespräsident.

»Onkel Herbert«: »Frag den von der Küste!«

Engholms Ansehen in seiner lübschen Heimat ist unumstritten, nach seiner ersten Nominierung zum Bundestag sogar weiter angewachsen. Sein Einsatz im Wahlkreis, seine Präsenz und das Engagement für die Probleme der Basis werden geschätzt, auch wenn der Jungsozialist Engholm anfangs nicht immer Positionen vertritt, die in der Partei auf breiten Konsens stoßen.

In dem über Jahre geführten Streit zwischen Partei-Establishment und aufmüpfigem Nachwuchs bezieht er eindeutig die Position seiner Jungsozialisten. Die fordern wie er ein »imperatives Mandat« für die Funktionsträger in der Kommune. Allzu häufig hatten konservative Genossinnen und Genossen sich nach Ansicht des Nachwuchses in der praktischen Kommunalpolitik von dem Willen und der Beschlußlage sozialdemokratischer Kreisparteitage gelöst. Durch den Antrag der Jungen in der Partei sollten die Volksvertreter in den Gemeinden und Kreisen an die Leine gelegt werden. Im Februar 1971 findet der Antrag schließlich tatsächlich eine Mehrheit. »In allen personellen und sachlichen Fragen der Kommunalpolitik«, so heißt es darin wörtlich, »die der Kreisparteitag und zwischen den Kreisparteitagen der Kreisvorstand für wichtig hält und an sich zieht, ist die Bürgerschaftsfraktion an die Entscheidungen dieser Parteiorgane gebunden.«[10]

Die kleine »Palastrevolution« sorgt für wütende Reaktionen bei den kommunalen Amtsinhabern und heftigen Wirbel in den Medien. Schließlich entpuppt sich die ganze Affäre als kaum mehr denn ein Sturm im Wasserglas. Eine praktische Anwendung erfährt dieser Beschluß jedenfalls nicht.

Dennoch hat er Spätfolgen. Anfang Mai 1977 berichten der *Spiegel* und andere Medien, daß die schleswig-holsteinischen Bundestagsabgeordneten von der Landespartei mit einem ähnlichen Beschluß an die Kandare genommen werden sollen, um Kanzler Schmidt auf Kurs oder in die Knie zu zwingen. Engholm erklärt flugs in einer Pressemitteilung, dies sei alles aus der Luft gegriffen und angesichts des Lübecker Votums nicht ganz der historischen Wahrheit entsprechend: »Es hat in Schleswig-Holstein nie, es wird nie ein imperatives Mandat geben.« Wer solche Überlegungen anstelle, führt er gegenüber dem sozialdemokratischen Pressedienst *PPP* weiter aus, verstoße nicht nur gegen den Geist des Godesberger Programms, sondern provoziere Alternativen, die »die Kreuther Beschlüsse von gestern zur Regierungspolitik von morgen« machten.[11]

Die Aufregung verflüchtigt sich alsbald. Und heute hält Engholm sein Werben für das Lübsche Votum zum »imperativen Mandat« von 1971 für »schon ein bißchen beknackt«. Das sei schließlich ein reines Theorem. Im Alltag könne man sich nicht immer nach einem Grobbeschluß richten, weil die Praxis meist ganz andere Fragen stelle als die, die der Parteitag glaubt beantwortet zu haben.

Gewählt wird Engholm aber selbst von denen, die seine Auffassung vom »imperativen Mandat« schon damals für »etwas beknackt« halten. Auf dem Parteitag 1971, als dieser Beschluß abgesegnet wird, kandidiert er wiederum als Beisitzer für den Vorstand und erhält so viele Stimmen wie niemand sonst unter den Mitbewerberinnen und -bewerbern. Ähnlich sehen die Verhältnisse bei den nachfolgenden Nominierungen zum Bundestag aus: Unter den 185 Delegierten sind beispielsweise beim Parteitag 1975 nur drei, die sich gegen ihn aussprechen, und zwei Enthaltungen. Vier Jahre später wiederum das gleiche Bild mit nur drei Gegenstimmen.

Engholm hat dem Parteivolk stets eine saubere Bilanz vorzuweisen, sowohl über seine Bonner Tätigkeit wie auch – was besonders hoch gewichtet wird –, was seine Arbeit im Wahlkreis anbelangt. Achtzig Vorträge in Ortsvereinen und Arbeitsgemeinschaften und volle Mitwirkung im Landtags- und Kommunalwahlkampf bilanziert er zum Beispiel auf der Parteitagsveranstaltung 1975.[12] Darüber hinaus führt er unzählige Bürger-Gespräche, besucht die heimischen Betriebe, hält Kontakt zu Gewerkschaften und Vertrauensleuten ebenso wie zu Managern und Firmenbossen.

Der ehemalige jungsozialistische Rebell verschafft sich zunehmend Ansehen auch in den Führungsetagen der Unternehmen, einer nicht eben typisch sozialdemokratischen Klientel. Sein wirtschaftswissenschaftlicher Hintergrund und seine Bereitschaft, sich Probleme anzuhören, tragen dazu offenbar ganz maßgeblich bei. »Wir hatten ja häufig Besuch aus Bonn«, berichtet der damalige

Arbeitsdirektor eines Lübecker Großbetriebes, »und deren Standardfragen hingen uns schon zum Hals heraus – das war bei Engholm ganz anders.« Er, so die weitgehend übereinstimmenden Berichte, versucht mit »großem Ernst« sich kundig zu machen, Informationen zu sammeln, um ein verläßliches Urteil zu gewinnen. »Die Gespräche mit ihm haben mich immer sehr beeindruckt, weil er mit großem Ernst dabei war. Das war jemand, der schon sehr früh eine persönliche Farbe hatte, obwohl das ja eigentlich ein junger Mann war.« Diesen Eindruck hinterläßt der Abgeordnete Engholm offenkundig nicht nur bei Gleichgesinnten. In diesen siebziger Jahren lädt er, meist in Wahlkampfzeiten, auch Wirtschaftsleute zu sich nach Hause ein. »Und die kamen fast alle«, berichtet einer aus der Runde. »Es gab viele, die einfach mit ihm Kontakt pflegen und hören wollten, was er zu sagen hat.«

Darüber hinaus bemüht sich Engholm, auf der Achse Bonn–Lübeck bundespolitische Hilfe für seinen Wahlkreis zu mobilisieren. Er kooperiert eng mit dem Wirtschaftssenator Paul Bromme, einem seiner frühen Förderer, sowie den lübschen Bürgermeistern dieser Zeit, Wartemann und Kock. Gemeinsam mit ihnen und dem damaligen Bundesverkehrsminister Georg Leber initiiert er zahlreiche Infrastrukturmaßnahmen für seine Heimatregion, unter anderen den Ausbau des Lübecker Hafens.

Obendrein ist Engholm längst auch zu einem gerngesehenen Medienereignis gereift. Wo immer er ist, ist die Lokalpresse in der Regel zugegen. Die Organisationen dieser örtlichen Pressearbeit übernimmt in den Anfängen von Engholms Bonner Abgeordnetendasein der Student und Volontär des *Lübecker Morgen,* Gerd Walter. Engholm hatte in seinem Topf für Mitarbeiter-Tantiemen noch ein bißchen Geld übrig und dem jungen Juso angeboten, dafür die Öffentlichkeitsarbeit vor Ort zu machen.

Solcherart Beschäftigungsverhältnisse müssen der Bundestagsverwaltung mitgeteilt werden, was Engholm wie für seine anderen Mitarbeiter auch in diesem Fall tut. Eines Tages bekommt er in seinem Bonner Büro über den Verfassungsschutz einen Hinweis, wonach in seiner Umgebung ein hochgefährlicher Mann namens Walter beschäftigt sei. Unter Nennung von Wohn- und Studienort wird mitgeteilt, daß ebendieser Mann namens Gerd Walter als

Aktivist der »Roten Zellen« aufgefallen und Vorsicht geboten sei. Als sich der erste Schreck gelegt hat, geht Engholm mit dieser Mitteilung zu Fraktionschef Wehner, um ihm zu erklären, daß er für diesen Gerd Walter beide Hände ins Feuer lege: »Ihr könnt mir erzählen, was ihr wollt. Ich will, daß das aus der Welt geschafft wird.«

Tatsächlich erweist sich die Angelegenheit schnell als Verwechslung, die Engholm bis heute als mehr denn leichtfertig empfindet. Wo es um persönliche Freiheiten und um zukünftige Chancen gehe, sagt er, da müsse man mit allerhöchster Sensibilität vorgehen – was hier offenkundig wohl nicht der Fall gewesen sei. »Und wenn du das nicht erfährst«, regt er sich noch heute auf, »dann rutscht das in die Akten, und dann beweise mal zehn Jahre später, daß du das nicht warst.« Wie auch immer, Wehner schafft die Angelegenheit binnen 48 Stunden aus der Welt. Auf welchem Weg erfährt Engholm nie: Wahrscheinlich, vermutet er, wird er wohl den obersten Verfassungsschützer zu sich zitiert und »zusammengestampft« haben.

Es bleibt nicht das einzige besondere Erlebnis Engholms mit den Gepflogenheiten deutscher Verfassungsschützer – und mit Fraktionschef Wehner. Anfang 1977 ist Engholm Vorsitzender des Arbeitskreises »Inneres« und sein Freund Hugo Brandt Vorsitzender der entsprechenden Arbeitsgruppe. Zu diesem Aufgabenbereich zählt eine ganze Bandbreite von Themen, die von Beamtenrecht und Bildung über Vertriebenenpolitik bis hin zur inneren Sicherheit reicht – auch der Verfassungsschutz gehört dazu. Es ist die Zeit, in der der Terrorismus der Roten-Armee-Fraktion auf der einen und teils hypernervöse Reaktionen des Staates auf der anderen Seite ihren Höhepunkt erleben. Im Bonner Regierungsviertel prägen Stacheldrahtverhau, Panzerwagen und bewaffnete Polizisten das Bild. In das Visier der Verfassungsschützer ist in dieser Stimmung auch der vom Atomwissenschaftler zum Atomkritiker konvertierte Klaus Traube geraten. Beamte des Verfassungsschutzes waren heimlich in seine Wohnung eingedrungen, um dort »Wanzen« zu installieren. Er wird öffentlich – und wie sich später herausstellt: völlig zu Unrecht – als Terrorist und Landesverräter denunziert.

Die Innenpolitiker Hugo Brandt und Engholm, noch relativ neu in ihren Funktionen und weitgehend unerfahren im Umgang mit dem Thema »Verfassungsschutz«, sind unsicher, wie sie in dieser Situation zu agieren haben. Sie reden mit Karl Liedtke, einem alten »Kanaler«, der in der Fraktionsspitze für diesen Bereich zuständig ist. Der mahnt, wie auch andere, zur Vorsicht: Bei dieser Geschichte könne man sich nur die Finger verbrennen. Man solle sich von der Angelegenheit fernhalten und die laufenden Ermittlungen nicht stören, selbst wenn Traube ins Gefängnis müsse, lautet der Ratschlag.

Die Abgeordneten um Hugo Brandt und Engholm wollen es dabei nicht bewenden lassen. Einige kennen Traube aus anderen Zusammenhängen und sind sich sicher: Der Mann ist kein Terrorist, der ist zu so etwas völlig unfähig. Er ist ein Linker, vielleicht ein versponnener Utopist, aber auf keinen Fall ein handfester Terrorist, der mit Mitteln der Gewalt agieren würde. Nach einigem Hin und Her sagt Engholm: »Hugo, den rufen wir an!« Sie suchen und telefonieren herum und bekommen Traube schließlich tatsächlich an die Strippe. Er ist zunächst äußerst ablehnend, hat den Staat inklusive der dazugehörigen Repräsentanten offenkundig satt, selbst wenn es sich – wie in diesem Fall – um Vertreter der parlamentarischen Kontrolle handelt. »In dem Moment«, erinnert sich Engholm, »war das für den alles eine Soße.« Dennoch kommen sie ins Gespräch und überzeugen Traube, am Abend in das Bonner Abgeordnetenbüro zu kommen. Nach gut zwei Stunden intensiver Unterredung sind sich Engholm wie Brandt sicher: Der Mann ist kein Terrorist. Der mag mit manchen verrückten Ideen kokettieren, aber er ist das Gegenteil von einem Gewalttäter. Ihre feste Überzeugung ist: Hier ist ein kardinaler Fehler gemacht worden.

Nach dem Gespräch mit Traube ruft Engholm bei Wehner an. »Herbert, wir haben hier gerade mit dem Traube zusammengesessen – und dann«, berichtet Engholm weiter, »ist das Telefon fast geborsten. Herbert war ja immer einer, der ein Stück vorausschaute... Und wenn da an dem Traube-Fall wirklich etwas dran gewesen wäre ...« Kleinlaut und leicht zusammengeschrumpft schleichen Brandt und Engholm schließlich in das Büro ihres Fraktionschefs und berichten. »Und der hörte ja auch wirklich zu – das war immer ein großes Privileg. Er saß da in sich versunken, guckt dich nicht an, und du siehst richtig, wie wütend er ist.«

Aber immerhin, Wehner hört sich alles an, auch die Versicherung der beiden Linken vom »Leverkusener Kreis«, daß sie für diesen Traube ihre »Pfoten ins Feuer legen« würden. Tatsächlich lädt Wehner am nächsten Tag Traube selbst zum Gespräch und gelangt augenscheinlich zum gleichen Eindruck wie die beiden Youngster. Von diesem Zeitpunkt an läuft die Geschichte wie von selbst. Traube wird bald schon rehabilitiert. Es kommt zu einer parlamentarischen Aufarbeitung dieses Falles, bei der der verantwortliche Innenminister Maihofer in schwere politische See gerät und schließlich zurücktreten muß. Die Nation weiß seit diesen Tagen, was ein »Lauschangriff« ist. Engholms noch immer beeindruckter Kommentar zu dieser Aktion seines Fraktionschefs: »In solchen Dingen war Wehner einfach toll.«

Überhaupt ist Engholms Verhältnis zu Wehner von Respekt geprägt: »Er war ein ganz spröder und ganz zuverlässiger. Wenn man ein Problem hatte und ihm sagte: Herbert, da gibt es etwas, worüber wir reden müssen – dann hat er auch Zeit gehabt und das erledigt. Nur, das durfte man nicht jede Woche machen.« Wehner ist besonders dankbar, wenn man ihn nicht mit jeder Kleinigkeit behelligt. Er mag keine Leute, die ihm ständig auf dem Schoß sitzen, und respektiert solche, die selten bei ihm vorsprechen, aber wenn sie es denn tun, ein ernsthaftes Anliegen haben. Wehner ist der unumstrittene Chef im Fraktionsring, an seiner Autorität besteht für niemanden ein Zweifel, nicht einmal bei den »Kanalern«, obwohl er einer der wenigen unabhängigen Funktionsträger in der Fraktion ist. Und er ist ebenfalls kein »Linken-Fresser«, sondern schätzt sogar öffentlich die »16. Etage«. Mehrfach bescheinigt er deren Mitstreitern Engagement und politische Zuverlässigkeit.

Ganz besonders bezieht sich dies offenkundig auf die Fähigkeiten Engholms. Wehner, so wird überliefert, schnauzt einmal einen SPD-Politiker, der »das Wasser nicht halten konnte«, mit den Worten an: »So wie du da redest, begibst du dich auf Treibsand! Frag lieber den von der Küste!«[13] Gemeint war der junge Lübecker von der Ostseeküste, Björn Engholm!

»Onkel Herbert« ist es auch, der das Vorankommen Engholms maßgeblich fördert. 1976 gibt es den Durchbruch in der Fraktion.

In einer »Nacht-und-Nebel-Aktion« krempelt er die Strukturen der Fraktionsarbeit um und schlägt eine weitgehend erneuerte Führungsmannschaft vor. Engholm ist als Arbeitskreis-Vorsitzender einer der Auserwählten. »Zu meinem wirklichen Erstaunen«, wie er versichert. Ein »Gewaltakt« Wehners, der die Fraktionsarbeit damit nicht zuletzt verjüngen und modernisieren will und der sich von den Jungen, wie Engholm, einen Sprung nach vorn verspricht.

Karriere: Aufstieg eines bereits »gemäßigten Linken«

Es dauert kein Jahr, und Engholm macht einen weiteren Sprung auf der Karriereleiter. Im Mai 1977 wird er als Parlamentarischer Staatssekretär in das von Helmut Rohde geleitete Bundesbildungsministerium berufen. Er tritt die Nachfolge von Peter Glotz an, dem späteren Bundesgeschäftsführer der SPD, der zu diesem Zeitpunkt als Wissenschaftssenator nach Berlin wechselt.

Offenbar sind die Zeiten vorbei, in denen der linke Makel die entscheidende Barriere für den Aufstieg auf sozialdemokratisch bedeutet. Engholm selbst sieht die Tatsache, daß Bildungsminister Rohde ihn haben will, eher nüchtern: »Im Bildungsbereich gab es ja keine große Auswahl. Da kann man sich unter den Fünfzehn, die Bildung gemacht haben, einen aussuchen. Und ich war, glaube ich, der kontinuierlichste. Ich war ja schon seit 1969 im Bildungsausschuß und war auch schon Sprecher für dieses oder jenes... – es lief mehr oder weniger auf mich zu.« Offenbar hatte sein knapp achtjähriges Rackern im Bildungsausschuß überzeugt. Er gilt als einer, der das Arbeitsleben besser als die meisten Genossinnen und Genossen kennt. Einer, der nicht nur die Atmosphäre von Campus und Hörsaal geschnuppert, sondern selbst alle Stationen des schulischen und außerschulischen Lernens durchlaufen hat, die er jetzt mit verantworten soll. Ein »lernfähiger Praktiker«, aber »kein Pragmatiker«, wie er sich zu diesem Zeitpunkt einmal selbst charakterisiert: »Ich habe keine Illusionen, wohl aber Perspektiven.«

Vielleicht sind es aber auch ganz andere Gründe, die den plötzlichen Aufstieg des Lübeckers begünstigen. Der stets findige CDU-Abgeordnete Gerhard Reddemann profiliert sich in der Engholmschen Karriere-Geschichte mit einer ganz bemerkenswerten Variante: Mit der Berufung Engholms habe sich Rohde die Zusage erkauft, verbreitet er in Bonn, daß die traditionell linke und widerborstige schleswig-holsteinische SPD nicht – wie angedroht – gegen den Haushalt der Bundesregierung stimme. Insbesondere der Forschungsetat des Matthöfer-Ministeriums sollte nach dieser Variante von den Genossen aus dem Norden im Bundestag abgebügelt werden, wenn dort Mittel für den sogenannten »Schnellen Brüter« vorgesehen wurden. Matthöfer hat zwar zu diesem Zeitpunkt längst zugesagt, diese Gelder zu sperren, aber an Reddemanns Konspirationstheorie ändert das nichts: Als »personelle Garantie der Kapitulation vor den linken Genossen aus Schleswig-Holstein« dürfe nach seiner Meinung nun Engholm »zusätzlich« parlamentarischer Staatssekretär werden.[14]

Selbst die konservative *Frankfurter Allgemeine* mag den Reddemannschen Verschwörungs-Theorien nichts abgewinnen.[15] Obwohl Engholm nun ja schon längst kein Juso mehr sei, rüffelt das Blatt den CDU-Parlamentarier, habe Reddemann »ihn im neuen Amt fast so unhöflich begrüßt, als hätte ein Benneter es übernommen«.[16] *FAZ*-Autor Helmut Herles charakterisiert Engholm anläßlich seines Amtsantritts statt dessen als einen jener anfänglich linken Bürgersöhne, die seit den sechziger Jahren das Gesicht der alten Arbeiterpartei SPD verändert haben: Engholm sei weder ein Steffen noch ein Jansen, also einer der typischen schleswig-holsteinischen Linken, »er gehört eher zur adretten mittleren Garde der SPD, der Hauff- und von-Bülow-Generation, auf die der Bundeskanzler und der Fraktionsvorsitzende teilweise mit väterlichem Wohlwollen, teils mit gemischten Gefühlen blicken, auf die sie aber gern zurückgreifen, wenn sie die parlamentarischen Staatssekretäre der SPD-Minister und damit mögliche spätere Minister aussuchen. Engholm fiel beiden nach seinem anfänglichen Sturm und Drang in der Fraktion durch zuverlässige Arbeit in der Gesetzgebung auf.«[17]

Tatsächlich haben ihm, wie Engholm selbst konstatiert, acht Jahre Parlamentsarbeit einige Ecken und Kanten und Ansprüche abgeschliffen. Nach seinem politischen Standort befragt, bezeichnet er selbst sich in dieser Zeit bereits als »gemäßigten Linken«. Dennoch: als Verdienstbescheinigung für angepaßtes Verhalten dürfte der Aufstieg zum parlamentarischen Staatssekretär wohl trotzdem nicht zu verstehen sein. Erst im Jahr zuvor hatte sich Engholm gerade mit seinem neuen Chef, dem Bundesbildungsminister, kräftig angelegt. Er plädiert angesichts der geburtenstarken Jahrgänge und des vergleichsweise knappen Lehrstellenangebots laut und engagiert für eine Lehrlingsabgabe der Wirtschaft. Diejenigen, die nicht ausbilden, sollen bezahlen, lautet sein Credo, um mit diesem Geld wiederum zusätzliche Ausbildungsplatzangebote einrichten zu können. Engholm, der in dieser Sache gemeinsam mit den Gewerkschaften streitet, unterliegt schließlich. Die Regierung folgt der Auffassung der Wirtschaft, sie werde von sich aus eine hinreichende Zahl von Lehrstellen zur Verfügung stellen können.

Überhaupt scheint Engholm gar nicht sonderlich scharf auf den neuen Job. Erst nach längeren Gesprächen mit Kanzler Schmidt und Bildungsminister Rohde willigt er schließlich ein. Er fürchtet eine »gewisse Absentierung« – wie er in dem ihm zuweilen eigenen Sprachduktus formuliert –, die daraus für seinen Wahlkreis folgen könne. Eine Arbeit, auf die er nicht nur stolz ist, sondern die schließlich auch Grundlage seines Bonner Mandats ist. »Je mehr Zeit das Ministerium schluckt«, formuliert er später – längst Staatssekretär – einmal, »desto weniger Zeit bleibt für den Wahlkreis, für Außenkontakte, Besuche und Dialoge; für manch einen mit der Folge, daß er, anständig und fleißig in Bonn, zu Hause von einem bienenfleißigen Basisarbeiter gekippt wird.«[18]

Er macht es schließlich einiger Bedenken zum Trotz, verabschiedet sich aber dafür aus einem anderen Parteiamt. Nach nur zweijähriger Beisitzer-Tätigkeit im Landesvorstand der schleswig-holsteinischen SPD kandidiert er beim darauffolgenden Parteitag nicht erneut, um hinreichend Zeit für seine Funktionen in Bonn und Lübeck erübrigen zu können.

Ein Verzicht, der ihm wohl nicht sonderlich schwerfällt. Die Termine in Kiel, neben den Verpflichtungen in Bonn und im Lübecker Wahlkreis, nerven ihn ohnehin. Und zu diesem Zeitpunkt hat er auch noch nicht gerade sein Herz an die schleswig-holsteinische Landespolitik verloren. Gleichwohl ist das Verhältnis zu seinem Landesverband weitgehend problemfrei. Nicht zuletzt auch deshalb, weil die traditionell linke Nordpartei unter Leitung des

»Roten Jochen« keine ernsthaften Anstalten macht, in die Fraktionsarbeit ihrer Bonner Parlamentarier hineinzuregieren. Steffen versucht nie, die Abgeordneten zu bedrängen und einzubinden. Auch für ihn ist klar, daß eine Ideologisierung von Fraktionsarbeit und der Versuch, Landesbeschlüsse direkt auf die Bonner Parlamentsebene zu transportieren, für den politischen Zusammenhalt »tödlich« sein kann.

Wenn Fraktionsanträge im Widerspruch zu Beschlußlagen der Bundespartei stehen, gibt es viele – meist Linke –, die in der Fraktion aufstehen und auf die Grundlage solcher Beschlüsse verweisen. Die Landesverbände und ihre programmatischen Marschrouten aber spielen in Bonn keine wesentliche Rolle. Ihre Gemeinsamkeiten erwachsen fast ausschließlich aus ihrer Funktion als Herkunftsverbände. Und obwohl sich auch unter den Schleswig-Holsteiner Abgeordneten einige »Kanaler« befinden, ist die Gruppe dennoch fest verbunden und geschlossen. Es herrscht ein »menschlich enges Verhältnis«, man respektiert sich und die teils abweichenden Positionen wechselseitig und ohne große Streitigkeiten. Der Zusammenhalt der »Nordlichter« in Bonn funktioniert, wohl auch, weil der »unbedeutende kleine Landesverband, wissend, daß sie uns hier so richtig nicht mögen, weil wir den Steffen zum Vorsitzenden haben«, erst recht und um so mehr zusammenrückt.

Bescheidenheit und Ästhetik: Der »Ikea-Staatssekretär«

Engholms Verhältnis zu Ressortchef Rohde scheint trotz der Meinungsverschiedenheit in Sachen »Berufsbildungsabgabe« unbelastet: »Ich halte ihn für einen praktischen Arbeiter«, gibt er zum Amtsantritt zu Protokoll, »der ohne Illusionen, aber mit vielen Grundsätzen Politik betreibt. Das kommt meinem Habitus entgegen, wir decken uns da wechselseitig ab, wir sind – so hoffe ich jedenfalls – die zwei Seiten ein und derselben Medaille.«[19]

Der Optimismus erweist sich als begründet. Die Zusammenarbeit mit Rohde ist – auch nach heutigem Bekunden – gut und konstruktiv. Er ist aus Engholms Sicht nicht nur ein »tüchtiger Mann«, der Ressortchef läßt seinem neuen Staatssekretär darüber hinaus auch einen breiten Handlungsspielraum. Engholm kennt sich besonders im Feld der beruflichen Bildung aus. Und hierin hat das Ministerium, nachdem dieser Bereich bei den Vorgängern Dohnanyi und dem parteilosen Leussink keinen sonderlichen Stellenwert hatte, die Prioritäten grundlegend neu gesetzt. Bis dahin dominierte die große Philosophie des humanistischen Bildungsdenkens. Nicht zuletzt die geburtenstarken Jahrgänge und die massiven Probleme auf dem Lehrstellenmarkt hatten zur Verschiebung beigetragen.

Der andere große Sektor, um den sich vornehmlich Engholm kümmert, ist der von Wissenschaft und Forschung. Auch hier kennt er sich nach inzwischen immerhin acht Jahren Bildungsausschuß in der Struktur der Institutionen aus.

Die Personalstellen in seinem neuen Arbeitsumfeld besetzt Engholm vornehmlich mit Frauen. »Es gab männliche Bewerber, die ihm gut gefielen, aber er möchte mit dazu beitragen, daß Frauen in der Bonner Bürokratie weniger diskriminiert werden«, zitiert die *Süddeutsche Zeitung* den frühen Frauenbewegten zum Amtsantritt. »Er weiß, daß er ein Experiment wagt – und es macht ihm Spaß.«[20]

Aber mehr noch als die personelle bewegt die Sachausstattung im Büro des Neuen die berichterstattenden Gemüter. Hat er sein neues Domizil doch weitgehend unrepräsentativ möbliert. Obendrein hat er dafür nur ein knappes Sechstel des Staatssekretären gemeinhin zustehenden Einrichtungsetats ausgegeben. Statt des gewöhnlich wuchtigen Schreibtischs benutzt er eine auf zwei Holzböcken liegende Platte. Statt der üblicherweise zum Versinken geeigneten Ledergarnitur stellt der »Ikea-Staatssekretär« eine größere Zahl eher praktischer Bänke aus Kiefernholz in die Amtsstube, in der bei Gesprächsrunden auch eine größere Teilnehmerzahl noch Platz findet. Dahinter, so wird gemutmaßt, stecke wohl nicht nur Bescheidenheit, »sondern auch die Überlegung, er könne seine politische Identität verlieren, wenn er sich durch den neuen Posten zu sehr korrumpieren lasse«.[21]

Doch solche Interpretationsversuche sind wohl ein wenig überzogen. Engholm selbst ist über das öffentliche Interesse an seiner Büroausstattung eher verwundert. »Wir haben in unserer Frühzeit so etwas immer zu Hause gehabt«, sagt er. »Das war schlicht, preiswert und störte sich nicht mit anderen Dingen.« Und daran hat sich bis heute nur sehr wenig geändert. Seit Ewigkeiten stehen in seiner lübschen Wohnung »leicht angeschmutzte Segeltuchmöbel«, so sagt er, weil diese naturfarbenen Einrichtungsgegenstände einfach nun mal nicht stören. Zum Beispiel, was ihm viel wichtiger ist, können sie kein Bild an der Wand beeinträchtigen oder dominieren. Einrichtungsgegenstände, lautet seine Philosophie, müssen austauschbar sein und deshalb auch möglichst billig: »Ich will nicht mein Leben lang in teuren Möbeln wohnen. Wenn ich 500 Mark für einen Zweisitzer ausgebe, kann ich ihn alle vier Jahre erneuern«, lautet die schlichte Rechnung. »Wenn ich 17000 Mark ausgebe, steht er ewig da und bindet auch noch meinen Nachfolger.«

Also spart er auch im neuen Büro und hängt sich lieber ein paar gute Bilder an die Wand und leiht sich obendrein eine Skulptur aus. Aber das ist mehr »Ästhetik« – »der objektive Vorgang von Wahrnehmung«, wie er doziert – als Sparkurs. Er möchte unterschiedliche Dinge wahrnehmen, und das heißt auch: wechseln können. Und wer 50000 Mark in eine Büroeinrichtung investiert, dem bleibe zum Austausch nun eben nicht mehr viel Spielraum. Das sei einfach eine Frage der Prioritäten: was wichtig sei und was diene. Und die Bonner Ikea-Ausstattung hätte nun mal eine dienende Funktion. Aber das, was da in Bonn so viel Aufmerksamkeit auf sich zieht, möchte er dann doch noch betonen, ist kein Bruch, sondern das Fortziehen einer langen Linie. »Es hat sich ja kein Schwein darum gekümmert, wie bescheiden mein Bundestagsbüro eingerichtet war. Ein Mensch beginnt offenbar im veröffentlichten Meinungsbild erst als Staatssekretär.«

Kompetenzen: Aufklären, überzeugen, überreden

Die großen Schlachten der Bildungsreform sind zu dem Zeitpunkt, als Engholm zum »Parlamentarischen« in den 13. Stock der ministeriellen Betonburg mit Blick auf die CDU-Bundeszentrale aufsteigt, im wesentlichen geschlagen. Das zehnte Hauptschuljahr ist eingeführt, Fremdsprachen inzwischen auch dort verankert, die ersten Gesamtschulen kommen bereits in die Jahre. Der Stellenwert der Bildungspolitik in der öffentlichen Diskussion ist angesichts wachsender wirtschaftlicher Probleme und des eskalierenden Terrorismus – der in Engholms Ernennungsjahr zu Mogadischu, zu den Morden an Ponto, Buback und Schleyer führt – eher randständig. Sie ist sprachlos und ohne sonderlich erkennbare Perspektive, diagnostiziert auch Engholm: »Da macht man hier Papiere und dort Papiere, und in der Mitte entstehen die Konflikte«.[22] Und das dazugehörige Ministerium ist obendrein weitgehend hilflos, weil ohne weitreichende Kompetenzen. Das bißchen, was es zu befinden hat und durch den Bundestag bringen kann, scheitert dann nicht selten auch noch an der inzwischen gewonnenen Mehrheit der Union im Bundesrat. Das Bildungsministerium, bilanziert Engholm selbst nach zweijährigem Dienst als Staatssekretär, »ist nun einmal mehr ein Aufklärungs-, Überzeugungs- und Überredungsministerium als eines mit vielen originären Kompetenzen – trotzdem ein ›notwendiger Stachel im Fleisch‹ der anderen (...), ein Mahner zu Reformen, für ein Mindestmaß von Einheitlichkeit im unübersichtlichen Föderalismus, für Gleichwertigkeit von beruflicher und allgemeiner Bildung und Chancengleichheit für Benachteiligte.«[23]

Die nach wie vor brennendsten Probleme seines neuen Amtsbereiches liegen indessen weiterhin in der beruflichen Bildung: Nach dem Verzicht auf die »Lehrlingsabgabe«, den die Wirtschaft nicht zuletzt mit dem Versprechen erkauft hat, in diesem Jahr 100000 Ausbildungsplätze mehr zur Verfügung zu stellen, drängt Engholm auf die Überwachung dieser Zusage. Er will, unterstützt von Teilen der Gewerkschaft, eine Meldepflicht für Lehrstellen einführen. Nicht zuletzt auch, um Angebot und Nachfrage bei den Ausbildungsplätzen vernünftig zusammenzubringen. Und obwohl ein solches Ansinnen auf der Grundlage des Arbeitsförderungsgesetzes per Verordnung möglich ist, kommt sein Anliegen nicht durch. Wie so häufig reichen die Kompetenzen des vergleichsweise einflußlosen Bildungsressorts nicht aus. Und Herbert Ehrenberg und sein fachlich zuständiges Arbeitsministerium mauern. Nicht zuletzt, weil der Druck selbst vom Gewerkschaftsflügel in Partei und Fraktion weitgehend fehlt.

Mehr Erfolg ist ihm und seinen Bemühungen bei der Beschaffung von Ausbildungsplätzen im staatlichen Sektor beschieden. Im Dezember 1977 trägt er zum Entstehen eines Programms für Bildungsplanung und Forschungsförderung der Bund-Länder-Kommission bei, über das erhebliche Mittel zum Ausbau von überbetrieblichen Ausbildungsstätten, Berufs- und Berufsfachschulen bereitgestellt werden. Engholms Credo in jener Zeit: »Jeder junge Mensch, der die Schule verläßt, muß eine Ausbildung bekommen, die seinen Neigungen entgegenkommt und damit seine Fähigkeiten am besten weckt.«[24]

Vornehmlich besteht die rund achtzigstündige Arbeitswoche aus politischer Routine und Pflichtterminen. Manches aus dem, was er seit 1969 – dem Beginn seiner Bundestagszeit – ohnehin mit Regelmäßigkeit tut. Beispielsweise an jedem Mittwoch während der Sitzungswochen des Parlaments, inzwischen wohl häufiger als dreihundertmal, steht pünktlich um zehn die Sitzung des Bildungsausschusses an. Die mehr oder minder gleiche Prozedur wie jedesmal: »Die Regierung berichtet, wird gefragt, aufgefordert, von der Union kritisiert, im Ausschuß jedoch meist nüchterner und freundlicher als im Plenum, die Öffentlichkeit und damit der Druck des Zum-Fenster-hinaus-Redens fehlt. Dennoch liegt die Regierung hier schief und dort, hat hier zuwenig, dort zuviel getan, in dieser Frage zu früh entschieden, in einer anderen zu spät, und vor allem: Die Sozialdemokraten sind immer ideologieverdächtig, auch wenn man davon nichts sieht und nichts beweisen kann, sie wollen verstaatlichen und vergesellschaften, freie Initiativen unterdrücken, reglementieren, bürokratisch gängeln – das Etikett läßt sich bequem verkleben. Wenn's nicht so traurig wäre, müßte man lachen, wir als Ideologen mit systemverändernder Sprengkraft?«[25]

Überhaupt führt der Alltag des Staatssekretärs zu reichlicher Ernüchterung: »Von den Träumen eines linken Sozialdemokraten sei nicht viel geblieben«, beschreibt das *Sonntagsblatt* die Stimmungslage des Aufsteigers, »der Bonner Alltag sei angefüllt mit politischen Kleinkariertheiten, das Familienleben leide auf sträfliche Weise unter den fortwährenden Nord-Süd-Pendeleien zwischen Lübeck und Bonn.«[26]

Trotz alledem und trotz mancher Frustrationen und bildungspolitischer Niederlagen fällt Engholms Zwischenbilanz nach zehnjähriger Zugehörigkeit zu diesem Ausschuß und zehn Jahren sozial-liberaler Bildungspolitik dennoch eher zufrieden aus: »Das Bildungswesen wurde geöffnet, und Kinder aus Schichten, die traditionell immer draußen vor blieben, besuchen heute Realschulen, Gymnasien und Universitäten; die Quote der gänzlich Unqualifizierten ist von Jahr zu Jahr geringer geworden und sinkt weiter; junge Frauen sind heute im Bildungswesen auf allen Stufen nahezu gleichberechtigt vertreten – was im Beschäftigungswesen nicht einmal in Grenzen erreicht wurde; eine Fülle von Modellversuchen ist an- und abgelaufen, und würde alles umgesetzt, was da mit hohem Einsatz erkundet wurde, sähen unsere Schulen und Hochschulen auch inhaltlich humaner aus; die berufliche Bildung hat nicht alle Probleme bewältigt, vieles aus der Zeit der geburtenstarken Jahrgänge bleibt bedrückend ungelöst, aber es hätte ohne die vielen Anstrengungen erheblich schlimmer kommen können, und der Rang dieses Teiles der Bildung im Bewußtsein der Menschen war noch nie so hoch wie heute; auch für die Ausbildungsförderung gilt das, keiner lebt rosig mit BAföG (und ginge es alleine nach den Bildungspolitikern, gäbe es mehr), aber ohne dieses Instrument könnte manch einer ›höhere‹ Bildung überhaupt nicht erreichen.«[27]

Diskursethik: »Konspirativ« und mit »alternativen Chaoten«

Jugend, Jugendkultur und Jugendbewegungen interessieren den Staatssekretär auch außerhalb der institutionellen Einrichtungen. Doch als er sich 1980 mit den »Alternativen« im Dialog versucht, bekommt er dafür gleichzeitig von links wie rechts publizistische Prügel. Engholm und Mitarbeiter aus dem Ministerium hatten diese Gespräche mit dem Ziel geführt – wie er später im SPD-Parteiorgan *Vorwärts* erläutert –, »wenn schon keine Brücke, so doch wenigstens einen schmalen Fußgängerüberweg zu bauen, auf dessen Mitte Berührungsfurcht und mißtrauische Funkstille einem bescheidenen Beriechen weichen und der Erörterung eines (oder mehrerer) Forschungsprojekte über Sozialisations- und Bildungsprozesse im alternativen Spektrum Platz machen konnte – ohne politische Hintergedanken oder Vorbedingungen.«[28] Das etwas verquer formulierte Begehren ist in der Sache nichts anderes als der Versuch, das Gespräch mit den frühen Alternativen zu suchen und möglicherweise mit Mitteln aus dem Forschungsetat gegenseitiges Verstehen zu befördern.

Die Westberliner *Tageszeitung* hatte die Kontakte publik gemacht. Unter der Überschrift »Warum ein parlamentarischer Staatssekretär mit alternativen Chaoten verhandelt...«[29] mutmaßt die *taz* sozusagen, hier solle der widerborstige Alternativbereich regierungslistig vereinnahmt und ein staatliches Bein in die Bewegung gebracht werden. Die *Welt* ist angesichts dieser »fast konspirativ anmutenden Kontakte« mit autonomen Jugendzentren und »Aussteigern« so aufgebracht, daß sie sich zu der Frage versteigt, ob in Anbetracht von 200000 Mark Forschungsgeldern, mit denen da gewinkt worden sein soll, hier nicht »eine materielle Parallele zum bisherigen verbalen Werben um Rückkehr von Exterroristen in die Gesellschaft« gegeben sei.[30]

Schwere Geschütze auf ein vergleichsweise bescheidenes, wenngleich für damalige Verhältnisse außergewöhnliches Ansinnen. Engholm will, wie er sagt, die Motive ebendieser Minderheit »begreifen«, die aus seiner Sicht so etwas wie eine seismographische Anzeige für gesellschaftliche Fehlentwicklungen ist. Wenn Jugendliche sich in »unserer« Gesellschaft nicht mehr zu Hause fühlen, befindet er, »dann ist das eben nicht nur ihr Problem, sondern unser aller«.[31] Er ist beeindruckt von manchem, was er auf der alternativen Erkundungsreise zu sehen bekommt. Etwa in der Berliner »Fabrik«, wo nicht geredet und theoretisiert, sondern handfeste Arbeit geleistet wird, wie er feststellt. Seine Bilanz: »Alternativprojekte wie diese tragen offensichtlich dazu bei, Jugendliche vor totaler Resignation und dem endgültigen Aussteigen zu bewahren. Wenn man so will, leisten sie damit gesellschaftlich nützliche Arbeit.«[32]

Engholms Versuch, einen »gesellschaftlich nützlichen« Beitrag zu leisten, besteht vor allem darin, Sprachfähigkeit zwischen verschiedenen Gruppen herzustellen. Gleichgültig, ob er als Repräsentant der alten Arbeiterpartei mit Unternehmern oder als Vertreter einer

»etablierten« Regierungspartei mit »Alternativen« ins Gespräch zu kommen sucht. Was er später häufig mit Begriffen wie »Verantwortungsgemeinschaft« oder »Runden Tischen« belegen wird, ist für ihn in diesem Fall »Koexistenz anstelle von nichtsnutziger Sprachlosigkeit und irrationalem Dauermißtrauen«. Allzu große Illusionen will er damit allerdings nicht nähren: »Niemand verlangt von der ›etablierten‹ Politik, daß sie die Alternativbewegung liebt, und keiner erwartet, daß diese Vater Staat verehrt«[33], stellt er damals fest.

Was sich da rudimentär widerspiegelt, ist eine sich häufig wiederfindende Suche Engholms nach Mechanismen, wie pluralistische Gesellschaften mit ihren unterschiedlichen Gruppeninteressen, Egoismen, Hoffnungen und Visionen zusammen- und zum Ausgleich gebracht werden können. Nur auf dem eigenen Standpunkt zu verharren, philosophiert er, ist letztendlich zumindest dann zutiefst unbefriedigend, wenn sich dieser Standpunkt nicht durchsetzt. Für ihn ist auch das ein wichtiges Stück seiner gern wiederholten Lieblingskategorie – von »politischer Kultur« –, Handlungsmaximen für praktisch-politisches Handeln zu entwickeln. Was Kant als »kategorischen Imperativ« geprägt hat – sich so zu verhalten, daß das eigene Handeln zur Grundlage einer allgemeinen Gesetzgebung gemacht werden kann – und was sich heute verändert bei Hans Jonas in dem »Prinzip Sorge um die Mitwelt« ausdrückt, das, so Engholms Überzeugung vereinfacht formuliert, setzt sich am besten durch Zusammensetzen um. »Man muß sich mit Leuten unterschiedlicher Denkungsart verständigen können und das entwickeln, was die neueren Philosophen ›Diskursethik‹ nennen.« Als »Fahnenschwenker« aufzutreten und große programmatische Reden zu halten, sagt Engholm, nützt nichts, weil sich da sowieso kein Mensch drum kümmert. Aber wenn man gesellschaftliche Führungsgruppen dazu bewegen kann, sich auf ein Minimum an gemeinsamer Einhaltung – etwa zum Schutz der natürlichen Lebensgrundlagen – zu motivieren, erreicht man mehr als jede große Rede. »Und diese Diskursethik habe ich eigentlich mein Leben lang betrieben«, sagt Engholm, »ohne zu wissen, wie man das heute modischerweise nennt.« Dazu zählt für ihn durchaus auch der Fall Traube: Ihn an den gemeinsamen Tisch zu holen, »das ist ein ganz kleiner Versuch, der deutlich macht, wie man ein extremes Problem lösen kann«.

Solchen Versuchen bleibt Engholm auch trotz öffentlicher Schelte nicht nur in seiner Zeit als Staatssekretär weiterhin treu. Nicht immer allerdings führt das zum Erfolg: Als mit dem beginnenden Sozialabbau der von knappen Kassen gebeutelten Koalition auch die ersten Einschnitte in der Ausbildungsförderung anstehen, holt er ebenfalls die konfligierenden Gruppen an einen Tisch. Auch die »Alternativen« aus der Berliner Freien Universität kommen, aber letztlich nur zur gemäßigten Randale statt zum förderlichen Diskurs. Sie legen Engholm einen Polizeiknüppel auf den Tisch mit der Bemerkung: »Du bist auch nicht besser« – und verschwinden wieder. An Engholms Bereitschaft, Leute zum Gespräch zu holen, statt sich nur aus der Distanz »anzublaffen«, ändern solche kleinen Verweigerungen allerdings nichts.

Ministerwürden: »Zweite Wahl«, aber prädestiniert

In den damaligen Zeiten versteht man die Engholmschen Politik- und Kommunikationsprinzipien noch nicht unbedingt und allerorten. Aber seine Ausflüge zu Diskursen in solche gesellschaftlichen Nischen und Randbereiche sorgen nicht nur für Presseschelte, Kritik und Stirnrunzeln bis hinein in die eigene Partei und Fraktion. Es gibt unter den Parteifreunden auch solche, die ihn für seine »Umsicht, Toleranz und Dialogfähigkeit« schon in frühen Zeiten über den grünen Klee loben. So etwa seine Fraktionskollegen Hugo Brandt und Gert Weisskirchen, der eine Vorsitzende des Arbeitskreises »Inneres«, der andere SPD-Obmann im Bildungsausschuß. Sie tun dies in einer Presse-Erklärung zum 28. Januar 1981 unter der profanen Überschrift: »Betr.: Bildungsminister« in Ankündigung ihrer »vollen solidarischen Unterstützung« für den Neuen, der an diesem Tag sein Amt antritt.

Björn Engholm ist die nächste Stufe hochgefallen. Der Grund: Bundeskanzler Helmut Schmidt muß wieder einmal sein Kabinett umbilden. Anlaß ist der Abgang Hans-Jochen Vogels, der als Regierender Bürgermeister nach Berlin geschickt wird. Das von ihm bis dahin geleitete Justizressort übernimmt Jürgen Schmude, der seinerseits das Amt des Bundesbildungsministers 1978 von Rohde übernommen hat. Engholm bleibt im Haus, wechselt aber das Büro und ist nun Bildungsminister im Kabinett Schmidt. Und wem Schmidt ein Amt gibt, lautet damals die leicht ironische Devise in der Fraktion, der hat auch die Kraft dazu.

Dabei ist er für den Kanzler eigentlich gar nicht »erste Wahl«, als das kleine Revirement durch Vogels Entsendung nach Berlin erforderlich wird. Eine Kollegin Engholms war vom Kanzler zunächst auserkoren und gefragt worden. Doch die lehnt dankend ab. Die parlamentarische Staatssekretärin Anke Fuchs mag ihre Schlüsselstellung in Ehrenbergs Arbeitsministerium, wo sie unter anderem für die Verwirklichung der Rentenreform zuständig ist, nicht gegen das vergleichsweise kompetenz- und einflußlose Bildungsressort eintauschen.

Engholm findet nach eigenem Bekunden dennoch nichts Schlimmes daran, nur des Kanzlers zweite Wahl zu sein. Schließlich ist dies die Zeit, da man auch in sozialdemokratischen Chefetagen darüber nachzusinnen beginnt, bei sonst gleichen Qualifikationen eine Frau zu bevorzugen. Aber Anke Fuchs, die ehemalige Spitzenfunktionärin der IG Metall, fühlt sich letztlich wohl doch eher in ihrem Aufgabenfeld, der Sozialpolitik, verwurzelt und den dort anstehenden Aufgaben verpflichtet. Und hinzu kommt wohl bei dieser Entscheidung auch, daß diese »hochintelligente, menschlich sehr anständige« Frau, wie Engholm noch heute voller Hochachtung befindet, mit der Bildungslandschaft der Republik nicht allzu vertraut ist. »Mit dem Professoren-Klüngel, mit den studentischen Gruppen, mit den Verbänden, mit den Fachhochschulen, mit den Handwerkskammern – das ist ja die größte Spannbreite in der Politik, die es gibt. Das macht es ja auch so spannend – aber das war nicht ihr Metier.«

Bei Engholm ist das anders: »Die ganze Bildungslandschaft, das Thema hat mir immer sehr gefallen«, sagt er noch heute. Und selbst diejenigen, die ihm unterstellen, die Tatsache, nicht zuerst gefragt worden zu sein, würde den Neuen im Amt belasten, pflegen hinzuzufügen, daß das doch gar nicht nötig sei: »Denn Engholm ist geradezu prädestiniert, einem Hause vorzustehen, das eben nicht nur Akademikerproblemen seine Aufmerksamkeit zu schenken hat, sondern mindestens gleichgewichtig der Berufsbildung. Gerade diesem Teil der Jugend versteht Engholm Brücken zu schlagen.«[34]

Die Bewältigung der neuen Ministerwürde fällt ihm auch angesichts der »Lehrjahre« als parlamentarischer Staatssekretär im gleichen Haus – so wie es die Erfinder der »Parlamentarischen« eigentlich einmal gewollt haben – um so leichter. Vor ihm sind bereits mit Dieter Haack, Volker Hauff, Rainer Offergeld und Jürgen Schmude andere einen ähnlichen Weg vom parlamentarischen Staatssekretär zum Ressortchef gegangen. Wohl nicht nur der reinen Lehre folgend, hat Schmidt die jüngere Politikergarde ins Kabinett geholt, und wohl auch nicht nur wegen deren besonderer Tüchtigkeit und Talente. Ein maßgeblicher Grund zu Beginn dieser achtziger Jahre ist nicht zuletzt »dem personellen Verschleiß der größeren Regierungspartei zuzuschreiben«, wie das *Handelsblatt* anläßlich der Engholmschen Amtseinführung feststellt.[35]

Der neue Bildungsminister gelangt schon bald im Kabinett, wo er als Jüngster in der Runde der Ressortchefs sitzt, zu einem besonderen Image und Ansehen. Bonns Journalistinnen taufen den Neuen angesichts seiner stets adretten Schale schon bald »Mister Kabinett«. Marie Schlei, die von der *Zeit* so titulierte »resolute Mutter der Sozialdemokratischen Parlamentskompanie«, spricht zuweilen von »unserem kessen Björn« und meint damit ebenfalls mehr Outfit und Auftreten als die Mentalität ihres eher zurückhaltenden Genossen.

Denn im Kabinett gilt er eher als einer, der sich meist schweigend hinter seiner Pfeife verschanzt – »jedenfalls dann, wenn es um Probleme geht, die nicht zu seinem Ressort gehören. Da sticht er von Schmude und Offergeld, Hauff und v. Bülow ab, die aus dem gleichen politischen Jahrgang stammen, aus der Nachwuchsriege der SPD, und die durchaus schon mal mitreden, wenn es sich um allgemeine Themen dreht. Tut der Schweiger aber seinen Mund auf, dann ist ihm, wie eine Prämie für seine sonstige Zurückhaltung, Aufmerksamkeit gewiß.«[36] Er gilt als präziser Formulierer, knapp, genau auf den Punkt und dennoch differenziert. Und ebendas, so heißt es, sei zum Gefallen des Kanzlers.

Gleichwohl gilt Engholm – wenn auch nicht unbedingt im eigenen schleswig-holsteinischen Landesverband, so doch im Bonner Regierungsspektrum – weiterhin als »Linker«. Nicht nur aufgrund seiner Ausflüge in die Welt der Alternativen oder weil er dem Zentralorgan des marxistischen Studentenbundes, den »Roten Blättern«, ein – wenn auch nur schriftliches – Interview zubilligt, in dem er obendrein brav die regierungsoffiziellen Positionen reproduziert. »Links« an ihm, so schreibt die *Zeit*, sei sein stetiges Bemühen um Basisarbeit und Bürgergespräche im heimatlichen Wahlkreis. Und als »links« befindet das Wochenblatt auch, »daß er mit der Arbeitswelt vertraut ist, besser als viele Parteifreunde gleicher Couleur«.[37]

Tatsächlich versucht Engholm, auch im Ministeramt weitgehend seinen Prinzipien treu zu bleiben. Im Regierungsviertel verdutzt er Passanten gelegentlich mit seiner Lust aufs Radeln, wenn er sich – trotz bereitstehender Dienstlimousine und manchmal auch fröhlich pfeifend – auf dem Weg ins Büro oder zur Plenarsitzung klingelnd den Weg frei macht. Und auch an seiner Büroeinrichtung hat sich wenig geändert. Neben dem inzwischen zu bescheidener Berühmtheit gelangten Leinensofa erreicht immer wieder auch die Kunde vom Materialbild des »Müllkünstlers« H. A. Schult über die Medien die erstaunte Öffentlichkeit, das da in unmittelbarer Nähe von Harald Duwes großformatigem Gemälde mit dem spielenden Kleinkind in seinem Ministerbüro hängt.

Außerdem wird zuweilen anerkennend vermerkt, daß Engholm auch immer wieder in bescheidenem Umfang versucht, der Käseglocke des Regierungsviertels zu entkommen und Gespräche »mit ganz normalen Leuten« zu führen: »Engholm, äußerlich eher der Typ eines alerten Jungmanagers, sucht diese Kontakte mit System: Er steht in Bonner Kneipen, auch wenn er zum Umfallen müde ist, er läßt sich auf stundenlange und fruchtlose Gespräche in der Alternativ-Scene von Berlin-Kreuzberg ein, er pflegt mit Bedacht die Beziehungen zu den Menschen, die nicht zum Bonner Dunstkreis gehören. Und das nach einem ebenfalls stets mehr als zwölfstündigen Arbeitstag...«, charakterisiert die Bonner Journalistin Ada Brandes in der *Stuttgarter Zeitung* wohlwollend und anerkennend den Neuen aus dem Norden im ersten Jahr seiner ministeriellen

Amtszeit. Und: »Skeptiker mögen darin eine gewollte Attitüde sehen, ebenso wie in der verblüffenden Offenheit, die Engholm in persönlichen Gesprächen an den Tag legt. Wenn auch, zumindest wäre dies eine Attitüde, die nicht Ferne und Hoheit der Macht signalisieren soll, sondern das Bemühen um Nähe und Zugänglichkeit.«[38]

Engholm ist sich der Begrenztheit und des Abstiegs seines Ressorts durchaus bewußt. 1969 noch an der Spitze der von Willy Brandt verkündeten Reformvorhaben, ist Bildungspolitik anno 1981 »bundespolitisch entmannt, nachdem die Bundesländer auf ihre Hoheit pochten«.[39] Die Schlachten um ein Mehr an Kompetenz für den Bund sind in den Zeiten Leussinks und von Dohnanyis längst geschlagen. Nur noch an wenigen Punkten in der Kultusministerkonferenz wird der Streit in der Ära Engholm ausgetragen. Etwa wenn es darum geht, daß zwischen den Bundesländern Abschlüsse standardisiert und wechselseitig anerkannt werden, daß Vereinheitlichungen und Mindestanforderungen von Bayern bis Schleswig-Holstein gelten. Die Grundfrage aber, daß die Länder die Bildungshoheit haben, ist entschieden.

Der Bundesbildungsminister hat da kaum noch mehr als eine institutionalisierte Moderatorenfunktion. Aber dennoch macht Engholm der Job Spaß. »Das war mit die befriedigendste Arbeit, die ich gemacht habe«, versichert er noch heute. Denn dort in den Instanzen der Bildungspolitik hat er es in der Regel »mit durchaus klugen Leuten auf unterschiedlichen Seiten« zu tun. Mit denen zu streiten, macht ihm zuweilen einen »Heidenspaß«. Zum Beispiel mit dem damaligen bayerischen Kultusminister Maier, der später von der eigenen CSU geschaßt wird – für Engholm ein »hochkluger Mann«.

Auch wenn Engholm die Zuständigkeitsverteilung heute – nach den Jahren als Kieler Landespolitiker –, so wie sie ist, für richtig und gut hält, damals nerven ihn seine Halbe-halbe-Kompetenzen zuweilen schon. Die mühevollen Prozesse, die ideologisch so unterschiedlichen Ansätze zwischen Bremen und Bayern unter ein gemeinsames bildungspolitisches Dach zu bringen, sind zeit- und kraftraubend. »Bei diesen ellenlangen Debatten damals wäre es schon ganz schön gewesen, wenn man mehr Möglichkeiten gehabt hätte, die unter einen Hut zu kriegen und einmal zu sagen: Das machen wir jetzt aber so. Das heißt also, daß die Geschwindigkeit der Reformen angesichts der begrenzten Kompetenzen eher gering war.« Dennoch, zumindest heute ist er der Meinung: »Die Schule muß im Dorf bleiben!«

Er versucht im Rahmen seiner Möglichkeiten, das aus dem Ressort zu machen, was es an Entwicklungsmöglichkeiten hergibt: Seinem besonderen Anliegen, der Förderung der beruflichen Bildung, widmet er einen großen Teil seiner Arbeitskraft und hält den »hohen Stellenwert«, der diesem Sektor damals zugemessen wird, noch heute »für eine der wichtigsten Entscheidungen dieser Zeit«. Der »große Modernisierungsschub« in diesem Sektor, der in der Ära von Rohde bis Engholm initiiert wird, ist für ihn das Wichtigste, was in dieser Zeit und seinem Ressort passiert. Daß dies alles heute längst wieder kippt und ungleich mehr Leute wieder über die allgemeinbildenden Schulsysteme gehen und pro Jahrgang mehr Studien- als Lehranfänger registriert werden, bezeichnet Engholm als »verhängnisvolle Entwicklung, weil nicht eine Hälfte der Gesellschaft mit den Positionen nach einem tertiären Bildungsabschluß versehen werden kann, wie früher zehn Prozent«. Das ginge einfach nicht, schließlich auch deshalb nicht, weil der Stellenmarkt nicht »fünfzig Prozent mal A 13« hergibt.

Neben der Förderung und Modernisierung der klassischen Wege der beruflichen Bildung versucht sich Engholm auch in alternativen Projekten. Das »schönste und verrückteste«, schwärmt er noch heute, »war der Bau eines Zwanzig-Meter-Motorseglers«. Mit einem »Klecker-Betrag« von rund einer halben Million Mark finanziert sein Ministerium ein gemeinsam mit der »Ruhrkohle« und der Gewerkschaft betriebenes Ausbildungsprojekt. In dieser besonderen Bildungsmaßnahme bauen Lehrlinge – unterstützt von Ingenieuren – ein komplettes Schiff, das noch heute auf der Ostsee in Betrieb ist und auf dem jährlich rund 200 Auszubildende Segeln lernend Urlaub machen. »Die Jugendlichen haben dabei eine unheimliche Lust entwickelt«, schwärmt der ehemalige Bundesbildungsminister über dieses »gemeinschaftsbildende und sozusagen über den Tellerrand hinaus qualifizierende« Ausbildungsprojekt, durch das Identifikation, ganzheitliches Arbeiten und auch ästhetische Anstöße vermittelt worden seien.

Andere Modellprojekte initiiert Engholm mit dem Ziel, die Zugangsmöglichkeiten zu den Institutionen höherer Bildung für dort unterrepräsentierte Bevölkerungsgruppen zu verbessern. Tatsächlich wächst in diesen Jahren der sozial-liberalen Ära der Anteil von Frauen und Mädchen an Gymnasien und Hochschulen. Die Quote der Arbeiterkinder – wenngleich immer noch unter Durchschnitt – verdoppelt sich in dieser Zeit.

Obendrein versucht der Mann, der in jungen Jahren selbst so mächtig unter der Einrichtung höherer Bildung gelitten hat, die Institutionen schulischen Lernens fröhlicher und interessanter zu machen, er kämpft und argumentiert gegen Schulstreß und Praxisferne. In den Klassen initiiert Bildungsminister Engholm Projekte, die zur Kommunikation mit Trägern des Kunst- und Kulturlebens beitragen sollen. Er holt Theaterleute, bildende Künstler und Schriftsteller an die Schulen, um Kunst und Kultur einerseits ein Stück vom Image der Weltfremdheit und Entrücktheit zu befreien, andererseits in dem Bemühen, der jungen Generation diese künstlerischen Ausdrucksformen des Denkens und Fühlens näherzubringen.

Und schließlich weist Engholm, nach der eigenen ministeriellen Bilanz gefragt, besonders auf die Förderung von Benachteiligten hin. Für diese Menschen, die ohne Ausbildung keine Chance haben, Abschlüsse zu erreichen, werden verschiedene Ausbildungsprogramme erstellt, an denen die Wirtschaft tatkräftig partizipiert. »Die hat wirklich sehr gut mitgespielt. Die haben gemerkt, daß sie mehr qualifizierte Leute brauchen, ganz egal, auf welcher Stufe der Qualifikation.« Das sind so ein paar Dinge, resümiert Engholm mit einem kleinen Anflug von Stolz, »wo wir wirklich Gutes gemacht haben«.

Kabinettsknatsch: Das 100-Millionen-Ding namens »BAföG«

Die eigentlichen politischen Probleme zu Beginn dieser achtziger Jahre aber liegen in ganz anderen Bereichen. Sie erwachsen vor allem aus den sich stetig verschlechternden Wirtschaftsdaten. Die Zahl der Arbeitslosen im Lande hat die Millionen längst und scheinbar irreversibel überschritten. Sinkende Einnahmen bringen die Staatsfinanzen in eine zunehmend größer werdende Krise und bedrohen die Sicherung des sozialen Netzes. Die staatlichen Finanzierungsprobleme werden überdies durch die Hochzinspolitik der westlichen Länder noch verschärft, mit der man versucht, die wachsende Inflation in den Griff zu bekommen.

»Zum erstenmal war die sozial-liberale Koalition nicht in der Lage, Verteilungskonflikte dadurch zu entschärfen, daß jeder seinen Lebensstandard aus dem Zuwachs des Sozialprodukts verbessern konnte. Eine Politik zur Bewältigung der Finanz- und Wirtschaftskrise mußte der Bevölkerung notwendigerweise Lasten auferlegen. Wie diese verteilt werden sollten, daran entzündete sich der Konflikt. Vorschläge der SPD, durch eine Ergänzungsabgabe gut Verdienender ein Arbeitsbeschaffungsprogramm zu finanzieren, wurden von der FDP abgelehnt. Sie vertraute den Selbstheilungskräften des Marktes. Im Stile der Brüningschen Wirtschaftspolitik wollten die Wirtschaftsliberalen in der FDP durch die Verminderung staatlicher Ausgaben vor allem auf dem Sozialsektor den Defiziten in der Staatskasse Rechnung tragen.«[40]

In den Strudel dieser Verteilungskämpfe gerät zwangsläufig auch das Engholmsche Bildungsressort. Wie an allen Leistungen wird im Zuge der Etatberatungen für das Haushaltsjahr 1982 auch hier kräftig geschnitten. Doch die Bereitschaft zur Kürzung seiner Etatmittel stößt bei Engholm auf Grenzen. Er hatte schon die Studenten- und Schülerproteste gegen die auf den 1. April verschobene, eigentlich zum Herbst fällige Erhöhung der BAföG-Sätze hinnehmen müssen. Außerdem waren mit der 7. Novelle und dem Haushaltsstrukturgesetz bereits deutliche – und für viele Schüler und Studenten schmerzliche – Eingriffe in das BAföG-Gefüge vorgenommen worden. Engholm hatte diese Einschnitte nicht nur – wenn auch murrend – weggesteckt, er hält dafür auch nach außen den Kopf hin. Er geht auf studentische Protest- und Vollversammlungen, stellt sich der massiven Kritik und versichert, wäre er noch Student, würde er auch da unten unter den Protestierenden sitzen. Vor rund 40000 Studenten auf dem Bonner Marktplatz, die ihm drei Minuten Redezeit erlauben, sagt er aber auch: »Ich kann mir das Geld nicht aus den Rippen schneiden.« Und er gibt ein Versprechen ab: Eine weitere Kürzung werde es mit ihm nicht geben! Die *Süddeutsche* lobt den, wie sie schreibt, »sachlich versierten« und »politisch begabten« Engholm angesichts des ministeriellen Mutes zur Wahrheit inmitten der demonstrierenden Massen mit den Worten: »Dort, wo er politisch gefordert wird, besteht er normalerweise.«[41]

Wohl auch vor dem Hintergrund dieser Zusage stellt Engholm sich im Kabinett quer: Sollte der Bildungsbereich jetzt nochmals merklich beschnitten werden, teilt er nüchtern mit, dann möge man doch bitteschön so konsequent sein, dieses Ministerium mit den ohnehin nur geringen Kompetenzen grundsätzlich zur Disposition zu stellen und gegebenenfalls die Pforten des Hauses gänzlich zu schließen.

Die Engholmsche Einlassung sitzt, der Etat des Bildungsministers wird eher behutsam gestutzt. Und dennoch kommt es im Oktober des Jahres 1981, bei den abschließenden Kabinettsberatungen zum Haushalt '82, beinahe zum Eklat. Es geht letztlich um eine – im Verhältnis zum Gesamtetat – banale Summe von 100 Millionen Mark und um einen bescheidenen Bruchteil der gesamten Sparoperation. Um exakt diese Größenordnung soll die Ausbildungsförderung für Schüler gekappt werden. Im Einzelfall sind das durchschnittlich 22 bei einer monatlichen Förderung von 285 Mark.

Für Engholm aber wird damit die Schmerzgrenze überschritten. Mit zusammengebissenen Zähnen hatte er die sein Ressort betreffenden Streichungen, etwa beim weiteren Ausbau der Hochschulen, akzeptiert. Eine weitere BAföG-Kürzung aber geht nach seinem Dafürhalten an die soziale Substanz von Leuten, die auf dieses bißchen Geld angewiesen sind. Das bedeutet aus seiner Sicht die Rücknahme eines guten Stücks von Chancengleichheit. Dafür – um den Durchbruch durch gesellschaftliche Grenzen und Klassen zu den Instanzen der höheren Bildung zu erleichtern – waren diese Fördermittel schließlich eingeführt worden. Mit deren Rücknahme wird für ihn ein bildungspolitischer Rückzug angetreten, den mitzutragen er nicht mehr bereit ist. Ein Hinweis, der von vielen als Rücktrittsdrohung interpretiert wird. Engholm allerdings will es – zumindest im nachhinein – nicht so verstanden wissen. »Ich habe nicht mit Rücktritt gedroht«, teilt er dem *Spiegel* per Leserbrief mit, »ich habe allerdings meine Überzeugung vertreten, das werde ich auch weiter tun.«[42]

Am Tag vor der entscheidenden Kabinettsitzung geht er mit seinem Anliegen in die Fraktion, um sein Nein zur 100-Millionen-Kürzung zu begründen. Dort gärt nach der beschlossenen Erhöhung des Arbeitslosenversicherungsbeitrages und den Einschnitten bei den Leistungen der Bundesanstalt für Arbeit ohnehin der sozialpolitische Unmut. Mit einer beeindruckenden Rede und nach lebhafter Diskussion, bei der Engholm nicht nur engagiert, sondern auch ungewohnt laut argumentiert, schafft er es, die Fraktion hinter seine Fahnen und zum Aufstand gegen die etablierten Haushaltspolitiker zu bringen. Von Rechts und Links wird sein Antrag, die 100 Millionen irgendwo anders einzusparen, schließlich in der Fraktion mit deutlicher Mehrheit unterstützt. »Bundesbildungsminister Björn Engholm hatte eine große Stunde«, attestiert ihm daraufhin das *Handelsblatt*. »In einer mit viel Beifall bedachten Rede verwarf er den BAföG-Kürzungsbeschluß als ›soziale Planierwalze‹. Betroffen würden von den Kürzungen ausschließlich einkommensschwache Familien, vorwiegend Arbeiterfamilien.«[43] Ähnlich der Tenor der übrigen Beobachter: »Der Bonner Bildungsminister erlebte an diesem Dienstagabend eine Sternstunde«, konstatiert der *Kölner Stadtanzeiger*[44], »Spektakulärer Sieg nach einem starken Auftritt« titeln die *Stuttgarter Nachrichten*.[45]

Doch dieser Dienstagabend ist zunächst nicht mehr als eine gewonnene Schlacht. Um Sieg oder Niederlage geht es am darauffolgenden Mittwochmorgen in der entscheidenden Sitzung des Kabinetts. Kanzler Schmidt und die übrigen Mitglieder der Runde kennen natürlich das Votum vom Vorabend aus der Fraktion. Dennoch teilt Engholm das Ergebnis der Abstimmung noch einmal förmlich dem Kabinett mit. Die Reaktion fällt überraschend milde aus. Obwohl der Kanzler in dieser Zeit eher zu denen gehört, die davon ausgehen, daß man BAföG auch auf die Hälfte kürzen kann, ohne daß die Welt untergeht, verhält er sich nach Engholms Beschreibung »unglaublich fair« – und explodiert nicht. Doch igendwo müssen die 100 Millionen lockergemacht, muß das Geld weggenommen werden.

Es folgt eine heftige Debatte, die schließlich zur Unterbrechung der Kabinettsitzung führt, nach Engholms Erinnerung »das erstemal in der Geschichte«. Nach zwei Stunden ist schließlich ein Kompromiß gefunden, an dem neben Engholm und dem Kanzler Finanzminister Matthöfer und maßgeblich Arbeits- und Sozialminister Ehrenberg beteiligt sind. Vor allem die Zustimmung des letzteren in dieser Viererrunde trägt zu einer Globalkürzung, mit der die 100 Millionen aus verschiedenen Bereichen zusammengesammelt werden, und damit zur Lösung bei. Ehrenberg, der auch nicht gerade ein großer »BAföG-Freund« ist und das Geld lieber für seine Arbeitslosen verwendet gesehen hätte, verhält sich in diesem Viererclub ausgesprochen konstruktiv und konzessionsbereit. Doch letztlich trägt diese Entscheidung zu Engholms Gunsten im Keim wohl schon ein wenig zum späteren Bruch der sozial-liberalen Koalition bei. Denn dies, so erinnert sich Engholm, war der Auftakt der innerfraktionellen Diskussion darüber, wie weit man den Weg mit der FDP überhaupt noch gehen könne.

Das Gezerre um diesen – am Gesamthaushaltsvolumen gemessen – geringen Betrag, so kommentiert dann damals auch die *Süddeutsche* das Resultat der Kabinettsrunde, mache deutlich, daß die Koalition an die politischen Grenzen der Sparoperationen gestoßen sei. Schon der Streichbedarf der nächsten Mark könne zum Sprengsatz werden. »Möglicherweise wird Helmut Schmidt es schon bald bereuen, daß er gegen – zumindest aber ohne – den Willen der FDP-Minister mit dem Hut für Engholm und die deutschen Schüler herumgegangen ist.«[46]

Engholm ist der erste, der sich beim Abbau elementarer sozialer Leistungen auf die Hinterbeine stellt: »Und der Schmidt hätte mich dafür feuern können, das wäre sein gutes Recht gewesen. Aber er hat es nicht getan, obwohl man es ihm wohl nicht verübelt hätte«, sagt er.

Überhaupt scheint Schmidt ein irgendwo zwischen Anerkennung und väterlicher Toleranz angesiedeltes Verhältnis gegenüber seinem neuen Bildungsminister zu hegen. Engholm ist für den Kanzler ein »ruhiger, berechenbarer, menschlich zuverlässiger Mann im Kreise des verrückt-genialen Jochen Steffen«, attestiert *Die Zeit.*[47] Vergleichsweise geduldig hatte er sich kurz vor dem BAföG-Konflikt schon einmal gegenüber dem Norddeutschen im Kabinett gezeigt. In diesen Zeiten, als der Nato-Doppelbeschluß und die Nachrüstungsdebatte zu den auch innerparteilich strittigsten Themen zählen, gibt Engholm als gerade frischgebackener Minister ein Interview. »Als Staatssekretär wird man ja nur zu Bildungsthemen befragt, aber als Minister – da wird die Welt abgefragt.« Zu den Fragestellungen gehört unter anderem auch jenes kontroverse Rüstungsthema. Und Engholm, der noch 1979 für den Nachrüstungsbeschluß war, aber »nach gründlicher Debatte« seine Meinung geändert hat, erklärt, er sei in der Frage der Nachrüstung von Mittelstreckenraketen zum jetzigen Zeitpunkt für ein Moratorium, ein Stillhalteabkommen also.

Für die Medien ein gefundenes Fressen: »Minister bricht aus Kabinetts-Disziplin aus« – so und ähnlich lauten die Schlagzeilen, als am nächsten Tag die Runde der Ressortchefs turnusgemäß auf dem Kalender steht. Auf dieser Sitzung hält Schmidt, ohne auf die Schlagzeilen einzugehen, eine etwa zwanzigminütige Grundsatzrede über die Sicherheitslage dieser Welt im allgemeinen und die Bündnispolitik im besonderen. »Das war alles auf mich bezogen«, sagt Engholm. »Und ich saß da wie ein Klippschüler, während Schmidt für alle, die es immer noch nicht begriffen hatten, erzählt, wie die Welt wirklich aussieht. Und da gab es dann für mich, bis auf eine Ausnahme, auch kein Backing.« Diese Ausnahme macht Antje Huber. Die eher konservative und von Schmidt hochgeschätzte Familienministerin meldet sich zu Wort, um dem Kanzler zu versichern, daß sie zwar seine Grundsatzposition teile. Gleichwohl, sagt sie, könne sie die Menschen im Ruhrgebiet, die ja ganz stabile Naturelle seien, mit dieser Haltung nicht mehr überzeugen. Das, Herr Bundeskanzler, sagt sie, sei doch vielleicht ein Grund, noch einmal ernsthaft über die eigene Position nachzudenken. Ein Auftritt, den ihr Engholm, wie er versichert, nie vergessen wird. Sie ist die einzige, die für ihn in die Bresche springt und damit ein Stück Entlastung schafft. »Also da«, sagt Engholm, »hätte mich Schmidt auch entlassen können.«

Dazu kommt es wohl auch deshalb nicht, weil Ausreißer dieser Art bei Engholm nicht die Regel sind. Im Gegenteil gilt er als fleißiger Arbeiter, der sich auf seinen Bereich konzentriert und sich im Prinzip gegenüber dem Kanzler loyal verhält. Noch heute findet der Kanzler von damals zu wohlwollenden Charakterisierungen seines ehemaligen Bildungsministers. »Ich halte von Björn Engholm eine ganze Menge«, sagte er gegenüber dem *Spiegel* mitten im Trubel der »Schubladenaffäre«, »ich habe ihn als Abgeordneten des Bundestages kennengelernt, ich habe ihn in die Regierung geholt. Das ist ein Mann, der auf dem zweiten Bildungsweg etwas geworden ist, das spricht für ihn.«[48]

Engholm selbst nennt sein Verhältnis zu Schmidt ein stets »respektvolles«. Er gehört nicht zu denen, die da glauben, daß dieser Kanzler genausogut Chef einer Unionsregierung sein könnte. Und schon gar nicht teilt er die Kritik des Saarbrücker Oberbürgermeisters und SPD-Vorstandsmitglieds, Oskar Lafontaine, der sich in einem Interview über Schmidt mit den Worten äußert: Er »spricht weiter von Pflichtgefühl, Berechenbarkeit, Machbarkeit, Standhaftigkeit (...). Das sind Sekundärtugenden. Ganz präzis gesagt: Damit kann man auch ein KZ betreiben.«[49] Eine Äußerung, die Engholm schon damals »nicht sehr gut« findet. Zumal man – wie er meint – die von Lafontaine beschriebenen Eigenschaften eben auch als »Zuverlässigkeit« deuten kann, und das ist für ihn und seine norddeutsche Mentalität mit dem gehörigen Schuß Preußentum dann doch eher eine »Primärtugend«: »Ich habe zu den sogenannten Sekundärtugenden ein ziemlich gutes Verhältnis.«

Menschlich ist Schmidt zwar im Umgang nicht immer gerade angenehm, aber Engholm schätzt die Qualitäten seines Kanzlers, insbesondere was dessen rasche Auffassungsgabe, seine Fähigkeit zu stets präziser und klarer Analyse betrifft, und ihn beeindruckt, daß er ein »schneller Entscheider« ist. »Ich habe viel von ihm gelernt«, sagt Engholm, der noch heute zuweilen das Gespräch mit seinem ehemaligen Kabinettschef sucht. Dazu zählt er vor allem, Dinge in der Analyse nicht immer nur aus der vorgegebenen Sicht von sozialdemokratischen Beschlußlagen zu betrachten. »Man kann nicht immer sagen, in Godesberg ist damals folgendes geschrieben worden. Oder zwanzig Jahre später in Berlin ist das beschlossen worden. Das reicht nicht immer für eine praktische Entscheidung. Das kann eine Maxime sein – die lasse ich gelten –, nur darunter muß noch Freiheit bleiben. Und das habe ich von Schmidt gelernt: Eine Situation exakt einzuschätzen, eine saubere Analyse zu machen, immer mit dem Versuch, mit dem Kopf des anderen zu denken – was der Schmidt wirklich konnte. Also immer zu fragen:

Wie denken die Amerikaner, wie die Russen, und warum denken die so? Wo ist unsere überlebensnotwendige Position zwischen diesen beiden, und wo gibt es die Wahrscheinlichkeit, durch eine bestimmte Entscheidung schneller zum Ziel zu kommen?«

Diese Qualitäten relativieren in Engholms Sicht manche weniger geschätzten Eigenschaften, wie etwa die Schmidtsche Selbstherrlichkeit oder auch seinen zuweilen rüden Umgangston und seine »Gnatzigkeit«, was wohl zu gut hochdeutsch so viel wie Unausstehlichkeit bedeuten soll. Denn wenn Schmidt was auf der Seele liegt, wenn er »verschnupft« ist, kann er zuweilen ausgesprochen unangenehm werden. Dann läßt er seinen Unmut »auf zum Teil nicht erfreuliche Art« auch schon mal an seiner Umgebung ab. Aber selbst dafür kann Engholm ein gewisses Verständnis aufbringen: »Solche Leute können nicht immer nur fröhlich sein.«

Fisch-Verstand: Aus und Aufstieg zum Doppelminister

Was sich bei BAföG-Debatte und Haushaltsberatung im Herbst 1981 als Konflikt andeutet, ist bereits ein Indiz für das sich abzeichnende Ende eines letztlich dreizehnjährigen politischen Bündnisses. Die SPD ist bereits aus den Bundestagswahlen 1980 deutlich geschwächt hervorgegangen. Die FDP dagegen hatte mit einem zweistelligen und damit einem ihrer besten Ergebnisse überhaupt ein deutlich stärkeres Gewicht und Selbstbewußtsein innerhalb der Koalitionsregierung gewonnen. Nur das Renommee des Kanzlers als Wirtschaftsexperte und das Abschreckungspotential, für das die Union mit ihrem Kandidaten Franz Josef Strauß gesorgt hatte, retten das sozial-liberale Bündnis dieses Mal noch über die Wahl-Runden.

Viele ehemalige Sympathisanten und Wähler haben sich – frustriert oder resigniert – angesichts des deutlich gebremsten Reformtempos der Regierung Schmidt bereits von der SPD abgewendet. Beeindruckt vom Terrorismus auf deutschem Boden, hatte die SPD sich für die Einschränkung elementarer Freiheitsrechte entschieden. Mit den Anti-Terror-Gesetzen des Jahres 1978 war der Versuch, die Bedrohung durch konsequent rechtsstaatliches Handeln zu bewältigen, ein Stück weit aufgegeben worden. Statt dessen werden polizeiliche Zugriffsmöglichkeiten erweitert und eigene liberale Rechtspositionen zurückgestellt. Der Weg für einen Rückfall in autoritäre Obrigkeitsstrukturen wird angesichts des oppositionellen Drucks und aus Angst vor Wählerschwund von Sozialdemokraten geöffnet. Es nützt trotz alledem nichts: Die Punktzuwächse bei den Wahlen in Ländern und Kommunen werden in diesen Jahren zunehmend von der Union geholt.

Der Rüstungskurs des Kanzlers, die Befürwortung der Stationierung von »Pershing II« und »Cruise Missiles« sowie seine mangelnde Sensibilität für wachsende Umweltprobleme und sein Eintreten für die friedliche Nutzung der Kernenergie beschleunigen diesen Prozeß. Immer mehr Menschen am linken Rand der Partei distanzieren sich und organisieren sich in Bürger- und Umweltschutzinitiativen, in Frauen- und Friedensbewegung, die zusammen schließlich das Entstehen einer neuen Partei, der Grünen, befördern.

Innerhalb der Koalition sorgen Arbeitslosigkeit und die Krise der Staatsfinanzen für weiteren Zündstoff. Vor allem wohl aus Angst, mit in den sozialdemokratischen Abwärtssog zu geraten, gibt Genscher die Parole in seinen freidemokratischen Reihen aus: »Eine Wende ist notwendig.«

Den endgültigen Ausschlag gibt Anfang September 1982 ein Papier des umtriebigen FDP-Wirtschaftsministers Otto Graf Lambsdorff. Darin wird ein wirtschafts- und sozialpolitischer Kurswechsel gefordert, von dem jeder in Bonn weiß, daß der größere Koalitionspartner hier nicht mehr ohne völlige Aufgabe seiner Identität zustimmen kann. Der endgültige Bruch ist mit dieser »Momentaufnahme von reaktionären additiv aufgezählten Wünschen« perfekt, sie steht »in eklatantem Widerspruch zur gemeinsam formulierten Wirtschafts- und Finanzpolitik der Koalition«, wie Schmidt am 19. September vor dem SPD-Parteirat den Lambsdorffschen Sprengsatz charakterisiert.[50]

Bereits am 17. September erfolgt im Bundestag die endgültige parlamentarische Trennungszeremonie und die Entlassung der vier FDP-Minister aus dem Kabinett. In einer damals vielbeachteten Rede verkündet Schmidt das endgültige Aus. Der Noch-Kanzler hat bereits zu sprechen begonnen, als Hans-Jürgen Wischnewski zu Engholm an die Regierungsbank kommt. Der Fraktionsvize war von Schmidt herumgeschickt worden, um die letzten Weisungen auszugeben. »Erschrick nicht«, sagt er, »du wirst Landwirtschaftsminister!« Engholm wußte bis dahin nichts von seinem befristeten Aufstieg zum Doppelminister. Und mitten in der Rede des Kanzlers, als Schmidt die Besetzung der durch die ausgeschiedenen FDP-Minister freigewordenen Ressorts verkündet, kommt jene Beförderung Engholms zur Sprache, die mit dem Schmidtschen Bonmot begründet wird: Der kommt von der Küste, der versteht was von Fisch! »Und das war dann wohl auch die einzige Situation«, erinnert sich Engholm an jene bitterböse Periode des Koalitionsendes und an diesen 17. September, »wo alle noch mal gelacht haben – ansonsten war das ja alles eher tieftraurig.«

Engholm ist für dreizehneinhalb Tage Doppelminister und überdies einer von insgesamt nur zwei Landwirtschaftsministern in der traditionsreichen Geschichte der SPD überhaupt. Seine erste Amtshandlung als Chef des Ministeriums für Ernährung, Landwirtschaft und Forsten besteht in der Verabschiedung seines Vorgängers. Am Tag nach der Bundestagssitzung gibt der Neue dem Ehemaligen nicht nur seine Entlassungsurkunde, sondern, als persönliche Geste, obendrein auch einen schleswig-holsteinischen Aal und hochlobende Worte mit auf den Weg. Josef Ertl, dieser aus Engholms Sicht im Kabinett wenig beliebte, aber hochanständige Mann, der auch von Schmidt nie besonders gut behandelt worden ist, hat sichtbare Tränen der Rührung in den Augen. Als sich zwei Wochen später die gleiche Zeremonie mit getauschten Rollen abspielt, revanchiert Ertl sich für die Verabschiedungsgeste: Selbst wieder im Amt, überreicht er Engholm die Entlassungsurkunde und dazu eine von ihm selbst gefertigte Farbzeichnung.

Bei einem anderen gestaltet sich die Verabschiedung etwas komplizierter: Staatssekretär Gallus, noch über ein Jahrzehnt als Staatssekretär in Amt und Würden, ist für die fällige Zeremonie nicht aufzutreiben. Angeblich weiß niemand, wo er ist. Nicht einmal sein Büro kann Auskunft über den Aufenthaltsort des Verschwundenen geben. Irgendwo in Bayern, vermutlich in Franken, heißt es, soll er sich aufhalten. Aber die Urkunde muß ihm übergeben werden, erst mit diesem formalen Rechtsakt ist die Entlassung auch tatsächlich wirksam. Mit dem Tag des Ausscheidens und der damit verbundenen Dauer der Dienstzeit entscheidet sich möglicherweise auch die Höhe der späteren Versorgungsbezüge. Doch daß das eine mit dem anderen in diesem Fall zu tun haben könnte, sind vermutlich typisch Bonner Gerüchte. Engholm schickt schließlich dem Abwesenden einen suchenden Dienstwagen hinterher. Es dauert zwei Tage, bis Gallus gefunden und die Entlassungsurkunde schließlich dann doch übergeben ist.

Ein paarmal ist dann auch noch Engholms Präsenz in seinem Zweit-Ministerium erforderlich, Aktenvorgänge müssen mit seinem Signum amtlich gemacht werden. Zum Beispiel unterzeichnet er noch einen Aufruf für das Einkellern von Winterkartoffeln und einen Erlaß für verbilligte Butter. Letztere soll auch in diesem Jahr 1982 wieder mal zum weihnachtlichen Fest und barmherzigen Preis aus EG-Lagerbeständen geräumt werden. Aus naheliegenden Gründen verabredet der Weinliebhaber Engholm auch noch einen Termin mit dem Präsidenten des deutschen Weinbauernverbandes, der zum tiefen Bedauern des Interimsministers aber dann doch nicht mehr in der befristeten Zeit seines Zweitamtes zustande kommt.

Am 1. Oktober ist das Ende der Dienstzeit erreicht. Kohl und sein Kabinett nehmen anstelle der sozialdemokratischen Amtsträger auf den Regierungssesseln Platz. Engholm lädt am Vorabend Mitarbeiter, Freunde und Mitglieder von Verbänden, Kammern, Organisationen und wer sonst über die Zeit mit seinem Haus zusammengearbeitet hat, zur Abschiedsfete ins Ministerium ein. Wer Lust hat, steht in der Einladung, soll eine Flasche mitbringen. Und tatsächlich bauen sich an diesem Abend rund zweihundert solcher Mitbringsel auf den langen Tischen auf. Es wird ein heiterer Abschied, der bis in die frühen Morgenstunden geht.

Dabei ist am Tag danach schon wieder eine Verabschiedungszeremonie angesagt. Engholm hat eine Personalversammlung einberufen, um sich dort gemeinsam mit seinem Staatssekretär Eckart Kuhlwein von den Mitarbeiterinnen und Mitarbeitern seines Ministeriums »in Anstand« zu verabschieden. Für einen großen Teil der Beschäftigten ist dies ein schmerzvoller Abgang. Fast die Hälfte, erinnert sich Engholm, hat Tränen in den Augen. Ein anderer Teil, wie das wohl immer in solchen Situationen so ist, »frohlockte und glänzte«.

Nach diesem Abschied und dem endgültigen Verlassen seines Ministeriums erwartet Engholm draußen vor der Tür ein weiteres ungewohntes Ereignis. »Ich weiß noch, Kuhlwein und ich, wir kamen raus und guckten automatisch, wie das so war, nach unserem Dienstauto.« Doch dieses Dienstauto gibt es nicht mehr. Das hatte inzwischen bereits Engholms christdemokratische Nachfolgerin, Dorothee Wilms, mit Beschlag belegt. Engholm und Kuhlwein wenden sich an den Pförtner und bitten ihn, ein Taxi zu rufen. Doch der versichert mit ebenfalls leicht gewässerten Augen, daß er das nicht übers Herz bringen würde. Es werde natürlich ein Dienstwagen zur Verfügung gestellt, sagt er und ruft die Fahrbereitschaft des Bundestages an. »Das war der letzte Akt«, sagt Engholm. »Aber in dem Moment, wo du vor der Tür standst, wußtest du, was los ist.«

Einstieg in Kiel: Neuanfang in einer linken Diaspora

Vom Rhein an die Förde: Nach der Wende der Wechsel

Für Björn Engholm ist die politische Zäsur der sogenannten Bonner Wende weniger prekär als für andere, die von heute auf morgen jegliche Perspektive verloren haben. Obwohl er noch bis zur »künstlich« herbeigeführten Neuwahl zum Deutschen Bundestag am 6. März 1983 als Minister a. D. einfacher Abgeordneter im Bonner Parlament bleibt, gilt seine ganze Aufmerksamkeit jetzt dem bevorstehenden Umzug nach Schleswig-Holstein ins Kieler Landesparlament.

Noch heute empfindet Engholm es als »höchst bedenklich«, auf welch fragwürdige Art und Weise sich der damalige Bundespräsident Professor Karl Carstens in die partei- und machtpolitischen Machenschaften der CDU und ihres neuen Koalitionspartners FDP hat einbinden lassen. Nach einer absichtlich gescheiterten Vertrauensabstimmung für den mit dem Mißtrauensvotum gegen Helmut Schmidt zum Kanzler gekürten Helmut Kohl löst der Präsident das Parlament auf und macht den Weg zu Neuwahlen frei. Das Ergebnis ist für die SPD mit ihrem Kanzlerkandidaten Hans-Jochen Vogel deprimierend: Mit nur noch 38,2 Prozent der Zweitstimmen erzielt sie ihr schlechtestes Resultat seit 1961. Die Union kommt auf 48,8 Prozent – ihr zweitbestes Ergebnis in der Nachkriegsgeschichte. Lediglich anno 1957 ist es übertroffen worden, als Kanzler Konrad Adenauer mit 50,2 Prozent die absolute Mehrheit erreichte. Die FDP erringt diesmal 7,2 Prozent. Mit 5,6 Punkten ziehen die Grünen erstmals in das bundesdeutsche Parlament ein.

Über den Sozialdemokraten indessen hängt wie ein fataler Fluch die Prophezeiung ihres Fraktionsvorsitzenden Herbert Wehner von einer mindestens fünfzehnjährigen Oppositionszeit. Mit der stabilen Mehrheit von 278 Mandaten kann die Koalition aus Union und FDP gegenüber der SPD (193 Sitze) und den Grünen (27) in die nächsten vier Regierungsjahre gehen.

Es wird eine Periode der gesellschaftlichen Restauration, die Wirtschafts- und Finanzpolitik schaltet von Nachfrage auf Angebot um. Der »sanfte Thatcherismus« hält Einzug in Westdeutschland. Es werden freilich auch Jahre einer Konsolidierung nach den Rezepten des konservativen Wirtschaftsliberalismus. Da es zu der Zeit auch eine konservative Mehrheit im Bundesrat gibt, kann das Kabinett Kohl die »Wende« praktisch ohne großen parlamentarischen Widerstand durchziehen. Die SPD-Opposition hat schwere Jahre vor sich. Sie muß sich nach der Ära Schmidt personell und programmatisch erneuern und zudem ihr Profil gegenüber den erstarkenden Grünen verteidigen und überarbeiten.

Um so wichtiger erscheint es den Sozialdemokraten, jetzt vor allem auf Länderebene Boden gutzumachen. Dabei könnte die bevorstehende Landtagswahl in Schleswig-Holstein am 13. März 1983, eine Woche nach der Bundestagswahl, ein wichtiges Signal setzen, zumal dort mit dem neuen Spitzenkandidaten Björn Engholm ein noch unverbrauchter Sozialdemokrat des Kabinetts Schmidt antritt.

Wie so oft in seinem politischen Leben hat Björn Engholm mit seiner frühzeitigen Entscheidung für Kiel Glück. Als nämlich im Frühjahr 1982 die Genossen im Norden unversehens vor dem Problem stehen, einen Nachfolger des zweimal bei Wahlen gescheiterten Oppositionsführers Klaus Matthiesen als Spitzenkandidaten für die bevorstehenden Landtagswahlen zu benennen, ist man sich im Landesvorstand ohne lange Diskussion einig: »Das kann nur einer machen – der Björn.«

Matthiesen hat schon drei Jahre zuvor, unmittelbar nach der äußerst knapp verlorenen Wahl 1979 gegen Gerhard Stoltenberg (es fehlten der SPD damals nur rund 600 Stimmen), vergeblich ein drittes Mal das Amt des Spitzenkandidaten für sich reklamiert. Der SPD-Landesvorsitzende Günther Jansen betrachtet dies als einen unsittlichen Antrag, der Geschäftsführer der Landtagsfraktion Gert Börnsen geht mit dem selbstbewußten Matthiesen noch härter ins Gericht: »Klaus Matthiesen hat sich schon immer als einen verhinderten Staatsmann angesehen. Natürlich wäre es falsch gewesen, schon ein halbes Jahr nach einer verlorenen Wahl denselben Kandidaten wieder aufzustellen. Denken wir doch nur an die fatale Engholm-Klose-Diskussion um den Kanzlerkandidaten.«

Der abgeschmetterte und frustrierte Matthiesen wird von vielen schleswig-holsteinischen Genossen nur noch als Oppositionsführer auf Abruf angesehen. Er muß das auch sehr schnell gespürt haben und sucht nun selbst eine günstige Gelegenheit, um – wie es ein Parteifreund spöttisch formuliert – von einem Amt zurückzutreten, für das er gar nicht nominiert ist: dem Posten des Spitzenkandidaten.

Im »Brokdorf-Land« Schleswig-Holstein erklärt Matthiesen unversehens, er könne sich mit der Kernenergiepolitik der Regierung Schmidt nicht identifizieren und stehe nicht mehr als Kandidat für das Amt des Ministerpräsidenten zur Verfügung.

Kandidatenkür: Halb zog man ihn, halb sank er hin

Und so trifft sich in den Januartagen 1982 eine kleine Gruppe schleswig-holsteinischer Spitzengenossen in der Lübecker Wohnung des damaligen Europa-Abgeordneten Gerd Walter. Bis tief in die Nacht hinein wird diskutiert. Schließlich einigt sich die Gruppe darauf, den Bundesbildungsminister und Jungstar der Bonner Regierung Björn Engholm um die Kandidatur zu bitten. Man wägt dies allerdings sehr sorgsam ab, denn bis dato hat er keinerlei landespolitisches Profil gezeigt. Der »Lübecker Juso-Star Engholm« (Gansel) und »Bonner Schöngeist« (Börnsen) muß, wie Gerd Walter sagt, erst einmal für das nördlichste Bundesland »sozialisiert« werden. Walter, einer der wenigen wirklich guten Freunde Engholms, sieht in dem smarten Bundespolitiker bestenfalls den typischen Wahlkreisabgeordneten, den die »Parteiarbeit schon damals so genervt hat wie auch heute noch«.

Die Entscheidung für Kiel sei Engholm sehr schwergefallen: »Er hing an Bonn, nicht nur im Kabinett, sein Wahlkreis bedeutete ihm sehr viel.« Tatsächlich war Bonn für Engholm von Anfang an ein Stück Anerkennung über den lokalen Bereich hinaus. Der Vertreter des Zweiten Bildungsweges bringt es schließlich zum Bundesbildungsminister. Engholm-Freund Gerd Walter: »Das war eine wichtige Stufe von Anerkennung und Selbsterfahrung eines Menschen, der glaubt, es seiner Umwelt zeigen zu müssen. Der Erfolg wurde ihm schließlich nicht in die Wiege gelegt.«

Und Engholm selbst? Er geht seinerzeit »mit sehr langen Fingern« an die überraschende Offerte aus Kiel heran. Daß er landespolitisch unerfahren sei, will er nicht gelten lassen. Schließlich ist er bei den Landtagswahlen 1975 und 1979 Mitglied der Mannschaft Matthiesens gewesen. Er sollte Kultusminister werden. In den siebziger Jahren hat er zudem zwei Jahre lang als Beisitzer dem Landesvorstand seiner Partei angehört. Gleichwohl läßt er sich mit seiner Entscheidung Zeit, will sich – wie zeitlebens – nicht unter Druck setzen lassen. Der freilich geht vor allem von Leuten wie Gerd Walter und Günther Jansen aus, den damals einflußreichsten Parteipolitikern in Schleswig-Holstein. Sie halten eine Jahresfrist zur landespolitischen Profilierung ihres nominellen Kandidaten für unabdingbar.

Engholm ziert sich zunächst einmal: »Schließlich habe ich in Bonn ein Ministeramt.« Im übrigen fühle er sich im Rheintal sehr wohl, privat wie politisch. Er sieht sich selbst fernab jeglicher Bescheidenheit als Mitglied des »oberen Zirkels« in der SPD-Bundestagsfraktion, die »so leicht auch nicht auf mich verzichten wird«. Doch letztlich läßt er sich breitschlagen: »Am Ende ist es so, wie bei mir wohl mehrfach, gewesen. Da war die Einsicht, du wirst es wohl machen müssen. Kannst den Laden nicht völlig hängen lassen.«

Das klingt ganz wie dereinst sein »Wat mutt, dat mutt« zum Parteivorsitz in Bonn. Engholm selbst schlägt später den Bogen zu aktuelleren Entscheidungen: »Zumindest habe ich damals gewußt, daß ich mich auf die Rolle des Oppositionsführers als eine von zwei Optionen einstellen mußte. Und das bei geringem Optimismus in einem Land, das seit mehr als dreißig Jahren mit hohen Mehrheiten von der CDU regiert wurde. Ich habe vom Kandidatendasein keineswegs immer als dem schönsten auf Gottes Erdboden geträumt.

Etwa wie Hans-Ulrich Klose, wenn er meint, Kanzlerkandidat müsse das Schönste auf der Welt sein. Kanzler sein ist gut, Kanzlerkandidat sein ist ziemlich blöd...«

Engholm hält sich deshalb, als er bei einem Kamingespräch mit dem SPD-Landesvorsitzenden Günther Jansen in dessen Haus bei Malente in der »Holsteinischen Schweiz« seiner Nominierung zustimmt, eine Hintertür offen. Er will im Falle einer Wahlniederlage sein Amt als Bundesminister in Bonn behalten dürfen. Sicher ist sicher, scheint Engholm sich zu sagen, der aus seinen Vorbehalten gegenüber dem ausgeprägt linken Landesverband im hohen Norden kein Hehl macht. Jansen selbst läßt keine Gelegenheit aus, dem nach seiner Ansicht zu pragmatischen Bundeskanzler und Parteifreund Helmut Schmidt vor allem wegen dessen Kernenergiepolitik auf die Nerven zu gehen. Der Bürgermeister in der kleinen Gemeinde Süsel fängt sich denn auch irgendwann einmal die Sottise des Kanzlers ein, praktisch alle Staatsmänner der Welt holten sich bei ihm in Bonn Rat, nur der Bürgermeister von Tütel wisse alles besser. Im Plattdeutschen bedeutet »tüteln« soviel wie spinnen, Unsinn erzählen.

Damals, im Mai 1982, ist, trotz der sich anbahnenden tiefgreifenden Kluft zwischen Sozialdemokraten und Liberalen, die kurz bevorstehende Wende noch nicht greifbar. Es hieße wohl das politische Gespür Engholms überschätzen, wollte man annehmen, daß er sich beide Optionen für den Fall der Fälle offenhalten will. Was kann ihm schon passieren? Entweder er gewinnt in Kiel und wird Ministerpräsident, oder er verliert und kehrt auf seinen Ministersessel zurück.

Denkmodell Mai 1982. Ein halbes Jahr später sieht zumindest die Bonner Welt anders aus, Engholm hat – wie gesagt – wieder einmal persönliches »Glück« gehabt, denn das Amt eines besoldeten Oppositionsführers in Kiel ist allemal attraktiver als die Rolle eines Ex-Ministers und einfachen Abgeordneten in Bonn. Wenngleich Engholm rückblickend meint, er hätte auch »gut und gern in Bonn bleiben können. Wahrscheinlich wäre ich dann irgendwann einmal Fraktionsvorsitzender der SPD im Bundestag geworden.«

Zweckbündnis: Vom Hinterstübchen auf die Oppositionsbank

Engholms formelle Nominierung durch den Landesvorstand erfolgt nach typisch norddeutscher Sitte: Schauplatz ist die Hinterstube einer verqualmten Dorfgaststätte im Holsteinischen. Mit Bier und Köm, einem Kümmelschnaps, werden die Genossinnen und Genossen, wie sich einer der Beteiligten erinnert, in Stimmung gebracht. Das Ganze hätte auch ein Kegel- oder Skatabend sein können. Als Engholm, geschniegelt und gebügelt, wie geplant in Begleitung seines Freundes Gerd Walter erheblich verspätet eintrifft, begrüßt ihn SPD-Chef Jansen mit hochrotem Kopf und lautstark: »Ich heiße unseren neuen Spitzenkandidaten in diesem Kreis sehr herzlich willkommen.« Es hat bis dahin weder die sonst bei der SPD bis zum Überdruß gepflegte Kandidatendiskussion noch eine formelle Abstimmung im Landesvorstand gegeben. Parteipolitik nach Art der SPD Schleswig-Holstein. Wer jetzt noch aufmucken wollte, er hätte sowieso keinen Erfolg, würde sich lächerlich machen.

Doch »eigentlich war ja ohnehin alles klar«, erinnert sich Günther Jansen, der mit Erleichterung und Wohlgefallen registriert, daß auch der nicht gerade auf feinste Art ausmanövrierte Klaus Matthiesen sich am zustimmenden Beifall dieses »Kneipen-ZK« beteiligt. In diesem Moment beginnt die zweite, die landespolitische Karriere des jungen Lübeckers, dessen Habitus und Handeln zur linken Nord-SPD wie die Faust aufs Auge passen.

Beim darauffolgenden Parteitag wird Engholm von der Basis mit dem »Volkskammerergebnis« von 97 Prozent Jastimmen gekürt. Engholm weiß, daß ihn längst nicht alle als den Traumkandidaten betrachten. Doch für ihn ist es eine der großen Qualitäten der Landespartei, »wenn es darauf ankommt, Geschlossenheit zu demonstrieren, auch wenn nicht jeder von der Person total überzeugt ist«.

Tatsächlich ist zu dieser Zeit Engholm alles andere als der Prototyp des schleswig-holsteinischen Sozialdemokraten. Da paßte schon eine Figur wie Jochen Steffen eher, der diesen im SPD-Spektrum weit am linken Rand plazierten Verband geprägt hat. Engholm dagegen gilt als Schmidt-Mann, als Pragmatiker und Kompromißler. Schließlich hat die SPD Schleswig-Holstein gegen die Energie-, Sicherheits- und Sozialpolitik der sozial-liberalen Bundesregierung mobil gemacht, als ihr neuer Spitzenkandidat noch mit am Bonner Kabinettstisch saß. Nach der »Wende« im Spätherbst 1982 findet Engholm allerdings auch bei jenen Genossen im Norden eine »neue Nachdenklichkeit« vor, die zunächst gegen ihn waren. Ein heilsamer Schock, »die merkten nämlich plötzlich, wie wichtig es sein kann, die Regierungsmacht zu haben«.

Ein Zweckbündnis also, das die Linksaußen von der Waterkant mit dem Regierungsprofi eingehen, weil er sie noch am ehesten aus dem jahrzehntelangen politischen Mauerblümchendasein der Opposition befreien kann. Und Engholm muß nicht einmal drängeln, ja kann sich sogar zieren, wie später auch. Einer, der gerufen wird und dies wohl auch nicht gerade ungern so will.

Als den richtigen Spitzenkandidaten für Kiel hat der Bonner *Zeit*-Korrespondent Carl-Christian Kaiser den Bundesbildungsminister schon im Sommer 1981 empfohlen und dabei seine Wandlungsfähigkeit oder besser Wendigkeit beschrieben: »... lange, bevor es Mode wurde, hat er sich mit Alternativlern, ja Aussteigern, sogar mit Systemgegnern zusammengesetzt und diskutiert – was im Bonn der politischen Stehkrägen weiland soviel Stirnrunzeln hervorrief wie kürzlich das Interview, das der Minister den *Roten Blättern,* der Zeitschrift des Studentenbundes ›Spartakus‹, gab (und in dem er die Standpunkte der Regierung, namentlich den Nato-Doppelbeschluß, mit großem Nachdruck vertrat).«[1]

Und das sollte erträglich sein für ausgerechnet den Landesverband, dessen Vorsitzender Jansen unter dem Beifall seiner Anhänger dem »Brokdorf- und Raketenkanzler« Schmidt mit »Spikes vor das Schienbein treten« wollte? Kaiser hat zweifellos recht, daß sich mit Engholm ein neuer Typus eines sozialdemokratischen Politikers herauszubilden beginnt. In Bonn kann er deutlich machen, daß hemdsärmelige Bulligkeit nicht unbedingt ein glaubwürdiges Markenzeichen von fortschrittlichen Vorreitern der Arbeiterbewegung sein muß. In Kiel will Engholm seinen dortigen Parteifreunden klarmachen, »daß ein Genosse mit Schlips und Kragen nicht zwangsläufig ein anpasserischer Schwachkopf sein muß«.

In diesen Tagen bespricht sich Engholm an fast jedem Wochenende intensiv mit seinem Lübecker Freund Gerd Walter. Der Europa-Abgeordnete hat trotz seines Engagements in Brüssel, Luxemburg und Straßburg stets eine enge Bindung nach Schleswig-Holstein gehalten. Er gilt als einer der entscheidenden Parteistrategen in der Nach-Steffen-Ära. Eine Zeitlang hat es so ausgesehen, als wäre er der neue kommende Mann an der Spitze in Kiel.

Im Wahlkampf um die Sitze für das erste direktgewählte Europa-Parlament 1979 ist Gerd Walter auffallend wohlwollend von Willy Brandt unterstützt worden. Der SPD-Vorsitzende hat den Lübecker Diplompolitologen als eine der großen Nachwuchshoffnungen der Sozialdemokratie angesehen. Auch hier wird gewiß der Lübeck-Faktor eine Rolle gespielt haben. Doch Walter ist klug genug, sich in dieser Phase zurückzuhalten. Er wirkt lieber als Technokrat aus dem Hintergrund. In der Kieler Parteizentrale nennt man Gerd Walter, der im Gegensatz zu Engholm aus seiner Zeit als Juso-Vorsitzender einen guten Draht zu Jochen Steffen hat, den »SPD-Stalinisten vom Dienst«.

Björn Engholm stellt nur fest: »Gerd Walter hätte es auch machen können.« Was beinahe wie ein Vorwurf klingt, vielleicht auch so gemeint ist, bedeutet eher ein dankbares Kompliment für einen Freund, der ihn für die SPD und das Land Schleswig-Holstein »sozialisiert«. Walter sieht sich tatsächlich als den wichtigsten Vermittler: »Ich versuchte, ihm klarzumachen, daß diese Partei und dieses Land nicht nur Bodenhaftung geben, sondern auch ein Stück Heimat sind.«

Nordelbien: Diaspora der Sozialdemokraten

In Schleswig-Holstein hat sich die CDU seit Anfang der fünfziger Jahre als Dauerabonnent der Macht etabliert. Mit allem, was dazugehört: Filz, Ämterpatronage, Regierungsarroganz. Auch durchaus selbstkritische Unionspolitiker sehen ihren Machtanspruch im Norden als demokratisches Naturgesetz an.

Die Sozialdemokraten scheinen sich auf immer und ewig mit der Oppositionsrolle begnügen zu müssen. Tatsächlich jedoch wird

Engholm Spitzenmann einer Landespartei, die vor allem in den ersten Nachkriegsjahren dem nördlichsten Bundesland entscheidende Impulse vermittelt hat. Die bis heute nur geringfügig veränderte Landessatzung, also die Verfassung Schleswig-Holsteins, trägt im wesentlichen die Handschrift der Frauen und Männer der ersten Stunde nach Kriegsende.

Die Provinz Schleswig-Holstein gehörte nach der Kapitulation Hitler-Deutschlands am 8. Mai 1945 und der Befreiung durch die Alliierten zum britischen Besatzungsgebiet. Am 23. Mai 1945 wird die noch von Hitler eingesetzte letzte »Reichsregierung« unter Großadmiral Dönitz in der Marineschule Flensburg-Mürwik von englischen Offizieren verhaftet. Noch im selben Jahr ernennt die britische Militärregierung den Widerstandskämpfer aus dem »Kreisauer Kreis« Theodor Steltzer zum »Oberpräsidenten der Provinz Schleswig-Holstein«. Von 1946 bis 1947 ist der spätere CDU-Politiker Steltzer dann, ebenfalls nach Berufung durch die Besatzungsmacht, der erste Ministerpräsident des Landes.

Die erste Landtagswahl schreiben die Briten für den 20. April 1947 aus. Gewählt wird nach einem modifizierten Mehrheitswahlrecht, das die großen Parteien bevorzugt. Als stärkste Partei erringt damals die SPD mit 43 Prozent die absolute Mehrheit der Mandate. Ministerpräsident wird der Sozialdemokrat Hermann Lüdemann, der in der Weimarer Republik preußischer Finanzminister und Oberpräsident von Schlesien gewesen ist.

Der spätere SPD-Oppositionsführer im Kieler Landtag, Wilhelm Käber, der im Jahre 1947 als Innenminister in das Kabinett Lüdemann berufen wird, schildert den ersten frei gewählten sozialdemokratischen Ministerpräsidenten Schleswig-Holsteins als jemanden, der guten Kontakt zu den Briten und damit ausgezeichnete Voraussetzungen für die politische Entwicklung schafft: »Für die Arbeit der Regierung war es günstig, daß Lüdemann ein gutes Verhältnis zum Militärgouverneur Vize-Luftmarschall de Crespigny hatte. Dem ersten Ministerpräsidenten Steltzer hatte die Militärregierung nur geringe Handlungsfreiheiten eingeräumt, er hat das oft bitter beklagt.«[2]

Das alles in allem eher frostige gesamtpolitische Klima zwischen der deutschen Landesregierung und der britischen Besatzungsmacht gestaltet sich schlagartig besser, als zum Jahreswechsel 1947/48 die Verwaltung von den Militärs in die Hände des Zivilgouverneurs Asbury übergeht. Wilhelm Käber entdeckt zumindest ideologische Gemeinsamkeiten mit dem Labour-Gesandten: »Asbury kam aus der Gewerkschaftsbewegung und hatte politisches Gespür. Er war wohl auch mit Direktiven ausgestattet, die etwas deutlicher, als das bisher der Fall war, die Handschrift der Labour-Regierung in London trugen. Wenn auch noch einige vom Landtag beschlossene Gesetze nicht die Zustimmung des Gouverneurs fanden, wenn auch die Demontage der Wirtschaftsbetriebe noch nicht aufhörte, so nahm doch die verwirrende Fülle der Einzelanweisungen schnell ab, und unser Handlungsspielraum erweiterte sich spürbar.«[3]

Im wesentlichen ist es in diesen Jahren Aufgabe der sozialdemokratischen Regierung in Schleswig-Holstein, die »Entnazifizierung« vorzunehmen. Die Briten haben diesen Prozeß der Selbstreinigung zu einem internen Problem der Deutschen erklärt. Zudem geht die SPD-Regierung daran, neue Beamte heranzubilden, das Schulsystem zu reformieren, das Flüchtlingsproblem zu lösen und eine Landesverfassung auszuarbeiten. Regierungschef Lüdemann kann sich allerdings mit seinen Vorstellungen eines Nordweststaates zusammen mit Hamburg und Niedersachsen nicht durchsetzen.

Besonders die Flüchtlingsfrage entwickelt sich zu einem schwierigen Problem. Nach 1945 wächst die Bevölkerung Schleswig-Holsteins praktisch schlagartig von 1,5 auf 2,5 Millionen Menschen an. Der Norden Deutschlands wird zunächst einmal Auffangbecken der Flüchtlingstrecks aus dem Osten, schon damals artikuliert sich bei den »Einheimischen« die Angst vor »kultureller Überfremdung«. So betreibt die SPD-Landesregierung nach der sogenannten Zonenquotierung eine aktive Umsiedlungspolitik. Viele der Flüchtlinge melden sich damals freiwillig zum Umzug in südlichere Gebiete Deutschlands. Sie müssen allerdings erst eine Verfügung der Landesregierung vorlegen, denn damals ist die Freizügigkeit in Deutschland erheblich eingeschränkt.

Auch die »Dänemark-Frage« treibt in diesen Tagen die sozialdemokratischen Regierungspolitiker um. Wilhelm Käber registriert mit Sorge und Verwunderung, daß vor allem im Landesteil Schleswig »die traditionelle Vereinigung der dänischen Volksgruppe, der

Südschleswigsche Verein, einen starken Zulauf von Deutschen erlebt, die ihr dänisches Herz entdeckt hatten«. Es entwickelt sich förmlich eine, wie Käber es nennt, »Heim-nach-Dänemark-Bewegung«. Ganz offensichtlich hoffen viele dieser plötzlichen Deutsch-Dänen, sich den Kriegsfolgen entziehen zu können: »Die Entrüstung der deutschgesinnten Schleswiger richtete sich«, so Käber, »vor allem gegen die unechten Dänen, die ›Speckdänen‹. Der Appell an deren Nationalgefühl nutzte wenig. Ihr Opportunismus beruhte ja darauf, daß ihnen nach dem Scheitern des übersteigerten Nationalismus die Frage der nationalen Zugehörigkeit gleichgültig geworden war.«[4]

Die in Schleswig-Holstein regierende SPD, die damals ihren Flensburger Ortsverein wegen Dänemark-Orientierung ausschließt und auflöst, erkennt sofort die bestehende Nordgrenze an und gibt der dänischen Minderheit im Landesteil Schleswig durch die »Kieler Erklärung« von 1947 weitgehende Minderheitenrechte: »Das Bekenntnis zum dänischen Volkstum und zur dänischen Kultur ist frei. Es darf von Amts wegen nicht bestritten oder nachgeprüft werden.«

Diese Formel wird sinngemäß in die Landessatzung übernommen, eine entsprechende Erklärung der dänischen Regierung im sogenannten »Kopenhagener Notat« sichert auch der deutschen Minderheit in Nordschleswig ähnliche Rechte zu – ein Modellfall für die friedliche politische Lösung von Minderheitenproblemen in Grenzregionen. Noch heute sitzt ein Vertreter der dänischen Minderheit im Kieler Landesparlament.

Mittlerweile kommt die Arbeit der SPD-Regierung in Kiel an einer Landessatzung, die Verfassungscharakter haben soll, langsam in Schwung. Es wird der Begriff »Satzung« gewählt, um das Nachkriegsprovisorium in Deutschland hervorzuheben. Die Ausarbeitung der Satzung verläuft parallel zum Entwerfen einer Verfassung für die Bundesrepublik Deutschland im Parlamentarischen Rat.

Die Schleswig-Holsteinische Landessatzung regelt bis auf den heutigen Tag parlamentarische und administrative Verfahren nach dem ursprünglichen Entwurf. Nur die von der SPD-Regierung Ende der vierziger Jahre eingebrachten Artikel zur Land- bzw.

Schulreform werden Anfang der fünfziger Jahre durch die dann amtierende CDU-Regierung wieder eliminiert. Bei der ersten parlamentarischen Beratung am 14. Dezember 1949 nennt Innenminister Wilhelm Käber die wichtigsten Ziele der Landessatzung: »1. Das Recht der Jugend auf bessere Erziehung, 2. Das Recht der Vertriebenen auf ein Stück Land, 3. Das Recht der nationalen Minderheiten auf freies Bekenntnis und freie Betätigung und 4. Das Recht der Bürger, ihre Gemeinde selbst zu verwalten.«

Inzwischen hat der SPD-Politiker Bruno Diekmann das Amt des Ministerpräsidenten von Hermann Lüdemann übernommen. Auf Betreiben des damals starken Mannes der schleswig-holsteinischen Sozialdemokraten, des Kieler Oberbürgermeisters Andreas Gayk, ist Lüdemann unmittelbar nach der ersten Bundestagswahl vom 14. August 1949 zurückgetreten. Damals verliert die Landes-SPD 14 Prozent ihres Wähleranteils an die bürgerliche Mitte.

Bei der zweiten Landtagswahl, am 9. Juli 1950, folgt dann das landespolitische Desaster für die SPD. Sie kommt gerade noch auf 19 von 69 Parlamentssitzen, 31 Mandate fallen an einen Wahlblock aus CDU, FDP und Deutscher Partei (DP), 15 an den BHE (Bund der Heimatvertriebenen und Entrechteten) und vier an den SSW (Südschleswigscher Wählerverband, Partei der dänischen Minderheit im Landesteil Schleswig). Am 5. September 1950 wird der CDU-Politiker Dr. Walter Bartram zum neuen Ministerpräsidenten gewählt. Für mehr als drei Jahrzehnte wird die SPD in Schleswig-Holstein auf die Oppositionsbänke verbannt sein.

Unionsgeführte Regierungen der Ministerpräsidenten Walter Bartram (1950/51), Friedrich Wilhelm Lübke (1951 bis 1954), Kai-Uwe von Hassel (1954 bis 1963), Helmut Lemke (1963 bis 1971), Gerhard Stoltenberg (1971 bis 1982) und Uwe Barschel (1982 bis 1987) prägen das Land zu einer stramm konservativen Gesellschaft. Praktisch in alle Bereiche von Verwaltung, Bildung, Kultur und Medien reicht der lange Arm der Regierungspartei. CDU und Regierungsanspruch scheinen wie selbstverständlich zusammenzugehören. So entsteht ein rechtskonservativer Polithumus, auf dem manche Sumpfpflanze blühen und gedeihen kann, eben auch die Karriere eines Uwe Barschel. »Er war der Mann, der genau in das politische Milieu hineinpaßte, das sich ihm bot«, sagt während der Barschel-Affäre der einstige Ministerpräsident Kai-Uwe von Hassel.

Die oppositionelle SPD entwickelt sich gleichzeitig in Schleswig-Holstein zu einer linken Polit-Diaspora. Unter den Vorsitzenden Wilhelm Kuklinski, Andreas Gayk, Walter Damm, Jochen Steffen, Günther Jansen, Gerd Walter und Willi Piecyk hat sich der nördlichste Landesverband am linken Rand der Bundes-SPD profiliert.

Vor allem unter Jochen Steffen gehört die Nord-SPD zu den Wortführern der Kritiker-Phalanx gegen Kanzler Schmidt. Steffen selbst scheidet unter Protest aus seinem Amt als Vorsitzender der SPD-Grundwertekommission aus. Er begründet dies in einem *Zeit*-Interview am 3. Dezember 1976 und entfacht damit in Bonn einen Aufschrei der Empörung in den eigenen Reihen:

»Was wir hier im Augenblick betreiben, das ist Semantik auf sozialdemokratisch. Wir haben ja in unserer pluralistischen Gesellschaft einen Konsens, wonach diese Grundwerte eben nur bei der Sicherung einer Wachstumsrate von mindestens fünf Prozent zu verwirklichen sind. Der olle Marx würde dies einen bürgerlichen Materialismus nennen. Anstatt in dieser Logik ökonomisch zu verfahren, sollte man jetzt strukturelle Veränderungen anstreben. Das bedeutet ein Sich-Freimachen von Sachzwängen, also die Rückkehr der SPD zu einer Reformpartei. Dies allerdings ist unter einem Kanzler Schmidt nicht denkbar, der nur machttechnokratisch denkt und handelt und dabei gar nicht zu merken scheint, daß er nur noch absegnet, was Industrie und Interessengruppen des Kapitals längst in die Wege geleitet haben. Ich habe aus diesem Grunde jetzt einen langen Brief an Willy Brandt geschrieben, daß ich sofort den Vorsitz in der Grundwertekommission niederlege, weil ich weder bereit bin, mit Grundwertepapieren gegen die Regierung mobil zu machen, noch aus Opportunismus Grundwerte im Interesse der Regierung entwickeln will, die nichts als Augenwischerei bedeuten.«

Typisch Steffen, sagen Anhänger wie Gegner, die allerdings nie ihren Respekt vor einem der unbequemen Vordenker verbergen. Allerdings haben es kritische Köpfe wie Steffen, Eppler und später Glotz außerordentlich schwer, in einer pragmatisch ausgerichteten

SPD ihren angemessenen Platz zu finden. Steffens plötzlicher Rückzug aus der Grundwertekommission ist sein Einstieg in den Ausstieg. Er landet zunächst im »mosernden Abseits«, tritt später verbittert aus der SPD aus und empfiehlt danach seinem ehemaligen Parteivolk, doch eher die Grünen zu wählen. Steffens politischer Ziehsohn Klaus Matthiesen, bei den Landtagswahlen 1975 und 1979 seinem Gegner Stoltenberg unterlegener Spitzenkandidat der SPD, lastet vor allem die zweite Niederlage der fatalen Empfehlung seines einstigen Mentors an.

Björn Engholm, seit 1969 Mitglied des Deutschen Bundestags, hält sich aus den Kontroversen seines Landesvorsitzenden Steffen mit Kanzler Schmidt vornehm heraus. Das alles ist nicht sein Stil. Er kümmert sich lieber um die alltäglichen Dinge seines Lübecker Wahlkreises und seiner Mandatspflichten in Bonn. Unauffällig und dezent-elegant. Wird er in Bonn gefragt, was er eigentlich mit den roten Genossen in Nordelbien gemein habe, schweigt er vielsagend. Auch in der jahrelangen erbitterten Auseinandersetzung um das schleswig-holsteinische Kernkraftwerk Brokdorf taucht Engholm auf der landespolitischen Bühne bemerkenswert selten auf. Jedenfalls sind von ihm in dieser Zeit und zu diesem Thema keine bedeutsamen politischen Anstöße oder Ideen zu vermelden.

Das wird, nicht nur von Jochen Steffen, mit ironischer Distanz zur Kenntnis genommen. Engholms Parlamentskollege Norbert Gansel bringt es auf den Punkt: »Der Björn hat oft mutig geschwiegen.« Beobachter aus beider Umfeld bestätigen, daß Steffen zu Engholm eine viel größere Distanz hat als der Lübecker zu dem Kieler Radikaldemokraten. Steffen erzielt bei Wahlen stets Traumergebnisse in dem arbeitergeprägten Werftenviertel auf dem Kieler Ostufer.

Engholm, so sagt Gerd Walter, »war niemals einer jener Steffen-Jünger, die den brillanten Theorien ihres Meisters hingerissen lauschten«. Norbert Gansel weiß zu berichten, daß Engholm »in aller Stille sozusagen« mehr mit Steffen verband, als das umgekehrt der Fall sein konnte. Allerdings, so Gansel, gebe es bei aller scharfen Kritik Steffens an den Bonner Machtpolitikern kein böses Wort des »roten Jochen« über Engholm.

Matthiesen und Engholm – ein herzliches Nichtverhältnis

Klaus Matthiesen, seit 1971 Mitglied des schleswig-holsteinischen Landtags, gilt als Steffen-Zögling. Er verdankt seine steile Karriere in der schleswig-holsteinischen Landespolitik der siebziger Jahre vornehmlich seinem später von ihm enttäuschten Förderer. Schon 1974 tritt Steffen sein Amt als Oppositionsführer an den Parlamentsneuling ab. Matthiesen hat das Wohlgefallen Steffens vor allem durch seine fleißige und erfolgreiche Wahlkreisarbeit in Flensburg gewonnen. Auch vom Typus her sind die beiden einander näher als Engholm. Der spätere Nachfolger Steffens im Amt des Landesvorsitzenden, Günther Jansen, stellt »eine total unterschiedliche Stilart, Politik zu machen«, zwischen Steffen/Matthiesen und Engholm fest.

Jochen Steffen gilt in jenen Tagen als einer der herausragenden Theoretiker der deutschen Sozialdemokraten. Eine messerscharfe, geschliffene Rhetorik und glasklare Analysen sind seine Stärken. Das Ganze meist eindringlich und engagiert vorgetragen, bisweilen allerdings auch vom Temperament in die Unverständlichkeit oder persönliche Beleidigung fortgerissen. Seine regelmäßigen Ausrutscher sind es denn auch, die Steffen letztlich am großen Durchbruch hindern, ihn als Politiker scheitern lassen. Widersacher kanzelt er schon mal mit der Bemerkung ab: »Komm her, Macker, kriegst einen an den Latz«, um dann im selben Atemzug seine »Grundüberlegungen zur strukturellen Revolution« fortzusetzen.

Eine von Ministerpräsident Stoltenberg im Landtag vorgetragene These, die Steffen als Binsenweisheit entlarven will, kontert er mit der plattdeutschen Bemerkung: »Dat weet ook min Großmudders Unnerbüx.« Das kann und darf eigentlich gar nicht übersetzt werden. Es bringt den sonst angeblich so »kühlen Klaren aus dem Norden«, Gerhard Stoltenberg, sichtlich aus der Fassung.

Dieser Stil liegt dem allerdings nicht so theorieversessenen Klaus Matthiesen gewiß mehr als Björn Engholm, der zwar auch gern mal mit Platt kokettiert, dabei aber immer eine Idee zu kontrolliert bleibt.

Matthiesen und Engholm selbst haben eher ein herzliches Nichtverhältnis. Beobachter in Kiel sagen, sie hätten sich eigentlich nie richtig gemocht. So ist denn auch der Wechsel von Matthiesen zu Engholm nicht ohne Pikanterie. Nach außen bleibt alles fair und einvernehmlich, doch hinter den Kulissen beklagt Matthiesen sich schon mal über das »Glückskind Engholm«, dem alles mit einem Lächeln vollautomatisch zufalle, wofür er jahrelang habe strampeln und kämpfen müssen. Ohne Murren läßt Matthiesen sich aber mit dem Amt des parlamentarischen Geschäftsführers der SPD-Fraktion im schleswig-holsteinischen Landtag abfinden. Von seinem Trauma wird er dann erlöst, als sein Freund Johannes Rau ihn Ende 1983 als Landwirtschaftsminister von Nordrhein-Westfalen in sein Kabinett nach Düsseldorf holt. Dort leistet Matthiesen ausgezeichnete Arbeit und gilt bald als einer der Kronprinzen des Ministerpräsidenten. Nördlich der Elbe, vor allem im Landtag zu Kiel, wird Matthiesen seither kaum noch gesichtet.

Umgewöhnung: Ein neuer Mann, ein neuer Stil

Für Engholm bringt die Landtagswahl am 13. März 1983 seine erste bedeutsame politische Niederlage. Eine Woche nach der von Union und FDP gewonnenen Bundestagswahl und der damit auch vom Volk legitimierten Bonner Wende siegt in Kiel die CDU unter ihrem neuen Ministerpräsidenten Uwe Barschel mit 49 Prozent. Das reicht zur absoluten Mehrheit der Mandate. Die SPD erzielt mit 43,7 Prozent ihr bis dato bestes Ergebnis in Schleswig-Holstein, der SSW behält sein einziges Mandat. FDP und Grüne scheitern an der Fünf-Prozent-Klausel.

Uwe Barschel ist nach der Wende im Oktober 1982 als Nachfolger des zum neuen Finanzminister der Regierung Kohl/Genscher berufenen Gerhard Stoltenberg zum Ministerpräsidenten von Schleswig-Holstein gewählt worden. Auch er holt sich im März 1983 seine Bestätigung vom Wahlvolk.

Mit dem recht komplizierten Wahlslogan »Stell dir vor, es gibt eine Regierung, die hört dir zu« absolviert Björn Engholm seinen ersten Landtagswahlkampf, der für ihn »auch zur Hälfte ein Bundestagswahlkampf« ist. Engholm versucht, von den Kundgebungen wegzukommen, lädt zu Gesprächskreisen ein, veranstaltet

Künstlerfeten, funktioniert Wahlkampftreffs in gemütliche »Klönschnacks« um. »Das alles«, wie er sagt, »flächendeckend. Beileibe keine Erholung, macht aber unheimlich viel Spaß.«

Er selbst glaubt indessen, wie er später eingesteht, von Anfang an eigentlich nicht an einen Wahlsieg: »Das Dilemma dieser Zeit war wirklich, daß alles fest in CDU-Hand war, bis hin zu den Medien, muß man wirklich sagen. Landwirtschaft, Kammern, Wirtschaft, gesellschaftliche Verbände, komplett alles. Bei realistischer Einschätzung mußte man sagen, wenn wir gewinnen, dann ist das ein Wunder. Und das auch noch mit einer Partei, die durch den Bonner Machtverlust doch erheblich demotiviert war.«

Zu seinem großen Erschrecken trifft Engholm zudem in Schleswig-Holstein auf eine Partei, die ein anderes Verständnis von Regieren hat als er selbst, ja, die sich nach mehr als dreißig Jahren fernab der Macht völlig mit der Oppositionsrolle identifiziert. Bisweilen hat er das Gefühl, hier gelte Regierungsmacht als etwas Unanständiges – ihm wird schnell klar, daß eine Menge Arbeit vor ihm liegt. In Klaus Matthiesen findet Engholm dabei nach eigenen Worten einen fairen, verläßlichen und hilfreichen Partner.

Auch die Kunstszene läßt sich einbinden. Plötzlich sind Schriftsteller wie Günter Grass und Siegfried Lenz bei den Touren über die Dörfer dabei, auch Musiker wie Heinz Rudolf Kunze, Kabarettisten wie Dieter Hildebrandt. Es versammelt sich im hohen Norden eine neue, alte Kulturschickeria, die noch aus den Zeiten der sozialdemokratischen Wählerinitiative für Willy Brandt in den Jahren 1969 und 1972 bekannt ist. Auch wenn Engholm sich von seinem Vorgänger Matthiesen »loyal und ohne jede Einschränkung« unterstützt fühlt, so ist die für ihn entscheidende Person bei diesem ersten Anlauf zur Macht sein Wahlkampfmanager Gerd Walter.

Engholms Lübecker Freund ist allerdings bald drauf und dran, »ihm die Freundschaft zu kündigen«. Walter, der sich auch als Mittler zwischen Matthiesen und Engholm versteht, versucht auszugleichen. Er muß jedoch sehr bald feststellen, daß es gewaltige Auffassungsunterschiede zwischen ihm und Engholm über Arbeitsabläufe und Organisation gibt. Besonders bei ihren lange eingeübten Sonntagsgesprächen geraten die beiden während des Wahlkampfes immer häufiger aneinander. Engholm will sich partout nicht auf das, wie er findet, viel zu enge und von Terminterror geprägte Wahlprogramm vorbehaltlos einlassen. Bei Matthiesen, so der wahlkampferprobte Walter, wurde es erst beim achten Termin an einem Tag so richtig munter. Engholm dagegen akzeptiert höchstens drei oder vier Auftritte, danach ist die Luft raus. Dafür entwickelt Wahlhelfer Walter erst später Verständnis: »Ich sage aus heutiger Sicht, wer sich auf Menschen richtig einläßt und nicht nur ein Programm abspult, der ist bald körperlich erschöpft. Da muß man sich regenerieren. Und da kommt dann das Engholm-Wort von der Muße ins Spiel, woraus andere Nichtstun machen. Das ist nun wirklich ziemlich bescheuert und ungerecht.«

Oppositionsführer: Die kleinen Brötchen von Kiel

Die beiden Hauptkontrahenten der Landtagswahl 1983, Uwe Barschel und Björn Engholm, verbindet außer dem Wettbewerb um dasselbe Amt so gut wie gar nichts miteinander. Obwohl beide aus kleinbürgerlichem Milieu stammen und ihre Väter relativ früh verloren haben, ist ihr Lebensweg doch sehr unterschiedlich verlaufen. Barschel hat seine politische Karriere ausschließlich in der Landespolitik gemacht, er gilt als rücksichtsloser Machttechnokrat, ein letztlich logisches Produkt einer machtbesessenen Regierungspartei, die nichts mehr fürchtet als den Machtverlust. Die Wähler der CDU kommen in dieser Zeit weitgehend aus dem bäuerlichen und mittelständischen Milieu. Diese gefestigte und festgefahrene konservative Wählerstruktur läßt einen Regierungswechsel in Schleswig-Holstein als nahezu unmöglich erscheinen.

Im Gegensatz zum Wahlkampf, der in vier Jahren folgen und das Land, ja die Republik in den Grundfesten erschüttern wird, verläuft die politische Auseinandersetzung zwischen den Parteien anno 1983 überwiegend fair. Engholm ist nur ein einziges Mal »empört und entsetzt«, als ihm von der Springer-Presse unterstellt wird, er habe seinen Einfluß geltend gemacht, um für seine Tochter Britt eine Schrägversetzung zu erreichen. Die Geschichte, obwohl glaubwürdig dementiert, bleibt Wahlkampfthema. Die Schülerunion läßt an vielen Schulen des Landes den Zeitungsausschnitt ans Schwarze

Brett heften. Engholm, der sich ohnehin selbst vorwirft, die Familie zu oft vernachlässigt zu haben, ist besonders darüber verbittert, daß nun auch noch seine Tochter Opfer einer politischen Intrige geworden ist. Doch das alles ist nur ein kleiner Vorgeschmack auf den nächsten Wahlkampf.

Am Wahlabend, dem 13. März 1983, als das eigentlich nicht schlechte, aber für die SPD dennoch deprimierende Ergebnis feststeht, herrscht bei den Genossen im Kieler Landeshaus Trauerstimmung. Gerd Walter, der nach eigenen Worten »bis zur körperlichen Erschöpfung geklotzt« hat, ist völlig fertig: »Ich habe geheult wie ein Schloßhund, trotz des passablen Ergebnisses. Aber Machtgewinn ist nun einmal mehr, und wenn es nicht reicht, dann ist die Enttäuschung eben doch da.« Besonders deprimiert ist Walter darüber, daß er »nicht einmal ein richtiges Dankeschön« von Engholm für seinen Einsatz gehört hat. Er schreibt ihm einen nachdenklichen und kritischen Brief. Heute, so Walter, sehe er die Dinge indessen etwas anders: »Engholm hat eine subtile Art des Dankens. Die besteht einfach in einer sehr konkret erfahrbaren Verläßlichkeit.«

Engholm selbst nimmt die Niederlage relativ gelassen hin. Mit einem Sieg hat er, bei realistischer Einschätzung seiner Chancen, ohnehin nicht rechnen können. Er stellt sich jetzt auf die Oppositionsrolle in Schleswig-Holstein ein, in Bonn ist vorläufig nichts mehr zu holen. Das Amt des Kieler Oppositionsführers übernimmt er »ohne große Schwierigkeiten. Ich bin mein Leben lang ja primär Abgeordneter gewesen.« Allerdings hat er sich zuvor durchaus mit den materiellen (Sondergehalt) und praktischen (Dienstwagen) Gegebenheiten seines neuen Jobs vertraut gemacht. Der Weg ins Land der vorerst kleinen Brötchen soll nun nicht der totale Abstieg sein oder werden. Und vor allen Dingen: Er will sich überhaupt nicht ändern. Das hat er schon im Wahlkampf bewiesen, wo ihm sein Helfer Gerd Walter »völlig freie Hand gelassen« hat: »Engholm hat jedem Versuch widerstanden, ihn unter irgendeinen Vernunftszwang zu stellen. Ich weiß inzwischen, daß Politiker im Wahlkampf nur dann gut sein können, wenn man sie nicht verbiegt. Jede künstliche Inszenierung ist fatal, sie macht das ›Produkt‹ ganz einfach schlechter.« Und so muß nicht der Neue sich den Alten anpassen, sondern in Kiel läuft es fortan umgekehrt.

Daß ein Landtagsabgeordneter sich darüber erregt, wie jemand einen Großteil seines Gehalts »für so etwas Unnützes wie Gemälde« ausgeben kann, vervollständigt das Bild einer Parlamentsmannschaft, in der einige glauben, so etwas wie einen Exoten zum Chef bekommen zu haben. Und Engholm beginnt langsam zu begreifen, daß er in eine andere Welt versetzt worden ist und daß es für ihn noch eine Menge zu tun gibt, ehe er sich ein ihm angemessenes Arbeits- und Politikumfeld geschaffen haben wird.

Viele Genossen im Norden, deren größtes Wahlkampfvergnügen darin besteht, in rauchgeschwängerten Hinterzimmern oder überfüllten und stickigen Sälen und Turnhallen sich an den derben Kampfparolen von Jochen Steffen oder Klaus Matthiesen zu ergötzen, verstehen ohnehin ihre kleine linke Welt nicht mehr. Da kommt plötzlich einer daher, der zunächst einmal bekennt, er hasse nichts mehr als den Wahlkampf.

Wewelsfleth:
»Neue politische Kultur« – auf dem platten Land

Und so wird denn mehr als skeptisch auf eine Neuerung geschielt, die er zwar erstmals im Februar 1983 einführt, jedoch von Engholm ausdrücklich als »fernab von jeglichem Wahlkampf« deklariert wird. Mit seinem Schriftstellerfreund Günter Grass erfindet Engholm die »Wewelsflether Gespräche«, eine politische Diskussionsrunde »hinterm Deich«. Grass bewohnt seit längerem ein älteres Fachwerkhaus in Wewelsfleth, einem kleinen Dorf in der Nähe von Glückstadt an der Unterelbe. Unmittelbar daneben liegt das Kernkraftwerk Brokdorf. So wurde die Gemeinde während der teilweise militanten Auseinandersetzungen um den umstrittenen Atommeiler in den siebziger Jahren geradezu zwangsläufig politisiert. Der Bürgermeister des Ortes, Ekkehard Sachse, ein Liberaler, gilt als einer der schärfsten Kritiker der Atompolitik der Landesregierung unter Gerhard Stoltenberg.

»Bei dem einen oder anderen Glas Wein«, so erinnert sich Engholm, »haben wir beschlossen, so etwas wie eine politische Gesprächs- und Streitkultur ins nördlichste Bundesland zu importieren. Das war längst überfällig.« Und so laden die beiden seither gemeinsam mit dem SPD-Ortsverein als Gastgeber in nicht festgelegtem Turnus mehr oder weniger illustre Gäste aus Politik, Wirtschaft, Kultur und Medien sowie Verbänden in die Kneipe des dörflichen Bürgerzentrums ein.

Was zunächst in sehr kleinem Rahmen beginnt und auch eigentlich so bleiben sollte, entwickelt sich im Laufe der Jahre dann mehr oder weniger ungewollt zu einer aufwendigen und bundesweit aufmerksam registrierten Show-Veranstaltung. Am 16. Februar 1983 zum ersten Treff mit dem Allerweltsthema »Politik und Moral« kommen gut hundert Zuhörer. Fünf Jahre später, als es vor dem Hintergrund der Barschel-Affäre um »Skandale dieser Republik oder Die Zerstörung der politischen Kultur« geht, drängeln sich mehr als tausend Menschen in der Halle des Bürgerzentrums des Dorfes in der Wilstermarsch.

Wewelsfleth wird sehr schnell zu einem Medienereignis. Oft reisen mehr als fünfzig Journalisten aus allen Teilen der Republik, besonders aus Bonn, an. Ein Auszug aus der Teilnehmerliste der Gesprächsrunden zeigt aber auch, daß immer wieder Prominenz mit überwiegend leicht linker Schlagseite vertreten ist: »Hans-Jochen Vogel, Egon Bahr, Walther Leisler Kiep, Uwe Ronneburger, Axel Eggebrecht, Dorothee Sölle, Günter Gaus, Freimut Duve, Johano Strasser, Monika Wulf-Mathies, Martin Hirsch und viele andere mehr bemühen sich, dem politischen und moralischen Zeitgeist auf die Spur zu kommen. Nur ganz wenige der eingeladenen CDU-Prominenten erscheinen auch. Man will sich, so ist zu hören, nicht für die »hinterlistige Propaganda der Sozis« vereinnahmen lassen. Und so leiden die meisten dieser Runden tatsächlich an der Abwesenheit von echten Kontroversen.

Es ist nicht so, daß man sich in Wewelsfleth von vornherein und stets über alles einig ist, doch die wenigen Gäste aus dem rechten Spektrum der bundesdeutschen Politik sind oder geben sich moderat, um einem möglichen verbalen Schlachtfest der linken Übermacht am Podium zu entgehen. Und so wirkt es denn bisweilen unfreiwillig komisch bis künstlich inszeniert, wenn sich in der zweiten Runde des Fünf-Stunden-Talks nach der traditionellen Würstchen- und Schinkenbrotpause die Gastgeber selbst in die Haare geraten. Vor allem Günter Grass schafft es immer wieder, angeregt von zu süßem Rotwein Marke »Brokdorfer Deichhang, Südlage«, Gott und die Welt, den Kanzler Kohl und den armen Pragmatiker Engholm anzumisten. Grass platzt fast vor Wut, als Engholm es einmal wagt, die Künstler und Intellektuellen als unpolitisch hinzustellen. Etwas mehr Kunstverstand in der Politik wäre auch nicht gerade schlecht, kontert der Dichter bissig. »Engholm und Grass schufen sich eine eigene Streitkultur«, bemerken dazu die *Kieler Nachrichten*. Die große Regionalzeitung der Landeshauptstadt bemängelt in diesem Zusammenhang auch zu Recht, daß wieder einmal CDU-Politiker reihenweise abgesagt haben. Und das ausgerechnet zum Thema: »Deutschland – eilig Vaterland?«. Gleichzeitig wird aber auch hervorgehoben, daß Grass, obwohl inzwischen verzogen, noch immer der Lokalmatador von Wewelsfleth ist. Er bekommt noch immer donnernden Applaus von den Dorfbewohnern, die in der Mehrzahl seine Werke gewiß kaum kennen.

Bei einer anderen Gesprächsrunde giften sich Grass und der direkt neben ihm plazierte Hans-Jochen Vogel hinter vorgehaltenen Händen wie die Lümmel auf den letzten Bänken wegen ihrer unterschiedlichen Haltungen zur amerikanischen Politik unter Präsident Ronald Reagan an. Grass zu Vogel: »Warum bist du so aggressiv, das ist verletzend und ungerecht?« Darauf ein scharf flüsternder Vogel: »Wenn du solch einen Quatsch erzählst.« Es ist geradezu typisch für diese lebhafte Runde über das Verhältnis zwischen der Bundesrepublik Deutschland und den Vereinigten Staaten, daß ausgerechnet ein angetrunkener Dorfbewohner aus dem Publikum Vogel zu der schlagzeilenträchtigen Aussage verleitet, die Deutschen liefen Gefahr, zu Vasallen der USA zu verkommen. Der damalige Leiter des Aspen-Instituts Berlin, Shepard Stone, ruft die Deutschen daraufhin zu mehr Selbstbewußtsein auf und entschärft die Runde mit der ironischen Bemerkung, selbst in dieser Kneipe sei ja an allen Ecken und Enden der große Bruder aus Übersee präsent. Sogar die Theke strotze von US-Imperialismus. Dort steht in Leuchtschrift: »Trinkt Coca-Cola«.

Den Verdacht, daß die zwölf Wewelsfleth-Runden bis 1990 doch so etwas wie subtile Wahlkampfveranstaltungen sind, nährt allerdings die Tatsache, daß seit Engholms Wahl zum Ministerpräsidenten im Mai 1988 er und Grass nur noch zweimal in die Wilstermarsch eingeladen haben. Die Veranstaltung ist inzwischen sang- und klanglos eingeschlafen. Eine drittklassige Beerdigung eines Stücks der von Engholm doch so oft und gern beschworenen politischen Kultur. Die Trauer darüber hält sich indessen durchaus in Grenzen. Dies vor allem in der Gemeinde selbst, deren Bürger zuletzt von den »Invasionen der Quatschköppe«, wie ein Bauer bemerkt, ziemlich genervt sind. Bürgermeister Sachse trifft mit der Bemerkung, die Runde sei zu einer monströsen Talkshow und zu einem Jahrmarkt der Eitelkeiten verkommen, wo aneinander vorbeigeredet werde, durchaus nicht daneben.

Lehrjahre: Der Norden dreht auf

Direkte Themen aus der Landespolitik werden in Wewelsfleth bewußt selten gewählt. Engholm will, wenn auch vergeblich, dort jeden Schein vordergründigen Wahlkampfes vermeiden. Von seiner eigentlichen politischen Plattform aus, dem Rednerpodium im Kieler Landtagsgebäude, dringen die politischen Initiativen des Oppositionsführers indessen nur sehr verhalten in das Bewußtsein der Öffentlichkeit. Engholm erkennt, wie schwer es ist, gegen die seit Jahrzehnten rechts strukturierte Landespresse anzukämpfen. Spätestens seit der Amtszeit Gerhard Stoltenbergs nehmen sich manche Regionalblätter aus wie das tägliche Bulletin aus der Staatskanzlei an der Förde.

Der überempfindliche Stoltenberg duldet keinerlei öffentliche Kritik an seiner Politik. Auf unbequeme Journalisten oder Institutionen wird bisweilen panikartig Druck ausgeübt. Stoltenbergs Pressesprecher, Staatssekretär Arthur Rathke, einst CDU-Sprecher in Bonn, ist angehalten, mit Anrufen, Interventionen, Briefen und anderen Methoden systematisch Druck auf die Landesmedien auszuüben.

Nach einer Häufung derartiger Vorfälle sieht sich der Vorstand der Landespressekonferenz anno 1972 in Kiel genötigt, den Ministerpräsidenten um ein klärendes Gespräch zu bitten. Erst nach langem Zögern kommt die Aussprache zwei Tage vor Weihnachten zustande. Wortführer der Landesjournalisten ist der damalige landespolitische Redakteur der regierungsnahen *Kieler Nachrichten,* Hans-Jürgen Meyn. Als dieser unter Aufbietung allen persönlichen Mutes Stoltenberg vorhält, dieser habe ja wohl »ein ziemlich gestörtes Verhältnis zur Presse«, wird der Regierungschef ungemütlich und fährt seinem um Vermittlung bemühten Pressesprecher unwirsch über den Mund. Schließlich einigt man sich per öffentlicher Erklärung gemeinsam darauf, daß die beiderseitigen Irritationen erledigt seien.

Doch Stoltenberg läßt sich keineswegs beeindrucken. Auch in den darauffolgenden Jahren müssen Journalisten von rechts bis links damit rechnen, für jeglichen Anflug von Kritik aus der Regierungszentrale direkt oder indirekt belangt zu werden. Höhepunkt der Pressebevormundung aus der Staatskanzlei ist eine Dauerattacke Stoltenbergs gegen NDR-Journalisten wegen der »kritischen Brokdorf-Berichterstattung« im Sender. Bevor die Landesregierung ungeachtet aller Bedenken und Proteste von Bürgern, Parteien, Organisationen, Fachleuten und Institutionen in einer Nacht-und-Nebel-Aktion im November 1975 einen Bauzaun um das Gelände an der Unterelbe ziehen und mit den Arbeiten beginnen läßt, hat der Ministerpräsident die Chefredakteure der wichtigsten Landeszeitungen im noblen Hotel »Kieler Kaufmann« unweit der Regierungszentrale um sich versammelt. Er weiht sie in die bevorstehende Aktion ein und fordert sie zu einer verantwortungsbewußten und staatserhaltenden Berichterstattung auf. Über irgendeine kritische Bemerkung wird nichts bekannt, die Medien sind nach Gutsherrenart auf einen Konflikt eingestimmt, der jahrelange öffentliche Auseinandersetzungen nach sich ziehen und die Umwelt- und Kernkraftdebatte erst richtig anheizen wird.

So bleiben denn auch die Kommentare und Berichte über das politisch außerordentlich fragwürdige Vorgehen des Ministerpräsidenten in der Wilstermarsch zumindest in der Landespresse überwiegend brav und harmlos, während der nach Ansicht der Kieler Regierung aus Hamburg fern- und natürlich fehlgesteuerte NDR sich keinen Maulkorb umlegen läßt. Für Stoltenberg ist Brokdorf der letzte Auslöser für die von ihm vorangetriebene spektakuläre Kündigung des NDR-Staatsvertrags. Ziel ist die Zerschlagung der Drei-Länder-Anstalt mit dem durchsichtigen Ziel, einen regierungstreuen Landesrundfunk in Schleswig-Holstein zu etablieren.

Letztendlich bleibt der NDR dann doch als Einheit im Sendegebiet Schleswig-Holstein, Hamburg und Niedersachsen erhalten. Allerdings werden in der Hansestadt sowie in Hannover und Kiel Regionalprogramme eingerichtet. Erst in den achtziger Jahren, im Zuge der Privatisierung des Rundfunks in der Bundesrepublik, wird in Kiel mit Radio Schleswig-Holstein (RSH) per Landesmediengesetz ein Sender aufgebaut, der nicht nur wegen seines auf Massenkonsum ausgerichteten »Dudelprogramms« auf das Wohlwollen der CDU-Regierung stößt.

Auch Engholm goutiert durchaus das Programm und die »journalistische Reaktionsschnelligkeit« der privaten Kieler Welle: »Wann immer auf der Welt etwas passiert, die rufen sofort bei mir an, um eine Reaktion zu erhalten. Da liegen die anderen noch im tiefen Dauerschlaf. Und wenn man sie weckt, wissen die oft gar nicht, was los ist.« Im Gegensatz zu Stoltenberg und danach Barschel versucht der dezent agierende Engholm möglichst jede direkte Intervention zu vermeiden. Doch die Bemerkung, daß »bei den öffentlich-rechtlichen Anstalten eine Menge überbezahlter Leute arbeiten«, rutscht Engholm schon mal raus. Er macht keinen Hehl aus dieser Auffassung, die möglicherweise auch etwas mit einem unerfüllt gebliebenen Berufstraum zu tun haben könnte.

Dabei hat Engholm, merkwürdigerweise mehr noch als Stoltenberg, allen Anlaß, die Landespresse mit Wohlwollen zu betrachten. Er wird geradezu mit Samthandschuhen angefaßt. Seine Vorgänger Jochen Steffen und Klaus Matthiesen haben da andere Erfahrungen machen müssen. So schreibt der landespolitische Korrespondent Ludger Fertmann in einem Engholm-Porträt: »Opposition machte er auch deutlich anders als seine Vorgänger. Beinahe spielerisch stahl er als Redner im Landtag allen anderen die Schau, in der Fraktion gab es Kunstausstellungen, für die Genossen auf dem platten Land das Angebot einer neuen Gesprächskultur. Was er im 83er Wahlkampf bereits einmal praktiziert hatte, baute er nun noch aus: Er besetzte für sich und seine Partei das Frauenthema. Aber man merkte ihm in dieser Zeit auch an, daß er sich arg in die Provinz verbannt fühlt. Am Rednerpult des Landtags bejammerte er mehrfach, wie hilflos doch eigentlich die Opposition der Regierungsfraktion und der dahinterstehenden Ministerialbürokratie ausgeliefert wäre. Was die Genossen in Schleswig-Holstein als tägliches Brot seit 35 Jahren aßen, harte, zuweilen frustrierend wirkende Oppositionsarbeit zu machen, erfuhr Engholm nun erstmals.«[5]

Seine eigene Arbeit und die der SPD-Opposition faßt Engholm Mitte der Legislaturperiode 1983 bis 1987 mit unverbindlichen Schlagworten zusammen als »beschäftigungspolitischen Pakt unter Beteiligung von Unternehmern und Gewerkschaften, Umweltschutz, Gleichstellung der Frau, Bekämpfung der Armut, Chancengleichheit sowie Toleranz und Liberalität des Staates«. Es wird deutlich, welch geringen handfesten politischen Spielraum die Opposition in einem Landesparlament tatsächlich hat.

Und so ist es kaum verwunderlich, wenn der Publicity-verwöhnte Engholm in dieser Zeit nur allzugern in die überregionalen Medien der deutschen Presselandschaft ausweicht. Der Oppositionsführer und ehemalige Bundesbildungsminister versucht beispielsweise in einem »*Spiegel*-Essay«, den diskreten Charme der Eliten zu entlarven. Dabei macht er vor allem Front gegen den seinerzeit von Hans-Dietrich Genscher angeregten Gedanken zur Gründung von Privatuniversitäten.

Seinem teilweise polemischen Aufsatz stellt er ein Wort des englischen Historikers Edward Gibbon voran: »Man traue keinem erhabenen Motiv für eine Handlung, wenn sich auch ein niedrigeres finden läßt.« Skepsis gegen die Elitebildung in privaten Kaderschmieden sei angebracht, schreibt Engholm, und genau dies werde durch den Vorstoß des liberalen Ministers genährt: »Zugegeben, kaum einer ist berufener, Eliteförderung zu fordern, als der Vorsitzende einer Partei, deren Wahlergebnisse allein schon für ihren elitären Charakter sprechen. Daß Genscher, der Sache selbst wenig kundig, den Einflüsterungen seiner Ministerialbürokratie erlag, die schon vor Jahren den Numerus clausus für Juristen abhängig machen wollte vom Bedarf des höheren Dienstes, wäre als Erklärung zu dürftig und würde dem FDP-Vorsitzenden nicht gerecht... Wer, wie Genscher, den Unternehmern das Recht gibt, mit neuen Technologien ausschließlich nach ihrem Gusto zu schalten und zu walten, wer für die Gewerkschaften nur die Funktion des Besänftigens von Ängsten sieht, wer den technischen Fortschritt per Eliten befördern, seine Opfer aber ihrem Schicksal überlassen will, der vertritt eine Ideologie, die kaum besser ist als jene, die zur Verteidigung des freien Marktes für Schußwaffen den Spruch bemüht: ›Guns do not kill people – people kill people‹.« Die Liberalen von einst, so Engholm, seien dabei, ihre Politik der Chancengleichheit umzukehren in eine Politik für Eliten.

Sein ohne große Öffentlichkeit erfolgter Versuch einer Kampfansage an eine neue Elitenbildung bleibt letztendlich in einer rhetorischen Fragestellung stecken: »Je kleiner und geschlossener Eliten waren, um so problematischer war es für die Entwicklung demokratischer Gesellschaften. Lohnt deshalb an diesem Begriff der Streit um die Sache? Oder wollen wir etwas qualitativ anderes, das auch eine neue Begrifflichkeit fordert?«

Eine andere, etwas stärker beachtete publizistische Initiative unter maßgeblicher Beteiligung des offenbar im Amt unterforderten Kieler Oppositionsführers ist eine öffentliche »Aufforderung zur Kooperation aller gesellschaftlichen Gruppen« bei der Bekämpfung der Arbeitslosigkeit. Unter der Schlagzeile »Nur gemeinsam ist es zu schaffen« veröffentlicht die Wochenzeitung *Die Zeit* in ihrer Ausgabe vom 19. Juli 1985 ein, wie es im Blatt heißt, »ungewöhnliches Dokument: Zum erstenmal haben Vertreter unterschiedlicher gesellschaftlicher Gruppen den Mut, eine gemeinsame Strategie gegen die Arbeitslosigkeit nicht nur zu diskutieren, sondern auch zu formulieren und zu publizieren. Jeder mußte dabei Konzessionen machen, sogar den Konflikt mit dem eigenen Lager riskieren.«

Autoren sind der damalige stellvertretende CDU-Landesvorsitzende in Schleswig-Holstein Günter Flessner, der Vorsitzende der Landesvereinigung der Unternehmensverbände und spätere Arbeitgeberpräsident in Deutschland Klaus Murmann, der Vorsitzende des DGB-Landesbezirks Nordmark Jan Sierks, der DAG-Landesverbandsleiter Peter David und der Bischof für den Sprengel Holstein-Lübeck Ulrich Wilckens.

Kernsatz des dann letztlich doch recht flau und zu theoretisch ausgefallenen Katalogs: Die Massenarbeitslosigkeit sei »gesamtgesellschaftlich verursacht und von der Gesellschaft als ganzes auch zu verantworten. Ihre Bekämpfung ist eine wirtschaftliche, politische und ethische Aufgabe von höchstem Rang... Die soziale Marktwirtschaft kann sich hierbei neu bewähren.«

Als gemeinsame Handlungsvorschläge werden Steuerentlastung der unteren und mittleren Einkommen, eine zeitlich befristete, steuerfreie Investitionsrücklage, Streichung von Subventionen, Abbau von Lohnnebenkosten etwa im Gesundheitswesen, Verkürzung der Wochenarbeitszeit mit Lohnausgleich, Bildung von Produktivvermögen und eine Qualifizierungsoffensive in jeder Lebensphase angeregt. In wohl zutreffender Einschätzung der Realisierungsmöglichkeiten dieses Katalogs schreiben die Autoren folgerichtig: »Eine einzig durchgreifende Handlungsmöglichkeit war nicht erkennbar.« Genau so ist es bis heute geblieben. Ein Patentrezept, so die Autoren, gebe es nicht: »Die Lösung wurde daher in einem pluralen Konzept gesucht, das mehrere zugleich begehbare Wege miteinander verbindet.«

Das wichtigste an dieser »Initiative« ist wohl, daß zumindest einmal der Versuch unternommen wird, festgefahrene sozialpolitische Fronten aufzuweichen und eine Diskussion über neue Lösungsansätze zur Bekämpfung der strukturellen Arbeitslosigkeit in Gang zu bringen.

Engholm versucht, schon in dieser Periode der kargen und kärrnerischen Oppositionsarbeit einen neuen Stil in die Politik der SPD des nördlichsten Bundeslandes einzuführen: »Weg von der Konfrontation mit den konkurrierenden gesellschaftlichen Gruppen – hin zu Gespräch und, wenn möglich, auch Kooperation.«

Die Resonanz von Industrie und Wirtschaftsverbänden ist grundsätzlich positiv. Es liegen Welten zwischen der Steffen-Formel vom Prüfen der Belastbarkeit der deutschen Wirtschaft und der Engholm-Prämisse, »die Arbeitskosten zu mindern und die Realeinkommen zu sichern«. Genaugenommen testet Engholm damit noch eher die Belastbarkeit des betont linken SPD-Landesverbandes Schleswig-Holstein. Und es grenzt an ein Wunder, daß die Genossen diese wirtschaftsfreundlichen Thesen ihres parlamentarischen Vormannes stillschweigend schlucken und dulden. Zu Steffens und Matthiesens Zeiten wäre diese »Rechtsabweichung« nicht ohne empfindliche Konsequenzen für den Autor abgegangen. Tatsächlich schafft Engholm es ohne große Mühe, Fraktion und Partei für ein faktisches Stillhalteabkommen zu gewinnen. Nachträglich betrachtet, darf dies als eine nötige und gelungene Vorstufe für die spätere Regierungsfähigkeit der Sozialdemokraten in Schleswig-Holstein angesehen werden.

In seinem Engholm-Porträt schreibt Ludger Fertmann: »Nach fast vier Jahrzehnten wird Engholm zur Symbol- und Integrationsfigur, die der SPD die Chance gibt, eine Wachablösung herbeizuführen. Dabei ist Engholm nur das Tüpfelchen einer sich ändernden Gesellschaft. Wahlforscher weisen bereits vor 1987 darauf hin, daß die über Jahrzehnte festgefügte Gesellschaft zwischen Nord- und Ostsee sich nachhaltig ändert. Die Landwirtschaft verliert an Bedeutung, zudem lösen sich im ausgeprägt protestantischen Norden die alten Dorfstrukturen schneller auf als etwa in ländlichen katholischen Gebieten. Das platte Land aber garantierte über Jahrzehnte mit überdurchschnittlich hohen Stimmanteilen der CDU die Macht.«[6]

Schon der Ausgang der Kommunalwahl mit Verlusten der CDU und Gewinnen der SPD hat verdeutlicht, daß sich im Schleswig-Holstein der achtziger Jahre eine Umstrukturierung der Macht anbahnt. Für Regierungschef Uwe Barschel ist dies ein beunruhigendes Signal. Er muß tatsächlich ernsthaft eine Niederlage bei der bevorstehenden Landtagswahl am 13. September 1987 befürchten. Das allerdings käme für Barschel persönlich, aber auch für die regierungsgewohnte CDU in Schleswig-Holstein, einer Katastrophe gleich.

Für den ehrgeizigen Emporkömmling aus Mölln wäre dies ein entscheidender Knick in seiner bis dato steil nach oben verlaufenen Karriere, und für die Union wäre ein Triumph der Genossen an der Kieler Förde gleichbedeutend mit dem Verlust der Schlüsselpositionen in praktisch allen Bereichen des öffentlichen Lebens im nördlichsten Bundesland. Das Demokratieverständnis von einem Machtwechsel als natürlichem und bisweilen auch notwendigem Elixier einer lebendigen und sich dynamisch entwickelnden Gesellschaft ist hier wenig ausgeprägt. Diese Auffassung und eine drohende politische Niederlage sind die Wurzeln für die sich in dieser Zeit entwickelnde Barschel-Affäre.

Später, bei der Trauerfeier für Uwe Barschel, sagt der leitende Bischof der Nordelbisch-Lutherischen Kirche Ulrich Wilckens im Lübecker Dom: »Solange es schlicht als Katastrophe gilt, wenn die einen die anderen in der Macht ablösen, und die Macht zu verlieren als Schande gilt, so lange werden alle durch Jahrhunderte bekannten Gefahren der Machtsucht vielfache und vielfältige Chancen bekommen, unserem Gemeinwesen, gerade dem demokratisch verfaßten, in seiner Wurzel zu schaden. Es steht sehr zu befürchten, daß hier der eigentliche Herd der Krankheit liegt, die Uwe Barschel hingestreckt, aber auch viele andere befallen hat.«

Wahlkampf 1987: »Zeit zum Aufklaren«

Kieler Politsumpf: kultiviert und ausgetrocknet

In den Wahlkampf 1987 gehen die schleswig-holsteinischen Sozialdemokraten für ihren Spitzenkandidaten Björn Engholm mit einer Parole, die angesichts der sich dann entwickelnden Barschel-Affäre ein unfreiwilliger Volltreffer wird: »Zeit zum Aufklaren«. Sie wird später dann, nach der Enthüllung des Skandals und der Einsetzung eines Parlamentarischen Untersuchungsausschusses, reibungslos in »Zeit zum Aufklären« abgewandelt. Anfang des Jahres 1987 macht Engholm seinen Parteifreunden und den Wählern noch einmal unmißverständlich klar, »daß wir auf faire Art und Weise einen Wahlkampf führen wollen, der deutlich machen soll, daß das strukturschwache Land nach mehr als 37jähriger CDU-Herrschaft reif für einen Regierungswechsel ist«.

Tatsächlich hat sich die Union im Laufe der Jahrzehnte wie eine politische Erbengemeinschaft im nördlichsten Bundesland eingenistet und breitgemacht. Wie ein Krake hat sie praktisch alle Bereiche des öffentlichen Lebens bis hinein in die kleinsten Gemeinden in den Griff bekommen. Wer in Schleswig-Holstein etwas werden will, sei es in Verwaltung, Schule, Hochschule, Medien, ja selbst in der freien Wirtschaft, ist gut beraten, das Parteibuch der Christlich-Demokratischen Union nicht nur in der Tasche zu tragen, sondern es bei Gelegenheit auch vorzuzeigen. Wer den Rechtskonservativen zumindest nahesteht und dies in der täglichen Arbeit auch deutlich werden läßt, der kann eigentlich gar nicht schlecht fahren, wenn es um das persönliche Wohlergehen und berufliche Fortkommen geht.

In einem Interview mit dem SPD-Parteiorgan *Vorwärts* gibt Engholm im Sommer 1987 ein wenig seine bis dahin geübte Zurückhaltung auf und erklärt, »37 Jahre CDU-Regierung in Schleswig-Holstein sind mindestens 15 Jahre zuviel, um es ganz vornehm auszudrücken«. Später, auf dem Höhepunkt der Barschel-Affäre, wird Engholm noch deutlicher zu der Frage, was er von den CDU-Regierungsmethoden im Land zwischen den Meeren halte. Im *Stern* vom 29. Oktober 1987 rechnet Engholm ab: »Es hat etwas zu tun mit Rudimenten einer bestimmten Linie konservativer Politik, die man schlichtweg als reaktionär bezeichnen muß. Deshalb konnten hier immer wieder Leute in die Politik kommen, die in den finstersten Tagen Deutschlands eigentlich schon die größten Teile ihrer Ehre zurückgelassen hatten. Die hat in der deutschen Geschichte immer zwei Ebenen der Moral gehabt. Die eine für ihre eigene Klasse und Schicht, die andere für den Umgang mit denen, die darunter stehen. Sozialdemokraten sind da Menschen zweiter Klasse. Mit denen darf und kann man völlig legitim anders umgehen, zumal dann, wenn sie den Staat einmal führen wollen. Wer sich über dreißig Jahre lang angewöhnt hat, mit der Macht nach Belieben zu verfahren, der sieht nicht gern zu, wie diese Macht in andere Hände überwechselt.«

Auf die Nachfrage, woher dies komme, fährt Engholm fort: »Es hat etwas zu tun mit – sagen wir – dem schwarz-braunen Bodensatz, den es hier in der Politik noch gibt. Es hat zu tun mit dieser Überzeugung im Herzen, daß man mehr sei als andere, mit dieser wirklichen Herrenmentalität, an der gemessen andere schlecht und mies behandelt werden dürfen. Das zweite ist ein Herrenverständnis vom Staat. Wer die Macht hat, betrachtet jeden Angriff auf diese Macht gleich als einen Angriff auf den Staat. Wir sind immer in den Verdacht gebracht worden, den Staat zu gefährden, wenn wir scharfe Kritik geäußert haben. Das ist die alte und schlechte deutsche Tradition, die aus dem Staat mehr stilisiert als die Summe seiner Bürger und das Dach darüber. Beim dritten Grund muß ich zurückgreifen auf das, was Leute sagen, die uns beide gekannt haben, den ehemaligen Ministerpräsidenten Dr. Barschel und mich. Herr Barschel hat zielstrebig Karriere gemacht, verwöhnt vom Erfolg. Es gibt welche bei der CDU und anderswo, die sagen, der erste, der dazu hätte beitragen können, daß es in diesem unaufhaltsamen Aufstieg einen Knick gibt, der sei ich gewesen. Ob diese

Furcht vor dem Knick dazu geführt hat, schmutzige Methoden zur Abwehr zu benutzen, weiß ich nicht. Aber es wäre eine denkbare Erklärung.«

Uwe Barschel: Eine Variante von Nachkriegskarrieren

Freilich hat der Nachfolger Stoltenbergs im Amt des schleswig-holsteinischen Ministerpräsidenten schon sehr frühzeitig zu erkennen gegeben, welch ein Macht- und Staatsverständnis ihm eigen ist. Am 24. April 1974 – Barschel ist zu dieser Zeit CDU-Fraktionsvorsitzender im Kieler Landtag – hält er vor dem »Landesfachausschuß Kulturpolitik« seiner Partei ein Referat über Bildungspolitik, das unglaublich freimütig und deutlich die Grundlagen für die Parteibuchwirtschaft in Schleswig-Holstein offenlegt. Die Kernthesen werden in einer Mitschrift niedergelegt. Vertraulich, versteht sich. Das Papier gerät indessen, was damals nicht selbstverständlich ist, in die Medien und bringt Barschel wenn auch nicht in totale Bedrängnis, so doch zumindest in die Defensive. Schlüsselsatz der Thesen: »Der Extremistenerlaß ist gerechtfertigt. In der Beförderungspraxis muß sichtbar – und zwar geräuschlos – werden, daß unsere Regierung CDU-Freunde für am ehesten geeignet hält, CDU-Politik an Ort und Stelle zu verwirklichen.«

Barschel versucht sofort, den Vorgang herunterzuspielen, die Aussagen zu relativieren. Diese »unglückliche Formulierung«, für die er seinen Kopf hinhalte, sei aus dem Zusammenhang gerissen. Er habe gemeint, daß angesichts der Besetzung bildungspolitischer Schlüsselpositionen in Niedersachsen und Bremen durch Linke, die per Marsch durch die Institutionen Konservative abblocken wollten, in Schleswig-Holstein ein Gegengewicht geschaffen werden müsse. Er habe stets eine »leistungsbezogene Personalpolitik befürwortet und mit keinem Wort eine einseitige parteipolitische Begünstigung von CDU-Mitgliedern gefordert«. Offenbar in der Befürchtung, diese Barschel-Ausrede könnte konservative Karrieristen verunsichern, läßt daraufhin Gerhard Stoltenberg erklären: »Der Hinweis des Fraktionsvorsitzenden Dr. Barschel, daß aufgrund der geltenden gesetzlichen Bestimmungen bei der Besetzung einzelner herausgehobener Positionen auch politische Gesichtspunkte von Bedeutung sein können, ist zutreffend.«

Die Opposition ist empört. Ihr Fraktionsvorsitzender Klaus Matthiesen erklärt, dies sei ein Musterbeispiel für die Radikalität der schleswig-holsteinischen CDU, wenn es um ihre eigenen Pfründen gehe. Die FDP hält »die Auffassung Barschels, die CDU solle verstärkt Einfluß auf die Beförderung von Lehrern nehmen, für staatspolitisch äußerst gefährlich«.

Uwe Barschel wehrt, wie im politischen Tagesgeschäft üblich, diese Aufregung seiner Gegner scheinbar gelassen ab. Schon hier läßt sich erkennen, aus welchem Holz der Mann geschnitzt ist, der wenige Jahre später nicht davor zurückschrecken wird, seinen politischen Hauptgegner Björn Engholm mit allen Mitteln zu diskreditieren. Er könne, so sagt er, im Falle seiner Kulturthesen »die ganze Aufregung um einfache Wahrheiten« nicht verstehen. Man muß es ihm fast nachsehen, denn letztlich hat Barschel selbst seinen ganzen Lebensweg auf diese Strukturen ausgerichtet.

Der am 13. Mai 1944 geborene Sohn einer Kriegerwitwe – seine Mutter war Näherin, die allein drei Kinder durch die schweren Nachkriegsjahre bringen mußte – ist bei den Großeltern mit der simplen Lebensweisheit aufgewachsen, man müsse sich durchs Leben boxen, um es einmal besser zu haben als die Vorfahren. Und Barschel lernt diese Lektion, er kämpft sich durch und dahin, was er für ganz oben hält. Ein typischer Aufsteiger der deutschen Nachkriegs- und Wirtschaftswundergesellschaft. Wie übrigens Engholm auch, der sich allerdings für den schwereren, den »Zweiten Weg«, entschieden hat.

Auch wenn – zumindest über Startchancen – sich Parallelen aufdrängen, so gabeln sich die Lebensläufe der beiden jedoch sehr bald. Während Engholm alsbald an der Oberschule scheitert, arrangiert sich Barschel nicht nur im System, sondern macht es sich zu eigen, ja wird schon als Gymnasiast eine Leitfigur unter den Gleichaltrigen. Er stellt keine Fragen, auch nichts in Frage, bringt es zum Schulsprecher. Bei der Wahl um dieses Amt in der Schülermitverwaltung (SMV) setzt er sich gegen einen Konkurrenten durch, den er zuvor gegen besseres Wissen als homosexuell bezeichnet und damit um dessen Chancen gebracht hat.

Sein Amt benutzt er dann, um, offen protegiert von Lehrern, die noch immer dem Nationalsozialismus huldigen, den Hitlernachfolger Dönitz später zu einer »gespenstischen Geschichtsstunde«[1] an sein Gymnasium in Geesthacht an der Elbe bei Hamburg einzuladen. Als Hitlers Reichsverweser 1980 stirbt, ist der damalige schleswig-holsteinische Innenminister Barschel als einziger Regierungspolitiker der Bundesrepublik bei der Beerdigung im nahe gelegenen Sachsenwald anwesend.

An der Universität gilt der Führungsfunktionär der Jungen Union Uwe Barschel als besonders zielstrebig. Seine Doppelpromotion erledigt er gewissermaßen nebenbei, denn Barschel gilt schon da als einer der kommenden Stars in der CDU. Bereits mit 16 Jahren ist er der Jungen Union beigetreten, mit 25 wird er zum stellvertretenden Landesvorsitzenden der CDU gewählt, zieht in den Landtag ein und ist gerade 27 Jahre alt, als er Fraktionschef wird. Als sein politischer Ziehvater Gerhard Stoltenberg ihn zum Finanzminister von Schleswig-Holstein beruft, ist Barschel 35 Jahre alt, sechs Monate später wird er Innenminister. Eine Traumkarriere. Barschel bekennt alsbald öffentlich, es sei eines der schönsten Dinge für ihn, vom Amt des Ministerpräsidenten zu träumen. Aber vielleicht werde er ja irgendwann auch einmal »Präsident von Europa«.

So überrascht es nicht, daß Gerhard Stoltenberg – von Helmut Kohl zum Finanzminister in Bonn berufen – seinen Lieblingsschüler Barschel als Nachfolger in Kiel installieren läßt. Auch das funktioniert in der führungshörigen Nord-CDU reibungslos. Sein politisches Gesellenstück hat Barschel zu diesem Zeitpunkt spätestens abgegeben, als er am 28. Februar 1981 mit Restriktionen und brutalem Polizeieinsatz gegen Demonstranten am Kernkraftwerk Brokdorf vorgehen ließ.

Der erzkonservative *Law-and-order*-Politiker Uwe Barschel ist so recht nach dem Geschmack der konservativen Klientel in Schleswig-Holstein, der »geborene Stoltenberg-Erbe«, wie er von seinen politischen Freunden gefeiert wird. Als er dann auch noch bei der Landtagswahl 1983 für die regierende CDU, wenn auch knapp, die absolute Mehrheit sichert, gilt er in der eigenen Partei endgültig als bestätigt und unangefochten. Freunden vertraut er noch am

Wahlabend feixend an, es freue ihn besonders, dem »Schönling und Frauenliebling Engholm« eins ausgewischt zu haben.

Spätestens hier wird der offenbar außerordentlich tiefsitzende Minderwertigkeitskomplex deutlich, unter dem der Christdemokrat gegenüber seinem sozialdemokratischen Herausforderer leidet – ein Defekt, der sich bis ins Irrationale steigert und später als Hauptantrieb für die Machenschaften Barschels gegen seinen politischen Kontrahenten gilt. Hinzu kommt, daß Engholm nach Eingewöhnungsproblemen sich alsbald voll als Oppositionsführer engagiert und auch bei den zunächst skeptischen einfachen Leuten in Schleswig-Holstein immer besser ankommt. Kurz vor der Kommunalwahl 1986 hat Engholm trotz des Amtsbonus des Ministerpräsidenten etwa gleich gute Sympathiewerte wie Barschel.

Bei der Wahl selbst legt die SPD stark zu, die CDU verliert an Boden. Viele politische Beobachter sehen in diesem Ergebnis den entscheidenden Auslöser für Barschels plötzliche panische Angst vor einem möglichen Machtwechsel in Kiel. Fortan geht er, wann immer es möglich ist, direkten politischen oder persönlichen Gesprächen mit Engholm aus dem Weg. Er meidet den Vergleich, meint Engholm einmal: »Außerdem haben wir sehr schnell festgestellt, daß eine Ebene der politischen Kollegialität nicht möglich ist. Mir war das völlig gleichgültig – verstanden habe ich ihn nicht.«

Komplott: CDU-Strategiepapier gegen Engholm

Spätestens nach der Kommunalwahl 1986 ist also die Ausgangssituation für die »Kieler Affäre«, wie zuweilen dieser wohl schlimmste politische Skandal in der deutschen Nachkriegsgeschichte verniedlichend heruntergespielt wird, geschaffen. In der bis dato in Kiel durchaus üblichen Verquickung von Regierungs- und Parteigeschäften wird CDU-Generalsekretär Rolf Rüdiger Reichardt beauftragt, ein Strategiepapier für die Landtagswahl 1987 auszuarbeiten. Im Spätherbst 1986 gibt es zudem die ersten Kontakte zwischen dem damaligen Regierungssprecher Staatssekretär Gert Behnke und Barschels späterem »Mann fürs Grobe« Reiner Pfeiffer beim Springer Verlag in Hamburg.

Eine konzertierte Aktion zwischen Regierungs- und Parteizentrale in Kiel läuft an. Der vom CDU-Landesvorsitzenden Stoltenberg nach Kiel geholte und von der Bundeswehr beurlaubte Berufsoffizier Reichardt sieht es denn auch als wichtigstes Ziel der Unionsstrategie an, Engholms Persönlichkeitsprofil in der Öffentlichkeit umfassend zu demontieren. In einem vertraulichen Vermerk der Partei heißt es über den Konkurrenten: »Es kann ein Teil seiner Wirkung genommen werden, wenn es gelingt, ihn in seiner persönlichen Empfindlichkeit zu treffen, seine Glaubwürdigkeit zu erschüttern.« In einer knappen und eher unprofessionell wirkenden Bewertung des Oppositionsführers kommen die Wahlkampfmanager der CDU zu der Erkenntnis: »Engholms Stärke sind sein telegenes selbstbewußtes Auftreten und die Ruhe, die er ausstrahlt, in der er ein Stück Überlegenheit suggeriert. Er versteht es, in rhetorischen Auseinandersetzungen Emotionen zu wecken. Sein Bekanntheitsgrad ist hoch genug, um ihn in sehr kurzer Zeit durch eine Werbekampagne auf den erforderlichen Stand zu bringen. In der Landes-SPD findet er hohe Zustimmung, obwohl er sich von der linken Position seiner Partei mit bürgerlichen Sprüchen abzusetzen versucht. Seine Schwächen sind zu geringer Arbeitseinsatz, politische Oberflächlichkeit, große Empfindlichkeit. Ein schlechter Verlierer.«

In einer protokollarischen Schlußbemerkung dieses Uwe Barschel zugeschriebenen Vermerks über die Wahlkampfführung 1987 steht zu lesen: »Da Engholm ohne Frage persönliche Sympathien gewinnen kann, müssen die Entwicklungen der schleswig-holsteinischen SPD hin zum Sozialismus sowie die Unberechenbarkeit der Grünen vorrangiges Anliegen unserer Informationspolitik sein. Frühzeitige und umfassende Informationen über die Vorgänge in den rot-grün regierten Kommunen, über Vorgänge in Hessen und evtl. Hamburg nach der Bürgerschaftswahl helfen, eine Abwehrhaltung in der Bevölkerung gegen rot-grüne Experimente zu entwickeln.«

Dazu paßt lückenlos eine Formulierung in der CDU-Postille *Schleswig-Holstein Kurier* vom August 1986: »Die SPD Schleswig-Holstein ist eine unzuverlässige, unberechenbare Partei aus Opportunisten, der man die Zukunft des Landes nicht anvertrauen darf.

Ober-Opportunist Engholm lullt in Schleswig-Holstein mit schikkem Anzug und Pfeife die bürgerlichen Wähler ein, während hinter seinem Rücken Systemveränderer Politik machen.«

Höhepunkt der Unionskampagne gegen Engholm ist dann die Veröffentlichung der Wahlkampfbroschüre für die Entscheidung am 13. September 1987. Titel: »Betr.: Engholm, Paß auf – Schleswig-Holstein.« Darin wird ein Politiker in einer Art und Weise vom politischen Gegner diffamiert, daß selbst überzeugte CDU-Anhänger angewidert die Nase rümpfen. Nach dem Reichardt-Konzept wird den Bürgern die Alternative angeboten: »Entweder auf klarem Kurs voran mit Uwe Barschel und der CDU in eine sichere Zukunft – oder rückwärts mit Engholm und seinem rot-grünen Pakt in eine öko-sozialistische Mißwirtschaft.« In *Stürmer*-Manier wird ein rot-grüner Horrortrip an die Wand gemalt, Engholm als »Mann mit Gummirückgrat« beschrieben, seine Wirtschaftspolitik zwischen »Maschinensturm und Klassenkampf« angesiedelt, seine Finanzpolitik als »Griff in die Taschen der Bürger« angeprangert. »Biedermann und Brandstifter«, »sozialistischer Wolf im bürgerlichen Schafspelz« sind in der Broschüre gegen Engholm benutzte Formeln.

Die öffentliche Wahlkampfstrategie der Barschel-Mannschaft findet einen weiteren unrühmlichen Höhepunkt, als der SPD in einer CDU-Wahlkampfzeitung unterstellt wird, sie befürworte gemeinsam mit den Grünen straffreien Sex mit Kindern ab vierzehn Jahren und Abtreibung bis zum neunten Monat. Eine lächerliche und überzogene Kampagne, die besonnene CDU-Politiker von vornherein als kontraproduktiv werten, die aber auch das Maß der Verunsicherung und Ratlosigkeit in der Kieler Regierungspartei verdeutlicht.

Später bilanziert Engholm diese Attacken der CDU gegen ihn und seine Partei als »organisierten Rufmord: Mal bin ich ein schlimmer Marxist, mal ein bürgerlicher Luxus-Jet-Setter, der sich links tarnt. Mal war ich jemand, der die Posaune des Ostens bläst, dann bin ich jemand gewesen, der den Kindersex begünstigt, es mit der Gewalt nicht so ernst nimmt, für die Abtreibung bis zum Tage der Geburt eintritt. Das hat gereicht bis zu diesen Bespitzelungen, Denunziationen, Verleumdungen, von denen wir eigentlich hier in unserem doch sehr betulichen Schleswig-Holstein nicht geglaubt hätten, daß es sie geben könnte.«[2]

Die Barschel-Affäre: Ein Skandal erschüttert die Republik

Daß neben diesen »öffentlichen Ferkeleien auch sozusagen subkutan etwas gegen mich läuft« (Engholm), ahnt der SPD-Spitzenkandidat relativ früh, ohne zunächst Konkretes zu wissen. Allerdings wird im Zusammenhang mit der Affäre immer wieder der Verdacht geäußert, die SPD habe erheblich früher von den Barschel-Aktionen Wind bekommen, als sie eingesteht. Auch der damalige SPD-Landesvorsitzende Günther Jansen bleibt seinerzeit in dieser Frage recht allgemein: »Im Wahlkampf gab es irgendwann den Punkt, daß Björn merkte, hier läuft etwas. Wir werden beobachtet. Das hat ihn beunruhigt.«

Engholms persönlicher Referent und Vertrauter Jörn Thießen bekommt »irgendwann im Juli oder August 1987 einen ominösen Anruf von jemand, der behauptet, er habe geheime Barschel-Papiere. Daran müßten wir doch interessiert sein. So kurz vor den Wahlen habe ich dann gesagt, nein, wir hätten kein Interesse an solchen Pamphleten gegen Herrn Barschel.« Seine Identität gibt der Mann, wie Thießen sagt, nicht preis, er erkundigt sich allerdings nach dessen Adresse. Später, im Untersuchungsausschuß, so Thießen, werde dann klar, daß Barschel Detektiven erzählt habe, da sei doch ein alleinstehender Theologe in unmittelbarer Nähe Engholms. »Vielleicht sei der ja... Und die haben ja auch zugegeben, bei mir angerufen zu haben.«

Bereits zu Anfang des Wahljahres 1987 wird Engholm in seiner Lübecker Wohnung durch einen Telefonanruf beunruhigt. Es ist der 5. Februar, morgens gegen zehn Uhr. Engholm kuriert eine leichte Grippe aus. Der Oppositionsführer ist sofort alarmiert, als ein angeblicher Dr. Wagner ihm mitteilt, er, Engholm, leide an der tödlichen Immunschwächekrankheit Aids. Dies wisse er von einem seiner HIV-infizierten Patienten, der ihm seine Sexualkontakte offenbart habe. Über dessen Identität könne er jedoch aus Gründen der ärztlichen Schweigepflicht nichts sagen. Er habe sich gemeldet, weil er ein der SPD nahestehender Mediziner sei und sich Sorgen um Engholms Gesundheit mache.

Der geschockte Engholm ruft sofort seinen Hausarzt Dr. Peter Thoemmes an, der sich zunächst einmal bei allen Medizinern mit dem Namen Wagner in der Region erkundigt. Als er damit nicht weiterkommt, rät Thoemmes seinem Freund und Patienten Engholm, dieser solle an ihn verweisen, falls der ominöse Dr. Wagner sich wieder melde. Außerdem wird die Möglichkeit einer Fangschaltung erörtert, um, wie Engholm sagt, »... den Mann dingfest zu machen oder, wenn ich das so sagen soll, ihm in die Schnauze zu hauen«.

Auf die Idee, daß diese Anrufe, die letztlich im Sande verlaufen, aus der Staatskanzlei in Kiel initiiert worden sind, kommen weder Engholm noch sein Arzt. Der Parlamentarische Untersuchungsausschuß zur Barschel-Affäre stellt zu diesem Komplex in einer zusammenfassenden Würdigung später fest: »Von den gegen den Oppositionsführer gerichteten Aktivitäten hält der Ausschuß die Aids-Verdächtigungen gegen Björn Engholm für besonders verwerflich. Damit sollte nämlich nicht nur ein politischer Gegner öffentlich verunglimpft, sondern der Mensch Björn Engholm unter psychischen Druck gesetzt werden. Die Akteure, die durch Psycho-Terror den politischen Gegner ausschalten wollten, schreckten nicht davor zurück, das persönliche Umfeld, familiäre Bindungen und die soziale Stellung einer Person aufs Spiel zu setzen, um ihre Ziele zu verwirklichen.«

Barschels willfährige Schranze ist jener Reiner Pfeiffer, der später zugibt, als Dr. Wagner aus der Staatskanzlei direkt angerufen zu haben. Barschel sei auf die Aids-Idee aufgrund einer Reportage in der Illustrierten *Bunte* gekommen; zudem habe der Ministerpräsident sich noch den »Spaß« gemacht, in diesem Zusammenhang in einer regierungsamtlichen Verlautbarung auf die Gefährdung durch Aids hinzuweisen. Bleibt die Frage: Krank oder kriminell – oder beides?

Der von Barschel zum Jahreswechsel 1986/87 als »Medienreferent« angeheuerte Reiner Pfeiffer gilt als »Journalist mit Vergangenheit«. Zeitweise hat er sich sein Geld auch als Trauerredner bei Beerdigungen verdient. Eine mehr als schillernde Figur in der Presselandschaft. Vor seinem Wechsel nach Kiel arbeitet er an einem Sonderprojekt im Hamburger Springer Verlag. Später stellt sich heraus, daß er vom Verlag nur auf Zeit an die Kieler Staatskanzlei »ausgeliehen« worden ist, eine Gehaltsdifferenz von insgesamt 50000 Mark trägt das Haus Springer.

Monatelang läßt der »Barschel-Fan« (Pfeiffer über Pfeiffer) sich als funktionierendes Instrument vom Ministerpräsidenten für dessen schmutzige Tricks gegen Engholm mißbrauchen. Er läßt im Auftrag Barschels Steuererklärungen Engholms überprüfen und eine anonyme Anzeige wegen des Verdachts auf Steuerhinterziehung gegen den Oppositionsführer aufgeben. Er heuert Detektive an, die Engholm beschatten, um Barschels Unterstellung zu belegen, Engholm sei homosexuell und führe »auch sonst ein ausschweifendes Sexualleben«. Schließlich, als alle Versuche der Denunziation des politischen Gegners scheitern, soll Pfeiffer für den vollends von Panik erfaßten Ministerpräsidenten eine »Wanze« beschaffen, die dieser in sein eigenes Telefon installieren und mit der er der SPD nach einer fingierten »Entdeckung« dann unterstellen will, sie lasse den Ministerpräsidenten abhören.

Engholm selbst bemüht sich nach eigenen Worten um einen fairen Wahlkampfstil, wenngleich ihm dies, wie er einräumt, nicht immer leichtfällt. Die öffentlichen Angriffe auf seine Integrität verfehlen bei dem sensiblen SPD-Politiker ihre Wirkung nicht. Als die Broschüre »Betr.: Engholm« erscheint, deren Inhalt ihn an »schlimmste Zeiten deutsch-nationalen Geistes« erinnert, sagt er dem *Spiegel*-Reporter Hans-Joachim Noack, der ihn im Wahlkampf beobachtet: »Barschel, dieser Kerl, spielt selber den Saubermann und läßt andere die Drecksarbeit tun.«[3]

Barschel hat erst wenige Wochen vor der Wahl im September 1987 wieder auf Veranstaltungen erscheinen können, nachdem er als einziger den Absturz eines Privatflugzeugs mit vier Insassen beim Landeanflug auf den Lübecker Flughafen Blankensee überlebt hat. Der CDU-Politiker, der einige Wochen schwer verletzt in einer Lübecker Klinik liegt, spricht, wie Herbert Wessels vom *Hamburger Abendblatt* berichtet, »oft von Gott, beantwortet die Frage ›Warum habe gerade ich überlebt?‹ damit, daß es in Gottes Plan einen Sinn gebe, den ein Mensch nicht notwendig verstehen müsse. Geduldiger, dankbarer, bescheidener, gelassener sei er in dem Bewußtsein geworden, daß ihm das Leben ein zweites Mal geschenkt worden sei, sagt Barschel allen, die es nur zu gern hören wollen. Aber: Diesen einschneidenden Moment der Todesnähe zu nutzen, um dem Leben einen anderen Sinn zu geben, gehört nicht zu seinen ernsthaften Überlegungen.«[4]

Engholm versucht, gerade nach dem Flugzeugabsturz Barschels und trotz der CDU-Verunglimpfungen seinem »sanften Wahlkampfstil« treu zu bleiben. In der Zeitgeist-Gazette *Tempo* sagt er: »Ich trete mit Leidenschaft für eine friedlichere, gerechtere und menschlichere Welt ein. Gerade auch im Wahlkampf. Aber wenn alles zum Personenkult wird, hört der Spaß auf. Es kostet einen Teil von dir selbst, und von deiner Politik bleibt nicht mehr viel übrig.« Er gibt sich zuversichtlich, daß auch das Flugzeugunglück Barschels den Blick der Wähler nicht verstellen werde: »Ich denke, daß die meisten Wählerinnen und Wähler sich weiterhin an dem orientieren werden, was sie in den letzten vier Jahren von den Personen gesehen, gehört und mit ihnen erlebt haben. Und ich bin sicher, daß sie sich an der Programmatik der Parteien orientieren und nicht an für die Politik unwägbaren Faktoren, wie den Folgen von Unglücken.«

Andererseits bedauert Engholm jedoch in dieser Phase, da ihm nach eigenen Angaben schon erste Gerüchte über die Barschel-Tricks zugetragen worden sind, offenbar die selbstauferlegte Zurückhaltung. Im Frühsommer 1987 sagt er dem *Vorwärts*: »Wir haben beschlossen, für die Zeit der Krankheit von Dr. Barschel keinen offensiven Wahlkampf gegen ihn zu führen. Das lähmt unsere Möglichkeiten, aber ich hoffe, daß die Wählerinnen und Wähler unsere Haltung verstehen. Wenn wir über politische Kultur reden, müssen wir sie auch praktizieren.«[5]

Zur gleichen Zeit sickern tatsächlich die ersten Anzeichen der großangelegten Anti-Engholm-Kampagne aus der Staatskanzlei auch zu den Sozialdemokraten durch. Während der SPD-Spitzenkandidat wie ein politischer Kulturbotschafter durch das Land zwischen den Meeren tingelt, meldet sich Pfeiffer bei Engholms damaligem Pressesprecher Klaus Nilius. Pfeiffer ist offensichtlich frustriert, weil Barschel ihm keineswegs die erhoffte Karriere bis zum Amt eines Innenministers versprochen hat, und packt aus. Allerdings reklamiert er für sich Gewissensgründe. Der völlig perplexe Nilius, der »das alles überhaupt gar nicht glauben kann und will«, behält – nach seinen Angaben – die Pfeiffer-Story zunächst einmal für sich. Er möchte auf gar keinen Fall »Engholm und damit den gesamten Wahlkampf beeinflussen«.

Erst am Wahlabend, dem 13. September 1987, offenbart Nilius danach dem allerdings schon von seinem Anwalt informierten Engholm seine Treffen mit Reiner Pfeiffer. Daß Engholm noch Tage später vor der Presse erklärt, seines Wissens habe es keinerlei Kontakte zwischen Pfeiffer und irgendeiner Person oder Stelle der SPD gegeben, sorgt für zusätzliches Mißtrauen in der Öffentlichkeit. Nilius selbst sagt später: »Als ich diese Äußerung vor der Presse hörte, bin ich zusammengezuckt.« Schließlich muß Engholm einräumen, mit dieser Frage »zu lässig« umgegangen zu sein.

Seine Interpretation, die zunächst verschwiegenen Kontakte mit Pfeiffer hätten der SPD eine Glaubwürdigkeitslücke beschert, klingt ebenfalls ziemlich lässig. Als am 1. März 1993 Günther Jansen nämlich öffentlich bekanntgibt, er habe nach dem Machtwechsel in Kiel Reiner Pfeiffer über Nilius zweimal Geldumschläge mit geschätzt insgesamt mehr als 40000 Mark zustecken lassen, wird die SPD von den dilettantischen Vertuschungen während der Barschel-Affäre eingeholt. Obwohl Jansen beteuert, er habe das Geld gemeinsam mit seiner Frau aus privatem Einkommen in einer Schublade gesammelt, weitet sich die »Schubladenaffäre« alsbald zu einem handfesten Skandal aus. Jansen muß zurücktreten, Nilius wird in Zwangsurlaub geschickt. Die schon auf dem Höhepunkt der Affäre gestellte Frage, wann Engholm was über die Barschel-Tricks wußte, kommt wiederum auf und wird zum Hauptthema eines erneut eingesetzten Kieler Untersuchungsausschusses. Auch diesmal bleibt Engholm zunächst bei seiner Darstellung, von den Erkenntnissen der SPD über die Barschel-Machenschaften vor der Wahl nichts Handfestes erfahren zu haben. Diese Version hält er wider besseres Wissen mehr als fünf Jahre lang aufrecht. Erst kurz vor seinem Rücktritt am 3. Mai 1993 gibt er, wie erwähnt, öffentlich zu, von einem geheimen Treffen zwischen SPD-Politikern und Barschels »Mann fürs Grobe« noch vor der Wahl durch seinen Anwalt Peter Schulz erfahren zu haben.

Von diesen Erkenntnissen im Sommer nach eigenen Aussagen also noch unbeeinflußt, kultiviert der Oppositionsführer einen nahezu alternativen Wahlkampfstil, den Hans-Joachim Noack im *Spiegel* ironisch kommentiert: »Kaum eine Wahlkampfveranstaltung, in der Engholm sich nicht fast wie ein Guru der New-Age-Bewegung auf die ›Suche nach der verlorenen Sinnlichkeit‹ begibt … Doch so ist er nun mal … der gepflegte Genußmensch Engholm hält es für unerläßlich, ganz konkret MacDonalds den Kampf anzusagen, statt ›sich den Magen mit Pommes und Mayonnaise‹ vollzuklatschen, plädiert er mit Verve für die Rückkehr der kleinen Kneipe, ›in der man auch mal wieder Schwarzsauer essen kann‹.«[6]

In derselben *Spiegel*-Ausgabe erscheint, eine Woche vor dem Wahltag, unter der beziehungsvollen Überschrift »Waterkantgate« eine Geschichte über »unbekannte Hintermänner«, die Engholm beschatten ließen und sich dessen Steuerdaten beschafft hätten. Der Leiter des Kieler *Spiegel*-Büros, Manfred Ertel, der sich nach einer von ihm vermuteten Beteiligung des Regierungsapparates an den Machenschaften erkundigt, wird vom stellvertretenden Regierungssprecher Herwig Ahrendsen mit der Antwort abgefunden, davon sei ihm nichts bekannt. Die ertappte Regierung verschleiert den Skandal. Folgerichtig wertet der Parlamentarische Untersuchungsausschuß diese anfängliche Blockade in der Informationspolitik: »Da Dr. Barschel, nach Aussage von Ahrendsen, von der Geschichte nichts gewußt habe und sie sich auch nicht habe erklären können, erfolgte keine Reaktion gegenüber dem *Spiegel*.« Völlig logisch – jedenfalls nach dem damaligen Stand der Dinge, wie er offiziell sein darf.

Doch auch die SPD scheint es, bezogen auf diese Tage, mit der Wahrheit nicht allzu genau zu nehmen. Zum Beispiel erkundigt sich am 3. August 1987 – es ist exakt der Tag, an dem sich der Engholm-Intimus Nilius zum vierten und letzten Mal mit »Barschels Mann fürs Grobe«, Pfeiffer, trifft – der Oppositionsführer beim Staatssekretär im Finanzministerium, Schleifer, »was es mit der anonymen Steueranzeige auf sich« habe. Engholm will davon durch Gerüchte erfahren haben. Auch hier bleibt eine empfindliche Glaubwürdigkeitslücke der SPD und Engholms, der ja nach seinen damaligen Aussagen vor dem Wahltag nichts von den »Schweinereien, die gegen mich gelaufen sind«, gewußt hat.

Der 7. September 1987 bringt trotz der sich durch den *Spiegel* langsam aufhellenden Barschel-Affäre auch die SPD und damit Engholm in ein schiefes Licht. Ebenfalls, wie es heißt, ohne Wissen des wahlkämpfenden Oppositionsführers treffen sich am Abend dieses Montags vor der Wahl im Lübecker Hotel »Lysia« der SPD-Landesvorsitzende Günther Jansen und, als Augen- und Ohrenzeuge, der Hamburger Anwalt und ehemalige Bürgermeister der Hansestadt Peter Schulz mit dem inzwischen zum Barschel-Dissidenten gewordenen Reiner Pfeiffer. Das Treffen hat Engholms Vertrauensmann Nilius vermittelt, der zwar im Hotel weilt, aber nicht an der Gesprächsrunde teilnimmt.

Nach Jansens Schilderung gibt es zwei Gesprächsabschnitte. Zunächst einmal berichtet Pfeiffer noch einmal ausführlich alle Einzelheiten der Barschel-Intrigen und seine direkte Beteiligung. Pfeiffer hält nach eigenen Angaben jetzt die Zeit für gekommen, mit der Story an die Öffentlichkeit zu gehen. Die SPD-Politiker schlagen daraufhin, so sagt Jansen, eine Beratungspause vor: »Schulz und ich sind dann rausgegangen und haben uns über alle Aspekte unterhalten. Ich hielt das alles für eine Finte und Falle, in die wir nicht tappen durften. Übrigens: Als der Pfeiffer zwischendurch mal aufs Klo mußte, habe ich in seiner Aktentasche nach einem Tonband oder ähnlichem gesucht. War aber nichts drin.«

Der erfahrene Anwalt und Ex-Bürgermeister Schulz rät Jansen schließlich, »die Finger von der Sache zu lassen«. Der SPD-Landeschef findet das alles jedoch hochbrisant. Er würde nach eigenen Worten am liebsten sofort damit vor die Presse gehen, doch letztlich überwiegen auch seine Bedenken. Schließlich teilt er Pfeiffer mit, daß er sich »eine Woche vor der Wahl da nicht heranwagen will«.

So beschließt Pfeiffer, auf eigene Faust zu handeln, und läßt sich tags darauf von Schulz einen Anwalt vermitteln, über den er sich per eidesstattlicher Versicherung dem *Spiegel* offenbart.

Auch diesmal noch halten Jansen und Nilius die Affäre und ihre Gespräche vor Engholm geheim. Sie wollen den Wahlkämpfer, der noch in der letzten Woche mit Barschel im Fernsehen debattieren muß, nicht verunsichern oder gar anstacheln. Als allerdings die Moderatorin einer Diskussionsrunde versucht, den nach ihrem Eindruck fairen Wahlkampf zwischen Barschel und Engholm zu loben, gerät der SPD-Herausforderer sichtlich aus der Fassung und weigert sich ausdrücklich, dies zu bestätigen.

Die SPD verwendet indessen nichts von den Pfeiffer-Informationen in den letzten Tagen vor der Wahl. Jansen weiß Pfeiffers Zuverlässigkeit nicht einzuschätzen, hält ihn eher für einen Windmacher. Ein Rätsel bleibt ihm zudem, daß Pfeiffer für seine Informationen kein Geld oder eine wie auch immer geartete Absicherung verlangt: »Warum der nicht weitermachen wollte«, sagt Jansen, »habe ich ganz einfach nicht verstanden. Hätte er eine Summe genannt oder einen Job gewollt, wäre das zu begreifen gewesen, aber so. Ein Rätsel. Der hat das voll auf die moralische Position gebracht.«

Schließlich wird auch die Bonner Parteizentrale der SPD vorsichtig in Kenntnis gesetzt. Der ratsuchende Günther Jansen, der »ganz schön verunsichert« ist, wendet sich in seiner Not am 8. September, also am Tag nach dem Lübecker Treff, an die Bonner Parteiführung, SPD-Chef Hans-Jochen Vogel und Bundesgeschäftsführerin Anke Fuchs. Herbert Wessels schreibt dazu: »Jansen teilte ihnen (telefonisch, d. Verf.) – ohne den Namen Pfeiffer zu nennen – mit, er habe Informationen, ›die darauf hindeuten, daß das alles (die *Spiegel*-Geschichte, d. Verf.) stimmt und daß das aus der Staatskanzlei kommt‹. Vogels Reaktion...: ›Um Himmels willen‹.« Auch der SPD-Vorsitzende rät, die Sache mit ganz langen Fingern anzufassen und schon gar nicht selbst damit vor der Wahl an die Öffentlichkeit zu gehen.

Der Sonnabend vor der Wahl, der 12. September, ist für Björn Engholm, die Kieler Parteien, ja letztlich für die ganze deutsche Öffentlichkeit kaum noch an Dramatik zu überbieten. Am frühen Nachmittag meldet der NDR die unglaublichen Einzelheiten über »Barschels schmutzige Tricks« – die Titelgeschichte der nächsten *Spiegel*-Ausgabe. Engholm selbst hat gerade die Schlußkundgebung bei Lübeck hinter sich gebracht und feiert das Ende des Wahlkampfes mit Familie und Freunden bei Kaffee und Kuchen.

In einer ersten öffentlichen Stellungnahme am Nachmittag des 12. September gibt sich der schnell nach Kiel geeilte SPD-Landesvorsitzende Günther Jansen, für den jetzt klar ist, »daß da was läuft und ich da sein muß«, völlig überrascht und unwissend. Barschel, der zur gleichen Zeit gezielt eine Handvoll ausgesuchter und überwiegend regierungsfreundlicher Journalisten in einem holsteinischen Herrenhaus um sich versammelt hat, »um Wahlkampfbilanz zu ziehen«, funktioniert die Kaffeerunde nach Bekanntwerden des *Spiegel*-Artikels eiligst in eine Pressekonferenz um. Er dementiert heftig alle Vorwürfe (»alles erstunken und erlogen«) und kündigt gegen das Magazin und Pfeiffer rechtliche Schritte an.

Engholm, bei dem zu Hause ab sofort »die Hölle los« ist, arbeitet gemeinsam mit seinem Wahlkampfhelfer Michael Bürsch (jetzt Landesbevollmächtigter in Bonn) und seinem persönlichen Referenten Jörn Thießen eine Erklärung aus: »Dies ist ein außerordentlich schwerwiegender Vorwurf. Er betrifft das Ansehen und die Substanz beider Verfassungsorgane, der Regierung und des Parlaments. Die Sachverhalte müssen so schnell wie möglich aufgeklärt werden. Deshalb werde ich unverzüglich die Einsetzung eines Parlamentarischen Untersuchungsausschusses beantragen. Ich werde mich noch am Wochenende mit meinen Rechtsanwälten darüber beraten, ob Ergänzungen oder Erweiterungen zu den bereits Anfang der Woche gestellten Strafanzeigen notwendig sind.«

Der Wahltag bringt dann das eigentlich vorhergesagte und erwartete Ergebnis. Die SPD legt kräftig zu und wird mit 45,2 Prozent der Stimmen stärkste Partei im Landesparlament. Die CDU kommt auf 42,6 Prozent. Die FDP zieht mit 5,2 Prozent wieder in den Landtag ein. Der SSW behält seinen Sitz.

Da der Abgeordnete der dänischen Minderheit Karl-Otto Meyer noch am Wahlabend erklärt, er werde angesichts des Barschel-Skandals keinem CDU-Kandidaten für das Amt des Ministerpräsidenten die Stimme geben, besteht ein faktisches Patt zwischen CDU und FDP (33 plus 4 Mandate) einerseits sowie SPD und SSW (36 plus 1) auf der anderen Seite. Das Parlament ist blockiert. Ohne mögliche Überläufer oder andere Koalitionen geht ab sofort nichts mehr in Kiel.

Noch am Wahlabend wettert der CDU-Landesvorsitzende Gerhard Stoltenberg gegen die, wie er sagt, »linke Kampfpresse«, die in letzter Minute versucht habe, die Wahl gegen die Regierung zu beeinflussen. Fatale Erinnerungen werden wach an die Parteispendenaffäre von Bonn, in deren Verlauf wachsame Medien als »Hinrichtungskommandos« und »publizistische Todesschwadronen« hingestellt wurden.

Noch kurz vor der Wahl hat Stoltenberg seinen politischen Zögling Barschel allen Wählern als vertrauenswürdigen und tatkräftigen Politiker empfohlen: »Die CDU Schleswig-Holstein will mit unserem Ministerpräsidenten solidarisch weiter zum Wohl unserer Heimat arbeiten. Wir alle wissen, daß er für die Berechenbarkeit und Klarheit der Politik in Schleswig-Holstein steht. Uwe Barschel verdient auch Ihr Vertrauen.«

Selbst als später im Untersuchungsausschuß zweifelsfrei klar wird, daß die Beschuldigungen Pfeiffers gegen Barschel wahr sind, zögert Stoltenberg noch Wochen, ehe er sich im Namen seiner Partei gegenüber dem Opfer der Affäre zu einer kaum halbherzigen Entschuldigung durchringt. Inzwischen steht fest, daß Barschel nicht nur bis zur Wahl mit üblen Methoden gearbeitet, sondern auch anschließend versucht hat, durch Druck auf untergebene Mitarbeiterinnen und Mitarbeiter seine Haut zu retten. Er belügt die Öffentlichkeit per Ehrenwort und stirbt schließlich unter bis heute ungeklärten Umständen in einer Badewanne des Genfer Nobelhotels »Beau Rivage«.

Erst am 15. Dezember, zwei Monate nach Barschels Tod, erklärt der Ex-Ministerpräsident und CDU-Landeschef Stoltenberg unter anderem: »Mit dem Ministerpräsidenten Uwe Barschel haben wir über vier Jahre Politik für Schleswig-Holstein gestaltet. Wir glauben weiterhin, daß in den Sachentscheidungen gemeinsam gute Arbeit für unser Land geleistet wurde. Um so mehr trifft es uns hart, wenn durch das Handeln einzelner dem Ansehen der Landespolitik wie unserer Partei schwerer Schaden zugefügt wurde. Es bedrückt uns, daß Mitbürger dadurch in persönliche Bedrängnis gerieten. Ich nenne den Oppositionsführer Björn Engholm und persönliche Mitarbeiter des Ministerpräsidenten aus der Staatskanzlei, wie die Sekretärinnen und den Fahrer. Als Landesvorsitzender der CDU entschuldige ich mich bei ihnen dafür, daß dies in der Verantwortung und durch das Fehlverhalten eines Ministerpräsidenten unserer Partei geschah.«

Die SPD nimmt dies als verspätet und unzureichend, Björn Engholm mit einem gequält amüsierten Lächeln zur Kenntnis. Er ist zu diesem Zeitpunkt »durch das Schlimmste hindurch, aus dem Gröbsten raus«. Immer wieder hat er die Wochen davor mit dem Gedanken gespielt, »den ganzen Kram hinzuwerfen«, sich nach dem Sinn von Politik gefragt, »die Menschen, Familien und Freundschaften bis in den Tod hinein betrifft«.

Engholms anfängliche Wut über Barschel weicht allmählich einem »unendlichen Mitleid mit diesem armen Menschen, der wohl geglaubt haben muß, nicht anders zu können«. Auch gefällt Engholm nicht, daß er bisweilen zu einem Märtyrer hochstilisiert wird. Ihn belastet dies alles mehr, als er zugeben mag. In den ersten Wochen nach Bekanntwerden des Skandals meidet er Bahnhöfe und Flugplätze, läßt sich meist mit seinem Dienstwagen fahren, übernachtet lieber bei Freunden als in Hotels, wo ihn zu oft gutgemeintes, doch störendes Mitgefühl, aber auch Neugierde belästigen. Hinzu kommt, daß das fragwürdige und unglückliche Agieren seiner politischen Umgebung im Verlauf der Affäre von der konservativen Presse zum Anlaß genommen wird, auch ihn als quasi Mitschuldigen in die Machenschaften hineinzuziehen. Die Familie, die für Engholm in diesen Wochen »das einzig stabilisierende Element« ist, leidet erheblich mit.

Tochter Britt erinnert sich: »Was ich nie vergessen werde, ist diese furchtbare Situation in der Schule. Das war so schrecklich, weil einige Lehrer mich ständig darauf angesprochen haben. Einige haben mich auch häufig schräg von der Seite angeguckt, auch Mitschüler. Da stand ja jeden Tag was Neues in der Zeitung. Diese ganz herbe Sache, diese Aids-Geschichte zum Beispiel. Mann, das war eigentlich ganz schön schlimm. Aber vieles war auch ganz rührend. Nette Reaktionen einfach. Zu Hause allerdings war es meistens fürchterlich. Also, du kommst aus der Schule, und die Bude ist schon wieder total voll. Meistens Journalisten. Das ging immer so weiter. Meine Schwester Kerstin und ich waren ständig mit Kaffeekochen beschäftigt. Wir haben die Leute bewirtschaftet, mit rumgesessen. Björn beistehen, das war wichtig. Die ganze Familie war lange nicht so viel an einem Stück zusammen. Irgendwie war das komisch, aber auch wieder ganz toll.«

Auch Engholms Ehefrau Barbara weiß in diesen Tagen »ziemlich genau, was ich zu tun habe. Da sein und helfen. Wir sind da wirklich ganz nahe beieinander gewesen. Das hat uns wieder ganz fest zusammengeschweißt.« Auch Engholm selbst merkt plötzlich wieder, »was Familie ist, was das bedeutet, im engsten Kreis so intensive Unterstützung zu finden. Ohne meine Familie hätte ich das alles nicht durchgestanden.«

Für Engholms Mutter Alma indessen ist das alles zuviel. Die alte Dame kann überhaupt nicht begreifen, »warum sie das meinem kleinen Sohn antun«. Auf dem Höhepunkt des Skandals stirbt Alma Engholm an einem Schlaganfall. Die ganze Familie ist tief betroffen. Für Björn, so sagen seine Frau und die beiden Töchter, sei in diesem Moment »eine Welt zusammengebrochen«. Erst da hätten alle wirklich gemerkt, wie furchtbar gewesen sein müsse, »was Björns Mutter in diesem Alter noch durchmachen mußte«.

Zu den Begleitumständen der Affäre gehört auch eine Kampagne, an der nach Einschätzung maßgeblicher Sozialdemokraten in Kiel wie etwa Gert Börnsen der FDP-Politiker Wolfgang Kubicki beteiligt ist. Über persönliche Kontakte zur Presse, so Börnsen, versucht Kubicki, eine Tateinheit zwischen Pfeiffer und der Landes-SPD zu konstruieren. Börnsen, der in diesen Wochen der starke Mann der SPD in Kiel ist und vor allem mit öffentlichen Auftritten seinem Fraktionschef Engholm den Rücken frei hält, lädt am 13. Oktober 1987 – zwei Tage nach Barschels Tod – den SPD-Landesvorsitzenden Jansen und Oppositionsführer Engholm sowie den SPD-Landesgeschäftsführer Klaus Rave zu einer Minirunde zu sich nach Hause ein. Grund: Engholm und Jansen scheinen aufgeben zu wollen. In den Abendnachrichten heißt es, am nächsten Tag werde die Kölner Boulevardzeitung *Express* ein Foto veröffentlichen, auf dem Pfeiffer und Engholm, wahrscheinlich auch Jansen, gemeinsam zu sehen seien. Tatsächlich können die SPD-Politiker nicht ausschließen, daß es ein womöglich von Pfeiffer selbst inszeniertes Zufallsfoto gibt, das auf einem politischen oder gesellschaftlichen Ereignis in Kiel gemacht worden sein kann. Es würde in diesem Zusammenhang eine zumindest irritierende Bedeutung erlangen. Tatsächlich indessen scheint ein solches Foto nicht zu existieren, die Vorabmeldung erweist sich als »Ente«.

Die kleine Runde kommt erst spät am Abend nach einem langen Tag von Konferenzen zustande. Die Szenerie hat etwas Kafkaeskes. Der völlig erschöpfte Börnsen sitzt mit den anderen im Halbdunkel und geistesabwesend hin und her schaukelnd an dem kleinen Tisch. Günther Jansen, körperlich stark wie ein Boxer, beginnt langsam zu weinen. Börnsen: »Der fing richtig an zu heulen wie ein Kind.« Rave schweigt hilflos. Und Engholm, der ohnehin »inzwischen die

Schnauze voll« hat, mosert zunächst über den nach seiner Meinung zu warmen und zu süßen Weißwein, den »Genosse Börnsen kredenzt« hat, und sagt mehr zu sich selbst als zu den anderen in einem gefährlich zischenden Tonfall: »Und mit so was soll ich eine Regierung bilden. Prost.«

Dann wieder minutenlanges Schweigen. Schließlich sagt Jansen, er werde zurücktreten, Engholm: »Ich auch.« Börnsen warnt: »Wenn ihr jetzt aufgebt, dann mache auch ich nicht weiter.«

Es ist dies die Nacht der Entscheidung über die politische Weichenstellung in Schleswig-Holstein, ja auch für die Bundes-SPD. Erst in den frühen Morgenstunden, nach qualvoller Diskussion, wird sich die Runde einig: »Wenn wir jetzt aufgeben, hat Barschel doch noch erreicht, was er wollte.« Nur Jansen, der Landesvorsitzende, der schon vor Wochen seinen Rücktritt angekündigt hat, will sich davon durch die Affäre mit den dubiosen Vorkommnissen auch auf seiten der SPD nicht abhalten lassen.

Enthüllungen: Zeit zum Aufklären

In den ersten Wochen nach der Landtagswahl vom 13. September 1987 ist die gesamte deutsche Öffentlichkeit in Atem gehalten. Praktisch Tag für Tag werden neue Einzelheiten dieser »Halunkerei auf Staatskosten« (Rudolf Augstein) bekannt. Reporterscharen aus aller Welt eilen in die norddeutsche Provinz, wo sich ein Politdrama entrollt, das in der Geschichte der Bundesrepublik bislang seinesgleichen sucht.

Die beiden Hauptfiguren dieses politischen Schurkenstücks, Pfeiffer und Barschel, spielen dabei unterschiedliche Parts. Pfeiffer wird als Hauptzeuge des *Spiegel* von den Machern des Magazins irgendwo in einer geheimgehaltenen Etagenwohnung versteckt. Die Motive hierfür liegen auf der Hand: Barschels »Mann fürs Grobe« braucht zunächst einmal Schutz. Zudem ist es wohl die journalistische Exklusivität, die den *Spiegel* bewegt, seinen Hauptinformanten abzuschirmen. Doch auch aus dem »Off« hinter den Kulissen tönt Pfeiffer weiter lauthals gegen seinen einstigen Dienstherrn und dessen schmutzige Tricks. Barschel selbst steht voll im

Rampenlicht der Öffentlichkeit. Er muß jetzt tatsächlich glaubwürdig nachweisen, daß, wie er noch am Tag vor der Wahl behauptet hat, alles »erstunken und erlogen« ist.

Dabei setzt er – wie später im Untersuchungsausschuß sehr schnell und erschreckend klar wird – seine Umgebung unter ungeheuren persönlichen und politischen Druck. Beim Abpressen einer eidesstattlichen Versicherung von einer seiner engsten Mitarbeiterinnen, die tief religiös ist und vor der Fälschung zurückschreckt, sagt er: »Sie glauben doch an den lieben Gott. Ja, wollen Sie denn etwa, daß die SPD an die Macht kommt?«

Ob hohe Ministerialbeamte oder niedere Angestellte, bis hin zum Fahrer müssen alle am Lügengebäude Barschels mitzimmern, das jedoch alsbald wie ein Kartenhaus in sich zusammenfällt. Das Ergebnis dieser kaum noch nachvollziehbaren kriminellen Manipulation von Menschen und Fakten legt Barschel dann fünf Tage später, am 18. September 1987, auf seiner berühmt-berüchtigten »Ehrenwort-Pressekonferenz« im Kieler Landeshaus vor.

Sein kunstvoll konstruiertes und dennoch außerordentlich brüchig wirkendes Alibi versucht der Volljurist Barschel mit dem Wertvollsten zu erhärten, womit in seinen Kreisen ein Mensch seine Existenz verpfänden kann: »Meine Damen und Herren, über diese eidesstattlichen Versicherungen hinaus gebe ich Ihnen, gebe ich den Bürgerinnen und Bürgern des Landes Schleswig-Holstein und der gesamten deutschen Öffentlichkeit mein Ehrenwort, ich wiederhole, ich gebe Ihnen mein Ehrenwort, daß die gegen mich erhobenen Vorwürfe haltlos sind.«

Björn Engholm verfolgt an diesem Freitag nach der Wahl gemeinsam mit dem parlamentarischen Geschäftsführer Gert Börnsen in seinem Büro den Barschel-Auftritt, der im Fernsehen *live* in voller Länge übertragen wird. Engholm schüttelt bisweilen den Kopf, murmelt ein »Unglaublich« in sich hinein, springt hin und wieder auf und weiß nicht so recht, ob er wegen Barschels Kaltblütigkeit Bewunderung oder Verachtung verspürt. Für Engholm ist es kaum »begreiflich und schon gar nicht nachvollziehbar, wie ein Mensch in einer solchen Lage noch dieses Stehvermögen hat«.

Allerdings hat Barschel schon am Abend vorher eine »Generalprobe« veranstaltet, an der Engholm nicht teilnimmt. Geladen hat der Ministerpräsident alle Fraktionsvorsitzenden. Für die SPD geht Gert Börnsen. »Dabei«, so Börnsen, »spielte Barschel mit gezinkten Karten. Einige dieser eidesstattlichen Versicherungen hatte er noch gar nicht in der Tasche. Der tat nur so, als ob.« Die SPD bleibt jedoch unbeeindruckt, Börnsen fordert nach dem Gespräch und »Barschels aberwitzigen Lügenmärchen« den sofortigen Rücktritt des Ministerpräsidenten.

Dieser indessen geht mit der Ehrenwort-Pressekonferenz in seine letzte, vergebliche Schlacht, beeindruckt allerdings auch Teile der Öffentlichkeit mit seiner Chuzpe. Doch selbst in den Reihen der CDU mehren sich die Stimmen jener, die Barschels Glaubwürdigkeit erheblich in Zweifel ziehen. Vor allem der damalige CDU-Fraktionschef Klaus Kribben und Justizminister Henning Schwarz, der sich bei der Ehrenwort-Pressekonferenz voll hinter Barschel stellt, empfinden den angeschlagenen Ministerpräsidenten als Belastung für eine nach dem Landtagspatt mögliche erneute Kraftprobe mit Björn Engholm.

In ihrem Buch »Macht und Machenschaften« schreiben die Journalisten Cordt Schnibben und Volker Skierka über die Wirkung der Barschel-Pressekonferenz am 18. September 1987:

»Es ist schon seltsam. Während Barschel sich stundenlang bemüht, darzulegen, wie er das Opfer einer bösartigen Intrige seines einstigen Mitarbeiters geworden ist, halten sich hartnäckige Zweifel an seiner Aufrichtigkeit. Ja, es ist sogar die Meinung zu hören, nun stünde ›Aussage gegen Aussage‹, und selbst in Parteikreisen wird hinter vorgehaltener Hand kolportiert, zuzutrauen wären ihm solche Taten schon, nur, daß er so dumm wäre, tatsächlich so weit zu gehen, das glaube man denn doch nicht. Daß er so wenig Sympathien zu genießen scheint, mag daran liegen, daß im Landeshaus – nicht zuletzt aus den Reihen seiner eigenen Partei genährte – Histörchen darüber kursieren, wie der erst 43jährige Barschel in den Jahren seiner Blitzkarriere ... mit Mitarbeitern, Gegnern und kritischen Journalisten umging. Seine Allüren, sein Gehabe seien gutsherrlich gewesen, Journalisten seien über Verleger oder Chefredakteure oder ganz unmittelbar unter Druck gesetzt worden, wenn sie ihm nicht frommten. Und schon immer war er bekannt als Meister zuweilen auch schamloser Inszenierungen seiner selbst in der Presse – bis hin zur Vermarktung eines Autounfalls in Baden-Württemberg, wo er, noch bevor überhaupt klar war, was dem Unfallgegner passiert war, aus dem Straßengraben heraus übers Autotelefon einen Kieler Journalisten anrief und eine Pressenachricht absetzte. Zu einem Muttertagsbesuch wurden Fotografen per Rundbrief mit exakter Zeitangabe einbestellt, damit ein Foto ›MP mit seiner Mutter‹ geknipst werden konnte. Dem Publicity-Rummel um seine Person schienen nie Grenzen gesetzt – und gerade der Flugzeugabsturz und der Krankenhausaufenthalt wurden hierfür geschickt genutzt.«[7]

Engholm, damals zumindest etwas verunsichert, fürchtet einen Moment lang, daß Barschel es auch diesmal wieder schaffen könnte, die Öffentlichkeit für sich einzunehmen. Dabei weiß der SPD-Politiker, daß der Mann gelogen hat, daß sich die Balken biegen. Für Engholm beginnt hier die Phase eines intensiven Nachdenkens über Politik und Methoden, mit denen er »niemals etwas zu tun haben möchte«. Bisweilen selbstquälerisch-grübelnd forscht er nach den Ursachen für derartige Aktionen von Politikern. Und er fragt sich, wie anfällig auch er sein könnte, ja, wie er wohl mit drohendem Machtverlust umgehen würde. »Ich ertappe mich sogar dabei, trotz alledem Mitgefühl und Bedauern für Barschel zu empfinden, der wohl auch ein Opfer seiner eigenen Selbstüberschätzung geworden ist.«

Es bleibt Engholm allerdings auch nicht verborgen, daß er der Sieger der Affäre sein wird. Seine Popularitätswerte steigen steil an. Trotz allen belastenden Wirbels empfindet es Engholm als wohltuend, daß ihn gerade in den ersten Wochen nach der Enthüllung des Barschel-Skandals eine Fülle von Sympathiebekundungen erreicht.

Genau eine Woche nach der Ehrenwort-Pressekonferenz erklärt Barschel seinen Rücktritt vom Amt des Ministerpräsidenten. Er hat eingesehen, daß er für seine Partei und seine Fraktion zu einer Belastung geworden ist. Gerade seine Freunde lassen ihn dies sehr deutlich spüren. Sie haben längst damit begonnen, sich von ihm abzusetzen. »Wo waren sie denn plötzlich, all die guten Freunde und Wegbegleiter, die mein Mann gerade in dieser Zeit gut hätte gebrauchen können?« fragt später Freya Barschel, die Ehefrau des CDU-Politikers.

Am 25. September 1987 erklärt Barschel auf einer Pressekonferenz in Kiel: »Meine sehr geehrten Damen und Herren, ich werde von meinem Amt als Ministerpräsident des Landes Schleswig-Holstein zurücktreten. Nur noch bis zum Ende der Wahlperiode, also bis zum 2. Oktober 1987, werde ich die Amtsgeschäfte weiterführen, danach wird mein bisheriger Stellvertreter, Minister Dr. Henning Schwarz, bis auf weiteres die Landesregierung geschäftsführend leiten.«

Barschel, der nach wie vor jegliche persönliche Einflußnahme auf die Aktionen gegen Engholm leugnet, übernimmt die politische Verantwortung »für die Tatsache, daß die Taten Pfeiffers aus der Pressestelle der Landesregierung heraus begangen wurden«. Zudem fühlt sich Barschel vom potentiellen Kieler Koalitionspartner FDP vorverurteilt, weil deren Spitzenkandidat Wolf-Dieter Zumpfort »demonstrativ nicht mit mir fotografiert werden oder gemeinsam vor Kameras auftreten will«.

Offenbar auf Anweisung der FDP-Zentrale in Bonn hat der sichtlich überforderte Landes-Liberale die langsame Absetzbewegung von Barschel vornehmen müssen. FDP-Chef Hans-Dietrich Genscher läßt sich die Rücktrittserklärung Barschels über eine Telefonleitung in die USA übermitteln. Die Kieler FDP erhält direkte Weisung, auch nach dem Fall Barschels an der Koalitionsabsicht zugunsten der CDU festzuhalten. Die Bonner Parole an den Norden lautet: »Barschel nein – CDU ja«.

Und so sucht Zumpfort sogleich die Nähe zum neuen, geschäftsführenden Ministerpräsidenten Henning Schwarz. Schließlich soll eine Koalitionsregierung geschmiedet werden, und Zumpfort will gern Wirtschaftsminister werden. Eine Kooperation oder gar Koalition mit den Sozialdemokraten und dem SSW kommt – zumindest offiziell – für die Freien Demokraten in Schleswig-Holstein zu diesem Zeitpunkt nicht in Frage. Für den Wirtschaftsliberalen Zumpfort ist Engholm ein sozialistischer Wolf im Schafspelz. Und so bleibt es zunächst einmal beim Landtagspatt und der alten, geschäftsführenden CDU-Regierung mit Henning Schwarz an der Spitze. Nach der Landessatzung, die Engholm in dieser Periode als dringend überholungsbedürftig erkennt, kann das Land tatsächlich über eine ganze Legislaturperiode hinweg geschäftsführend regiert werden, solange der Landtag nicht in der Lage ist, aus seiner Mitte einen Ministerpräsidenten zu wählen. Andere Koalitionsmodelle oder Neuwahlen wären hier gängige Auswege.

In dieser politisch verfahrenen und staatsrechtlich komplizierten Lage favorisiert Engholm sehr frühzeitig und öffentlich »Neuwahlen als die sauberste politische Lösung«. Dies um so mehr, als parallel dazu der Tod Barschels und die Aufdeckung seiner Machenschaften durch den Untersuchungsausschuß kommen. Engholm bietet gleichzeitig dem amtierenden Ministerpräsidenten die Tolerierung der geschäftsführenden Landesregierung bis zum Wahltag an. Bei fairer gegenseitiger Behandlung will die SPD sogar die dringend nötige Verabschiedung des Landeshaushalts mit sicherstellen.

Unterdessen wird vor und hinter den politischen Kulissen in der Landeshauptstadt Kiel weiter kräftig gewerkelt. Vor allem die Springer-Presse, die Pfeiffer ja, wie erwähnt, an die Kieler Staatskanzlei auf Zeit ausgeliehen und sogar noch die 50000 Mark Gehaltsdifferenz erstattet hat, versucht bis zuletzt, die Theorie einer Verschwörung von SPD, dem *Spiegel* und Pfeiffer zu konstruieren. Das wahre Opfer sei demnach Uwe Barschel. Allein das lange Zurückhalten ihrer Kenntnisse von den gegen Engholm gerichteten »Schweinereien aus der Staatskanzlei« durch die SPD wird von dieser Seite immer wieder mit den kriminellen Aktionen des Ministerpräsidenten Barschel gleichgesetzt. Doch als dann Stück für Stück im Untersuchungsausschuß die Wahrheit und die ganze Dimension der Verirrungen eines Politikers herauskommen, verstummen fürs erste auch die letzten Zweifler und Agitatoren der Rechtspresse. Erst im Zuge der Schubladenaffäre ein halbes Jahrzehnt später tauchen neue Fragen auf.

Wechselspiele: Die Liberalen auf Brautschau bei der SPD

Zur gleichen Zeit belegen neue Umfragen, daß im Falle einer Neuwahl Engholm eindeutiger Wahlsieger werden würde. Er könne sogar mit der absoluten Mehrheit der Mandate rechnen, während die CDU noch weiter abzurutschen drohe. Die Freien Demokraten würden aufgrund ihres undurchsichtigen Lavierens während der letzten Wochen an der Fünf-Prozent-Hürde scheitern und sehr wahrscheinlich ihre Landtagsmandate wieder verlieren. Doch die Liberalen haben sich nach vier frustrierenden außerparlamentarischen Jahren in Kiel gerade neue Möbel für die Parlamentsbüros besorgt und sich im Landeshaus behaglich eingerichtet. Sie möchten nur sehr ungern so schnell wieder von den Töpfen der Macht und Mandate vertrieben werden.

Und so sondiert inoffiziell – allerdings mit Wissen des Vorstands der FDP – der überaus umtriebige damalige Zumpfort-Stellvertreter Wolfgang Kubicki auf eigenes Risiko bei der SPD Möglichkeiten einer »vorzeitigen innerparlamentarischen Lösung des Patts« ohne die für die FDP unbequemen und gefährlichen Neuwahlen. Er läßt Engholm im November das Angebot unterbreiten, die FDP würde bei einer Wahl des Ministerpräsidenten im Parlament für den Sozialdemokraten stimmen, wenn dieser garantiere, anschließend auf Neuwahlen zu verzichten. Engholm könne sich der Unterstützung der Liberalen in der gesamten Legislaturperiode absolut sicher sein. Es müsse nicht unbedingt zu einer formellen Koalitionsbildung kommen. Kubicki läßt zudem durchblicken, daß die Freie Demokratische Partei darauf vorbereitet sei und daß auch aus Bonn mit Rückendeckung gerechnet werden könne. Nur Zumpfort müsse aus diesem Coup herausgehalten werden.

Engholm reagiert auf diese nicht uninteressante Offerte zunächst zögerlich, weist das Angebot dann jedoch zurück. Er begreift, daß solches Taktieren in dieser Glaubwürdigkeitskrise der Politik nicht nur in Schleswig-Holstein in der eigenen Partei auf gar keinen Fall durchsetzbar wäre. Dies würde erneut einen Rückfall in politische Tricksereien bedeuten; das Stichwort vom Wählerbetrug fällt. Außerdem können sich die Sozialdemokraten begründete Hoffnung auf einen überwältigenden Wahlsieg machen. Die absolute Mehrheit rückt in den Bereich des Möglichen. So wird dem FDP-Politiker Kubicki verdeutlicht, daß ja gerade sein Vorsitzender Zumpfort zu Recht gefordert hat, es müsse endlich der gesamte »Saustall ausgemistet« werden. Dabei wolle die SPD tatkräftig mithelfen.

Zu der dann letztlich auf den 8. Mai 1988 festgelegten Neuwahl treten die Liberalen, die nicht noch weiter in den Abwärtssog der CDU hineingerissen werden wollen, ohne Koalitionsaussage an.

Schmusewahlkampf: Lauter nette Kandidaten

Als neuen Spitzenkandidaten bieten die Kieler Christdemokraten ihren bisherigen Justizminister Heiko Hoffmann gegen Engholm auf. Der »sanfte Heiko«, wie der zurückhaltende, unauffällige und freundliche Politiker nicht nur von eigenen Parteifreunden und auch nicht immer zu deren voller Freude genannt wird, will, wie er sagt, allerdings »nicht im Büßerhemd auftreten«. Er sei niemals ein Barschel-Intimus gewesen, wenngleich der ihm fast freundschaftlich verbundene Engholm einmal feststellt, auch Hoffmann trage seine kleine Mitverantwortung. Er sei als Justizminister oberster Chef der in der Barschel-Affäre ziemlich dubios agierenden Staatsanwaltschaft gewesen: »Hoffmann hat am Tisch seines Herrn gesessen und dort das Brot der Macht gegessen.«

Dennoch sieht auch Engholm in Hoffmann das andere, das akzeptable Gesicht der CDU in Schleswig-Holstein. Die beiden treten bisweilen sogar gemeinsam bei Wahlveranstaltungen auf. Den bis dahin ziemlich unbekannten Hoffmann habe er, so sagt Engholm, »eigentlich erst richtig politisch salonfähig gemacht«.

Während die SPD mit ihrer »Lichtgestalt Engholm« (Hoffmann) den 8. Mai in aller Ruhe ansteuern kann, muß der eher publicityscheue CDU-Spitzenkandidat mühsam vermarktet werden. In einer Wahlbroschüre heißt es über den in Bad Schwartau bei Lübeck wohnenden Hoffmann, er habe »Gespür für den Wert der Freiheit und eine besondere Fähigkeit zur Toleranz«. Wie Engholm war auch Hoffmann vorzeitig von der Schule abgegangen, allerdings in der DDR, die er danach alsbald verließ. Nach Schleswig-Holstein sei er gekommen, weil ihn dort die Natur fasziniere: »Er weiß genau, wo der Eisvogel im Auengehölz hinter seinem Reihenhaus brütet, und freut sich über das ungläubige Staunen seiner Besucher, daß er die Stelle kennt«, heißt es in einer anderen Veröffentlichung. Welch ein Kontrast zu dem vor noch wenigen Wochen gegen Engholm persönlich gerichteten Wahlkampf der CDU.

Konsequent spricht denn auch Hoffmann anstatt von Wahlkampf von »Wahlwettbewerb«, er beschreibt Bilder, die ihn melancholisch machen, betont seine Nachdenklichkeit, die so sehr im Gegensatz zum »Macher Barschel« stehe. Und sein Kontrahent Engholm?

Nun, dem sei Schlimmes widerfahren, das dürfe nicht noch einmal passieren, ein Neuanfang müsse probiert werden. »Das Signal dafür bin ich.«

Hoffmann ist von Anfang an gegen Engholm ohne Chancen. Das weiß jeder. Er selbst auch. Dennoch versucht er unermüdlich, das angeblich neue Gesicht der von Barschel in Verruf gebrachten CDU zu präsentieren. Engholm selbst ist ihm dabei sogar noch behilflich. Eine absurde Situation. Alsbald kommt das Schlagwort vom »Schmusewahlkampf« auf. So etwas hat die politische Szene bislang nicht gekannt. Es ist allerdings auch ein Wechsel von einem Extrem in das andere, der »Normalfall Schleswig-Holstein« ist noch weit entfernt.

Engholm, schon seit jeher in der Öffentlichkeit um Moral und Kultur in der Politik besorgt, hat absolut nichts gegen diese neue Form des politischen Wettbewerbs. Dies sei eine Streitkultur, die ihm liege. Hoffmann dagegen bekommt schnell Ärger in den eigenen Reihen. In Kiel und an der CDU-Basis wird herumgemosert, er spiele schon jetzt den geknickten *loser*. Sicher, die Barschel-Affäre sei schlimm, doch nun gelte es, kämpferisch nach vorn zu sehen. Hat Hoffmann nicht selbst gesagt, er wolle keineswegs im Büßerhemd auftreten? Der *Spiegel* entdeckt in Hoffmann einen »Über-Engholm: Daß der Christdemokrat bei dem sanften Sozi abgeguckt hat, belegen die zum Teil wortgleichen und mit schwerem Sinngehalt vollgepfropften Versatzstücke, die er in seinen Katechismus einbaut«.

Tatsächlich ist Hoffmann das absolute Kontrastprogramm zu Barschel. Für die jahrelang auf den alten Vormann getrimmte CDU Schleswig-Holstein muß er deshalb zwangsläufig eine Zumutung sein. Noch immer gibt es in der Landes-CDU einige unverbesserliche Ewiggestrige. Noch immer ist mit Gerhard Stoltenberg jener Politiker Landesvorsitzender der CDU in Schleswig-Holstein, der einen Karrierepolitiker Uwe Barschel erst möglich gemacht hat.

Bis zuletzt lehnt Stoltenberg seine mittelbare politische Verantwortung an der Affäre ab. Auf dem Höhepunkt der Enthüllungen im Parlamentarischen Untersuchungsausschuß läßt er sich bei einem Landesparteitag in Timmendorfer Strand erneut im Amt bestätigen. Der damalige Bundesfinanzminister hat vor dem Untersuchungsausschuß so getan, als wisse er so gut wie gar nichts über die Vorgänge in dem von ihm geführten Landesverband. Eigentlich wäre sein Rücktritt fällig. Doch Stoltenberg, dessen steile Karriere sich langsam dem Ende nähert, klebt an Amt und Würden. Er vermag auch die Notwendigkeit eines völligen Neuanfangs nicht einzusehen. Da ist es kein Wunder, daß der Stoltenberg-Flügel Hoffmann als eine Katastrophe empfindet. Diese Leute sehen die Union als die einzig legitimierte Staats- und Regierungspartei in Schleswig-Holstein an.

Die Maiwahl: Triumph für die SPD – Desaster für die CDU

Am Abend des 8. Mai schrumpft bei der in der gesamten Republik mit großer Aufmerksamkeit verfolgten Wahl in Schleswig-Holstein die Regierungspartei CDU zu einer Drittel-Formation. Die Union verliert noch einmal 9,5 Punkte und landet bei 33,3 Prozent. Die SPD mit ihrem Spitzenkandidaten Björn Engholm erreicht sensationelle 54,8 Prozent und erzielt damit das beste Ergebnis, das es jemals für eine Partei in Schleswig-Holstein gegeben hat. Die FDP sieht sich in ihren Befürchtungen bestätigt und muß das Parlament wieder verlassen, die Grünen verfehlen erneut den Einzug in den Landtag, der SSW sichert sich erneut das einzige Mandat.

Dieses Wahlergebnis ist für die SPD sensationell. Sie gewinnt erstmals alle 44 Wahlkreise direkt. So bleibt es zunächst lange fraglich, ob Engholm selbst, der nur auf einem Listenplatz kandidiert hat, überhaupt einen Landtagssitz erringt. »Das würde mich mindestens vier Mille im Monat kosten«, schimpft er vor seinem Fernseher im Landeshaus vor sich hin. Hierhin hat er sich mit seiner Familie und ein paar persönlichen und politischen Freunden zurückgezogen. Mit dem für ihn großartigen Erfolg kommt er offenbar zunächst nur schlecht zurecht. Als Günter Grass ihm nach der zweiten Hochrechnung schon »zu diesem tollen Ergebnis gratulieren« will, fährt er den Freund an, ob dieser nicht gesehen habe, daß dies erst eine Hochrechnung und noch keineswegs das vorläufige amtliche Endergebnis sei.

Keine Frage, an diesem Abend ist Engholm zunächst selbst »von diesem phantastischen Ergebnis überwältigt. Erst langsam, ganz allmählich fällt die Spannung nach diesen an Ereignissen nicht gerade armen Monaten von mir ab.« Er findet eine Formel, die stilprägend für die kommenden Regierungsjahre sein wird: »Bescheidung und Beherrschung«. Damit meint Engholm vor allem sich und seine Partei.

Robert Leicht nennt den Erfolg Engholms in der *Zeit* einen »Sieg des politischen Anstands: Die Bürger zwischen Nord- und Ostsee vollzogen einen rituellen Reinigungsakt. Er dient der politischen Hygiene. Wie anders sollten sie sich auch vom Schmutz des Kieler Skandals befreien? Die Eindeutigkeit ihres Urteils spricht auch all jenen Unionspolitikern hohn, die – mit Barschel als Sünder und Sündenbock zugleich – ihre eigene Mitverantwortung bequem verwischen wollten. Was immer sie von der ›Tragödie Barschel‹, einer ›Heimsuchung‹ oder vom ›Fehlverhalten des früheren Ministerpräsidenten‹ raunten, überzeugen konnten sie damit nicht mehr. Selbst Heiko Hoffmanns, des CDU-Kandidaten, tapferes Exerzitium in politischer Hochkultur mußte für dieses Mal wie ein leiser Aufruf wirken: Leute, wählt Engholm ...«[8]

Viele Kommentatoren sehen am Wahlabend auch und gerade in diesem Kieler Ergebnis ein für die Bonner Regierungskoalition unter Helmut Kohl beunruhigendes Signal. Für Robert Leicht ist damit auch Gerhard Stoltenberg »ein weiteres Stück demontiert ... Im übrigen gilt zwar immer noch: Kiel ist nicht Bonn, seit der Bundestagswahl 1983 hat die konservativ-liberale Koalition in keiner Bundesumfrage ihre demoskopische Mehrheit verloren. Trotzdem kann der Kanzler den neuerlichen Rückschlag nicht – wie gehabt – gelassen aussitzen ... Vor allem aber wird die Profilneurose der FDP immer akuter ... Ob Schmusekurs oder Rempelrhetorik – die Liberalen können nicht mehr alle Wähler einsammeln, die der Union abhanden kommen. Die Lagertheorie geht in die Brüche.«[9]
Derartige strategische und gesamtpolitische Überlegungen sind allerdings an diesem lauen Maienabend der Kieler Wahlnacht nicht gefragt. Depression bei CDU und FDP sowie grenzenloser Jubel bei der SPD beherrschen die Szene. In einigen Ministerialbüros werden flugs, wenn nicht schon vorher geschehen, noch einige sensible Aktenordner eingepackt und schleunigst weggeschafft. Die Pflichtstatements gehen per Bildschirm ins Land, viele Genossen und

SPD-Wähler liegen sich freudetrunken in den Armen, die Anhänger der Verlierer verdrücken sich still und leise aus dem kahlen Gewölbe »ihres« Landeshauses. Schon weit vor Mitternacht beherrscht eine Kehrausstimmung die Szene. In einem nahe gelegenen Kommunikationszentrum der Arbeiterwohlfahrt, der »Kieler Räucherei«, wird derweil Björn Engholm samt Anhang von dreitausend Fans stürmisch gefeiert. Doch auch schon hier dämpft er die nahezu hysterische Begeisterung seiner Anhänger wie später noch öfter mit den Worten: »Wir schwören, nicht übermütig zu werden.«

Daß dazu nun auch wirklich keinerlei Anlaß besteht, wird ihm schon wenig später bewußt, als er mit einem kleinen Freundeskreis noch in einem Restaurant direkt an der Kieler Förde anstoßen möchte. Ein muffliger Wirt raunzt den Mann an, dessen Name an diesem Abend in Deutschland in aller Munde ist: »Hier gibt's nix mehr, wir machen jetzt dicht.« Name der ungastlichen Stätte: »Schöne Aussichten«.

Siegesfeier: Leichtes Herz und schwerer Kopf

Der Morgen nach dem Wahltriumph beschert Engholm zunächst einmal einen schweren Kopf und zwei erste Pannen. Ein mit dem NDR abgesprochenes Telefoninterview platzt, weil die Rezeption in der Engholm-Herberge, dem Hotel »Kieler Kaufmann«, gleichermaßen diskret wie stur »den Herrn Ministerpräsidenten« mit Rücksicht auf die frühe Tageszeit und dessen spätes Zubettgehen konsequent abschirmt. Zudem verpaßt der Wahlsieger und angehende Ministerpräsident Engholm seine Frühmaschine vom Flughafen Hamburg-Fuhlsbüttel nach Bonn, wo die zuletzt so arg gebeutelte SPD sich schon auf eine Freudenfeier in der Baracke vorbereitet.

Im Kieler Hotel ist es nachts zuvor dann doch noch recht munter hergegangen. Den von den »Schönen Aussichten« abgewiesenen Engholm erwartet im Hotel eine freudetrunkene Runde von Freunden und Bekannten, die ihrem Helden mit teilweise schon peinlichen Parolen den Fluchtweg ins Bett verstellt. Engholm läßt die Flut von Gratulationen und Umarmungen sichtlich reserviert über sich ergehen. Zu viele Genossen und Freunde scheinen hier schon an ihrer künftigen landespolitischen Karriere schmieden zu wollen. Doch reichlich Wein und Bier verwandeln schließlich den eher an einen englischen Club erinnernden Kaminraum des Hotels in eine fröhliche Kneipe, wo eine Mischung aus Helden der gewonnenen Wahlschlacht und servilen Mitläufern vom »roten Norden« schwärmt und dröhnt. Im Siegen haben die schleswig-holsteinischen Sozialdemokraten bislang nicht gerade üppige Erfahrungen sammeln können.

Plötzlich jedoch verstummen die lautstarken Partygäste. Bescheiden wie immer und in einer »Ich-möchte-nicht-stören-Haltung« erscheint der Verlierer des Abends, der CDU-Spitzenkandidat Heiko Hoffmann, auf der Szene, geht auf Engholm zu, der sich mit einigen Freunden in eine Ecke zurückgezogen hat, und gratuliert sehr persönlich und ehrlich. Engholm wirkt ob dieser unerwarteten Geste seines politischen Widersachers eigentümlich ergriffen, ringt um Fassung und nach Worten und wird vom donnernden Applaus der Genossenrunde für den Christdemokraten gerettet. Er sieht zwar in diesem Moment nicht gerade den Beginn einer lebenslangen Freundschaft, sehr wohl aber einer künftig noch stärkeren fairen politischen Kollegialität – trotz aller Konkurrenz. Dies um so mehr, als Hoffmann, der in den Augen vieler seiner Parteifreunde kläglich versagt hat, alsbald politisch kaltgestellt wird.

Auch der (damals noch) heimliche Chef der FDP, Wolfgang Kubicki, feiert bis frühmorgens mit den Genossen und läßt schon mal hier und da das Stichwort einer »sozial-liberalen Koalition in Schleswig-Holstein in vier Jahren« fallen. Vorläufig indessen muß er seinen Kummer über den erneuten FDP-Status einer außerparlamentarischen Opposition ertränken.

Es ist also früh geworden an diesem Montag nach der Wahl und zu spät, um die Maschine von Hamburg nach Köln/Bonn zu erreichen. Schließlich weiß ein Hamburger Freund, der gute Kontakte zur hanseatischen Prominenz hat, einen Ausweg. Er nutzt einen geschäftlichen Draht zur Produktionsfirma des Komikers »Otto«, und eine Stunde später steht eine zweimotorige Cessna-Conquest abholbereit auf der Startbahn des Zivil- und Militärflughafens Kiel-Holtenau. Für Engholm eine zwar praktische, aber gleichermaßen qualvolle Lösung, denn der Flug nach Bonn mit leichtem Herzen, aber schwerem Kopf bleibt nicht von Turbulenzen über den Wolken verschont.

Stürmisch auch die Begrüßung in der Baracke. Wie ein Zentralkomitee hat sich die Führungsspitze der Bonner SPD-Genossenschaft aufgereiht. Fester Händedruck mit dem Vorsitzenden hier, dann dort ein Küßchen für Genossin Bundesgeschäftsführerin Anke Fuchs. Bravorufe und Beifall ertönen. Fast so, als müsse er Tomaten- oder Eierwürfen ausweichen, absolviert Engholm geduckt und mit unsicher-gequältem Lächeln diesen Sieger-Spießrutenlauf. Kein Zweifel, die Sozialdemokraten haben – endlich – mal wieder einen Gewinner, und ihre Freude darüber scheint fast grenzenlos. Fast. Denn als wenig später SPD-Chef Hans-Jochen Vogel in seiner einmalig direkten und bisweilen verletzenden Art anderen Spitzengenossen den Kieler mit den Worten vorzeigt: »Da nehmt euch mal ein Beispiel«, wird es ziemlich eisig in der ohnehin nicht gerade vor Gemütlichkeit strotzenden Parteizentrale.

Bei der anschließenden Pressekonferenz singt Hans-Jochen Vogel das Hohelied des Engholmschen Wahlkampfes. Die schleswig-holsteinischen Sozialdemokraten, nicht nur zu Steffens Zeiten oft genug im Clinch mit der Mutterpartei, werden urplötzlich zu einem Landesverband, »der auf dem Gebiet der Friedenssicherung, der Abrüstung und der Energiepolitik schon frühzeitig für die Positionen eingetreten ist, die in den Nürnberger Beschlüssen zum Gemeingut der ganzen Partei geworden sind. Das Präsidium fordert die gesamte Partei auf, die Arbeit der schleswig-holsteinischen Partei sorgfältig zu studieren und daraus Anregungen für die eigene Arbeit zu schöpfen.«

So schön und beispielhaft kann Siegen sein. Später einmal, als Engholm in einer Klausur der Parteiführung im Bonner Restaurant »Cäcilienhöhe« Einzelheiten der Wahlkampfmethoden wie Begegnungen mit Künstlern und Außenseitern, weitgehenden Verzicht auf erneutes »Konfirmieren der Konfirmierten« und mehr Beachtung von Randthemen wie Genmanipulation und Neue Technologien propagiert, erntet er bei den sozialdemokratischen Führungspolitikern doch eher wohlwollende Skepsis.

An diesem Montag nach der Wahl indessen ist Sieg angesagt. Doch schon bei der Pressekonferenz dämpft Engholm zu großen Überschwang und überhöhte Erwartungen: »Wir wollen nicht übermütig werden nach diesem Vertrauensvorschuß, der unglaublich viele Pflichten beinhaltet.«

Später sind sich viele Kommentatoren einig: Dieser Wahlsieg hat Engholm aus der bisherigen verbalen und politischen Defensive herausgeholt. Mit einem Schlag präsentiert sich vor der Bonner Presse ein Politiker, der, ohne es direkt zu sagen, Führungsanspruch anmeldet: »Die SPD in Schleswig-Holstein hat gezeigt, was eine Volkspartei sein kann.« Und dann, ganz gewiß nicht ohne Seitenblick auf seinen innerparteilichen Konkurrenten Oskar Lafontaine und dessen Dauerkonflikt mit den Gewerkschaften wegen Arbeitszeitverkürzung ohne Lohnausgleich: »Wir haben den Konflikt zwischen SPD und Gewerkschaften auf ganz andere Art und mit weniger Eitelkeiten bewältigt, als das bundesweit geschehen ist ... Unser Ziel ist es, nicht so abgehoben, so aufgeblasen zu arbeiten, wie es sonst in der Politik noch üblich ist.« Kann man sich noch direkter distanzieren? Und folgerichtig sieht Engholm denn auch voraus, »mit meiner SPD noch mehr Probleme zu haben, als mir lieb ist«. Nach seinem unrühmlichen Abgang im Frühjahr 1993 läßt sich das allerdings auch umgekehrt sehen.

Logisch, daß sogleich die Frage nach dem Kanzlerkandidaten kommt. Das wird für Engholm erst drei Jahre später ein richtiges Thema. Am 9. Mai 1988 sagt er dazu in Bonn: »Ich habe mich schon lange vor der Wende 1982 für Schleswig-Holstein entschieden, und wenn man das tut, dann bleibt man auch da. Da gibt es Berufenere als mich.« Engholm wird noch jahrelang jegliche Bonner Ambition bestreiten. Er, der eigentlich spätestens mit 58 Jahren aus der Politik aussteigen will, macht mal das Klima im Rheinkessel, dann wieder die schönen Arbeitsbedingungen in Kiel und schließlich auch die unpersönliche Atmosphäre in Bonn geltend. Nein, nein – Bonn sei für ihn kein Thema. In einem *Spiegel*-Interview sagt er: »Ich werde meinen politischen Lebensabend hier in Schleswig-Holstein verbringen und nicht den Karrierepfad nach Bonn beschreiten.« Er habe niemals Superstar-Gelüste gehabt. Vielmehr gelte für ihn und die Seinen, so der neue Ministerpräsident kurz vor Amtsantritt, das Motto des Philosophen Carl-Friedrich von Weizsäcker: »Bescheidung und Beherrschung«.

Die Macht im Land: Wende nach fast vierzig Jahren

Unternehmen Engholm: Eine Kieler Politik-Firma

Daß Bescheidung und Beherrschung eher erzwungene denn freiwillige Verpflichtung wird, hat auch Engholm sich nicht träumen lassen. Als es nach der Vereidigung der neuen Regierung am 31. Mai 1988 an die Alltagsarbeit geht, übernehmen die Sozialdemokraten eine schwere Erblast. »Ich komme mir vor wie ein Prokurist, der bei einer Firma neu anfängt und feststellt, daß sein Vorgänger die Kasse geplündert hat«, kommentiert Engholm die enorme Verschuldung des kleinen Bundeslandes mit rund 18 Milliarden Mark. Eine drohende Steuerreform der Bundesregierung mit weiterem Entzug von Geldern für öffentliche Kassen aller Gebietskörperschaften läßt Engholm ahnen, was auf ihn zukommt. Er wird an allen Ecken und Enden sparen müssen. Dies gilt sowohl für die Personal- als auch die Sachausgaben. Fast alles ist festgelegt, über Jahrzehnte hinaus muß ein Schuldendienst geleistet werden, der der Regierung einen Gestaltungsspielraum von höchstens zehn Prozent des Gesamtetats gibt. Engholm wird sehr deutlich, wie klein die Gestaltungsmöglichkeiten von Landesregierungen sind. Dies um so mehr, wenn eine Bundesregierung anderer Couleur nicht gerade ein übergroßes Interesse daran haben kann, die Landesregierung der Konkurrenzpartei strukturell zu stützen.

Hinzu kommt, daß der Kieler Beamtenapparat nach vier Jahrzehnten CDU-Herrschaft vorgeprägt ist. Auf der politischen Ebene muß zudem eine Fülle von Planstellen neu besetzt werden, weil deren bisherige Inhaber entweder tief in die Barschel-Affäre verstrickt sind oder aber in Loyalitätskonflikte aufgrund ihrer Parteizugehörigkeit kämen. Ein schweres Stück Arbeit, dieser Regierungswechsel, und so ganz mag man Engholms wohlklingendes Pathos von »Sisyphus, der ein glücklicher Mensch gewesen« sei, nicht glauben.

Engholm ist zunächst einmal bemüht, seinen Parteifreunden klarzumachen, daß die 54,8 Prozent Wählerstimmen »ein enormer Vertrauensvorschuß sind, der Punkt für Punkt von uns erarbeitet werden muß«. Und er macht auch unmißverständlich klar, wer ab sofort in Kiel das Sagen hat: »Wer meine Art nicht begreift, mit dem kann ich nicht zusammenarbeiten.« Zu dieser Art gehört zunächst einmal, daß er ein Kabinett zusammensetzt, dem vier Frauen angehören.[1] Zudem wird die Regierungspressestelle aus ihrer Eigenverantwortlichkeit herausgelöst und dem Chef der Staatskanzlei zugeordnet. Engholm will Strukturen, die ursächlich die Barschel-Affäre begünstigten, nicht zulassen.

So holt er sich mit dem ehemaligen Vizepräsidenten des Bundesamtes für Verfassungsschutz Stefan Pelny als Chef der Staatskanzlei jemanden, der von vornherein Gewähr dafür bieten soll, daß es in seinem Bereich keinerlei Ausreißer geben wird. Pelny hat sich vor allem als Chefberater der SPD hinter den Kulissen des Barschel-Untersuchungsausschusses in den Augen der Genossen große Verdienste erworben. Allerdings, so ist in den Wandelgängen des Landeshauses immer wieder zu hören, schaffe er es nur sehr schwer, in seiner täglichen Arbeit seine bisherige berufliche Herkunft zu verleugnen. Wie Pelny kommt eine Reihe anderer führender Regierungsmitarbeiter im neuen Engholm-Team aus anderen Bundesländern, was einigen – vor allem bei der Postenvergabe übergangenen – schleswig-holsteinischen Sozialdemokraten ausgesprochen mißfällt. Engholm indessen will damit auch die Weltoffenheit dokumentieren, die jetzt im »Land zwischen den Meeren« Einzug halten soll.

Erstaunen bis hin zu Empörung löst allerdings seine Entscheidung aus, eine der während der Barschel-Affäre umstrittenen Hauptfiguren auf SPD-Seite, Klaus Nilius, nach einer mehrmonatigen »Anstandsfrist« als persönlichen Koordinator in seiner unmittelbaren Arbeitsumgebung zu beschäftigen. Einige wittern darin ein dubiöses Dankeschön für einen getreuen Ekkehard, andere mutmaßen, daß Nilius zuviel wisse und deshalb unter Kontrolle und in

Abhängigkeit gehalten werden müsse. Engholm selbst sieht darin die »selbstverständliche Solidarität mit einem Mitarbeiter, der unverschuldet in eine mißliche Lage geraten und dabei seinen Weg gerade gegangen« sei.

Insgesamt gesehen werden Engholms Personalentscheidungen in der Öffentlichkeit jedoch positiv aufgenommen. Mit dem Journalisten Herbert Wessels von der Springer-Zeitung *Hamburger Abendblatt* verpflichtet Engholm zudem einen Regierungssprecher, der zuvor außerordentlich fair und kompetent über Landespolitik berichtet und eines der besten Bücher zur Barschel-Affäre geschrieben hat. Wessels gibt jedoch nach nur zwei Jahren seine Position wieder auf, weil er glaubt, als Journalist mehr Gestaltungsmöglichkeiten zu haben. Ihm folgt der damalige Sprecher des Kultusministeriums, Andreas Rink, als Leiter der Regierungspressestelle.

Engholms erste Regierungserklärung in Kiel ist von wenig Versprechungen, aber viel Verpflichtungen geprägt. Mehr Aufgaben als Ausgaben, Abbauen des Süd/Nord-Gefälles, Schwerpunkte Landwirtschaft, Werften und Energiepolitik. Dazu möglichst viele kulturelle Initiativen, Reformen in der Schulpolitik, die am Elternwillen orientiert sein sollen, Förderung des wirtschaftlichen Mittelstandes und Intensivierung des Dialogs mit den Unternehmern.

Seinen Ministern »verpaßt« Engholm zudem sogenannte »Erlebnistermine«. Sie müssen sich regelmäßig auch einmal abseits ihrer Ressorts »vor Ort um Dinge kümmern, mit denen es sonst kaum Berührungen gibt«. Da besucht dann die Finanzministerin schon mal eine Schweinefarm und kann sich nach eigenen Worten nur sehr schwer von den Ferkeln trennen, da läßt sich der Landwirtschaftsminister in einem High-Tech-Betrieb die neuesten Entwicklungen auf dem Mikrochips-Markt erläutern, der Umweltminister soll mal ein Finanzamt von innen sehen. Nach Engholm kann es wirklich keinem seiner Kabinettsangehörigen schaden, »mal auf dem Bauernhof die Mistforke zu schwingen«.

Denkfabrik: Wer arm ist, muß schlau sein

Engholm will mit aller Macht alte, liebgewonnene Strukturen aufbrechen. Ob in Partei, Fraktion oder Gesellschaft, er will »die geistige Syndikalisierung aufheben. Heute schmoren alle in ihrem eigenen Saft ... das muß von unten her aufgebrochen werden«. Die armen Schleswig-Holsteiner scheinen zunächst gar nicht zu merken, daß da einer kommt, der so etwas wie eine landespolitische Kulturrevolution im Sinn hat. Die personell und programmatisch völlig ausgelaugte Union ist in den ersten Jahren auch noch aufgrund interner Querelen praktisch gelähmt, bisweilen muß die Regierungsfraktion mit ihrem aufmüpfigen Vorsitzenden Gert Börnsen diese Rolle übernehmen, »damit die Regierung sieht, daß sie auch noch kontrolliert wird«. Doch prinzipiell zeigt sich sehr schnell, daß die neue Landesregierung in Kiel wie ein Familienbetrieb geführt wird. Patron ist der Regierungschef, und die Firma trägt seinen Namen.

So gesehen hat Engholm außerordentlich leichtes Spiel in Kiel. Ohne Konkurrenz von innen wie außen kann er seine Politik, seinen Stil praktizieren. In einem *Zeit*-Interview hat er sein Ziel schon vor der Wahl formuliert: »Die ganze Republik könnte vielleicht eines Tages mal sagen: Da oben im Norden ist etwas im Gange.«[2]

Und so hat manch einer sein Aha-Erlebnis, der in dem neuen Ministerpräsidenten entweder den smarten »Nadelstreifensozialisten« oder den »faulen Polithedonisten« sieht. Engholm mischt den Norden auf, meinen plötzlich erschreckte Spötter selbst am Kabinettstisch. Zwar verlegt Engholm, der sich gern viel Zeit nimmt, um sein Tagwerk zu beginnen, den Beginn der Kabinettsitzungen von zehn auf elf Uhr, »weil dann auch der lahmste Kreislauf in Gang gekommen sein muß«, doch danach wird konzentriert gearbeitet.

Engholm entpuppt sich sehr bald als Aktenkenner und -fresser. Nicht selten kommt es vor, daß er in Sachfragen besser informiert ist als der zuständige Minister. Wer seine Hausaufgaben nicht gemacht hat, wird vom Regierungschef gemeinhin in verdächtiger Gelassenheit und Ruhe ermahnt. Niemand der Kabinettsmitglieder erinnert sich an ein öffentliches »Ausrasten« des Ministerpräsidenten. Allerdings weiß jeder der kaum wahrnehmbar Gerügten, was die Stunde geschlagen hat.

Besonders deutlich bekommt dies seine erste Kultusministerin Eva Rühmkorf zu spüren, die ausgerechnet am Tag einer Regierungsklausur über Landesfinanzen öffentlich mit ihrem Rücktritt droht, falls ihr Mittel vorenthalten bleiben. Engholm, der in kleinem Kreise enttäuscht reagiert, läßt seine Ministerin später kühl wissen, niemand sei gezwungen, Mitglied seiner Regierung zu bleiben. Er würde ihr einen etwaigen Rücktritt keineswegs verübeln. Das genügt. Später wechselt die glücklose Eva Rühmkorf als Bundesratsministerin nach Bonn, sie tauscht ihr Amt mit der dortigen Residentin Marianne Tidick.

Allerdings ist die Kultusministerin auch ein Opfer der alten Verkrustungen in der schleswig-holsteinischen Kultusverwaltung geworden. Da die sozialdemokratische Regierung allenfalls die Spitze der Verwaltung austauschen konnte, regieren unterhalb der Wahrnehmungsschwelle vor allem im unmittelbaren Zuständigkeitsbereich der Landespolitik kleine Könige von gestern munter nach dem alten Leisten weiter. »Die Hälfte der Beamten steht da morgens mit der Absicht auf, der Frau heute mal Knüppel zwischen die Beine zu werfen«, glaubt SPD-Fraktionschef Gert Börnsen. Für die liberale und intrigenfremde Eva Rühmkorf eine Schlangengrube, der sie bald zum Opfer fällt.

Ansonsten verlaufen die ersten Regierungsjahre in Kiel ohne große Auffälligkeiten. Mit seiner bundesweit wachsenden Popularität wird Engholm auch im eigenen Lande immer standfester, selbst der strukturell linke Landesverband nimmt ohne Murren die zahlreichen Flirts des Ministerpräsidenten mit Wirtschaftlern oder Unternehmern hin, die keineswegs zur Klientel der Sozialdemokratie zählen. Gert Börnsen, noch geübt in Berliner Straßendemos von 1968, meint verwundert: »Es ist unglaublich, heute rennen uns Leute die Türen ein, die noch vor Jahren kein Wort mit uns redeten.«

Das kann natürlich auch viel mit Opportunismus und Machtverschiebung zu tun haben. Doch alsbald wird in der eher betulichen Wirtschaft des nördlichsten Bundeslandes anerkannt, daß Engholm, wie er es selbst einmal ausdrückt, bemüht ist, »alle Kräfte zum Wohle des Landes zu bündeln«. Zu seiner neuen Politik gehören

Frauenministerin, Gleichstellungsbeauftragte, Ausstieg aus der Atomenergie und Abschaffung von Rasterfahndung und Extremistenerlaß ebenso wie die Einrichtung einer »Denkfabrik« und einer »Kieler Runde« zur Wirtschaftspolitik, eine länderübergreifende Strukturpolitik, die Einbeziehung von Kammern und Verbänden in politische Entscheidungsprozesse. Engholm: »Die Grundaufgabe ist einfach, aus diesem Land heraus und mit den Kräften, die im Land sind, den Fortschritt zu organisieren, den Aufbruch, das Neue, das Moderne zu schaffen. Das ist für mich eine Klima- und Geistfrage. Innovation beginnt im Kopf. Innovation ist zunächst keine Frage von geistigen Zuschüssen. Es geht darum, die Regeln der CDU ein für allemal außer Kraft zu setzen, diese falschen Mikado-Regeln: Wer sich zuerst bewegt, verliert.«[3]

Vor allem von der Einrichtung einer »Denkfabrik« verspricht sich Engholm »eine Fülle von Anregungen, Ideen und unkonventionellen Vorschlägen«, die Bewegung in die erstarrte Landespolitik bringen können und sollen. »Wer nicht reich ist, muß besonders schlau sein«, sagt er bei der Eröffnungssitzung der ersten Denkfabrik, die sich vor allem Gedanken über Chancen und Grenzen Schleswig-Holsteins im Europäischen Binnenmarkt machen soll. Für das arme nördlichste Bundesland will Engholm zu den Themen Standortqualität für Unternehmungen, Verkehrsstrukturen und Ausbildung so etwas wie ein attraktives *country image* aufpolieren. Die zunächst öffentlich als Spinnerei und weltfremde Spielerei abgetane Einrichtung bewährt sich sehr schnell als Ideen- und Kritiklieferantin. In unregelmäßigen Abständen treffen sich hier so unterschiedliche Leute wie Cornelius Bossers, Vorstandsvorsitzender der Deutschen Philips AG, Eckart van Hooven, Vorstandsmitglied der Deutschen Bank, der ehemalige EG-Kommissar Wilhelm Haferkamp, der Präsident des Kieler Instituts für Weltwirtschaft Horst Siebert, die Filmproduzentin Katharina Trebitsch, das DGB-Vorstandsmitglied Johann Welsch und der Lübecker Unternehmer Christian Dräger.

Die Denkfabrik, »ein für Schleswig-Holstein neuartiges Instrument der institutionalisierten Politikberatung«, soll »die im Lande und anderswo vorhandenen Ideen und Fähigkeiten zu einem konstruktiven und zukunftsgerichteten Dialog zusammenführen«. Und so denken und dialogisieren die Experten in Projektgruppen, *workshops* und Diskussionsrunden über Entwicklungskonzepte zur »Transformation einer Industriegesellschaft in eine Kommunikationsgesellschaft«.

Das bis dato verschlafene Schleswig-Holstein reibt sich verwundert die Augen. Ausgerechnet vom platten Lande her sollen die visionären Utopien der Gesellschaft im 21. Jahrhundert ausgehen. »Wat is de Engholm för een« – was ist der Engholm eigentlich für ein Mensch, wird schnell eine oft gehörte Frage. Bei aller Beliebtheit ist dieser Schöngeist und Ideensucher seinen Landsleuten irgendwie unheimlich. Die *FAZ* spottet: »An Thomas Mann, der das ›Kulturambiente‹ der ›Musikstadt Lübeck‹ verkörpert, erinnert die Ironie, mit der die Metapher aus der industriellen Welt als Firmenname gewählt wurde, das Denken, das die Fabrik produziert, soll ja nicht ›technizistisch‹, sondern ›ganzheitlich‹ sein.«[4]

Das ehrgeizigste Projekt der Denkfabrik ist die Konzeption einer »K-Region Schleswig-Holstein«. Auch diese Idee wird von der schleswig-holsteinischen Öffentlichkeit zunächst mit neugieriger Skepsis aufgenommen. Die behäbige Maxime des Norddeutschen »Wat de Buur nich kennt, dat fret he nich« – der Bauer ißt nicht, was er nicht kennt – macht es der Landesregierung nicht gerade leicht, den von überdurchschnittlicher Arbeitslosigkeit, Mißernten und Firmenpleiten gebeutelten Schleswig-Holsteinern die Notwendigkeit von abgehobenen Diskussionsforen in Landesdiensten überzeugend zu verdeutlichen. Noch einmal die *FAZ*: »K-Regionen sind nicht mehr von materiellen Produktionsfaktoren abhängig, sondern schöpfen aus den immateriellen K-Ressourcen, als da sind ›Kenntnisse, Kompetenz, Kreativität, Kultur, Kunst und besonders Kommunikation im weiten Sinne‹. Die Projektgruppe läßt alle Tatsachen beiseite, denn sie haben mit ihrer Untersuchung nichts zu tun. Was aber macht K-Regionen unverwechselbar? Kies, Kohle, Kröten, Keschkesch?«

Die Fließbandproduktion der Denkfabrik, so hat es zunächst den Anschein, geht an den Bedürfnissen des Informationsmarktes vorbei. Die Ideenlieferanten arbeiten sozusagen in doppeltem Wortsinne mit Überkapazitäten, ihre vielfältigen Angebote stoßen auf geringe Nachfrage. Im Gegensatz zur Binnenmarktbelegschaft kommen die

K-Schichtarbeiter der Denkfabrik kaum aus unterschiedlichen Berufsfeldern. Hier dominieren Professoren und Ingenieure wie beispielsweise der Direktor des schwedischen Instituts für Zukunftsforschung Åke Anderson, die Essener Soziologieprofessorin Doris Janshen, der Berliner Umweltforscher Udo Ernst Simonis oder der Präsident des Kulturwissenschaftlichen Instituts am Wissenschaftszentrum Nordrhein-Westfalen Klaus Michael Meyer-Abich.

Etwas handfester erscheint das Projekt »Chancen einer stärkeren Einbindung Schleswig-Holsteins in den Ostseeraum«. Engholm prägt für diese Expertenrunde, der unter anderem die *Zeit*-Herausgeberin Marion Gräfin Dönhoff, der Kieler Kunsthallen-Direktor Jens Christian Jensen und der ehemalige Bundesminister Karl Schiller angehören, die Formel von »Schleswig-Holstein als Drehscheibe des Nordens«. Kurz vor dem Umbruch in Osteuropa formuliert Engholm seine Überzeugung, daß »die Völker des Ostseeraumes sich in Zukunft wieder stärker auf ihre gemeinsame Geschichte und gegenseitigen Interessen besinnen müssen«. Gräfin Dönhoff schreibt in ihrem Wochenblatt: »Der Zeitpunkt, über eine engere Kooperation im nun politisch wieder zugänglichen Ostseeraum – mit den skandinavischen Ländern und den östlichen Staaten einschließlich Mecklenburg-Vorpommerns – nachzudenken, war goldrichtig gewählt. Als die Gruppe mit ihren Sitzungen begann, zeichnete sich die Vereinigung von Bundesrepublik und DDR gerade am Horizont ab; die skandinavischen Länder sind angesichts der bevorstehenden dichteren Integration der EG-Staaten sehr darauf bedacht, in ihrem Umfeld ebenfalls eine engere Zusammenarbeit herbeizuführen, und die befreiten Osteuropäer orientieren sich ohnehin nach Westen ... Es kann gut sein, daß jetzt der Norden ›dran ist‹, nachdem jahrelang der Süden Deutschlands die bevorzugte Region der Innovation und Expansion war.«[5]

Neue Hanse: Wirtschaft und Kultur am »Mare Balticum«

Eine weitere landespolitische Neuerung ist die »Ars Baltica«, ein Konzept, das darauf ausgerichtet ist, im kulturellen, wirtschaftlichen und gesellschaftlichen Bereich so etwas wie gemeinschaftliche

Politik der Anrainerstaaten im Ostseeraum zu schaffen. Auch das Stichwort einer »Neuen Hanse« fällt in diesem Zusammenhang. Engholm hört dies nicht ungern. Er will eine ebenso enge Verzahnung über die Ländergrenzen hinaus, wie er sie mit seinem Traum vom Nordstaat über die Landesgrenzen hinweg anstrebt. Allerdings weiß auch Engholm, daß, nicht zuletzt aus verfassungspolitischen Gründen, die Bildung eines Nordstaates, etwa aus Hamburg, Niedersachsen, Bremen, Mecklenburg-Vorpommern und Schleswig-Holstein, bis zum Jahre 2000 nicht mehr möglich ist. Doch eine gemeinsame nordische Wirtschafts- und Kulturregion in engster Kooperation hält er für möglich und wünschenswert. »Unser kulturpolitisches Ziel ist die Koordinierung all dieser Beziehungen zu einem Gesamtkonzept, das in dem Ostseeraum seinen geographischen Mittelpunkt und in dem Begriff ›Ars Baltica‹ seine programmatische Zielsetzung hat ... Nicht zuletzt soll damit ein Beitrag geleistet werden, das Mare Balticum als ›Meer des Friedens‹ zu sichern.«[6]

Was jedoch von Engholm selbst zunächst nur als ein relativ bescheidener Anfang einer Kooperation – nämlich auf kulturellem Gebiet etwa mit Film-, Musik- und Kunstveranstaltungen – »angedacht« worden ist, weitet sich sehr schnell zu einer institutionalisierten Kooperation zwischen zehn Anrainerstaaten aus. Natürlich begünstigt der Zerfall der Sowjetunion und damit einhergehend die Autonomie der baltischen Staaten Estland, Lettland und Litauen diese Entwicklung. Doch Engholm hat schon in seiner ersten Regierungserklärung in Kiel am 28. Juni 1988 formuliert: »Das Mare Balticum, die Ostsee, als Region einer aufblühenden wirtschaftlichen und kulturellen Begegnung – das ist eine unserer großen Visionen. Ich halte sie nicht für irreal. Unser Land steht als Partner dafür bereit.«

Binnen weniger Jahre etabliert sich, auf diesem Grundgedanken aufbauend, nach vielerlei Kontakten zwischen Regional- und Regierungspolitikern aller Anrainerstaaten ein sogenannter »Ostseerat«. Engholm hat ihn als erster im November 1991 bei einem Polen-Besuch mit Staatspräsident Lech Walesa unter Zustimmung des polnischen Ministerpräsidenten Jan Bielecki verabredet. Dem Rat gehören die Länder Norwegen, Finnland, Schweden, Dänemark, Rußland, Estland, Lettland, Litauen, Polen und Deutschland an.

Bei der konstituierenden Sitzung im März 1992 bekräftigen die Außenminister der zehn Staaten, daß der Rat »ein übergeordnetes regionales Forum für Kooperation und Koordination unter den Ostseeländern« darstellen solle. Schwerpunkte der Zusammenarbeit sollen Ökologie, Technologie, Demokratisierungshilfe für die östlichen Staaten sowie Energie- und Kulturpolitik sein. Letztlich also vereinigen sich im Ostseerat gewissermaßen regionale Interessen aus KSZE, EG, EFTA und UNO-Menschenrechtskommission.

Dänemarks Außenminister Uffe Ellemann-Jensen unterstreicht allerdings den Standpunkt seiner Regierung, daß der Ostseerat keineswegs ein Ersatzgremium sein dürfe. Deutschland scheitert mit seinem Vorschlag, auch Anrainerregionen wie Schleswig-Holstein und Mecklenburg-Vorpommern an Ratssitzungen direkt zu beteiligen. Engholm hat mit diesem Abblitzen keine Probleme, er hält es für wichtiger, daß in seine Richtung gedacht und gehandelt wird. Er zerstreut auch Befürchtungen – wo immer er kann –, daß sich hinter dem Begriff Neue Hanse ein deutscher Expansionsversuch im Ostseeraum verbirgt. Dänemark erklärt die Formel für unakzeptabel, denn, so heißt es im Außenministerium zu Kopenhagen: »Gegen die Hanse haben wir Dänen früher schließlich Krieg geführt.« Es wird daran erinnert, daß zur klassischen Hansezeit eben Lübeck Zentrum dieser Organisation war, daß die Haupthandelssprache der Hanse Deutsch war und sich deren Einfluß von Nowgorod bis London erstreckte. Der Lübecker Engholm findet derartige kritische Reminiszenzen zwar verständlich, aber »total daneben«. Zur Blütezeit der Hanse ging es den Menschen in Nordeuropa gut wie selten zuvor. Warum soll dies nicht auch für die rund fünfzig Millionen Menschen in den Küstenregionen der Anrainerstaaten zum Ausgang des 20. Jahrhunderts möglich sein?

Kieler Runde: Innovativ, unauffällig, effektiv

Aber auch auf landespolitischer Ebene sucht Engholm neue Formen der Kooperation und der Kommunikation. In der »Kieler Runde«, ebenfalls ein Novum nach 1988, treffen sich auf Engholms Initiative in unregelmäßigen Abständen Politiker und Wirtschaftler, um über bessere gegenseitige Information und Abstimmung zu reden. Engholm selbst pflegt seit Jahren einen nahezu freundschaftlichen Kontakt zu dem Neumünsteraner Unternehmer Klaus Murmann, der es schließlich zum Präsidenten der Bundesvereinigung der deutschen Arbeitgeberverbände bringt. Murmann, ein liberal denkender Wertkonservativer, ist in Engholms Augen genau von dem Schlag, von dem Unternehmer im ausgehenden 20. Jahrhundert sein müssen: sozial denkend und innovativ handelnd. In vielen Diskussionen hat er die »natürlich verbandsgebundenen, aber dennoch gesellschaftlich verantwortungsbewußten Standpunkte« des deutschen Verbandschefs kennen- und schätzengelernt. Kein Wunder, daß Murmann Stammgast in der »Kieler Runde« ist.

Nach und nach, so Engholm, beginnen sich für seine Politik und damit für die kleinen Leute in Schleswig-Holstein die guten Kontakte zwischen SPD-Landesregierung und Unternehmern auszuzahlen. So erarbeitet dieses Gremium aus Vertretern von Industrie, Gewerkschaften und Handwerk alsbald einen längst überfälligen Gesetzentwurf für ein Bildungsurlaubs- und Qualifizierungsgesetz in Schleswig-Holstein. Von allen Neueinrichtungen der sozialdemokratischen Landesregierung arbeitet die »Kieler Runde« am unauffälligsten.

Musikfestival: Künstlerische Harmonien – menschliche Dissonanzen

Das größte öffentliche Aufsehen indessen erregt Jahr für Jahr eine Einrichtung, die Engholm eigentlich nur weiterführt. Noch als Oppositionsführer hatte er angeregt, in Schleswig-Holstein müsse mehr Kultur zu den Menschen auch aufs Land gebracht werden, wenn diese nicht zur Kultur kämen. Ihm schwebte damals so etwas wie ein Fest auf dem platten Lande vor. Unter dem Namen »Schleswig-Holsteinisches Musikfestival« führte noch Ministerpräsident Barschel eine solche Veranstaltung ein. Engholm setzt sie fort, betrachtet sich allerdings als einen der geistigen Väter dieser Idee, die Jahr für Jahr Tausende von musikbegeisterten Menschen auf Wiesen und in Scheunen vereinigt, wo sich die besten Orchester, Dirigenten und Solisten der Welt präsentieren. Bis zu seinem Tod gehört Leonard Bernstein zu den Stammgästen. Yehudi Menuhin, Lorin Maazel, Hermann Prey, Mstislaw Rostropowitsch und Anne-Sophie Mutter zählen ebenso zum festen Kreis dieser »weltweit größten Musikkonzertreihe auf dem Lande« wie weltbekannte Orchester und Chöre. Aber auch bislang unbekannten Talenten wird hier eine Chance gegeben: Wer sich berufen fühlt, kann an Meisterkursen in der Musikhochschule Lübeck teilnehmen. Intendant des Festivals ist Justus Frantz, ein Hans-Dampf-in-allen-Gassen der Musikwelt, der für gutes Geld, aber auch mit unermüdlichem Einsatz das »Projekt Musik auf dem platten Land« vorantreibt. Allein im Jahre 1992 besuchten rund dreihunderttausend Menschen die insgesamt mehr als zweihundert Veranstaltungen. Ehrenvorsitzender des Kuratoriums ist Altbundeskanzler Helmut Schmidt.

Im Laufe der Zeit hat das Festival allerdings unter erheblichen Abnutzungserscheinungen gelitten. Den Organisatoren geht langsam der Überblick verloren, Engholm selbst findet die Sommer-Gala auf dem platten Land allmählich zu gigantisch, personelle Querelen bleiben nicht aus. Vor allem mit dem exzentrischen Oberorganisator Justus Frantz sorgen Vertragsprobleme für erhebliche Dissonanzen, so daß Engholm zwischenzeitlich die Vertrauensgrundlage für eine weitere Zusammenarbeit als erheblich gestört ansieht. Hintergrund: Der umtriebige Frantz, der immerhin noch am Krankenbett Barschels nach dessen Flugzeugunglück ein Klavierkonzert gab, hat sich mit der CDU-geführten Regierung in Mecklenburg-Vorpommern über ein »Musikfest Mecklenburg« verständigt. Engholm ist seinerzeit »stinksauer« darüber, daß Frantz mit der politischen Konkurrenz aus dem Nachbarland jetzt auch noch kulturelle Konkurrenz betreibt.

Doch letztlich einigt man sich auf ein gemeinsames Weitermachen, dies wohl auch nicht zuletzt mit Rücksicht auf Sponsoren aus der privaten Wirtschaft und Vertragskosten. Als »Partner des Festivals« firmieren Marmeladen- und Kekshersteller, ein Auto-, ein Buch- und ein Elektronikkonzern. Die »Kultur-Firma Frantz« läuft auf Hochtouren, Engholm will und kann sie kaum noch kontrollieren.

Unmerklich und gewiß nicht unbeabsichtigt festigt der Ministerpräsident, der natürlich diese »Extras in Kiel« gut zu vermarkten weiß, seinen Ruf als weltoffener, phantasievoller und flexibler Regierungschef. Nicht nur einmal macht er deutlich, daß dieses Konzept für ihn zutiefst moderne Sozialdemokratie bedeutet. Er glaubt, begriffen zu haben, daß mit den herkömmlichen Parteiveranstaltungen »mit abschließendem Händchenhalten und Absingen der Arbeiterhymne ›Brüder zur Sonne, zur Freiheit‹ heute niemand mehr hinter dem Ofen hervorzulocken ist«. Nicht nur, aber doch ein bißchen »Wonne und Freizeit« dürfen, bitteschön, auch dabeisein. Neue Formen der Partei- und Politikarbeit propagiert er seit langem, und zumindest in seiner kleinen, bescheidenen Welt des nördlichsten Bundeslandes gelingt ihm eine ansatzweise Umsetzung.

Regierungsalltag: Die Entdeckung vom »Reiz der Langsamkeit«

Allerdings wird auch alsbald klar, daß die landespolitischen Blütenträume längst nicht so schnell reifen wie erwartet oder gewünscht. Engholm muß sehr schnell einsehen, daß der beabsichtigte Einstieg in den Ausstieg aus der Kernenergie durch die Stillegung der Atomkraftwerke Brokdorf, Krümmel und Brunsbüttel viel schwieriger ist als erwartet. Schon nach einem Jahr Regierungszeit erklärt Engholm, er habe erkennen müssen, daß erst ein Regierungswechsel in Bonn mit grundsätzlichen Änderungen des Atomgesetzes und des Energiewirtschaftsgesetzes einen Ausstieg möglich machen werde. Inzwischen hat das Land schon Prozesse vor dem Oberverwaltungsgericht Lüneburg wegen strengerer Auflagenverfügungen für die Atomenergiewirtschaft verloren. Vor dem Bundesverfassungsgericht schließlich handelt sich die SPD-Landesregierung aus Kiel noch eine Niederlage wegen der Einführung des kommunalen Ausländerwahlrechts ein. Auch in der Schul- und Hochschulpolitik müssen überfällige und angekündigte Reformen zurückgestellt werden.

Der landespolitische Alltag mit den traditionell knappen Mitteln holt den reformfreudigen Regierungschef ein, dem jedoch die unerfüllten Wahlversprechungen vorerst nichts anhaben können. Nach zweijähriger Amtszeit gibt Engholm die Parole vom »Reiz der Langsamkeit« auch für die Landespolitik aus. Diese Anlehnung an einen Titel des Schriftstellers Sten Nadolny soll den Schleswig-

Holsteinern das Umschwenken von einem Reformkurs auf eine Linie der Kontinuität und der durchdachten Veränderungen schmackhaft machen. Das Motto hat aber auch einen Hauch von entschuldigender Vertröstung. Die Regierung handelt sich damit prompt kritische Schlagzeilen ein wie »Vom Reformeifer zur neuen Langsamkeit«, oder »Jetzt Reiz der Langsamkeit«. Tatsächlich ist nicht viel bewirkt worden, viele gute Reformansätze ersticken im Verwaltungsapparat, andere scheitern an den knappen Mitteln. Die Opposition spricht von einer »Ankündigungsregierung« (FDP) und »Viel Pulver, wenig Treffer« (CDU). Einen Rückschlag gibt es dann noch bei der Kommunalwahl, wo die SPD zwölf Prozentpunkte weniger als bei der Landtagswahl erreicht.

Während seiner ersten Kieler Legislaturperiode als Ministerpräsident wird Engholm nach und nach zu einer auch bundespolitisch interessanteren Figur. Das weckt schon Neugierde, wenn ein als »links« geltender Regierungschef hoch oben in einem strukturell durch und durch konservativen Land plötzlich Sympathiewerte stabilisiert, fast rührend-peinlich bei Diskussionen mit Landwirten Bekenntnisse der Zuneigung kassiert wie »Also, daß so ein Sozi redet und für uns etwas erreicht«, nämlich etwa in Brüssel mehr Gelder für die Bauern zwischen Nord- und Ostsee lockerzumachen, wird mit Erstaunen registriert. Mit seinem mutigen und noch längst nicht verwirklichten Konzept der Versöhnung zwischen Ökologie und Ökonomie hat Engholm keineswegs, was zu erwarten gewesen wäre, die Wirtschaft vor den Kopf gestoßen, sondern eine Auseinandersetzung auch in Schleswig-Holstein in Gang gebracht, »die längst überfällig war«.

Engholm genießt diese Entwicklung sichtlich: »Es ist ja nichts Schlechtes, daß die Leute einen für einen sympathischen Menschen halten.« Davon profitiert die gesamte Regierung, ja auch das Land selbst. Regierungschefs wie Kai-Uwe von Hassel oder Gerhard Stoltenberg haben in Land und Bund niemals – auch nicht Barschel in seinen besseren Zeiten – solch hohe Sympathiewerte erreicht, wie Engholm sie sehr schnell einheimst. Und dies trotz einer Fülle von Problemen und auch landespolitischen Unzulänglichkeiten. Seine notwendigerweise restriktive Finanzpolitik mit unpopulären Streichungen vor allem in der Bildungspolitik, ein skandalöser Rausschmiß des Generalstaatsanwalts mit »falschem« Parteibuch, geradezu lächerliche Streitigkeiten zwischen Umwelt- und Landwirtschaftsminister über Nist- und Lebensräume von Kormoranen, die gerichtlichen Niederlagen in der Kommunal- und Energiepolitik, Umsetzungsprobleme bei der Schul- und Krankenhausreform – all dies tut der Popularität Engholms offenbar keinen Abbruch. Kleine Kabinettskrisen etwa wegen Extratouren des gelinde gesagt zu medienfreundlichen, aber fachlich unumstrittenen Umweltministers Berndt Heydemann – ein Hochschulprofessor ohne Parteibuch – oder Streitigkeiten zwischen Regierung und Fraktion, schließlich auch mit der Parteibasis über eine geplante Autobahn im Lübecker Raum werden wundersamerweise niemals Engholm etwa unter dem Tenor von Konzeptionslosigkeit oder Führungsschwäche angelastet. Eher werden öffentliche Rufe nach Entlassungen oder Kabinettsumbesetzungen laut.

Doch Engholm läßt sich auch davon nicht beeindrucken. Es muß schon viel passieren, ehe er sich von einem Mitarbeiter in Unfrieden trennt. So, wie er Loyalität von unten erwartet, praktiziert er sie auch jahrelang von oben. Dies, so weiß seine Umgebung, solle man indessen keineswegs als Schwäche auslegen. Es sei durchaus schon vorgekommen, daß er gnadenlos war, wenn Leute ihn wissentlich und gezielt hinters Licht zu führen versuchten. Engholm selbst sieht diesen Charakterzug als einen Ausdruck seines hanseatisch geprägten Humanismus. Andererseits vermag er sich sehr schnell auf neue Umgebungen, neue Menschen einzustellen. So hat er bei seinem Wechsel von Bonn nach Kiel ausdrücklich darauf verzichtet, auch nur eines der vertrauten Gesichter aus seiner engen Umgebung mitzunehmen. Ebensowenig nimmt er es jemandem übel, der gehen will. Wer mit ihm arbeiten will und kann, ist hochwillkommen, wer nicht, der soll es eben bleiben lassen. Er hält niemand.

Und so spricht sich gerade während der ersten vier Jahre Engholms als Ministerpräsident herum, daß der so schnell, leicht und gern als »unser Björni« oder »Smartie von der Waterkant«, als »Genosse Genießer« verniedlichte Engholm durchaus auch andere Seiten aufweist. Nur nach und nach gelingt es ihm, das Image des Langschläfers und Lebenskünstlers loszuwerden. »Wer täglich mehr als 15 Stunden arbeitet, wird schnell an seine Grenzen kommen und sehen, daß bald gar nichts mehr geht.« Doch mit einem Acht-Stunden-Tag kommt auch er nicht mehr hin. Allerdings nimmt er es auch ganz einfach für sich in Anspruch, während einer Dienstreise über Land in einer schönen Gegend seinen Fahrer einmal anhalten zu lassen, um ein paar Schritte ganz allein spazierenzugehen, oder am Husumer Markt auszusteigen und sich ein paar saftige Äpfel zu kaufen. Daß er dabei erkannt, oft genug angesprochen und in Diskussionen verwickelt wird, versteht sich von allein. Je nach Laune läßt er sich dann darauf ein oder aber grummelt gespielt gestört mit der Pfeife im Mund etwas Unverständliches vor sich hin, daß selbst ein sturer Nordfriese lieber auf Distanz bleibt. Bisweilen kann Engholm auch dermaßen liebenswert-abweisend lächeln, daß sich ohnehin niemand mehr in seine persönliche Bannmeile traut. »Komm em nich anne Farv« (komm ihm nicht zu nahe) warnt bei einer solchen Gelegenheit schon mal ein Sicherheitsbeamter einen aufdringlichen Passanten, der endlich und auf ewig gültig einen Bescheid über Engholms persönliche Ambitionen in Bonn haben will.

Bonner Bemerkung: »Hoch im Norden passiert etwas«

Bonn–Kiel oder Kiel–Bonn, dieser geographische Spagat geht Engholm schon sehr früh auf den Nerv. Als seine erste und wichtigste Aufgabe sieht er sein Amt als gewählter Regierungschef des nördlichsten Bundeslandes an. »Hier bin ich mit einem verantwortungsvollen Posten von den Wählern betraut worden. Ich kann und will dieses Vertrauen nicht erschüttern.«

Trotz alledem, je mehr sein Name in Bonn gehandelt wird, desto intensiver nimmt das bundesweite Interesse der Öffentlichkeit an seiner Person zu. Er kann – und will – nicht verhindern, daß er ein oft und gern gesehener Gast in den diversen Talkshows aller öffentlich-rechtlichen und privaten Fernsehsender ist. Zeitungen und Zeitschriften bringen die ersten großen »Personality-Stories«, nicht nur liebenswert gemeinte Parolen wie »Die Pfeife aus dem Norden« oder »Ersatz-Kennedy« (später »Clinton-Zwilling«) und schließlich »der schöne Björni« machen die Runde. Engholm selbst nimmt dies einerseits gelassen zur Kenntnis, ärgert sich aber schon mal über zu derbe und direkte Klischees.

Gegen die bundesweite Vermarktung seiner Person hat er überhaupt nichts einzuwenden, denn sie bringt einen für ihn sehr wichtigen und erwünschten Nebeneffekt. Er verliert langsam, aber sicher das ihn noch immer störende Image des Barschel-Opfers, des aus Mitleid gewählten Ministerpräsidenten. Die Affäre und ihre persönlichen Folgen versucht er, so gut es geht, zu verdrängen. Wie tief indessen diese Erfahrung auch Jahre später noch sitzt, wird deutlich, wenn der Name Barschel fällt. Schlagartig verwandelt sich sein zumeist verbindlicher Gesichtsausdruck in eine steinerne Maske. Wäre er Herbert Wehner, man müßte wohl in Sekundenbruchteilen vor einem verbalen Gewaltausbruch in Deckung gehen. Statt dessen igelt Engholm sich ein, das Gespräch – und mag es bis dahin noch so froh und ungezwungen gewesen sein – rutscht danach unweigerlich in den Bereich der unverbindlichen Formalität ab.

Während der parlamentarischen Sommerpause hat es sich Engholm zur Regel gemacht, »Land und Leute noch besser kennenzulernen«. Und so radelt er, nur von engsten Freunden begleitet, durch Wälder, Wiesen und Marschen, übernachtet bei Bekannten oder in einfachen Dorfgasthöfen, diskutiert abends in der örtlichen Kneipe oder bei Kleinstadtprominenten hohe Politik oder schöne Künste und macht »einfach das, wozu ich sonst nicht komme. Und worauf ja wohl jeder einen Anspruch hat.« Auch dies hat ganz nebenbei den Effekt, daß er auch für seine Regierungsarbeit »nützliche Basisinformationen vor Ort sammeln« kann. Und er freut sich bisweilen spitzbübisch, wenn er im Kabinett die Runde mit lokalen Detailkenntnissen verblüfft.

Doch ausgerechnet in dieser Zeit, da er sich besonders intensiv und engagiert auf »sein« Bundesland einstellt, werden die Rufe aus und nach Bonn immer lauter. Auch in der SPD-Zentrale hat sich herumgesprochen, daß nach Oskar Lafontaine im Saarland Björn Engholm in Schleswig-Holstein aus der Riege der »Enkel« Willy Brandts zu den ersten Hoffnungsträgern in der Partei zu zählen ist. Engholm, der sich von derartigen Avancen durchaus geschmeichelt fühlt, ziert sich indessen sehr. Wann und wo immer sein Name mit

Bonn in Verbindung gebracht wird, wiegelt er unwirsch ab und verweist auf die »schöne und verantwortungsvolle Aufgabe im Norden«, die sich keineswegs nur nebenbei erfüllen lasse. Außerdem gebe es in der Bundeshauptstadt Berufenere als ihn selbst. In einem Gespräch mit der Redaktion von *Bild der Frau* im Juni 1989 scheut er sich auch nicht, Namen für die nächste SPD-Kanzlerkandidatur zu nennen: »Ich glaube, das Rennen entscheidet sich zwischen Vogel, Lafontaine und Rau, auch wenn ich Anke Fuchs eine ganze Menge zutraue. Es wäre falsch, nur aus Quotengründen eine Frau aufzustellen.«

Es ist wohl auch taktische Klugheit, daß Engholm sich in dieser Phase absolut bedeckt hält, sich nicht einreihen läßt in den Kreis der ambitionierten SPD-Nachwuchspolitiker für höchste Aufgaben. Er hat sich und seine Partei inzwischen in Kiel stabilisiert, er ist bundespolitisch anerkannt, Mitglied des Parteipräsidiums, und so furchtbar gut sehen die Chancen für die SPD anno 1989 keineswegs aus, bei der nächsten Bundestagswahl Kanzler Kohl und die rechtsliberale Regierung ablösen zu können. Mit dem Parteivorsitzenden Hans-Jochen Vogel hat die SPD seit Juni 1987 einen fleißigen und kompetenten Kärrner an der Spitze, der zwar jeglichen Glanz von Utopie und Charisma vermissen läßt, doch das ist in dieser Phase auch nicht unbedingt gefragt. Vogel, der »pingelige und pedantische Oberlehrer«, wie er bisweilen durchaus auch anerkennend genannt wird, hat zunächst einmal für Ruhe und Ordnung in der Partei gesorgt. »Friedhofsruhe«, meinen die einen, andere sehen das längst überfällige Ende unnötiger Flügelkämpfe unter Vogel sehr geschickt herbeigeführt. Doch eine größere Akzeptanz bei der Bevölkerung hat auch das den Sozialdemokraten bis dato nicht eingetragen. Vielmehr wenden sich vor allem junge Leute von dieser, wie sie meinen, verstaubten und erstarrten Altpartei ab, die es nicht geschafft habe, dem neuen Lebensgefühl der nachwachsenden Generation zu entsprechen.

In seinem Buch »Die SPD – staatstreu und jugendfrei«[7] untersucht Wolfgang Michal die Frage, wie altmodisch die SPD sei. Sein Ergebnis ist vernichtend: »Die von Willy Brandt initiierte Öffnung der Partei im Sinne einer Anpassung an den politischen Status quo, im Sinne einer Modernisierung, ist in den späten siebziger und frühen achtziger Jahren einer Geschlossenheit gewichen, die die Partei zu ersticken drohte. Der Regierungspartei SPD gelang es nicht, ein zeitgemäßes und fortschrittliches Verhältnis zwischen Bürger, Partei und Staat zu finden und zu verankern. Die Bürger und ihre Initiativen entwickelten sich schneller als Staat und Partei, ja nicht selten im Gegensatz zu diesen. Erst in der Opposition begann die SPD, Erfahrungen der Neuen Sozialen Bewegungen aufzugreifen. Doch der seit Mitte der achtziger Jahre eingeleitete zweite Öffnungsprozeß beginnt zu stocken, stellt sich dar als ambivalente Mischung aus überstürztem Aufreißen von Fenstern und ängstlichem Drosseln der Frischluftzufuhr. Kitschige Amerikanisierung in Teilen der Partei und Flucht der Basis vor dem Zeitgeist laufen parallel. Dieses Nebeneinander von Modernisierungseifer und ängstlichem Konservieren alter Strukturen ist Ausdruck einer mangelnden Selbstverständnisdiskussion.«

Genau dieses Dilemma hat auch Björn Engholm gesehen, glaubt jedoch, daß er zunächst einmal über seine Person und im kleinen, nämlich dem überschaubaren Schleswig-Holstein, den neuen und überfälligen Politikstil einer modern denkenden und handelnden SPD »ausprobieren« sollte. Natürlich kann er nichts dagegen haben, wenn man plötzlich aufmerkt: »Mensch, da im Norden passiert was.« Ausgerechnet die *Welt am Sonntag* veröffentlicht per Peter-Bacher-Kolumne eine Hommage an Engholm und dessen Stil einer neuen politischen Kultur: »Björn Engholm kann beides, reden und zuhören, ungewöhnlich heutzutage. Vielleicht ist diese Fähigkeit schon ein Schlüssel für das erstaunliche Phänomen, daß dieser eher stille Landesfürst – geboren in Lübeck, ein ›Nordlicht‹ also – in der Meinung der Bevölkerung in der ganzen Bundesrepublik unaufhörlich Pluspunkte sammelt –, daß er sich jetzt sogar in der Zustimmung über Hans-Jochen Vogel, Johannes Rau und den unermüdlichen Öffentlichkeitsarbeiter Oskar Lafontaine zugleich erheben konnte.«[8]

Auch in anderen Gazetten wird der Kieler Regierungschef hofiert. Mit Fragebogen, Fotoreportagen, Interviews und Politfeatures wird Engholm in geradezu aufdringlicher Weise herumgereicht. In einer offenbar an Vorbildern und charismatischen Politikern armen Zeit wird solchermaßen am Profil einer »Lichtgestalt«

herumgebastelt, die selbst erklärt, alles andere, nur nicht das sein zu wollen. Doch die Gegenwehr Engholms ist relativ schwach, der »Sozialist mit Bügelfalten« weiß nur zu genau, daß auch dies zur Verbreitung seiner Botschaft von neuer Streitkultur, von politischer Ethik und von persönlicher Glaubwürdigkeit in der Politik unbedingt dazugehört. Ein in der Kohl-Ära einer dumpf-dröhnenden und wurschtigen Politikpraxis nicht eben anstößiges oder abwegiges Vorhaben.

Und so gehört zu den »Extravaganzen« des Ministerpräsidenten auch ein Besuch bei den in der Strafvollzugsanstalt Lübeck-Lauerhof einsitzenden RAF-Terroristinnen, um mit ihnen eine Stunde lang über geplante Zusammenlegungen in kleinen Gruppen zu diskutieren, was ihm sofort den empörten Kommentar der CSU einträgt, er habe die Basis der Gemeinsamkeit der Demokraten beim Kampf gegen den Terror verlassen. Engholm verhandelt persönlich mit Industriemanagern, um soziale Härten bei Betriebsschließungen »abzufedern«. Er sorgt dafür, daß in Schleswig-Holstein als erstem Bundesland auf kommunaler Ebene durch eine Änderung der Gemeindeordnung Volksabstimmungen möglich werden.

Parteivorsitz: »Wat mutt, dat mutt«

Attentat mit Folgen: Lafontaines zweite Verweigerung

Halb mitleidig, halb spöttisch spricht Oskar Lafontaine noch heute zuweilen von »Adelheid«. Und vielleicht war sie, die Attentäterin Streidel, doch der tiefere Grund dafür, daß schließlich nicht der Saarländer, sondern Björn Engholm Kandidat für den Vorsitz der Bundespartei wird. Viele jedenfalls im Umfeld Lafontaines versichern, er habe sich nach dem Mordversuch der verwirrten Frau verändert, sei zurückhaltender, grüblerischer geworden. Ob der Anschlag an jenem Aprilabend 1990 und die möglicherweise psychisch noch nicht verkrafteten Folgen letztlich maßgeblich dafür sind, den Parteivorsitz nach der Wahlschlappe als erster gesamtdeutscher SPD-Spitzenkandidat abzulehnen, darüber wird viel spekuliert.

Schließlich ist es nicht das erste Mal, daß Lafontaine zur Überraschung seiner Genossinnen und Genossen »nein« zum höchsten Parteiamt sagt. Immerhin war da zuvor schon das Treffen von Norderstedt, jene denkwürdige Zusammenkunft führender Sozialdemokraten im Gefolge von Willy Brandts Rücktritt 1987. Auch damals war man sich sicher, daß Lafontaine die Aufgabe übernehmen würde. Kurzfristig, nachdem die *Süddeutsche* des nächsten Tages schon ein nicht mehr rückholbares »Ja« zum Amt ins Blatt gerückt hatte, widerrief er dann doch noch. Seine Stimmungslage, die wohl auch mit seiner auseinanderfallenden Ehe zu tun hatte, wie er gegenüber Willy Brandt später einmal andeutet, war in diesem Moment nicht danach.

Damals sind sich nicht nur Medienvertreter, die einen direkten Zugang zu dem Mann von der Saar haben, sicher, daß er die

Brandt-Nachfolge antreten werde. Auch die Partei, deren führende Leute aus den Ländern sich im Norden von Hamburg zusammenfinden, ist überzeugt, daß Lafontaine sich der Aufgabe stellen werde.

Mit dem Treffen in Norderstedt soll vor allem nach außen ein Signal gesetzt werden, daß die Partei trotz des Abtritts der großen sozialdemokratischen Nachkriegsfigur nach der peinlichen Mathiopoulos-Affäre nicht konzeptions- und kopflos ist. Brandt hatte die parteilose griechische Politologin Margarita Mathiopoulos zur SPD-Vorstandssprecherin machen wollen und war schließlich – nach eigenem Bekunden – am innerparteilichen »Aufstand des Spießertums« gescheitert. Tief verletzt legte er daraufhin sein Amt als Parteivorsitzender nieder.

In dieser für die gesamte Partei schwierigen Situation, erinnert sich Engholm, will man demonstrieren, daß »wir es packen wollen, und dazu brauchten wir eine Figur. Und jeder hat gedacht: Oskar macht es.« Doch der vermeintliche Selbstgänger von Norderstedt wird eher ein parteipolitischer Rohrkrepierer – es »ging in die Hose«, wie Engholm salopp formuliert. Selbst Brandt ist offenbar perplex angesichts der überraschenden Absage durch den Saarländer. Hans-Jochen Vogel, der nicht unbedingt von allen geliebte, aber geschätzte fleißige Partei-Kärrner, ist die nahezu zwangsläufige Lösung der Nachfolgefrage. Außer ihm, so auch heute noch die Einschätzung der Beteiligten von Norderstedt, kommt in dieser kritischen Situation niemand sonst in Betracht. Vogel tut es, nicht etwa, weil er sich drängt, sondern – wie er später noch bissig sagt – weil »ein anderer gekniffen« hat.

Die Riege der »Enkel« ist enttäuscht, einige gar sind stinksauer auf Lafontaine. Heidemarie Wieczorek-Zeul zischt an diesem Abend stellvertretend für das Grüppchen der Frustrierten: »Das macht der mit uns nicht noch mal!« Doch wie so viele damals in Norderstedt soll sie sich täuschen.

So wie 1987 zweifelt auch am Ende des Jahres 1990, nach der deutlichen Niederlage bei der ersten gesamtdeutschen Wahl, kaum jemand ernsthaft daran, daß der Parteivize es nun als Vogel-Nachfolger »machen« werde. Im Gegenteil, als sich Lafontaine schließlich nach dem Messerstich der Adelheid Streidel entscheidet, die

Kanzlerkandidatur – trotz zwischenzeitlicher Verdrossenheit und scheinbarer Politikmüdigkeit – doch aufrechtzuerhalten, so nur in Verbindung mit der Option auf den Parteivorsitz. Lafontaine, so der Journalist Gunter Hofmann, »entschied sich ja am Wochenende des 9./10. Juni, nach Gesprächen mit Willy Brandt, Björn Engholm, Gerhard Schröder, Rudolf Scharping und anderen, doch bei der Stange zu bleiben: als gesamtdeutscher Kanzlerkandidat, aber auch – in einem verdeckten Junktim – mit dem Anspruch auf den Parteivorsitz.«[1]

Schon damals, als die Entscheidung des Saarländers in diesen Frühsommertagen auf der Kippe steht, wird Engholm in den eigenen Reihen wie auch in den Medien als der wahrscheinliche Nachfolgekandidat gehandelt, sollte Lafontaine doch noch das Handtuch werfen und auf den Fortbestand seiner Kandidatur verzichten. Schließlich sind es nicht allein psychische und physische Befindlichkeiten infolge des Kölner Messerstichs, der »um einen Zentimeter« an der Halsschlagader und damit am Tod Lafontaines vorbeigegangen war, die bei diesem Ausstiegsgedanken aufkommen lassen. Zwar sagt Lafontaine später einmal: »Wahrscheinlich hätte ich damals nein sagen sollen.« Aber es sind darüber hinaus durchaus auch handfeste politische Differenzen zwischen dem Kandidaten und seiner Partei, die solche Überlegungen beflügeln. Lafontaine hält die rasche Einführung der deutsch-deutschen Währungsunion und die Ausgestaltung des Einigungsvertrages für falsch – anders als die Mehrheit in der SPD-Bundestagsfraktion. Und er erwägt ernsthaft, ob es unter diesen Umständen noch sinnvoll ist, als Kandidat für die Bundestagswahl weiterzumachen, wenn der eigene »Laden« nicht hinter ihm steht. Seinen Rücktrittsbrief, den Verzicht auf den Fortbestand seiner Kanzlerkandidatur, hat Lafontaine zu diesem Zeitpunkt bereits ausformuliert und geschrieben. Er schickt ihn schließlich, nach einigen Tagen des Überlegens, dann doch nicht ab.

Lafontaine bleibt bei der Stange. Doch sein Wahlkampf, sein bewußter Verzicht auf jeden deutsch-nationalen Unterton, seine Skepsis gegenüber der Vereinigungsgeschwindigkeit, seine Hinweise auf die immensen Kosten dieses Vereinigungstempos – all das, was sich nachher noch drastischer als in der von ihm vorhergesagten Weise bestätigen soll, das trifft in der anfänglichen Vereinigungseuphorie nun einmal nicht die Stimmungslage und vor allem nicht die Herzen der politisch geeinten Nation. Die SPD erreicht beim Wahlgang im Dezember gerade 33,5 Prozentpunkte und schneidet damit noch schlechter ab, als die ohnehin nicht gerade hochgesteckten Erwartungen es vermuten ließen.[2] So tief wie diesmal war die SPD seit 1957 nicht mehr in der Wählergunst gesunken.

Dennoch steht die sozialdemokratische Führungscrew hinter ihrem gescheiterten Spitzenkandidaten. Vogel ist fest entschlossen, den Vorsitz abzugeben. Und niemand anderer als Oskar Lafontaine soll den Stab aus seiner Hand übernehmen. Darüber herrscht Einigkeit wie wohl nie zuvor in einer Kandidatenfrage nach einem so miserablen Wahlgang. Am Tag nach der Bundestagswahl, am 3. Dezember, bei der Vorstandssitzung der Partei im Bonner Erich-Ollenhauer-Haus, soll diese Entscheidung bereits festgezurrt werden. Doch Lafontaine verweigert sich erneut. Ohne den Anwesenden eine plausible Erklärung zu liefern, lehnt er auch diesmal den Parteivorsitz ab und entschwindet zur Erholung von den Strapazen nach Attentat und Wahlkampf in Urlaubsgefilde des sonnigen Südens.

Gesucht: Der Kutscher für den Bock

Erneut ist die Mehrheit der Partei konsterniert, wenngleich einige von ihnen, insbesondere die alte Führungstroika – Brandt, Vogel und Rau – bereits geahnt haben, daß Lafontaine am Tag nach einer solch deftigen Niederlage womöglich nicht sofort wieder antreten würde. Nicht zuletzt der Partei-Ehrenvorsitzende Willy Brandt, der in dieser Sitzung am Tag nach der Wahlniederlage seinem ehemaligen »Lieblingsenkel« kräftig den Kopf wäscht, trägt dazu möglicherweise noch ein gutes Stück bei. Trotz der übereinstimmenden Präsidiums-Marschroute, sich »nicht in wechselseitigen Schuldzuweisungen« zu verlieren, rechnet Brandt mit Lafontaine und dessen Wahlkampfstrategie ab.

»In seiner distanzierten, meist nur den Betroffenen verständlichen Redeweise«, schreibt *Der Spiegel* am Montag danach, »machte er der roten Führungscrew deutlich, daß in der Beurteilung der deutschen Einheit zwischen ihm und dem ehemaligen Lieblingsenkel von einst Welten liegen: Hier der Vater der Ostpolitik, der in der Vereinigung die historische Krönung seines Lebenswerkes sieht, da der junge Mann von der Saar, dem Paris näher liegt als Leipzig und der deshalb aus Brandts Sicht mal gründlich zusammengestaucht werden müßte.«[3] Für Teilnehmer dieser Sitzung ist das ein politisches »Todesurteil«. Lafontaine hingegen platzt fast der Kragen. Er ist stocksauer, daß ihm nun die Rolle des Schuldigen zugewiesen wird. Am liebsten würde er in diesem Moment im Stil Herbert Wehners explodieren. Er verkneift es sich und sagt nur noch: »Macht doch euren Kram alleine.«

Für Engholm kommt Lafontaines Absage, wie für die meisten, völlig überraschend. Schließlich hat er doch selbst zu denen gehört, die in der kritischen Phase nach dem Attentat wie auch im Vorfeld der Vogel-Nachfolgeentscheidung intensiv versuchten, ihn für die Übernahme der Führungsrolle zu motivieren. »Ich saß bei Oskar auf der Bude und habe ihn beknetet«, erinnert sich Engholm an die Saarbrücker Bittprozession. Und er geht wie fast alle, die mit ihm gesprochen haben, Anfang Dezember 1990 davon aus, »daß er es am Ende machen würde«.

Er macht es nicht, und niemand in diesem Kreis weiß zunächst so recht, warum. Möglicherweise waren es die zu harten Belastungen dieses Wahlkampfes, in dem der Saarländer nicht gerade geschont worden war. Und vielleicht war es auch die Tatsache, daß Lafontaine sich von den eigenen Genossen, allen voran von Hans-Jochen Vogel, zu sehr unter Druck gesetzt fühlte. Der schließlich, so sagt Oskar Lafontaine später einmal, habe ihn einfach mitten im saarländischen Wahlkampf zum Spitzenkandidaten für die Bundestagswahl ausgerufen, und das bringt den Ministerpräsidenten in seinem Heimatwahlkampf in arge Argumentations-Verlegenheit. Lafontaine fühlt sich von Vogel vorgeführt. Spätestens zu diesem Zeitpunkt ist das Verhältnis des Saarländers zu Vogel endgültig kaputt und erledigt.

Und nach dem Attentat fühlt er sich erneut genötigt, zuerst an die Partei und dann an sich zu denken. Nach diesem Anschlag, der ihn psychisch wie physisch mehr getroffen hat, als er zunächst zugeben mag, fühlt Lafontaine sich auf brutale Art von sämtlichen führenden Genossinnen und Genossen allein gelassen. Menschlich wie politisch. Nicht nur, daß man ihm am Krankenlager nicht die Hand reicht. Obendrein wird von Teilen der Partei und insbesondere der Bonner Bundestagsfraktion eine andere als die vereinbarte Politik betrieben.

Engholm geht – wie wohl die meisten – davon aus, daß nach dem Kölner Messerstich vielleicht einfach die Zeit und der Abstand gefehlt haben könnten, Bilanz zu machen, eine klare Linie zu ziehen und sich auch mit sich selbst auseinanderzusetzen. »Ich vermute, er hat eben keinerlei Muße gehabt und wenig Hilfe, das zu verarbeiten – das war mein Eindruck. Und da hat er sensibler reagiert, als er es sonst tut. Dazu kam dann die Geschichte mit Willy Brandt – das hat sicherlich nicht den Ausschlag gegeben. Das war aber vielleicht ein Tropfen in ein Glas, das schon ziemlich dicht am Überlaufen war.«

Engholm selbst ist in dieser Situation gleich in doppelter Hinsicht »hochgradig erschrocken«. Der erste Schreck nach der Absage Lafontaines sitzt noch in ihm, als schon der zweite durch die Glieder fährt. Denn es dauert keine drei Minuten, bis sich die Blicke der schweigenden Bonner Präsidiumsrunde – einer nach dem anderen – auf den Norddeutschen konzentrieren. Urplötzlich wird ihm klar, was in dieser kritischen Situation die große Mehrheit der sozialdemokratischen Führungscrew von ihm erhofft: Engholm – so die in diesem ersten Moment unausgesprochene Erwartungshaltung – soll den Karren ziehen.

Die anfängliche Sprachlosigkeit währt nur einen kurzen Moment, dann wird dies nur allzu deutlich: »Alle haben angefangen zu drükken«, berichtet Engholm, »querdurch – Anrufe aus allen Ecken und Kanten.« Selbst führende Genossen aus dem Ausland versuchen ihm freundschaftlich zuzureden, darunter der Schwede Ingwar Karlsson und der Österreicher Franz Vranitzky. Seine eigene schleswig-holsteinische Partei läßt ihn in vielen Gesprächen ebenfalls wissen: »Du mußt es machen.« Nur wenige sagen ihm: »Überleg es dir gut, du kannst hier bis ans Ende deines politischen Lebens Ministerpräsident sein. Das ist kein schlechtes Land hier, das ist keine schlechte Aufgabe.« Auch die Familie, seine Frau Barbara und die

Töchter, sind wenig begeistert und raten ab. Und ein führender Verbandsfunktionär der deutschen Wirtschaft warnt ebenfalls vor der Aufgabe: Er kenne seine Verbandsgeschichten, sagt er zu Engholm, und das sei ein Zuckerschlecken gegen den Vorsitz einer so großen Partei. »Also, werden Sie ein guter Bundeskanzler, aber nicht Parteivorsitzender.«

Doch solche Voten bleiben Ausnahmen. Von fast allen Seiten werden Hoffnungen oder Erwartungen artikuliert. Selbst Willy Brandt sagt ihm: Wenn alle auf einen warteten, dann könne der eine nicht nein sagen. Das sei man der Sache, der Geschichte und dem Prinzip der Solidarität schuldig.

Dennoch, Engholm tut sich schwer angesichts des dicken Brokkens, der da unversehens auf ihn zukommt. In Interviews und öffentlichen Stellungnahmen in den Tagen unmittelbar nach dieser Präsidiumssitzung vom 3. Dezember versucht er stets von sich abzulenken. Da seien schließlich noch andere hochgeeignete Kandidatinnen und Kandidaten, sagt er. Und dann pflegt er mit Renate Schmidt aus dem Süden der Republik beginnend über Dieter Spöri, Rudolf Scharping, Heidi Wieczorek-Zeul, Gerhard Schröder oder Herta Däubler-Gmelin und Rudolf Dreßler die so ziemlich komplette Galerie der vorzeigbaren Sozialdemokraten aufzuzählen, bis hinein in die neuen Landesverbände im Osten, wo mit Wolfgang Thierse und Manfred Stolpe ebenfalls einige sitzen, die Engholm sich in dieser Funktion vorstellen könnte. Er, so sagt er es wohl wider besseres Wissens, sei nicht erste Wahl, und er hat obendrein gleich eine ganze Reihe von subjektiven wie objektiven Gründen parat, die einfach gegen seinen Aufstieg in die Spitze der Partei sprechen. Er will schlicht und ergreifend in diesem Moment, in einer Zeit, in der er Schleswig-Holstein und seine Aufgabe dort lieben und schätzen gelernt hat, nicht zurück auf die politische Bühne Bonns. Ihn schreckt der »Spagat« zwischen seiner schleswigholsteinischen Landeshauptstadt und der des Bundes am Rhein. Dennoch und trotz der langen Namensliste ist wohl auch ihm klar, daß die SPD derzeit nicht gerade über eine breite Palette von innerparteilich konsensfähigen Führungsfiguren verfügt.

Als er drei Tage später, am 6. Dezember, in Kiel zu einer Pressekonferenz lädt, hoffen die zahlreich erscheinenden Journalisten, nun werde er seine offizielle Kandidatur verkünden. Doch die Erwartungen werden enttäuscht. Auch an diesem Nikolaustag läßt Engholm die Katze noch nicht aus dem Sack, sondern zählt erneut die Gründe auf, die es ihm eigentlich nicht sinnvoll erscheinen lassen anzutreten. Die Sozialdemokraten befinden sich in einer komplizierten Lage, sagt er. Sie da herauszuführen, sei schwer und nicht »mit links« zu machen. Und die Wahrscheinlichkeit, daß man das »als Mensch doppelt tragen« kann – Parteivorsitz und Ministerpräsidentenamt –, die sei eben doch gering. Und wieder spart er nicht mit Namen von solchen, die es doch statt seiner machen könnten: Peter Glotz, Johannes Rau, Hans-Ulrich Klose sind es diesmal. »Ich halte mich bei ganz realistischer Betrachtung nicht für die beste Lösung«, versichert er auch an diesem Tag noch einmal. Und dennoch wird deutlich, daß er mehr als nur begonnen hat, mit dem neuen »Job« zu kokettieren. Denn, so sagt Engholm bereits an diesem 6. Dezember: »Das ändert nichts an der Tatsache, daß eine solche Aufgabe reizvoll ist.«

Der Druck auf Engholm in diesen Tagen unmittelbar nach dem ersten gesamtdeutschen Wahlgang wächst, nicht zuletzt beflügelt durch eine öffentliche Debatte, in der in den Medien zunehmend das Wörtchen von der »SPD-Führungskrise« die Runde macht. Auch wenn an der Führungsfähigkeit des Noch-Vorsitzenden Vogel niemand ernsthafte Zweifel hegt, so will nicht zuletzt das eigene Parteivolk möglichst rasch Klarheit, wer in seinem Gefolge das höchste Parteiamt übernehmen soll. Und schließlich ist es auch Engholm selbst, der für eine zügige Beantwortung dieser Frage plädiert: »Wenn auf dem Bock kein Kutscher sitzt«, sagt er, an ein Wort des früheren Bundesgeschäftsführers und SPD-Ministerpäsidenten Holger Börner erinnernd, »dann weiß man nicht, in welche Richtung die Pferde laufen. Das heißt, wir brauchen möglichst schnell wieder einen, der auf dem Bock sitzt.«[4]

Der Norddeutsche hält sich letztlich an diese Marschroute. Auch wenn in den Medien des Landes bereits vom »Zauderer Engholm« die Rede ist, liegen zwischen dem plötzlichen Abschied des Kandidaten Lafontaine und der offiziellen Nominierung des Kandidaten Engholm nur ganze sieben Tage. Am Sonntag davor lädt Engholm noch zu einer Art »Großem Rat« in einen der Kongreßsäle des

Frankfurter Flughafens ein. Nahezu alle der rund zwei Dutzend geladenen sozialdemokratischen Spitzengenossen kommen zur quasi konspirativ-privaten Konferenz über dem Tor 13 des Airports, um Engholm den Rücken zu stärken, darunter Noch-Parteichef Vogel, die Stellvertreter Rau, Däubler-Gmelin und Thierse sowie die meisten der sozialdemokratischen Länderchefs. Doch Engholm will nicht über sich und seine Kandidatur, sondern über die Struktur der Partei reden. Zunächst, so zitiert einer der Teilnehmer dessen Plädoyer, muß analysiert werden, was hier »im Arsch ist« und wie es zu diesem Zustand kommt.

Zu formellen Abstimmungen, auch über die Kandidatenfrage, kommt es in dieser Flughafen-Runde nicht. Ohnehin ist das Meinungsbild längst klar. Nicht nur in diesem Kreis, auch an der Parteibasis liegt der Stimmungstrend eindeutig auf Engholm-Kurs. Ein emsiger Hans-Jochen Vogel hatte das bereits per Anruf bei allen Bezirks- und Landesverbänden abgefragt, und am Ende verrät seine Strichliste: Etwa 87 Prozent sind dafür.

Selbst so prominente Inhaber des sozialdemokratischen Parteibuches wie die Ex-Kanzler Brandt und Schmidt haben inzwischen bereits ihr öffentliches »Pro Engholm« abgegeben. Er sei ein »guter und starker« Kandidat, der sich in allen Aufgaben bewährt habe, läßt der notorische Lafontaine-Gegner aus Hamburg-Bergedorf wissen. Und von der Bevölkerung insgesamt ist Hoffnungsträger Engholm ohnehin mit einer Zustimmung ausgestattet, von der die Mehrheit der Politprofis im Lande nur zu träumen wagt. Drei Viertel aller Deutschen, so dokumentiert das ZDF-Politbarometer nur wenige Tage nach dem Konklave in der Mainmetropole, fänden es gut, wenn Engholm die Führung der SPD übernehmen würde. Eine Zustimmung, die quer durch alle Wählerschichten und über die Parteienpräferenzen hinaus bei den Befragten nahezu gleich stark ausgeprägt ist.

Stimmungslage: »So ein sanftes Gefühl wie Freude«

Zum Abschluß des rund dreieinhalbstündigen Frankfurter Treffs ist die Analyse des Zustands der Partei immer noch eher vorläufig, und auch das endgültige Jawort des potentiellen Kandidaten steht noch aus. Aber das liefert er dann bereits am darauffolgenden 10. Januar – der Kleiderordnung gehorchend – an der formell korrekten ersten Adresse ab. »Ich bin bereit, für das Amt des Vorsitzenden der SPD zu kandidieren«, gibt er vor dem SPD-Präsidium zu Protokoll, was inzwischen ohnehin alle wissen oder ahnen. Allerdings fügt er im gleichen Atemzug hinzu: »Diese Entscheidung ist mir nicht leichtgefallen. Aber wir Schleswig-Holsteiner sagen in solchem Falle: Wat mutt, dat mutt.«

Die SPD, deren Vorstand ihn bereits eine Woche später einstimmig und bei nur einer Enthaltung für den Vorsitz nominiert, ist zufrieden. »In Björn Engholm kann sich die ganze Partei wiedererkennen«, sagt Parteichef Vogel. Schließlich setzt man auf die dem Neuen aus dem Norden nachgesagte Kraft zur Integration. Ihm wird zugetraut, die vielbeschworene Erneuerung und Modernisierung der alten SPD tatsächlich anzuschieben. Und mit dem dritten Parteivorsitzenden innerhalb von vier Jahren soll nun endlich auch die notwendige Verjüngung der Partei vollzogen werden. Er sei dreizehn Jahre jünger als Willy Brandt, läßt der scheidende Amtsinhaber wissen, und »der Björn« wiederum 13 Jahre jünger als er. Das seien immerhin 26 Jahre Verjüngung in vier Jahren – »wenn das nichts ist«.

Und dann ist da noch etwas, wie Vogel mit einem deutlichen Seitenhieb auf Lafontaine anmerkt: Engholm sei ein Mann, der mit Siegen wie Niederlagen »zurechtgekommen« sei. Eine Eigenschaft, die der Parteisoldat Vogel dem Verweigerer Oskar Lafontaine abspricht, dem er dessen Absage an das höchste Parteiamt wohl nie verzeihen wird. Manchmal, so sinniert Vogel später einmal, finde man eben erst unter dem Druck der Ereignisse den einen, der eigentlich von vornherein hätte die erste Wahl sein müssen.

Doch die Euphorie angesichts der Kandidatenfindung schwappt nicht auf alle in der sozialdemokratischen Führungsriege über. Zu den eher zurückhaltenderen Kommentatoren zählt der sozialdemokratische Landeschef aus Rheinland-Pfalz. Rudolf Scharping wird das halb mahnende, halb spöttische Wort an die Genossinnen und Genossen zugeschrieben: »Ihr habt ihn in die Sänfte gesetzt. Hoffentlich wißt ihr, daß ihr ihn jetzt auch tragen müßt.«

Und ein wenig mulmig ist bei alledem auch dem neuen SPD-Vormann selbst. Die teils beschmunzelte, aber tags darauf in fast allen Blättern zitierte Formulierung vom »Wat mutt, dat mutt« trifft wohl in diesem Moment ziemlich genau die ambivalente Stimmungslage des Kandidaten. Schließlich ist er einer, der, wie schon in den zahlreichen vorangegangenen Funktionen, nie von sich aus »Hier!« ruft. Vielmehr ist er jemand, der gerufen wird und auch gerufen werden muß. Auf der einen Seite »sträuben sich bei ihm alle Nackenhaare«, wie sein langjähriger persönlicher Referent Thießen es umschreibt, wenn er – wie nach Lafontaines Verzicht – so massiv gedrängt wird. Er, der sich ohnehin von der Politik zuweilen über Gebühr in Anspruch genommen fühlt, haßt es geradezu, wenn er auf ihn zulaufende Prozesse nur noch begrenzt selbst steuern kann.

Auf der anderen Seite fühlt er sich geschmeichelt, freut sich, »wenn alle einen wollen«. Und überdies empfindet er gegenüber seiner Partei ein fast preußisches Pflichtgefühl. Nach seiner inneren Überzeugung hat er der Partei viel gegeben, aber dies ist ein Prozeß des wechselseitigen Gebens und Nehmens: Das, was er ist, ist er maßgeblich auch durch diese SPD. Und deshalb ist er keiner, der in Lafontainescher Manier den eigenen »Verein«, wie er die Partei zuweilen nennt, so brüsk vor den Kopf stoßen könnte. »Die SPD hat bisher ihr Bestes für dich gegeben, jetzt gibst du ihr dein Bestes«, sagt er auf die Frage, was denn den Ausschlag für die Zustimmung zur Kandidatur gegeben hätte.[5] Und schließlich waren die Voten für seine Kandidatur so eindeutig, »daß ich dachte, wenn du jetzt nein sagst, enttäuschst du viele Erwartungen in der Partei.«[6] Und eben das will er nicht, auch wenn die Entscheidung verdammt schwerfällt.

Aber letztlich bleiben, trotz der für seine norddeutsche Mentalität eher zu raschen Entscheidung, dennoch keine Restzweifel an deren Richtigkeit. »Wenn man sich einmal entscheidet, macht man es aus Überzeugung – ja«, kommentiert er kurz und bündig auch noch lange danach den Ausgang dieses Prozesses, der da zwischen dem 3. und 10. Dezember 1990 heranreift. Sein »Wat mutt, dat mutt« ist für Engholm wohl auch so etwas wie Selbstmotivation, die schleswig-holsteinische Variante für »Jetzt mußt du zupacken, jetzt machst du es!«, wie er sich selbst übersetzt. Schließlich war er bis dahin ja nicht eben »Parteimann«, zwar inzwischen in Präsidium und Parteivorstand auf Bundesebene, aber ansonsten gerade mal Vorsitzender einer Juso-Gliederung im heimischen Lübeck gewesen. Und daß Engholm nicht innerhalb einer Woche »Riesenelan und Riesenfreude« für eine Aufgabe entwickeln kann, »nachdem ich mein Leben mit dieser Idee mitnichten beschäftigt habe«, eben das ist für ihn wohl eher typisch.

Aber allzu lange dauert die mentale Annäherung an das neue Amt trotz dieser Attitüde schleswig-holsteinischer Betulichkeit dann offenkundig doch nicht. Weihnachten ist noch nicht richtig vorbei, als sich Stimmung und Verstand zu einen scheinen: »Wir Norddeutschen«, sagt er in einem Interview, »brauchen immer etwas länger, um zu einem so sanften Gefühl wie Freude zu kommen. Aber so langsam gewinne ich an dieser neuen Herausforderung diese Freude.«[7] Und selbst wenn er bis heute versichert, daß außer ihm auch andere es hätten machen können: In jedem Fall, so meint er, hätte es »jemand aus meiner Ebene des Denkens« machen müssen, weil sich diese alte Volkspartei »innerhalb von drei Jahren komplett verändern muß«. Noch einmal eine »Altbesetzung« hätte die SPD für seine Überzeugung gegenüber der Entwicklung in der Gesellschaft und in anderen Parteien erneut in Verzug gesetzt.

Diese Erkenntnis läßt ihm dann wohl auch die selbst definierten Hürden überspringbar erscheinen. Der »Spagat« zwischen Kiel und Bonn ist nun doch irgendwie machbar: »Ich werde mich ein bißchen orientieren an dem, was Herr Dr. Kohl ja seit vielen Jahren macht. Der ist Bundeskanzler, sitzt gelegentlich in Washington, führt zugleich eine große Partei, eine regierende Partei. Ich werde mich ein wenig orientieren an dem, was Hans-Dietrich Genscher über Jahre gemacht hat. Der hat manchmal von Melbourne und Toronto aus seine FDP geleitet, das müßte man dann um so leichter von Kiel aus machen können. Es sind ein paar schlichte technisch infrastrukturelle Dinge zu lösen. Also die Frage, wie kommt man schnell von Kiel nach Bonn? Das wird eine entscheidende Frage sein. Darüber werden wir mal gemeinschaftlich nachdenken. Der Arbeitsaufwand wird, dies ist gar keine Frage, immens wachsen.«[8]

Und dazu gehört auch, von liebgewonnenen Gewohnheiten Abschied zu nehmen. Engholm, der morgens erst eine gewisse Zeit zum »Warmlaufen« braucht, verlegt die Kieler Kabinettsitzungen wieder auf zehn Uhr vor. Das Zeittableau muß deutlich enger geschnitten werden. Nur zwei volle Tage stehen jetzt noch ausschließlich für die Landespolitik zur Verfügung, was ihm aus der Ecke der Opposition sofort den Ruf des »Zwei-Fünftel-Ministerpräsidenten« einbringt. Montag und Dienstag, so das Grobraster, sind Bonner SPD-Tage, Mittwoch und Donnerstag gehören schleswig-holsteinischen Landesaufgaben. Der Freitag ist zur freien Verfügung – auf dem Papier jedenfalls. Denn freitags sind in der Regel die Sitzungen des Bundesrates – ebenfalls zumeist in Bonn.

Salomonisches: Viel Rat – viel Sieg!

Worin die Hauptmerkmale seiner Arbeit als Vorsitzender bestehen sollen, darüber macht Engholm zu diesem frühen Zeitpunkt allenfalls Andeutungen. Grundsätzlich aber gibt er schon im Nachgang zur Vorstandssitzung vom 10. Dezember zu erkennen, daß dabei die parteiliche Programmatik nicht im Vordergrund steht. Die hält er weitgehend für in Ordnung und auf der Höhe der Zeit. »Unser Programm ›Fortschritt 90‹, von dem ich mir wünschte, daß es endlich von jeder Sozialdemokratin und jedem Sozialdemokraten einmal von vorne bis hinten studiert werden würde, trifft genau das, was uns in den neunziger Jahren voll beschäftigen wird«, pflegt er gelegentlich festzustellen.[9]

Ihm geht es vor allem um die Öffnung der Partei und die Vermittlung sozialdemokratischer Ideen: um die öffentliche Diskussion oder – wie er es immer wieder gerne nennt – um Diskursion und diskursive Prozesse. »Unsere Gesellschaft«, so sagt er in seiner Presseerklärung nach der Nominierungssitzung unter anderem, »ist notwendig auf Männer und Frauen angewiesen, die zur Kritik der bestehenden Verhältnisse fähig und bereit sind – auf Querdenker und Künstler, auf Intellektuelle und Journalisten. Ihre Beteiligung an der ›res publica‹ ist in den kommenden Jahren nötiger denn je.« Und als wolle er in die Fußstapfen des stets bibelfesten Parteivize

Johannes Rau treten, wartet er zum Abschluß seiner Erklärung mit einem Zitat der Sprüche Salomos auf: »Wo viele Ratgeber sind, da ist der Sieg.«

Aber er will nicht nur verstärkt die Partei öffnen, sich Sachverstand auch von solchen holen, die ohne sozialdemokratisches Parteibuch mit sich und der Welt zu Rande kommen. Vor allem die eigenen Leute ermuntert er, mehr aus der Käseglocke herauszutreten und das Gespräch außerhalb von Parlamenten und Ortsvereins-Hinterzimmern zu suchen. Die wohl amüsanteste Formulierung in diesem Zusammenhang liefert er in einem Interview mit der *Süddeutschen Zeitung*. Dort mahnt er die Funktionsträger der Partei, jede freie Minute zum Gespräch mit Menschen zu nutzen, unter anderem mit den Worten an: »Die Verweildauer im Eingemachten, wo die Konfirmation der schon Konfirmierten allwöchentlich erneut stattfindet, muß eingeschränkt werden zugunsten des Dialogs mit dem Rest der Gesellschaft.«[10]

Für Verunsicherung sorgt der Neue allerdings in der Zentrale der Partei. Im Bonner Erich-Ollenhauer-Haus kursieren Gerüchte, Engholm wolle das Parteimanagement völlig umorganisieren und sämtliche Abteilungsleiter der organisatorisch zurückgebliebenen »Baracke« feuern. Angeblich sollen zwei Bundesgeschäftsführer mit geteilten Kompetenzen und von unterschiedlichem Geschlecht eingesetzt werden. Eine oder einer von beiden mit der Schwerpunkt-Aufgabe, die sozialdemokratische Logistik im Osten aufzubauen.

Doch erst einmal wird Entwarnung signalisiert. Er sei kein »Mann der Tabula rasa«, versucht der künftige Parteichef beruhigend in die Reihen der Mitarbeiter hineinzuwirken. Gleichwohl kündigt er an, die Organisationsstruktur der Partei von »unabhängigem, kritischem Sachverstand« prüfen zu lassen.

Die verabreichte Beruhigung wirkt wenig, zumal schon unmittelbar nach der Engholmschen Nominierung ein vertrauliches Papier seines Freundes und Beraters Gerd Walter kursiert. Die per gezielter Indiskretion in Umlauf gebrachte Situationsanalyse Bonner »Baracken«-Wirklichkeit beschreibt gleich zahlreiche Schwachstellen im Apparat der Partei. Die Bundesgeschäftsführerin, Anke Fuchs, lasse sich von den 250 Parteimitarbeitern auf der Nase herumtanzen, ist dort zu lesen. Die Fähigkeit der SPD, bundesweite Kampagnen zu organisieren, sei auf den Stand der siebziger Jahre zurückgefallen. Schatzmeister Hans-Ulrich Klose wird mangelnde unternehmerische Kreativität angelastet, dem Betriebsratsvorsitzenden und Ex-Jusochef Rudolf Hartung vorgeworfen, sämtliche Entscheidungen zu blockieren. Und zu Klima und Motivation in der Zentrale heißt es drastisch: »Die vorhandenen Mitarbeiter resignieren oder werden betriebsblind«, einige hätten bereits »innerlich gekündigt«[11].

Doch zunächst folgt aus diesen Feststellungen relativ wenig, sieht man davon ab, daß einige der leitenden »Baracken«-Angestellten von sich aus ihrem Arbeitsplatz den Rücken kehren. In den ersten Monaten der Amtsperiode Engholms – und vor allem wohl der seines neuen Geschäftsführers – räumen der stellvertretende Bundesgeschäftsführer Erik Bettermann und der Leiter der Politikabteilung Karl-Heinz Klär ihre Schreibtische im Ollenhauer-Haus.

»Nicht vor Anfang Februar«, so hatte Engholm angekündigt, werde er seine neue Personal-, Struktur- und Organisationspolitik vorstellen. Doch der Februar ist längst verstrichen, und noch immer ist im Erich-Ollenhauer-Haus unklar, wohin die Reise mit wem und wie gehen soll. Erneut ist vom »Zauderer Engholm« die Rede, zumal er sich nach Meinung mancher Kritiker zu häufig schweigend hinter seiner Pfeife verschanzt und zu wenig in die aktuellen politischen Diskussionen eingreift, etwa zur sozialdemokratischen Haltung gegenüber dem am Golf tobenden Kriegsgeschehen.

Und auch wenn viele der Ansicht sind, die norddeutsche Zurückhaltung sei vor allem Rücksichtnahme gegenüber dem Noch-Vorsitzenden Vogel, der Sympathiebonus beginnt in den eigenen Reihen behutsam zu bröckeln. »Muße und Museen«, spöttelt *Der Spiegel*, »scheinen ihm mehr am Herzen zu liegen als zupackende Personalpolitik und überzeugende Programmatik.«[12] Seine vermeintlich professionelle Gelassenheit sei nichts als Zaudern, was den Genossinnen und Genossen zunehmend gegen den Strich gehe. Erste deutliche Zweifel an der Führungsfähigkeit Engholms werden laut, obwohl er doch im Mai des Jahres beim SPD-Parteitag in Bremen überhaupt erst in diese Führungsrolle gewählt werden soll.

Gelungene Überraschung: Engholms neue Führungscrew

Schon wenig später, am 18. März 1991, wird diese Diskussion erst einmal wieder feierlich beendet. An diesem Tag legt der designierte Parteivorsitzende dem Parteivorstand ein Konzept unter dem Titel »Die SPD in den neunziger Jahren: Offen – Kompetent – Mehrheitsfähig« vor und erntet weit verbreiteten Applaus. Nicht etwa, weil er die Programmatik der alten SPD neu erfunden hätte. Im Gegenteil: Die Äußerungen bieten in dieser Hinsicht wenig Spektakuläres. Vielmehr ist es sein Personalkonzept, das für Aufsehen sorgt – und das gleich in mehrerlei Hinsicht. Die vielleicht größte Überraschung ist zunächst die Tatsache, daß ihm im geschwätzigen Bonn überhaupt eine personalpolitische Überraschung gelingt. Namen für die Bundesgeschäftsführung waren zuhauf gehandelt worden. Und schließlich waren sich die Auguren sicher: Entweder der Lafontaine-Vertraute aus dem Saarland, Reinhard Klimmt, oder der ehemalige FDP-Generalsekretär, Günter Verheugen, der mit der Bonner Wende die politischen Seiten gewechselt hatte, würden das Rennen machen.

Doch weder diese beiden noch irgendwelche anderen der spekulativ gehandelten Namen tauchen schließlich auf dem Engholmschen Personalbogen auf. Verheugen gilt zwar grundsätzlich als geeignet. Gleichwohl nehmen ihm viele in der Partei seinen Part bei der Einäscherung des SPD-Organs *Vorwärts* noch immer übel. Deshalb und wohl auch angesichts des immer noch nicht hinreichend deftigen Stallgeruchs gilt er als innerparteilich nicht durchsetzbar. Und wie wichtig allein diese sozialdemokratische Duftkomponente noch immer ist, war nicht zuletzt bei Brandts gescheitertem Versuch deutlich geworden, Margarita Mathiopoulos als Vorstandssprecherin zu berufen. Mit Klimmt hingegen wäre der Anschein allzu großer Abhängigkeit vom vermeintlich heimlichen Vorsitzenden von der Saar geweckt worden. Letztlich also sind sie beide nicht erste Wahl.

Mit der Journalistin und Bundestagsabgeordneten Cornelie Sonntag-Wolgast wird nun erstmalig in der Geschichte der Partei tatsächlich eine Vorstandssprecherin berufen – und eingesetzt. Und mit dem 34jährigen Karlheinz Blessing holt sich der designierte

Parteichef einen Bundesgeschäftsführer ins Erich-Ollenhauer-Haus, den die meisten bis dato nicht einmal namentlich kennen. Blessing, zuvor »rechte Hand« des IG-Metall-Chefs Franz Steinkühler, eilt der Ruf vom Organisationstalent voraus, das maßgeblich am Aufbau moderner Managementstrukturen in der Frankfurter Gewerkschaftszentrale mitbeteiligt war. Er gilt als Technokrat, effektiver und loyaler Arbeiter mit intellektuellem Format und erfüllt damit nach Meinung von Beobachtern das von Engholm selbst zuvor abgesteckte Anforderungsprofil: Kompetenz, Unabhängigkeit und Loyalität.

Bereits ein Vierteljahr zuvor hatte Engholm mit Blessing einen ersten Gesprächskontakt aufgenommen. Er kannte ihn aus einigen persönlichen Begegnungen in Gewerkschafts- und Parteikreisen und hatte sich darüber hinaus bei drei, vier Leuten über den jungen Mann aus der Metaller-Zentrale informiert. Schon relativ früh gehört Blessing zu den Engholmschen Optionen für die Bundesgeschäftsführung der Partei und steht neben ein paar weiteren Namen auf seinem Besetzungszettel. Nach einiger Zeit des Abwägens entscheidet sich Engholm relativ einsam für den Schwaben – kaum jemand weiß oder ahnt auch nur davon. Eine Tatsache in einem Umfeld, in dem kaum jemand das Wasser halten kann, die Engholm selbst bis heute für »einen seltenen Fall« hält, der ihm in dieser Form »zum ersten und vielleicht auch zum letzten Mal passiert ist«.

Die Beobachter indessen sind angesichts dieses Personalangebots nahezu durchgängig verblüfft – und sparen nicht mit Szenenapplaus: »Björn Engholm ist zwar ein Stiller«, kommentiert etwa die *taz*, »aber entgegen manchem Journalistenvorurteil offensichtlich durchaus ausgeschlafen. Den Part des Paradiesvogels gedenkt er selbst zu spielen. Da braucht er einen verläßlichen Technokraten.«[13]

Selbst die stets kritischen Jusos sehen in Engholms Personalien ein »ermutigendes Zeichen« und erhoffen sich vom »unkonventionellen Querdenker« Blessing, wie Jusochef Ludwig sagt, daß er »den Apparat auf Trab bringen kann«. Kritische Stimmen, daß »'s Blässle«, wie er zuweilen leicht spöttisch genannt wird, »arrogant« und »abgehoben« wirke und von den Bonner Eigenheiten keine Ahnung habe, bleiben zu diesem Zeitpunkt im verbreiteten Zustimmungsgefühl allenfalls Randerscheinungen. Und dort, wo sie auftauchen, kontert der neu Nominierte selbstbewußt: Er sei zwar ein Fremder in Bonn, aber keineswegs in der Partei. Und daß er nicht im Gestrüpp der Bundeshauptstadt stecke, genau dies wäre wohl eher ein Vorteil für die notwendige Analyse des Parteiapparats.

Die kritischen Stimmen gegenüber dem neuen »Baracken«-Geschäftsführer sollen erst später laut werden. Blessing selbst sorgt mit naßforschen Ankündigungen über sich – »Ich bin ein harter Hund« – und allzu voreiligen Veränderungsabsichten für Frust und Widerstand im Erich-Ollenhauer-Haus. Zwischen ihm und Teilen des Hauses ist das Tuch bereits zerschnitten, bevor man sich zusammen an den Tisch gesetzt hat. Harte Konfrontationen mit Betriebsrat und Teilen des Apparats sorgen dafür, daß der angekündigte Wandel in der sozialdemokratischen Politikzentrale weitgehend in Absichtserklärungen steckenbleibt. Viele der alteingesessenen »Baracken«-Mitarbeiter schalten gegenüber dem vollmundigen Neuen auf stur. An einigen Türen klebt gar ein provokatives Schildchen mit der Aufschrift »Blessingfreie Zone«.

Aber zu diesem Zeitpunkt gilt Engholms überraschende Auswahl erst einmal als gelungen und taktisch geschickt: Blessings Nominierung »ist eine demonstrative Reverenz an die Gewerkschaften und die junge SPD-Generation«, so und ähnlich ist verbreitet zu lesen, und »die Bestellung der Bundestagsabgeordneten Cornelie Sonntag zur Parteisprecherin ist eine Geste gegenüber der Fraktion und den Frauen in der SPD«[14]. Aber es ist schließlich auch mehr als das, wie nicht nur in den eigenen Reihen respektvoll festgestellt wird: Engholm, der seinen Widerstand gegen sozialdemokratische Seilschaften offen angekündigt hat, ist bei seiner ersten Personalentscheidung nicht der Versuchung unterlegen, irgendeine der Gruppen in der Partei mit einem Personalgeschenk zu versorgen.

»Risiko Engholm«: »Land unter« vor dem Bremer Parteitag?

Der Parteitag vom 28. bis 31. Mai 1991 in Bremen steht für Engholm unter nicht eben strahlenden Vorzeichen. Dort in der Stadthalle soll er sich den Delegierten zur Wahl für das Amt des Parteichefs stellen. Doch die SPD liegt wieder einmal im Clinch mit sich selbst. Nicht etwa um die Kandidatenfrage sind kontroverse Diskussionen mit unversöhnlich erscheinenden Gegensätzen ausgebrochen, sondern darüber, welche Rolle die Deutschen bei der Bewältigung internationaler Krisen einzunehmen haben.

Der Golfkrieg hat nicht nur die deutschen Gemüter bewegt, sondern auch die Frage entfacht, ob sich die geeinte Nation weiterhin die Beobachterrolle auf der internationalen Galerie leisten kann. Deutsche Soldaten sollen mit an die Krisenfronten, wenn dies unter dem Dach der UNO erfolgt, so wollen es zumindest auch einige innerhalb der SPD. Andere fordern wenigstens eine Beteiligung an UN-Friedensmissionen, den sogenannten »Blauhelm«-Einsätzen. Eine dritte Gruppierung innerhalb der Sozialdemokraten besteht indes auf Beibehaltung eher pazifistischer Prinzipien: Deutsche Soldaten sollen nur zu Verteidigungszwecken auf Nato-Terrain zum Einsatz kommen dürfen – und nirgendwo sonst.

Die Diskussion droht diesen Parteitag bereits im Vorfeld zu erdrücken. Andere, akutere und für viele in Partei und Bevölkerung wichtigere Themen, wie vor allem die Probleme der Vereinigung, scheinen eher in eine Randlage zu geraten. Insbesondere der Ostvertreter im Parteivorstand, Wolfgang Thierse, wettert, daß die Regierungsfähigkeit der SPD sich im Verlauf dieses Parteitages daran messen werde, ob die sozialen und wirtschaftlichen Probleme der neuen Bundesländer gemeistert werden könnten und »nicht etwa an unserer Bereitschaft, deutsche Soldaten irgendwohin zu senden«.

Am Tag vor Beginn des Delegiertentreffs titelt dann auch noch *Der Spiegel* über die Breite des Blattes die Schlagzeile vom »Risiko Engholm«. Ein nachdenklich blickender Kandidat für das oberste Parteiamt ziert das Deckblatt des Nachrichtenmagazins. Die Pfeife im nach unten hängenden Mundwinkel und der schräg gen Himmel gerichtete, leicht verkniffene Blick dokumentieren Skepsis. Ein roter Ostfriesennerz und der dunkelgrau bewölkte Hintergrund runden das Bild ab: ein Deichgraf, der den Sturm heraufziehen sieht und das Brechen der Dämme schon vor Augen hat. »Land unter« für den neuen Hoffnungsträger?

Tatsächlich aber ist im Inneren des Blattes dann nicht das »Risiko Engholm« das Thema, sondern »Engholms Risiko« – die Probleme der Partei, die nun zu den Problemen des neuen Vorsitzenden werden und bereits auf diesem Amtsantritts-Parteitag gelöst werden müssen. »Schon beim wichtigsten Parteitagsthema«, so wird dort prognostiziert, »werden seine Führungsqualität und die Regierungsfähigkeit der Partei sogleich getestet. Die Diskussion über Deutschlands künftige Rolle in der Welt, dargetan am Beispiel von Bundeswehreinsätzen außerhalb der Nato, erweist sich als Engholms Risiko.«[15] Möglicherweise, munkelt *Der Spiegel*, könnte sich zu Bremen an der Weser die Karriere Engholms bereits erledigen, bevor sie begonnen hat.

In der Tat sind die Diskussionen innerhalb der Partei so heftig, als gäbe es derzeit keine historisch wichtigere Frage als die, an welcher Front nun deutsche Soldaten stehen dürften. Und dieser Streit geht quer durch die Gliederungen und Hierarchien der Partei: Der SPD-Ehrenvorsitzende Willy Brandt warnt die Genossinnen und Genossen angesichts der veränderten Bedeutung des geeinten Deutschland vor einem weiteren Verharren in »weltpolitischer Abstinenz«. Die meisten seiner politischen »Enkel« indessen wehren sich kategorisch gegen einen SPD-Kurs, der Krieg als Politik-Ersatz akzeptiert. Engholm selbst gehört dazu, will aber zumindest deutsche Beteiligungen an Friedensmissionen möglich machen. Eine Haltung zwischen den Extrempositionen; aber nicht einmal die ist im Vorfeld dieses Parteitages an den meisten Basisgliederungen zustimmungsfähig. Die SPD bietet vor dem Bremer Kongreß ein diffuses Bild der Zerrissenheit. »Die deutsche Einheit und der Golfkrieg«, so zitiert die *FAZ* die Stimmungslage der sozialdemokratischen Unterbezirke, »hätten die SPD erschüttert. Sie brauche noch Zeit.«[16] Doch diese Zeit, darüber herrscht verbreitetes Einvernehmen, steht nicht zur Verfügung. Die Anträge zum »Blauhelm«-Thema liegen auf dem Tisch und stehen auf diesem Parteitag an der Weser zur Abstimmung an.

Aufschub würde man auch gern einem anderen, ebenfalls heftig umstrittenen Thema verordnen. Die »Hauptstadtfrage«, Berlin oder Bonn, teilt wie in den anderen Parteien die SPD in zwei große, unversöhnlich erscheinende Lager. Engholm hatte sich bereits auf Bonn festgelegt und steht auch in dieser Frage nicht auf der Seite der Altvorderen um Brandt und Vogel, die sich engagiert für Berlin stark machen.

Antrittsversprechen: »Führen und Zusammenführen«

Der Auftakt dieses Parteitages aber gehört erst einmal dem Abgänger. Verlegen wischt sich der scheidende Vorsitzende nach seiner Abschiedsrede an die Delegierten ein paar Tränen aus den Augenwinkeln. Soviel herzliche Zustimmung hatte der von manchem nur als »Übergangsvorsitzender« titulierte Hans-Jochen Vogel bei seinem Abtritt offenbar selbst nicht erwartet. Er wird gefeiert, und dies ganz besonders von den Frauen der Partei. Mit Blumen und lila Luftballons bedanken sie sich bei dem Mann, unter dessen vierjährigem Vorsitz der Kampf um die Quote und die Öffnung von Parteifunktionen für Frauen zum Erfolg geführt hat – wohl wissend, daß es ohne dessen persönlichen Einsatz vor und während des Münsteraner Parteitages 1988 wohl kaum zu diesem historischen Einbruch in die auch bei den Sozialdemokraten dominierende Männerwelt gekommen wäre.

Die Mehrheit der Delegierten ist darüber hinaus erkennbar erleichtert, daß sich dieser Wechsel an der Spitze – anders als nach dem Brandt-Rücktritt vier Jahre zuvor – in allerhöchster Harmonie vollzieht. Geradezu liebevoll und ein wenig väterlich hatte sich Vogel in seiner Abschiedsrede direkt dem »lieben Björn« zugewandt und ihm versichert: »Du bringst alle Voraussetzungen für diese Arbeit mit. Du weißt, daß Führen auch immer Dienen heißt und daß man sich auch manchmal zurücknehmen muß.« Und neben Lob bietet er dem Nachfolger Unterstützung und Kooperation an: »Ich werde dir helfen, wo immer du es möchtest und wo ich es vermag.« Worte, die bei einem Nachfolger namens Lafontaine wohl anders ausgefallen wären und die für die Partei mehr als nur ein pathetischer Abschied sind. Schließlich bleibt der scheidende Parteichef Vorsitzender der Bundestagsfraktion, der in den vergangenen Jahren eigentlichen Schaltstelle der Partei. Doch nach diesen Worten an den Nachfolger erscheinen Bedenken, daß es zwischen den beiden sozialdemokratischen Zentren zum Gegen- statt Miteinander kommen könnte, überflüssig und ausgeräumt. Die »Chemie« zwischen »Oberlehrer und Volkshochschullehrer«, wie die *taz* das Verhältnis zwischen dem alten und dem neuen SPD-Chef spöttisch beschreibt, scheint zu stimmen.

Die Kür des Nachfolgers ist für den zweiten der insgesamt vier Tage dieses Delegiertentreffs vorgesehen. Bereits Ostern, rund zwei Monate zuvor, hatte Engholm begonnen, seine Rede für seinen bis dahin wohl wichtigsten Parteiauftritt vorzubereiten, und sie seitdem immer wieder verworfen, ergänzt und überarbeitet. Bis kurz vor seinem Auftritt in der Bremer Stadthalle feilen er und Gerd Walter noch einmal an Details der Ansprache, fast bis nichts mehr geht und Hamburgs Bürgermeister Henning Voscherau vom Vorstandspodium salopp verkündet: »Und jetzt kommt der Björn.«

Engholm ist nervös, wie er später einräumt. Zum ersten Mal in seinem Leben ist er vor einer wichtigen Rede »richtig aufgeregt« und hat nur wenig und obendrein schlecht geschlafen. Ein bißchen merkt man es ihm an, er zieht mit etwas höherer Frequenz an seiner Pfeife als gewohnt, Autogrammjäger werden an diesem Mittwochvormittag von seinen Mitarbeitern konsequent abgewimmelt. Ansonsten aber ist der äußere Eindruck – dunkler Anzug, weißes Hemd, dunkelblau-gestreifte Krawatte – korrekt und adrett wie immer, als er auf das Pult vor dem Großplakat steigt, das in riesigen Lettern das eher schlichte Parteitagsmotto verkündet: »SPD – Gut für unser Land.«

Die anfängliche Nervosität, ein kleiner Versprecher – das alles legt sich schon bald. Engholm weicht vom Redemanuskript ab, extemporiert und zitiert aus dem Stegreif abseits der Vorlage Immanuel Kant, streut kleine humorige Anekdötchen ein. Das Parteivolk ist rasch in den Bann des Redners gezogen.

Dabei ist es weder eine flammende Ansprache, die überraschende programmatische Visionen eröffnet, noch sonderlich kämpferisch, was der Neue da vorträgt. Vielmehr referiert er eher nachdenklich und gelassen, mahnt, spricht die Delegierten direkt an, beugt sich nach vorne, widmet sich mal mehr der einen, mal der anderen Seite der Stuhlreihen oder dreht sich um, nach oben zur Präsidiums-Empore. Aber das, was er da vorträgt, ist typisch für Engholm, es ist geradezu die fast komplette Philosophie des Lübeckers. Sein Freund Gerd Walter meint noch heute, daß sie ein »gutes Zeugnis dafür ist, wofür dieser Parteivorsitzende steht – nicht nur in dieser Funktion, sondern auch als Typ, als politische Figur«.

Die Partei nach außen zu öffnen und im Inneren den solidarischen Umgang zu üben, das ist eine seiner zentralen Botschaften. Er zitiert den von Johannes Rau geprägten Grundsatz vom »Versöhnen statt spalten« und argumentiert gegen »verfestigte Gruppen«, Flügelkämpfe und Intrigen innerhalb der eigenen Partei. Wer »Humanität und Solidarität« einfordere, der dürfe selbst nicht, »wenn sie gefordert sind, mit dem Messer im Gewand rumlaufen«. Engholm will zusammenführen, was nach seiner Meinung zusammengehört. Er will »bündeln« und »knüpfen«, wie es zwei seiner offenkundigen Lieblingstermini immer wieder zum Ausdruck bringen, »öffnen« und »durchlüften«.

Auch und gerade den Umgang mit jenen will Engholm ändern, die das Parteibuch nicht schon in ihrer Wiege gefunden haben. Vielleicht vor dem Hintergrund von Willy Brandts Erfahrungen bei der Berufung von Margarita Mathiopoulos, vielleicht auch, weil möglicherweise ein Ex-FDP-Generalsekretär Verheugen in der eigenen Partei als Bundesgeschäftsführer nicht durchsetzbar war, sagt er: »Ich rate dringend, nicht allen, die einmal – guter Hoffnung oder äußeren Zwängen folgend – das falsche Parteibuch erwarben, das ewige Kainsmal aufzudrücken. Die SPD muß für alle offenstehen, die ohne irreversible Schuld und guten Willens sind.«

Engholm verteilt im übrigen keineswegs nur Streicheleinheiten an die eigenen Genossinnen und Genossen. Zwar verspricht er ihnen, daß das sozialdemokratische Jahrhundert längst nicht vorbei sei, sondern ein Jahrhundert der sozialdemokratischen Reformen erst anstehe. Aber wenig später schon mahnt er den dafür erforderlichen Handlungswillen und die dazugehörige Handlungsfähigkeit der eigenen Partei an: »Die Fähigkeit unserer Partei, Probleme zu lösen, darf ihrer Lust, Probleme zu analysieren, nicht nachstehen.«

Wer wirklich Verantwortung tragen wolle, sagt er an anderer Stelle, der dürfe sich nicht verzetteln. Er will, daß seine Organisation sich auf die wichtigen Themen konzentriert, die für die Zukunft der Menschheit bedeutend sind. »Nichts ist schlimmer als das beliebige Springen auf jeden aktuellen Zug.«

Er fordert mehr Einfluß der Basisgliederungen in den Ortsvereinen und Kreisverbänden, weil sie die besten Meinungsbildner und Multiplikatoren der Partei seien, und die Verwirklichung von Grundsätzen moderner Organisation und Personalführung in der Spitze der Partei. »Wer vor Ort Plakate klebt, hat Anspruch darauf, daß der Laden oben in Ordnung ist.« Und dafür will Engholm sorgen, wie er den Delegierten nachdrücklich verspricht.

Von Kurt Schumacher über Erich Ollenhauer und Willy Brandt zählt er bis zu Hans-Jochen Vogel so ziemlich alle großen deutschen Sozialdemokraten auf und versichert, daß er sich diesen Vorbildern folgend redlich bemühen will, ein »guter Vorsitzender« zu sein. Er habe schließlich Erfahrungen mitzubringen, und wohl an die Adresse derer gerichtet, die zuweilen vom »Softie« oder »Engholm light« sprechen, sagt er: »Man muß mir nicht sagen, was Härte in der Politik ist. Ich habe erfahren, wohin es führen kann, und habe es erlebt, wenn Macht zum Selbstzweck wird.« Das Wort von der »Barschel-Affäre« nimmt er nicht in den Mund. Aber wohl so ziemlich jeder in der Bremer Stadthalle weiß, daß genau diese Erfahrung im Politikerleben des Björn Engholm gemeint ist. Und ebensowenig herrschen Zweifel darüber, daß dies nicht der Stil des Norddeutschen ist: »Ich werde Auseinandersetzungen, wenn's sein muß auch harten, nicht aus dem Wege gehen. Politik aber, die aus Gegnern Feinde macht, ist meine Sache nicht, nicht die unserer Partei und nicht die unseres Volkes.«

Engholms Botschaft nach innen wie außen ist klar. Er will, wie er es dann auch noch einmal ausdrücklich formuliert, »zusammenführen *und* führen«. Und er läßt keinen Zweifel daran, daß er, der Freund der Muße, der so oft und gern als Müßiggänger dargestellt wird, dafür hart arbeiten will. Für etwa zehn Jahre, so hatte er sich selbst vorgenommen, will er an der Spitze der Partei zur Verfügung stehen und weiß, daß dies nicht eben leichte Zeiten werden. Er, der sich selbst nur ungern auffressen und von der Partei vereinnahmen läßt, bemüht Albert Camus, um seine Haltung zu unterstreichen, daß er diese Aufgabe dennoch mit vollem Einsatz zu absolvieren gedenkt. Von ihm nämlich, so sagt er den Delegierten, »wissen wir, daß Sisyphos, der Mann mit dem Stein, ein glücklicher Mann war. Er hatte die zentrale Frage, ob sein Leben voller Mühe lohnenswert sei, bejaht.« Und: »Auch politische Arbeit ist oft Sisyphosarbeit.«

Ausführlich geht Engholm auch auf das ein, was wohl die meisten Delegierten von ihm hören wollen. Vor allem denen aus dem Osten versichert er gleich im ersten Teil seiner Rede, daß die große Aufgabe aller Deutschen die soziale Gestaltung der Einheit sein müsse. Überhaupt ist die Solidarität, dieses »Gebot der Vernunft«, wie er sagt, ein durchgängiges Thema in seiner Rede und zugleich der Bereich, in dem er – zur Freude der Delegierten – die Bundesregierung am schroffsten angeht: »Unser Land braucht Einfühlungsvermögen statt Großmäuligkeit, Hilfsbereitschaft statt Kolonialistenmentalität und Ehrlichkeit statt Täuschung. Unser Volk darf nie wieder so übers Ohr gehauen werden wie vor den letzten Bundestagswahlen von der Regierung Kohl!«

Und in diesem Zusammenhang dementiert er dann auch jüngste Gerüchte über klammheimliche Große Koalitions-Absichten. Ein Zusammengehen mit der Union, sagt Engholm, sei allenfalls für Zeiten des nationalen Notstandes denkbar – aber davon könne keine Rede sein: »Wir haben keinen Notstand im Lande. Wir haben nur eine Regierung, die mit der Not im Lande nicht fertig wird.«

Er läßt keinen Zweifel daran, daß er die SPD zurück zur Macht im Lande führen will – aber nicht an die Seite der Union. »Die deutsche Sozialdemokratie«, verspricht er, »ist auf dem Weg in die erneute Verantwortung für unser Land.«

Die Delegierten dieses Bremer Parteitages sind zufrieden. Engholm hat ihre Stimmungslage getroffen. Und sie danken es ihm nach seiner neunzigminütigen Vorstellungsrede mit lange anhaltendem, freudigem Applaus. In den meisten Zeitungen kann man am nächsten Tag sogar von »stehenden Ovationen« lesen: »In der gewaltigen Bremer Stadthalle ist die Woge der Sympathie für Björn Engholm gleichsam mit Händen zu greifen ...«[17] *Die Zeit* bilanziert Engholms Einstand einige Tage darauf mit der Feststellung:

»Björn Engholm hat sich nicht verstellt. Er ist angetreten als ein Vorsitzender, der politisch denkt, aber ausgleichen will. Und nicht als einer, der sich als Sinnstiftungsinstanz und Parteiimperator begreift. Die Zeiten dafür sind schließlich auch vorbei.«[18]

Norddeutsch nüchterner ist die parteiinterne Gefühlslage auf einem Transparent des SPD-Ortsvereins List dokumentiert, das dort an einer der Wände der Bremer Stadthalle hängt. Schlicht und ergreifend haben die Sozis von Sylt dort den Spruch plakatiert: »Mit Björn auf dem richtigen Törn«.

Bremer Fazit: Politisch mager – atmosphärisch gut

Wenn die Partei Engholm ein Amt gibt, dann – so scheint es – tut sie es nicht unter 90 Prozent. Ob städtischer Juso-Boß, schleswig-holsteinischer Spitzenkandidat oder Chef der Bundespartei – die Zählergebnisse ähneln sich. In Bremen sind es 458 von 474 Delegierten-Kärtchen, die mit einem »Ja« zu Engholm in der Wahlbox landen – ein »Traumergebnis« von rund 97,5 Prozent der abgegebenen Stimmen, das von dem tosenden Beifall der Delegierten dieses Parteitages gefeiert wird. Engholm selbst nimmt das Resultat mit Ironie und spitzbübischer Gelassenheit: »Ich bin zutiefst gerührt«, sagt er, »schon im ersten Wahlgang die absolute Mehrheit erreicht zu haben.«

Einer der ersten Gratulanten, der den neuen Parteichef oben auf der Präsidiumsempore nach Verkündung dieses fulminanten Ergebnisses geradezu innig umarmt, ist Oskar Lafontaine. Der Mann, der ursprünglich auserkoren war, dieses Amt zu übernehmen, hegt offenbar keinen Groll gegen den, der es jetzt statt seiner macht. Im Gegenteil, fast wirkt es so, als wolle der »Landrat von der Saar«, wie ihn Willy Brandt einst tituliert hat, seinem neuen Vorsitzenden sagen, daß er von ihm keine Knüppel zwischen die Beine befürchten müsse.

Zwar hat Engholm keinen Zweifel daran gelassen, daß er, anders als der Kanzlerkandidat des Vorjahres, die deutsche Vereinigung als Verwirklichung eines Traums und nicht in erster Linie als Problem betrachtet. Aber er sagt mit Blick auf die massiven sozialen und ökonomischen Probleme der Vereinigung in seiner Antrittsrede auch: »Als Oskar Lafontaine im vergangenen Jahr diese Entwicklung realistisch vorhersagte, wurde er in einer unglaublichen Weise populistisch niedergemacht.« Und unter dem überraschend starken Applaus der Delegierten fügt er, vom Redemanuskript abweichend, hinzu: Wer so gekämpft und gelitten habe, der verdiene den Respekt der Partei. Lafontaine erfährt langsam wieder die Gunst der Genossinnen und Genossen, was sich – vielleicht bestärkt durch Engholms Worte – später dann auch in einem ordentlichen Wahlergebnis ausdrückt. Mit 82,3 Prozent erhält er rund 14 Prozent mehr als noch knapp drei Jahre zuvor beim Münsteraner Parteitag. Damals waren vor allem die Gewerkschafter der Partei stinksauer auf den Genossen von der Saar, nachdem der sich von ehernen gewerkschaftlichen Forderungen, wie etwa der Arbeitszeitverkürzung bei vollem Lohnausgleich, verabschiedet hatte.

Engholm bemüht sich, zusammenzubinden und zu versöhnen. Auch im Fall Lafontaine. Der sagt später über Engholms Rede, es habe ihn »sehr gefreut, daß er die Beiträge, die ich während des letzten Jahres geleistet habe, gewürdigt hat«. Und symbolisch zieht an diesem Tag in Bremen nicht nur Engholm mit Lafontaine, sondern die komplette Führungsriege an einem Strang. Der sozialdemokratische Landesvorsitzende aus Schleswig-Holstein, Willi Piecyk, hat einen dicken Tampen als Antrittsgeschenk für den neuen SPD-Chef mitgebracht – und alle fassen symbolträchtig und offenkundig gut gelaunt an. Auch Lafontaine: »Nachher heißt es wieder, ich ziehe nicht mit«, flachst er. Und Engholm kontert: »Zieh bloß nicht wieder zu stark an einem Ende.«

Schulterschluß mit Engholm demonstriert Lafontaine auch in der »Blauhelm«-Debatte der Partei. Engagiert und vehement wirbt der zunächst stärker dem pazifistischen Flügel zuneigende Saarländer ebenso wie der neue Parteichef für den Leitantrag des Vorstandes. Darin ist die Beteiligung von Bundeswehrsoldaten an friedenerhaltenden Maßnahmen unter dem Dach der UNO und eine entsprechende Grundgesetzänderung vorgesehen. Nach langer und kontroverser Debatte, die die Parteitagsregie und den Zeitplan deutlich aus den Fugen geraten läßt, stellt sich schließlich die Mehrheit der Delegierten hinter diesen Minimalkonsens für friedenerhaltende

»Blauhelm«-Einsätze und gegen eine Beteiligung der Bundeswehr an Kampfeinsätzen außerhalb des Nato-Territoriums.

Immerhin 179 der knapp 500 SPD-Repräsentanten in Bremen ist selbst das zuviel. Daß überhaupt eine solide Mehrheit für den Vorstandskurs zustande kommt, mag nicht zuletzt daran liegen, daß die Delegierten nicht schon bei der ersten bedeutenden Entscheidung in der Amtsperiode Engholms ihren neuen Vorsitzenden beschädigen wollen. Denn für viele bedeutet ein Nein zum »Blauhelm«-Beschluß wohl das, was Jürgen Schmude den Delegierten in der Bremer Stadthalle in die Köpfe hämmert: »Eine Ablehnung des Antrages wäre eine Absage an Björn Engholm, den ihr gerade mit überwältigender Mehrheit zu eurem Vorsitzenden gewählt habt.« Und der neue Vormann selbst hatte am Rande des Parteitages wissen lassen, daß er nicht nur führen, sondern sich auch in Streitfragen durchsetzen wolle: »Dabei kann man in weniger wichtigen Dingen auch einmal unterliegen. Aber nicht bei Fragen von hoher Bedeutung.« Eine Niederlage bei der Frage der deutschen Beteiligung an UN-Einsätzen wäre ein solcher Fall von »hoher Bedeutung« gewesen.

Weitaus weniger klar geht dagegen der sozialdemokratische Streit um die Hauptstadtfrage aus: Als sich ein knappes Fünftel der Delegierten schon wieder auf dem Weg in die Heimatwahlkreise befindet, votieren kurz vor Ende des Parteitages 203 gegen 202 Delegiertenstimmen mit der denkbar knappsten Mehrheit für Bonn und gegen Berlin – und damit ebenfalls für Engholms Linie. Aber um letztendlich noch beide Optionen offenzuhalten, findet die Partei ein Schlupfloch: Sie beschließt fast einstimmig, eine Volksabstimmung zu fordern. Engholms Begründung für diesen Sowohl-als-auch-Beschluß: »Wenn es eine Entscheidung gibt, die geradezu danach schreit, von einem Dritten entschieden zu werden, nämlich vom Volk, dann ist es diese.«

So geht dieser für Engholm so wichtige erste Parteitag als SPD-Chef letztlich gütlich und glimpflich aus. Die befürchteten großen Glaubenskriege haben in Bremen nicht stattgefunden, und der neue Parteivorsitzende hat seine erste Bewährungsprobe unbeschädigt überstanden. Die Auseinandersetzungen um die umstrittenen Themen »Hauptstadtfrage« und »Blauhelme«, schreibt schließlich die

Frankfurter Rundschau zum Abschluß des Delegiertentreffs an der Weser, waren »alles andere als der sattsam bekannte Schlagabtausch. Mit großem Ernst und Leidenschaft wurde um Einsichten und Verständnis gerungen, wobei die meisten Redner die Zahl der Verletzungen geringzuhalten trachteten. Eine bemerkenswerte Probe auf Engholms neuen Stil. In solch wohltuender Atmosphäre lassen sich Kompromisse wie im Fall des UN-Einsatzes und Nicht-Entscheidungen wie beim Regierungssitz locker verkraften.«[19] Politisch, so kann dies dann aber wohl auch übersetzt werden, ist die SPD auf diesem Bremer Parteitag nicht sehr viel weiter gekommen – aber das immerhin in einem netten Miteinander.

Kanzleramt: Kunstdebatte auf sozialdemokratisch

Kandidaten-Kandidat: Wer will wirklich?

Landtagswahlkampf 1992 in Schleswig-Holstein. Schauplatz Holstenhalle in Neumünster. Für den Engholm-Wahlhelfer Hans-Ulrich Klose aus dem feindlichen Bonn eine Begegnung der »dritten Art«. So etwas hat der alte Politfuchs noch nicht erlebt. Er weiß zwar auch, daß die SPD eine Partei ist, »in der das Wir-Gefühl nicht besonders stark verankert ist«, doch hier fühlt er sich in der Höhle des Löwen.

Klose ist an einem kühlen Januarabend ins Holsteinische gekommen, um den Genossen im Norden Rückenstärkung aus Bonn zu vermitteln und vor allem den Spitzenkandidaten der SPD, Björn Engholm, zu unterstützen. Doch der Bonner Fraktionschef und ehemalige Erste Bürgermeister der Freien und Hansestadt Hamburg wird mit einem gellenden Pfeifkonzert und lauten Buhrufen begrüßt.

Klose hat mit diesem Empfang rechnen müssen. Die Schleswig-Holsteiner haben ihm weder vergessen noch verziehen, daß er von Bonn aus unerbittlich die Kanzlerkandidatenfrage der SPD gestellt und letztlich den Kieler Ministerpräsidenten gezwungen hat, »vor der Zeit« Farbe zu bekennen und sich als »ein möglicher Kandidat« zur Verfügung zu stellen. Eine im Hinblick auf die Landtagswahl in den Augen vieler Sozialdemokraten fatale Situation, denn damit, so wird argumentiert, werde den Sozialdemokraten in Kiel das Siegen erschwert. Natürlich wolle der Wähler wissen, welcher Ministerpräsident wie lange regiert – und natürlich werde es für Engholm nun noch schwerer, den nahezu unmöglichen Spagat zwischen Bonn und Kiel als designierter Kohl-Herausforderer drei Jahre lang überzeugend und chancengleich durchzustehen. Und dann wird man auch noch von einem Hamburger vorgeführt. So etwas haben die Schleswig-Holsteiner nicht gern, zumal sie den Verdacht hegen, Klose strebe selbst das Kanzleramt an und habe Engholm deshalb in einen frühzeitigen Verzicht treiben wollen.

Doch Engholm ist es schon im November 1991 klar, daß er sich dem Ruf nicht werde entziehen können, als SPD-Spitzenkandidat zur Bundestagswahl 1994 anzutreten. Kaum wahrgenommen und dann eher nebensächlich interpretiert, gibt er den ersten Hinweis auf seine Bereitschaft beim Landesparteitag in Harrislee bei Flensburg am 30. November. Wegen einer Augenentzündung – Engholm hat zur Vorbereitung dieses öffentlichen Auftritts zu lange unter der Höhensonne ausgeharrt – kommt er erst am zweiten Tag und erklärt lapidar: »Für drei Jahre haben die Wählerinnen und Wähler in Schleswig-Holstein meine feste Zusage, daß ich für sie als schleswig-holsteinischer Ministerpräsident arbeiten werde. Ob das auch im vierten Jahr der Fall sein wird, muß ich offenlassen; wenn nicht, werde ich für Schleswig-Holstein an anderer Stelle noch mehr einbringen können. Das erste Wort in dieser Frage spricht der Parteivorsitzende.« Der Bonner Korrespondent der *Frankfurter Rundschau,* Helmut Lölhöffel, einer der intensivsten und kompetentesten Beobachter der SPD, schreibt dazu später in seiner Zeitung: »War das nun schon eine Bewerbung um die Kanzlerkandidatur oder nicht? Manche wollten dies eindeutig herausgehört haben, andere konnten darin keine Festlegung erkennen. Auch Klose nicht.«[1]

Engholm bleibt in weiteren Äußerungen indifferent und nebulös, wenngleich er in Harrislee noch hinzufügt: »Es ist ja keine Schande, wenn für das zweithöchste Amt im Staat auch ein Schleswig-Holsteiner im Gespräch ist.« Sein Hinweis, daß zudem der Parteivorsitzende, der er selbst ist, das erste Wort zu sprechen habe, kann in diesem Zusammenhang nur noch als unfreiwilliger Humor interpretiert werden.

Doch Engholm ist schon zu diesem Zeitpunkt über die »unselige Kunstdiskussion, diese Schwachsinnsdebatte« höchst verärgert. Dies um so mehr, als einer seiner engsten politischen Freunde, der Kieler SPD-Fraktionsvorsitzende im Landtag, Gert Börnsen, den ersten Anstoß gegeben hat. »Ohne Absprache und Vorwarnung«

erklärt Börnsen Anfang November auf einer Parteiveranstaltung in Kiel, »es würde der sozialen Orientierung der deutschen Politik, einer europäischen Partnerschaft ohne Großmachtgehabe und ihrer Weltoffenheit und Toleranz, insbesondere gegenüber der Flüchtlingsbewegung, guttun, wenn von Lübeck aus und nicht von Oggersheim aus regiert werde.«

Börnsen setzt noch eins drauf und macht Engholms Bereitschaft zur Kandidatur vom Wahlergebnis in Schleswig-Holstein abhängig, »wo die SPD eine Fünf am Anfang haben« wolle. Eine »Kanzlerkandidatenwahl in Kiel« ist das letzte, was Engholm gebrauchen kann. Ihm ist ohnehin klar, daß das Traumergebnis von 1987 auf gar keinen Fall auch nur annähernd zu erreichen sein wird. Engholm hat deshalb nur begrenztes Verständnis für Börnsens Vorstoß, glaubt ihm aber, daß »Dinge, die auf dem Tisch liegen, nicht wieder zu verstecken sind. Dann lieber eine offensive Strategie nach dem Motto: Das Land Schleswig-Holstein kann froh sein, wenn es einen hat, der für so viele Aufgaben in Frage kommt.«

Dennoch ist Engholm über den gesamten Ablauf keineswegs begeistert. Letztlich bleibt ihm wohl keine Alternative als zuzustimmen, denn »am Ende entsteht der Eindruck, wenn du nicht ja sagst, dann halten sie dich für absolut unfähig. Das hätte dann auch bedeutet, mit der eigenen Landtagswahl in die Grütze zu gehen.«

Und natürlich setzt sehr schnell jene Debatte darüber ein, wer denn wohl potentieller Nachfolger Engholms in Kiel werde, wenn dieser als Kanzler oder Oppositionsführer nach Bonn gehe. Allerdings gelingt es der Opposition von CDU und FDP im Norden nur sehr unzureichend, dieses Thema im Wahlkampf durchzuhalten. Zudem wird – auch von Engholm – ein Effekt unterschätzt. In den Augen der Schleswig-Holsteiner ist es eher von Nutzen als von Schaden, wenn einer der ihren für das Kanzleramt in Frage kommt. Dabei hätte zumindest die SPD es besser wissen müssen, denn derartige Debatten haben in den siebziger Jahren auch dem damaligen Ministerpräsidenten Gerhard Stoltenberg keineswegs geschadet, der jahrelang als einer der aussichtsreichsten Herausforderer von Helmut Schmidt angesehen wurde. Auch im Saarland hat der Kanzlerkandidat Oskar Lafontaine zuallerletzt wegen seiner Bonner Ambitionen politischen Schaden erlitten.

Wahlkampf: Störmanöver aus Bonn

Doch um die Jahreswende 1991/92 läßt der gerade erst zum neuen Fraktionschef der SPD im Bundestag gewählte Hans-Ulrich Klose nicht locker. Klose, keineswegs Engholms Kandidat für den Chefsessel seiner Partei im Bundestag, will möglichst frühzeitig klare Verhältnisse an der Kandidatenfront. Kurzfristig erwägt er auch noch einmal, Oskar Lafontaine, den er im Prinzip schätzt, ins Spiel zu bringen: »Ich habe damals, ganz einfach wegen der Kontinuität, zunächst noch einmal an Oskar gedacht. Es gab sogar noch Gespräche, allerdings ohne endgültiges Ergebnis.« Offenbar überwiegen zu diesem Zeitpunkt bei Klose Bedenken gegenüber Lafontaine, die mit dessen Persönlichkeit zu tun haben müssen. Klose, der 1987 geradezu putschartig von Lafontaine im Parteipräsidium als Schatzmeister durchgesetzt worden war, scheint gewisse Beklemmungen wegen einer möglichen Unberechenbarkeit Lafontaines zu verspüren. Jedenfalls wendet er sich sehr schnell Engholm zu.

Zunächst lädt Klose in Bonn seinen Parteivorsitzenden zu sich nach Hause ein. Bei Gemüsesuppe, Filet, Porree und Fenchel werden programmatische Strategien erörtert, beide sind sich einig, eine gute Harmonie zwischen Partei und Fraktion herzustellen, Schritte aufeinander abzustimmen und vor allem in Zukunft schneller, flexibler und unbürokratischer als ihr gemeinsamer Vorgänger Hans-Jochen Vogel zu agieren. Klose äußert irgendwann nach diesem dreistündigen Gespräch: »Es wird niemandem gelingen, uns beide auseinanderzuschreiben.« Im *Hamburger Abendblatt* heißt es dazu: »Bei dem Vier-Augen-Gespräch kristallisierte sich heraus, daß die beiden pfeifenrauchenden ›Nordlichter‹ sehr gut miteinander harmonieren.«[2]

Dabei bleibt es allerdings nicht allzu lange. Schon in diesen Novembertagen machen urplötzlich kritische Töne über Engholm die Runde. Was habe man sich vom neuen Vorsitzenden nach dem erstarrten Vogel-Regime nicht alles versprochen, heißt es. Von einem neuen Aufbruch sei die Rede gewesen, ein neuer politischer Stil habe einkehren sollen, doch nach der Wahl Engholms im Mai sei alles sehr schnell wie Strohfeuer verpufft. Der alte Trott sei wieder eingekehrt, ja schlimmer noch, von der Parteizentrale komme überhaupt nichts anderes als Chaos. Die Fraktion sei wegen personeller Umstrukturierungen neutralisiert, und der Vorsitzende verweile zu oft in seinem gemütlichen Schleswig-Holstein, anstatt sich offensiv in die Bonner Szene zu begeben. Engholm hält diese Vorwürfe für unsachlich und ungerecht, schließlich habe jeder, der ihn zum Vorsitzenden machte, gewußt, daß seine erste Aufgabe die des Ministerpräsidenten sei.

Doch sehr schnell schleicht sich Häme ein. Und da Engholm außer seiner angeblich zu häufigen Abwesenheit vom »Raumschiff Bonn« zunächst keine gravierenden Fehler macht, reibt sich die Bundespresse an seinem Statthalter Karlheinz Blessing, dem Bundesgeschäftsführer der Partei. »Naßforsch und glücklos« sei der ehemalige IG-Metall-Funktionär, der von Engholm, für alle überraschend, wie ein Joker aus der Tasche gezogen worden ist. Ein Vorsitzender, der ohne heimliche *briefings* völlig unerwartet einen *outsider* nominiert, der wird dafür schon noch bestraft. Die ungeschriebenen Gesetze der kleinen gernegroßen Provinz-Weltstadt gelten noch immer.

Und so werden denn Engholm, Klose und Lafontaine schneller auseinandergeschrieben, als sie es sich wohl haben träumen lassen. Natürlich reizt das neue SPD-Dreieck die Beobachter, fordert geradezu zum Vergleich heraus mit der Troika vergangener Zeiten, Brandt/Schmidt/Wehner. In einer *Zeit*-Satire wird die Kunstfigur »Björn Klotaine« geschaffen, von »Triangel«, »Dreigestirn«, »Trio infernale« ist sehr schnell die Rede. Und angeblich kann – wie gehabt – keiner mit keinem.

Vor allem machen sich alsbald tatsächlich gravierende Kommunikationsprobleme in der SPD-Spitze bemerkbar. Das hat offenbar verschiedene Ursachen. Oskar Lafontaine, so scheint es, hadert noch immer mit seinem Schicksal, weil man ihn letztlich im Stich gelassen hat. Er hätte sich wohl tatsächlich mehr Unterstützung und Ermutigung aus der Partei versprechen können, als er inmitten der psychologischen Nachwirkungen des Attentats insbesondere von Hans-Jochen Vogel unter Druck gesetzt und schließlich vorgeführt wurde. Er fühlt sich von einigen Genossen geradezu verraten, als er im Bundestagswahlkampf auf die Beschwernisse der Einheit hinweist und dabei von Politikern wie Schmidt, Brandt, Vogel, Schiller oder Eppler nicht nur nicht unterstützt, sondern sogar kritisiert wird.

Mit Hans-Jochen Vogel, der ihn mitten im Landtagswahlkampf ohne Absprache zum Kanzlerkandidaten ausruft, macht er eine ähnliche Erfahrung wie später Engholm mit dem drängenden Hans-Ulrich Klose. Engholms direkte Unterstützung vermißt Lafontaine in dieser für ihn schwierigen Phase, auch und gerade als er von Willy Brandt im Parteivorstand wegen seines Wahlkampfes abgekanzelt wird und resigniert. Nur der Respekt vor dem großen alten Mann der deutschen Sozialdemokratie hindert Lafontaine daran, mit Brandt scharf ins Gericht zu gehen.

Der Saarländer ist von den Genossen tief enttäuscht. Er hat sich stark für den Niedersachsen Gerhard Schröder eingesetzt, der sich dann jedoch von ihm »hinwegemanzipiert«; auch von Klose und Engholm hätte er sich gern mehr Unterstützung gewünscht. In Engholm sieht er jemanden, der nicht allzugern viele Gespräche führt, was oftmals bei der Koordinierung problematisch sei. Auch Hans-Ulrich Klose stellt fest, »daß Engholm ein Typ ist, der nicht alles abspricht«. Im Ergebnis habe Engholm autistische Züge. Andererseits können sowohl Klose als auch Lafontaine nicht leugnen, daß Engholm angesichts einer programmatisch und organisatorisch außerordentlich geschwächten SPD die einzige Chance zu bieten scheint, die Macht zurückzuerlangen. »In der öffentlichen Akzeptanz ist Björn Engholm ein absolutes Pfund. Er ist unsere einzige reelle Chance«, formuliert Klose, der allerdings auch sehr schnell klarmachen will, »daß wir mindestens eine echte Alternative zum Kanzler haben«.

Aber Engholm ziert und verweigert sich. Kurz vor Weihnachten ärgert er sich noch einmal öffentlich in Strande bei Kiel über die von den Medien hochgespielte »Art Winterloch: Ich glaube nicht, daß das christliche Abendland untergeht, wenn die Leute noch ein Jahr warten müssen auf den Namen der Figur, die sich dann zwei Jahre lang mit Kohl streiten muß.«

Doch Klose läßt nicht locker. Zur gleichen Zeit läßt er via *FAZ* die Öffentlichkeit wissen, die SPD müsse für 1994 Siegeswillen zeigen. »Der Eindruck muß beseitigt werden, die SPD suche ihren Kandidaten durch Negativauslese: Viele sagen ab, bis einer übrigbleibt.« Doch dieser Eindruck hat sich schon längst verfestigt. Im *Spiegel* macht sich Rudolf Augstein in einer Kolumne »Wir sind es zufrieden« über eine vermeintlich machtscheue SPD geradezu lustig: »Heute hat es den Anschein, als wären alle Spitzenleute der SPD klammheimlich froh, wenn es bei der nächsten Bundestagswahl wiederum nicht ausreichte, die stärkste Fraktion zu stellen. Alle könnten dann da bleiben, wo sie sind. Im Märchen heißt es: ›Wir sind es zufrieden‹.«

Tatsächlich verfestigt sich in diesen Wochen und Monaten der nicht zuletzt von Klose *nolens volens* geschürte Eindruck, man müsse einen aussichtsreichen Politiker wie Björn Engholm geradezu zur Jagd tragen. Klose stört, daß Engholm »zuviel über Lebensqualität redet, außerdem hat er immer noch Fluchtgedanken, doch sein öffentliches Auftreten ist glänzend«. Allerdings schließt Klose keineswegs aus, daß auch er selbst sich durchaus als einen geeigneten Kanzlerkandidaten sieht. Zwar dementiert er den Verdacht, er habe Engholm in den Verzicht treiben und dann selbst antreten wollen, doch sein nebenbei gesagter Satz: »Wer bin ich denn, daß ich nicht gegen Kohl antreten könnte?« sorgt für einen Sturm im Bonner Wasserglas. Klose dazu nachträglich: »Notfalls wäre ich schon bereit gewesen. Ich habe auch die Wirkung der Medien und meiner damit verbundenen Fehler unterschätzt.«

Tatsächlich verhärtet sich das Verhältnis zwischen Engholm und Klose augenscheinlich, es braucht gar nicht mehr kaputtgeschrieben zu werden. In einem Interview mit den *Kieler Nachrichten*[3] versucht Engholm dies, wenn auch norddeutsch-zurückhaltend, anzuprangern: »Wir, die ›Häuptlinge‹, dürfen nicht aus den Augen verlieren, daß die Indianer sie zu Häuptlingen gemacht haben. Und manchmal entsteht der Eindruck, als wenn die Häuptlinge unter sich mal eben ausgucken, wer macht was. Das reicht bis zu einer Art Selbstausrufungsrecht, wer Kanzlerkandidat wird.«

Und gerade so, als gäbe es nicht schon genug persönliche Verwerfungen in der »Troika«, führt auch Lafontaine den augenscheinlich geschockten Engholm auf einer Pressekonferenz in Bonn vor, als die beiden das Fünf-Punkte-Programm der SPD für die wichtigsten Aufgaben des Jahres 1992 nach einer Präsidiumssitzung im Januar vorstellen wollen. Nachdem Engholm brav die wirtschafts-, sozial- und außenpolitischen Herausforderungen angenommen hat, entwickelt Lafontaine ohne Absprache oder Ankündigung seine Idee von einer Nato, die einen Sicherheitspakt mit den ehemaligen Sowjetrepubliken vor allem wegen lagernder Nuklearpotentiale eingehen solle. Engholm schäumt, fühlt sich zu Recht vorgeführt, wiegelt ab, doch der Eklat ist da. Die *Süddeutsche Zeitung*[4] bemerkt dazu »Die ›neue Troika‹ ... findet, obwohl es immer mal wieder Gespräche zwischen ihnen gibt, nicht zu einem gegenseitigen Verständnis und zur Rücksichtnahme auf die gegenseitigen Befindlichkeiten des jeweils anderen. Der Streit um die Kanzlerkandidatur erscheint auch als Teil eines immer noch nicht ausgestandenen Diadochenkampfes der ›Enkelgeneration‹. Beobachtern drängt sich sogar der Eindruck auf, die Energiebündel Klose und Lafontaine nähmen mittlerweile in Kauf, daß Engholm das Handtuch werfen könnte.«

Doch Engholm hadert nicht nur mit den Spitzengenossen. Auch die in seinen Augen nervige Bonner Presse bekommt ihr Fett weg. »Die ganze Kanzlerkiste ist doch wahrscheinlich losgetreten worden, weil irgendwann mal irgendein hochgradig beknackter Journalist gefragt hat, wann bestellt ihr euren Kanzlerkandidaten. Und dann geht es natürlich los in dieser Partei. Irgendein hingehaltenes Mikrofon ist heute so attraktiv wie sieben Besuche in schlechten Etablissements. Man kann dem einfach nicht widerstehen. Das hat wohl irgend etwas Erotisches für die Leute. Und dann haben alle gesagt: bald.«

Warum, sei ihm nie klargeworden. »Es gibt dafür keinen rationalen Grund.« Und dann natürlich gleich die nächste Frage: Wer? Oskar komme ja nicht mehr in Frage, der habe schließlich alles hingeschmissen. Also: »Dann muß es wohl der Parteivorsitzende sein. Engholm. Und dann setzte sich Hans-Ulrich Klose an die Spitze der Bewegung aus für mich bis heute nicht ganz nachvollziehbaren Motiven. Einige sagen, er hat es selbst werden wollen ... er habe auch bei meiner Zögerlichkeit selbst die ganz große Rosine im Kopf gehabt.«

Die »Erlösung«: Engholm geht ins Rennen

Und so ist es wohl nicht zuletzt auch die Befürchtung gewesen, Klose könne tatsächlich nach dem Hase-und-Igel-Spiel den Kandidatenthron vorzeitig selbst besteigen, die Engholm am 21. Januar 1992 endlich den »alles erlösenden Satz« sagen läßt: »Ich gehe ins Rennen.« Wie qualvoll dies wohl auch für ihn selbst gewesen sein muß, der in diese Entscheidung nicht einmal seine Familie einbindet, zeigt seine spätere Formulierung: »Und ich habe mich dann am Ende mühevoll entschieden zu sagen, dann werde ich es wohl tun sollen.«

Engholm will das Thema ganz einfach vom Tisch haben, nicht ohne auch Klose, Lafontaine und andere »Nervensägen der Bonner Genossenschaft« mehr oder weniger offen zu rüffeln. Indessen hat Engholm gerade noch rechtzeitig die Kurve gekriegt, denn schon am Tag nach seiner Zusage, sich als Kandidat zu bewerben, »was noch längst nicht gleichbedeutend mit der endgültigen Kandidatur« sei, kommentiert der SPD-Ehrenvorsitzende Willy Brandt das wochenlange Hickhack in der oberen Etage der »Baracke« mit den Worten: »Ich bin froh, daß nicht eine Lage entstanden ist, wo ich hätte sagen müssen: Nun hört doch endlich auf damit.«

Die große Abrechnung der Basis mit den Disharmonien des »Triangels« kommt eine Woche später bei einer Sitzung des Parteirats, dem »kleinen Parteitag«. Schon lange wurde in den Bezirks-, Kreis- und Ortsverbänden gemosert, dieses Taktieren und Hinhalten sei nicht mehr vermittelbar, die Führungsmannschaft in Bonn schade der Gesamtpartei in einem unverantwortlichen Ausmaß. Im Parteirat melden sich prominente Genossen zu Wort, die scharf kritisieren, daß »einzelne ihr Ego auf Kosten der Wählbarkeit ausleben« oder daß »jeder Tag für Tag eine andere Sau durchs Dorf treibt« oder »daß die Herren an der Spitze Profilvorteile zu Lasten anderer suchen«.[5] Engholm fängt diese Stimmung des Dampfablassens mit den Worten ab, zu Recht habe man sich gefragt, »ob die SPD noch alle Tassen im Schrank hat«.

Tatsächlich fällt diese Phase der tiefen inneren Zerstrittenheit in der SPD in eine Zeit, da die Bundesregierung selbst in erhebliche Turbulenzen gerät. Vor allem die nicht absehbaren Kosten der deutschen Einigung, nachlassende Produktivität der Wirtschaft, internationale Rezession und außenpolitisch fragwürdige Alleingänge Bonns wie etwa die vorzeitige Anerkennung Kroatiens als eine der letzten Amtshandlungen des politikmüden und alsbald abtretenden Außenministers Hans-Dietrich Genscher bieten eine Vielzahl von Angriffsflächen für eine intakte Opposition. Doch die ist mehr mit sich selbst und letztlich belanglosen Zukunftsfragen beschäftigt. Ein kostbares Halbjahr wird verschenkt, in welchem die SPD unter Engholms Führung neues Profil hätte zeigen und sich als echte Alternative anbieten können.

In einem Kommentar in der *Wochenpost* schreibt Klaus Hartung zur sich selbst neutralisierenden SPD: »In einer solchen Zeit ruft man ganz altmodisch: Wo bleibt die Opposition? Die SPD antwortet mit Zukunftsprogrammen, als ob in einer Zeit des weltgeschichtlichen Umbruchs Programme geschrieben werden könnten. ... Wo war die SPD, als sich der jugoslawische Bürgerkrieg abzeichnete? Wo sind die Konzepte einer friedenspolitischen Interventionsmacht? ... Was machen wir angesichts der beginnenden Völkerwanderung? Und vor allem: Was wird den Westdeutschen die deutsche Einheit kosten und auf welche Hoffnungen müssen die Ostdeutschen verzichten? Hier müßte die Opposition laut, konkret und streitsüchtig werden. ... Aus der Opposition muß vor allem die Wirklichkeit reden, wenn die Regierung nur Machterhalt betreibt. Aber die Opposition trabt nur warnend der Regierungspolitik hinterher ... Mit Engholm, Lafontaine und Klose konnte man eine Zeitlang träumen, daß die alte politische Klasse aus Nachkriegszeiten und Wirtschaftswundertagen endlich abtritt. Dieser Traum ist dahin ... Diese Lafontaines, Engholms, Kloses sind nur die besseren Deutschen: antinationalistisch, europäisch, ökologisch orientiert, modern, liberal, sozial gesinnt. Und Engholm ist der Primus des bundesdeutschen Luxusjahrzehnts.«

Gewiß ein vernichtendes und gleichermaßen eine große Enttäuschung dokumentierendes Urteil, aber nicht gerade weit hergeholt. Denn in der Tat vermittelt dieses famose Führungstrio der Öffentlichkeit den Eindruck, als gäbe es in puncto Lebensqualität nichts anderes als das Pflegen egozentrischer Hedonismus-Eskapaden oder das penetrante Bestehen auf einer internen Streitkultur. Sowohl

Engholm als auch Klose werden in diesen Wochen um die Jahreswende 1991/92 mehr als einmal zum Gespött der Öffentlichkeit, wenn sie angesichts einer desolaten Regierungspolitik personelle Querelen mit konstruktiver Oppositionspolitik verwechseln. Mit seinem Satz: »Ich schätze Klose, er schätzt mich, und wir beide schätzen Oskar Lafontaine« erntet Engholm nur noch verärgertes Kopfschütteln. Auch nach der Klassenkeile im Parteirat ist es keineswegs so, als wäre im Kräftetriangel von »Enkeln«, Partei und Fraktion Harmonie eingekehrt. Hinzu kommt, daß die »schmucke Riege« der Ministerpräsidenten durchaus von eigenem Profilierungsgehabe geplagt wird.

Noch während Engholms Wahlkampf in Schleswig-Holstein muß er sich nicht immer nur redlicher Begehrlichkeiten von Parteifreunden erwehren. Schon der Streit um die Mehrwertsteuer, bei der letztlich der brandenburgische Ministerpräsident Manfred Stolpe aus den ohnehin nur mühsam geschlossenen Reihen der sozialdemokratischen Länderchefs ausschert und damit den in Bedrängnis geratenen Helmut Kohl aus der Bredouille befreit, zeigt, wie wankelmütig sozialdemokratische Politiker in dieser Phase sind. Sehr schnell macht das Wort von der Orientierungslosigkeit die Runde und wird alsbald von dem direkt an Engholm gerichteten Vorwurf der Führungsschwäche ergänzt.

Obendrein sorgt Engholm mit nachgeschobenen Interpretations- und Ausweichmanövern zur Kandidatur für zusätzliche Verwirrung. Da gibt es nach seiner Auffassung ohnehin eine ganze Reihe exzellenter Leute, »die das auch machen können«; dann wieder bedeutet seine Bereitschaft noch längst nicht, »daß ich tatsächlich das Rennen mache«, und schließlich sei auch noch gar nicht klar, ob er, wie zunächst angedeutet, »auf jeden Fall nach Bonn gehen will«.

Nach der schleswig-holsteinischen Bauernlosung »Rein in die Kartoffeln, raus aus den Kartoffeln«, so wird dem Ministerpräsidenten des nördlichsten Bundeslandes vorgeworfen, sorge Engholm für erhebliche Irritationen. Hier wird der typische Zielkonflikt zwischen Landes- und Bundespolitik deutlich, den Engholm mit der nach seiner Meinung vorzeitig ausgerufenen Kandidatur hat kommen sehen.

Natürlich muß er in Kiel erneut das Amt des Ministerpräsidenten erlangen, andererseits aber auch eine glaubwürdige Option für Bonn vertreten. Als Oppositionsführer, so hat er zunächst etwas leichtfertig formuliert, würde er nach 1994 in Bonn arbeiten. Wenig später relativiert er diese Aussage mit dem Hinweis, Voraussetzung dafür sei allerdings ein einigermaßen achtbares Ergebnis für die Sozialdemokraten. Doch er weigert sich, hierfür eine Grenze anzugeben: »Auch bei Oskar und dessen schlechtem Ergebnis war es wohl ein Stück seiner inneren Bewegung, nicht noch einmal anzutreten. Da habe ich auch gesagt, auf dieser Basis anzufangen, das ist kein Vergnügen. Und ich glaube, das ist richtig so. Also, diese Treueschwüre um jeden Preis und zu jeder Zeit und jeder Bedingung, das ist Quatsch. Ein gutes Ergebnis ist, wenn man die Nase so ein bißchen daneben hat.«

Im Vergleich zur Wendezeit 1982 beurteilt Engholm zehn Jahre später »die Volkswirtschaft im Grunde genommen auf einem schlechteren Grundstandard als damals. Die japanische und amerikanische Konkurrenz ist inzwischen weit weggelaufen; damals war es ein Konjunktureinbruch, heute haben wir ein Strukturproblem. Das beschäftigt uns noch eine ganze Generation. Graf Lambsdorff spielt allerdings eine identische Rolle.«

In dieser Situation sieht Engholm eine nur außerordentlich kleine Option für die auch in seiner eigenen Partei zu diesem Zeitpunkt durchaus für möglich gehaltene sogenannte Ampelkoalition aus SPD, FDP und Grünen. Engholms Prognosen gehen von seiner Einschätzung aus, daß die SPD mit Abstand die größte Partei bei der Bundestagswahl 1994 wird: »Wir werden, allerdings mit viel Glück, 41 oder 42 % bekommen. Die CDU kriegt auch mit ganz viel Glück 36 bis 37 %. Die FDP ist ein völlig unsicherer Faktor, sie kann auf 5 % runterfallen, sie kann allerdings auch, in einer Zeit, da die Leute sagen, daß nicht mal die CDU ihre Spitzeneinkommen sichere, auf 11 % klettern. Die Grünen mit Bündnis 90 werden ganz sicher 7 bis 9 % erzielen, so daß am Ende sich die Frage stellt, gibt es eine kleine Koalition rechts oder eine kleine Koalition links – beides halte ich für eher unwahrscheinlich. Dann die Ampelkoalition, die ziemlich wahrscheinlich ist, jetzt einmal, ohne dies politisch zu bewerten. Aber: in dieser Situation eine Koalition zu haben mit Leuten wie Graf Lambsdorff, Joschka Fischer, vielleicht auch noch Bärbel Bohley –

das würde bedeuten, daß wir 90 % unserer Zeit mit Sitzungen verbringen, wo notdürftige Kompromisse fabriziert werden.«

Keine Frage, für Engholm entwickelt sich seine Kanzlerkandidatur zu einem Ritt über den Bodensee. Zumindest verbal läßt er zu diesem Zeitpunkt keinen Zweifel daran, daß er das Kanzleramt erobern will. Doch leicht wird es ihm weder von den Parteifreunden noch von den konkurrierenden Parteien gemacht. Etwa der Streit über die Wirtschaftshilfe für die ehemaligen Sowjetrepubliken gegen Nato-Sicherheitsgarantien für die dort lagernden Atomwaffen, die Frage von »Blauhelm«-Einsätzen der Bundeswehr und vor allem die Asylpolitik führen den »Marathon-Mann« Engholm im Jahre 1992 an die Grenze seiner politischen und persönlichen Belastbarkeit.

In einem *Spiegel*-Interview antwortet Engholm auf die Frage, was er anders machen werde als sein Vorvorgänger Johannes Rau, um nicht wie dieser auf einem langen Weg verschlissen zu werden: »Das mir meistens nicht gestattete große Maß an holsteinischer Zurückhaltung behalten und mich nicht in jede Frage einmischen: mich nicht zu jeder Frage prügeln lassen. Ich muß den Weg richtig einteilen, wie ein Marathonläufer. Der verpraßt seine Kraft auch nicht auf den ersten 500 Metern.«[6]

Angesichts dieser langen Strecke mit fraglos großen Belastungen für einen einzelnen wird alsbald, vor allem in der SPD selbst, die Frage erörtert beziehungsweise der Vorschlag gemacht, Engholm solle zur eigenen Entlastung als Nummer 1 und designierter Kanzlerkandidat so etwas wie ein Schattenkabinett nominieren. Es könnten dann, ähnlich wie in Großbritannien, potentielle Ressortminister benannt werden, die ihrerseits zu Sachfragen Stellung beziehen. Damit wäre Engholm von vielen politischen Fallstricken befreit, er könnte sich gewissermaßen auf die Richtlinienkompetenz für die Oppositionspolitik begrenzen. Eine fraglos vernünftige Idee, die auch den Charme hätte, Engholms Spagatprobleme zwischen Bonn und Kiel zu erleichtern. Er könnte sich auf die wirklich wesentlichen Grundfragen der deutschen und internationalen Politik konzentrieren und somit präsent sein, ohne im Bundestag zu sitzen. Denn fraglos erweist sich seine häufige Abwesenheit von Bonn und sein fehlendes Parlamentsmandat als ein gravierender Nachteil für eine reibungslose Abstimmung innerhalb der Führungsspitze über Strategie, Taktik und Programmatik der SPD.

Wie in vielen anderen Dingen gibt Engholm sich auch hier sehr zögerlich. Bestenfalls ein Team sei zu benennen, ist er sich mit dem parlamentarischen Oppositionsführer Hans-Ulrich Klose einig. Klose lehnt ein Schattenkabinett rundweg ab, den Vergleich mit Großbritannien hält er für unzulässig, »weil dort die Schattenminister ausnahmslos Mitglieder des Unterhauses sind«.

Engholm, der sich zudem von seinem Vorgänger im Parteivorsitz, Hans-Jochen Vogel, nicht gerade optimal unterstützt sieht, ist gegenüber dem Teamgedanken auch deshalb prinzipiell sehr aufgeschlossen, weil er ohnehin die Partei noch weiter in alle gesellschaftlichen Bereiche hinein öffnen will. Zunächst einmal hält er es allerdings für »total richtig«, vor der Wahl sechs oder sieben gute Leute aus der Parteispitze zu präsentieren. »Die anderen zehn werden nach der Wahl gezeigt. Es gibt sehr viele gute Leute – konservativ, zugleich mit einer liberal-sozialen Perspektive für die Zukunft, also konservativ, was ihre Wertestruktur angeht. Das bin ich im Grunde genommen ja selbst auch.« In diesem Zusammenhang nennt Björn Engholm Namen wie Klaus Matthiesen, »so ein bodenständiger Agrarökonom«, und Regine Hildebrandt, »die weiß, was im Osten los ist«.

In seiner Kernmannschaft sieht Engholm jedoch keineswegs eine Vorentscheidung auf ein Kabinett. »Da kann ich doch keine Ministerpräsidenten reinnehmen, die ich gern hätte, wie z. B. Rudolf Scharping.« Überhaupt will Engholm – mehr als Bundeskanzler Kohl – sich Rat bei den Bossen der Industrie holen. Bei der Nominierung des Nachfolgers des zurückgetretenen Wirtschaftsministers Jürgen Möllemann hätte Engholm anstatt des Parteipolitikers Günter Rexrodt »einen dieser hohen Herren aus der Wirtschaft engagiert. Und wenn der Kohl so einen präsentiert hätte, die deutsche Wirtschaft hätte gejubelt. Die kriegen aber nichts mehr hin, weil der Laden marode ist.«

»Triangel« oder »Troika«: Spannungen wie gehabt

Indessen täuscht auch dies nicht darüber hinweg, daß die SPD ausgerechnet in einer Zeit, da die Regierung Kohl mit Kabinettsturbulenzen (Schwarz-Schilling, Möllemann), finanzpolitischem Desaster, programmatischem Aussitzen und koalitionsinternem Hick-Hack völlig ins Schleudern geraten ist, alles andere als das Bild einer geschlossenen, kämpferischen und machtbewußten Opposition abgibt. Zwischen Oskar Lafontaine und Hans-Ulrich Klose entstehen Abstimmungsprobleme, zumal Klose dem saarländischen Ministerpräsidenten vorhält, sich als Programmkoordinator der SPD nicht gerade mit Ruhm bekleckert zu haben. Vor allem Lafontaines öffentliche Blamage bei der Vorstellung der SPD-Haltung zum Solidarpakt wird in der Führungsspitze scharf kritisiert. Klose: »Das war so, als wüßten wir nicht, was wir wirklich wollen.«

So ist es. Die SPD vermittelt in dieser Phase tatsächlich – sowohl personell als auch programmatisch – den Eindruck einer desolaten Partei. Klose, der Engholm »aus guten Gründen« in die Kandidatenbox getrieben hat und der mit diesem Ergebnis »außerordentlich zufrieden« ist, läßt auch danach nicht locker. Er nervt seinen Parteivorsitzenden mit der Forderung, dieser gehöre auf jeden Fall ab 1994 in den Bundestag – entweder als Regierungschef oder als Oppositionsführer. Und Klose sattelt noch drauf: »Auch 1998 müssen wir mit Engholm antreten. Wir können nicht alle vier Jahre eine neue Figur auf den Schild heben.« (!)

Von anderen in der Partei wird dies nicht unbedingt genauso gesehen. Vor allem die Ministerpräsidenten Gerhard Schröder (Niedersachsen) und Rudolf Scharping (Rheinland-Pfalz) vermitteln bisweilen den Eindruck, als gäben sie die Wahl 1994 bereits verloren und säßen schon in den Startblöcken für 1998. Auch Oskar Lafontaine, der zwischenzeitlich noch persönliche Probleme wegen angeblich ungerechtfertigt überhöhter finanzieller Bezüge und seiner sogenannten »Rotlicht-Affäre« bekommt, sieht sich auch für spätere Ambitionen durchaus nicht im Abseits. Allerdings vermittelt Lafontaine gegenüber Engholm die Haltung eines solidarischen und machtorientierten Realpolitikers. Er hat fraglos fünf Jahre Karrierepause, als »Edeka-Politiker« (am Ende der Karriere) sieht er sich keineswegs. Gegenüber dem Spitzenkandidaten hege er ein »absolutes Loyalitätsgefühl«, würde sich allerdings wünschen, daß Engholm prinzipiell mehr Gesprächsbereitschaft zeige. Lafontaine, der sich als völlig anderer Politikertyp geriert und offenbar auch empfindet, sieht in Engholm jemanden, der bisweilen zu lange abwartet. Auch arbeitet der Parteivorsitzende und Kanzlerkandidat nach seiner Auffassung zu wenig in der Programmkoordinierung und läßt viele Dinge zu lange gären.

Zwar vermeiden Klose und Lafontaine zunächst einmal zu starke öffentliche Kritik am Kanzlerkandidaten Engholm, intern jedoch wünschen sie sich mehr integrierende Führung und Richtliniengebung. Unter der absolut zutreffenden Schlagzeile »Der Krieg der Enkel« schreibt im Janur 1992 der Bonner *Zeit*-Redakteur Gunter Hofmann: »Niemandem in seiner Partei hatte Engholm versprochen, er werde ein Vorsitzender sein, der mit der Faust auf den Tisch haut. Diesen Bedarf nach Führung, unter dem auch Brandt geseufzt hat, erfüllt er gewiß nicht. Unter ›Demokratie‹ und ›Liberalität‹ versteht Engholm anderes. Das ist nicht nur sympathisch, sondern auch richtig, zeitgemäß und durchaus politisch. Schließlich ist es ihm gelungen, gerade damit subtil Korrekturen am Kurs der eigenen Partei durchzusetzen.«

Kiel: Wahl und Wahlkampf '92

Computer-Irrtum: Grüne rein- und wieder rausgerechnet

Die Atmosphäre in der Kieler »Räucherei« ist am späten Abend dieses 5. April relativ gelöst und heiter. Dennoch – von der euphorischen Jubelstimmung vier Jahre zuvor ist sie doch um mehr als nur einige Prozentpunkte entfernt. Damals, als am 8. Mai 1988 die Sozialdemokraten mit sensationellen 54,8 Prozent erstmalig die absolute Mehrheit der Mandate im Landeshaus an der Kieler Förde gewonnen hatten, war jedes einzelne Wahlkreisergebnis mit geradezu ohrenbetäubendem frenetischem Gebrüll begrüßt worden. Zwar sind wie damals auch an diesem Wahlabend im April 1992 bereits alle schleswig-holsteinischen Direktmandate von den hier feiernden Sozis wieder geholt worden. Aber trotz alledem: Von diesem Tag war deutlich mehr erwartet worden.

Wohlwissend, daß die Wogen dieses Wahlgangs nicht so hoch wie bei der Nach-Barschel-Entscheidung des Jahres 1988 gehen würden, hatte man die abendliche Fete in dem gemütlichen Kommunikationszentrum auf dem Ostufer der Kieler Förde von vornherein etwas bescheidener dimensioniert. Auf die Bierzelte draußen auf Park- und Spielplatz war dieses Mal verzichtet worden. Das Spektakel findet ausschließlich im Saale statt, dort wo früher einmal Kieler Sprotten geräuchert wurden, und in der dazugehörigen und unmittelbar angrenzenden »Altentagesstätte« der Kieler Arbeiterwohlfahrt.

Zu den Klängen einer Rockband wird fröhlich geschwoft. Und während einige munter tanzen und andere am Tresen zügig tanken, macht sich ein kleines Grüppchen in der Nähe des Nachschub sichernden Bierausschanks Zukunftsgedanken. Ein paar leitende

Mitarbeiter aus sozialdemokratischen Ministerien stehen dort und räsonieren angesichts der verlorenen absoluten Mehrheit über den wahrscheinlichen Koalitionspartner, welche Ministerien wohl an wen abgegeben werden müssen, über den eigenen Job und ob es nun wohl nötig wird, sich umzuorientieren und überhaupt – was jetzt wohl wird.

Denn vor gut einer Dreiviertelstunde war das amtliche Endergebnis verkündet worden. Und danach ist die absolute Mehrheit der SPD *perdu*. Vier Stunden lang war zunächst nach dem Schließen der Wahllokale gezittert worden. Doch gegen 22 Uhr ist es dann offiziell amtlich: Die Grünen sind mit fünf Prozent drin, hatte da der Landeswahlleiter verkündet. Und während sich im Plenarsaal des Landeshauses noch während der Pressekonferenz des obersten Wahlaufsehers vor Freude schluchzende Grüne in den Armen liegen, müssen die Sozialdemokraten Abschied von der Hoffnung auf den alleinigen Machterhalt nehmen. Denn mit dem Einzug aller kleinen Parteien, von FDP, Grünen und der rechtsradikalen DVU, die mit über sechs Prozent sicher dabei ist, rutscht die Zahl der sozialdemokratischen Mandate unter die Hälfte der zu vergebenden Sitze.

Die Frage, die die meisten hier in der »Räucherei« jetzt nach Verkündung des »vorläufig amtlichen« Wahlausgangs noch bewegt, lautet nur noch: Kommt er noch oder kommt er nicht? Denn es ist spät geworden, inzwischen schon nach 23 Uhr. Aber nachdem die Pflichten von Pressekonferenz, Statements und Interviews nach dem immer wieder hinausgezögerten Endergebnis schließlich doch absolviert sind, treffen die ersten Vorboten aus dem Umfeld der Kieler Staatskanzlei nach und nach in der »Räucherei« ein. Bestimmt vermelden sie, immer wieder gefragt: Er will in jedem Fall noch kommen.

Tatsächlich ist es fast Mitternacht, als die Rockband abrupt das Strapazieren von Gitarrensaiten und Trommelfellen unterbricht. In der Nähe des Eingangsbereiches ertönen die ersten spitzen Schreie, rhythmisches Klatschen und »Björni-Björni«-Rufe kommen auf. Ein paar Minuten dauert es schließlich noch, bis Engholm oben auf der »Räucherei«-Bühne sich gegen den Geräuschpegel und das Skandieren einer stimmkräftigen, vermutlich jungsozialistischen

Minderheit durchsetzen kann, aus deren Kehlen es laut und vernehmlich immer wieder »Rot-Grün-Rot-Grün« erschallt. Engholm bedankt sich brav für den tosenden Empfang, berichtet, daß dies ein bewegender Tag war, und geradezu nebenbei hat er dann noch eine Mitteilung zu machen. Der Landeswahlleiter, so erzählt der gefeierte Ministerpräsident, habe soeben noch einmal sein eigentlich »amtliches« vorläufiges Endergebnis korrigiert. Da sei ein Rechenfehler festgestellt worden: Die Grünen hätten nur 4,975 Prozent, und das hat der Computer unzulässigerweise einfach auf fünf Prozent hochgerundet. Die Juristen würden zwar noch darüber streiten, ob das nun korrekt sei oder nicht: »Aber«, sagt er etwas lauter und emphatisch werdend, »ich bin der Meinung, daß 4,975 nun mal keine fünf Prozent sind.«

Für ein paar Sekunden scheint es, als würden die meisten gar nicht so recht begreifen, was das bedeutet, ehe die Stimmung dann doch mit einem Mal in ein fast befreit wirkendes Gebrüll und frenetischen Jubel umschlägt. Engholm, mit verschränkten Armen und Pfeife in der Hand, schaut von der Bühne mit fast landesväterlich gelassenem Lächeln herab, so als wäre dieses Resultat das selbstverständlichste von der Welt und als hätte es die Zitter- und Hängepartien dieses Abends nie gegeben. Und als der Lärmpegel es wieder zuläßt, hat er dann auch noch für die, die da zuvor »Rot-Grün« skandiert haben, ein Trostpflästerchen parat: Sie sollten nicht so traurig sein, daß die Grünen nun nicht im Parlament sind. Damit hätten sie verhindert, daß möglicherweise »der Kubicki mit am Kabinetts-Tisch sitzt«. Und damit hat er dann auch die letzten Jubler auf seiner Seite, denn der alerte Landesvorsitzende der Liberalen ist spätestens seit einigen Entgleisungen in diesem Wahlkampf in den sozialdemokratischen Reihen zur *persona non grata* geworden.

Sichtliche Erleichterung und deutlich entspannte Gesichtszüge setzen sich jetzt auch im Umfeld der Biertheke bei der kleinen Gruppe der höheren Ministerialbeamten durch. Die Zapfhähne am »Räucherei«-Tresen sollen zu dieser späten Stunde noch einmal eine unerwartete Steigerung der Fließgeschwindigkeit erleben. Das Aufatmen ist fast so vernehmbar wie das Zuprosten: Doch noch einmal mit einem blauen Auge und knappster absoluter Mehrheit davongekommen!

Kandidatendebatte: »Ganz da« gegen »Halb weg«

Dabei hat zum Auftakt dieses Wahlkampfes aus SPD-Sicht alles so gut ausgesehen. Kaum einer der Auguren erwartet im Vorfeld des Urnengangs vom 5. April eine solche Zitterpartie für die Sozis und niemand den Einzug der braunen Ausländerhasser. Es dominiert die gepflegte Langeweile in einem lange Zeit vor sich hin dümpelnden Wahlkampf ohne spektakuläre Höhepunkte und konfliktreiche Landesthemen. Die SPD hat Mühe, aus ihren 39000 Sozialdemokraten im Nordverband eine bemerkbare Zahl von Aktivisten zu machen. Und bei der nach Barschel auf 33,3 Wählerprozente und 36000 Parteigänger zusammengeschrumpften Christen-Union ist die Situation der Mitglieder-Mobilisierung noch betrüblicher.

Allenfalls Themen, die mit dem Land hinter den Deichen nur begrenzt zu tun haben, lassen die Debatten zwischen den politischen Gegnern zuweilen etwas lebhafter werden. Engholms Bonner Ankündigung, er werde sich als Kanzlerkandidat für die Bundestagswahl im Jahre 1994 zur Verfügung stellen, sorgt für solch bescheidene Würze im Wahlkampf. Ottfried Hennig, der Staatssekretär aus dem Bonner Verteidigungsministerium und christdemokratische Herausforderer des Amtsinhabers, verlangt von Engholm daraufhin die sofortige Klärung seiner Nachfolge, »wenn er die Wählerinnen und Wähler in Schleswig-Holstein nicht irreführen will«. Und während die FDP mit ihrem Spitzenkandidat Wolfgang Kubicki vor allem die Sorge umtreibt, daß nun die »Kandidatenfrage zum Hauptthema« werden könne, wird Irene Fröhlich, die Frontfrau der Grünen, noch schneidiger als ihr Kollege von der Hardthöhe: Engholm soll sofort auf seine Kandidatur in Kiel verzichten und seine Nachfolge klären, alles andere grenze an »Wählerbetrug«. Allein Karl-Otto Meyer, der parlamentarische Vertreter des Südschleswigschen Wählerverbandes, SSW, zeigt gewohnte dänische Gelassenheit: Gut und richtig findet er Engholms Entscheidung, weil er der »geeignetste Mann« sei, aber ein bißchen schade findet er es dann auch: »Ich persönlich hätte Björn Engholm lieber noch für eine längere Zeit in Kiel gesehen.«

Im sozialdemokratischen Lager selbst ist die Stimmungslage gemischt. Einerseits herrscht beruhigtes Aufatmen, daß nach der nervigen Bonner Dauerdebatte nun endlich klare Verhältnisse geschaffen sind. Andererseits kommt die Sorge auf, daß nun die Nachfolgefrage und Engholms bundespolitischer Probelauf in den Vordergrund des Wahlkampfes rücken könnten. Die Kandidatendebatte ist zumindest in den Medien nicht aufzuhalten, und ob die eigenen Parteireihen »das Wasser halten« können, ist auch längst nicht ausgemacht.

Tatsächlich werden in den Zeitungen des Landes schnell die ersten Namen von Nachfolge-Kandidaten gehandelt: Voran der des ehemaligen Landesvorsitzenden und damaligen Sozialministers, Günther Jansen, dem die Herzen der Nord-Genossen fast so zu Füßen liegen wie auf Bundesebene Willy Brandt. Die für Sachverstand und scharfe Zunge bekannte Finanzministerin Heide Simonis gehört ebenso zu dem Kreis der für geeignet Befundenen wie der Kieler Fraktionschef Gert Börnsen. Er allerdings ist aufgrund seiner harten Führungshand nicht allerorten nur beliebt und hat dies erst bei der Nominierung für die Landesliste mit einem eher schlappen Ergebnis zu spüren bekommen. Und schließlich taucht auch der Name von Gerd Walter auf, Europa-Parlamentarier und enger Freund und Berater Engholms. Doch er wie andere geben zu dieser Diskussion eine klare Marschroute aus: Wer sich jetzt für die Nachfolge ins Gespräch bringe, befindet er, der habe sich dafür selbst disqualifiziert.

Obendrein läßt er sich auch noch auf eine Wette ein: Die Nachfolge werde ohne Streit zur gegebenen Zeit geregelt werden. Und gegenüber einem Journalisten setzt er darauf sogar 24 Flaschen »Rheingau Riesling« von jenem Kiedricher Weinberg, an dem er wie Engholm bescheidene Anteile hält.

Tatsächlich ist die Diskussion damit zunächst weitgehend erledigt. Es herrscht Ruhe in den roten Reihen. Und ein immer wieder bemüht in diesem Thema weiterbohrender CDU-Spitzenkandidat bekommt dafür sogar aus der FDP einen Tritt vors Schienbein. Ottfried Hennig, stichelt der liberale Kubicki, wolle anscheinend selbst gar nicht in Engholms Fußstapfen treten. Wer so auf die Klärung von dessen Nachfolge erpicht sei, meint er ironisch, der habe sich wohl innerlich selbst schon mit der Rolle des Oppositionsführers abgefunden.

Doch die Oppositionspartei pflegt das Thema beharrlich weiter. In der letzten Phase des Wahlkampfes soll es dann sogar noch einmal »großformatig« behandelt werden. Auf Plakaten in den Dimensionen von 2,52 mal 3,56 präsentiert die CDU einen strahlenden Hennig mit der leuchtenden Mitteilung »Ganz da!« Links von ihm befindet sich Amtsinhaber Engholm, in halb rückwärtiger Position per Profil und Pfeife noch eben zu erkennen, geziert mit dem Insert: »Halb weg!«. *Bild* qualifiziert diese Art der Wahlwerbung mit dem schlichten Prädikat »Gemein«[1], und auch das eigene Parteivolk ist angesichts der Unionswerbung mit der Rückenpartie des Amtsinhabers nicht überall ganz glücklich. Als »unfair« betrachten es die christdemokratischen Kreisverbände in Plön und Flensburg und weigern sich kurzerhand, diese Art der Wählerwerbung in ihren Wahlkreisen auf die dafür vorgesehenen Großflächen zu kleben.

Der eigentliche »Clou« des großformatigen Plakats aber liegt in der besonderen Chemie des Produkts: Während Hennig im strahlenden Blau und einem Lichtschutzfaktor acht wetterfest auf das Plakat gebannt ist, haben die Drucker für den Engholmschen Platz an seiner Seite nur den Faktor drei bis vier verwendet. Damit, so die Kalkulation der kreativen Wahlkämpfer, soll Engholm Tag für Tag ein bißchen blasser werden und zum Wahlereignis am 5. April schließlich ganz von der papiernen Bildfläche verschwunden sein. Doch die ausgebuffte Idee erweist sich schließlich als »Rohrkrepierer«. Irgendwer hat letztlich nicht richtig mitgespielt: mag die Sonne für die CDU nicht hell genug geschienen oder die Druckerei falsch gemischt haben – am Wahltag ist Engholm allen anders lautenden Ankündigungen zum Trotz optisch immer noch »ganz da«!

Umfrage-Profil: Fair, fortschrittlich, gutaussehend

Neben der Kandidatenfrage hat dieser Wahlkampf zunächst lange Zeit nicht sehr viel Spektakuläres zu bieten. Themen, an denen sich überhaupt irgendwelche Gemüter erhitzen, finden vornehmlich auf kleinflächiger, örtlicher Ebene statt. Meist rund um die Frage: Wieviel Umweltbelastung verträgt das Land? Eine geplante Autobahn-Verbindung in das benachbarte Mecklenburg-Vorpommern, die alle Parteien mit Ausnahme der Grünen für zwingend halten, sorgt rund um den Großraum Lübeck für Bürgerzorn. Im Umkreis von Hamburg streitet man sich darüber, wo denn nun zukünftig die Elbe von einer neuen Straße gequert und wo der heftig belastete Hafenschlick der benachbarten Hansestadt abgelagert werden soll.

Auf Landesebene kommt der Naturschutz durch ein geplantes Gesetz der Kieler Regierung ins Gerede. Dieses Gesetz, das erst nach dem Wahlgang im April verabschiedet werden soll, bringt vor allem Naturnutzer wie die um ihr Hobby fürchtenden Angler auf die Hinterbeine. Union und Liberale machen sich eifrig zu deren Lobby. Vor allem der naßforsche Freidemokrat Kubicki langt dabei kräftig zu: Weil der parteilose Umweltminister Berndt Heydemann in dem Gesetzentwurf Hilfskräfte für den Naturschutz vorsieht, die auch überwachende Aufgaben wahrnehmen sollen, poltert der FDP-Politiker öffentlich von »Blockwarten« und »Informellen Mitarbeitern«. Das sprichwörtliche Tischtuch ist daraufhin zwischen FDP und SPD »zerrissen«, so jedenfalls läßt der sozialdemokratische Fraktionschef Börnsen den liberalen Kontrahenten wissen.

Doch die liberale Heftigkeit gegen die sozialdemokratische Landesregierung hält sich im übrigen in wohlkalkulierten Grenzen. Denn obwohl die Landes-FDP bewußt auf eine Koalitionsaussage verzichtet hat, hofft sie auf einen Verlust der absoluten Regierungsmehrheit und ein Zusammengehen mit der SPD. »Wir glauben nicht an die 15 Prozent, die nötig wären, um mit der CDU regieren zu können«[2], rechnet Kubicki realistisch. Und deshalb spart er auch nicht mit wohldosiertem Lob am Platzhalter und dessen positiver, image-bildender Wirkung für das Land zwischen Nord- und Ostsee. Engholm, schmeichelt Kubicki öffentlich, habe vermittelt, daß hoch oben im Norden auch so etwas wie Kulturverständnis herrsche und das Land nicht nur aus »Fischköppen« und »Süd-Dänen« bestehe.

Doch die SPD zeigt sich gegenüber den freidemokratischen Annäherungsversuchen ungerührt. Spätestens seit der Entgleisung mit dem Nazi- und Stasi-Vergleich ist Kubicki für sie kein öffentlich ernstzunehmender Gesprächspartner mehr. Als der freidemokratische Landesvorsitzende mit viel Pomp und Prominenz – selbst Genscher reist an – seinen 40. Geburtstag feiert, gibt die SPD ihm nicht nur symbolisch einen Korb. Statt persönlicher Präsenz erreicht den feiernden Kubicki nur ein sozialdemokratisches Präsent: ein großer leerer Weidenkorb.

Die SPD gibt sich selbst- und siegesbewußt. Sie scheut sich nicht einmal, noch kurz vor der Wahl eine ganze Palette von Leistungskürzungen zu beschließen. Insgesamt 130 Millionen werden noch für das laufende Haushaltsjahr gekappt, darunter vor allem Strukturhilfe-Maßnahmen für die Kommunen sowie 120 Personalstellen. »Der Vorgang ist einmalig«[3], staunen die *Kieler Nachrichten*. Und die *Lübecker Nachrichten* formulieren die Schlagzeile: »SPD macht Loch in der Kasse zum Wahlkampf-Hit«.[4] Tatsächlich betreiben die Sozialdemokraten mit dem eigenen Streichkonzert offensive Wahlwerbung – mit ausgestrecktem Finger in Richtung Bonn. Dort, so Engholm und seine Finanzministerin Simonis, säßen die Verantwortlichen, die mit ihrem »Steueränderungspaket« für die »Finanzmisere des Landes« die Schuld tragen. Und der christdemokratische Mitbewerber, Ottfried Hennig, wird von der SPD gleich mit in die Haftung genommen. Er, so SPD-Fraktionschef Börnsen, habe sich zum »parteipolitischen Erfüllungsgehilfen« der Bonner Steuerpläne machen lassen, mit dem die reichen Süd-Länder wie Bayern, Baden-Württemberg und Hessen mehr in die Kassen bekämen, während die ärmeren unter den alten Bundesländern weiter geschröpft würden. Natürlich werde die SPD das zum Wahlkampfthema machen, versichert er vor der Presse.

Anders als im parallel laufenden baden-württembergischen Wahlkampf mobilisiert das Konflikt-Dauerthema »Asyl« im Norden des Landes zunächst anscheinend nicht die Heerscharen von Stammtischen. Die SPD und ihr Sozialminister Jansen versuchen mit einer – aus Sicht vieler Kritiker populistischen – Maßnahme, von vornherein Zündstoff aus der Debatte zu nehmen. Mitten im Wahlkampf werden die 11000 schleswig-holsteinischen Asylbewerber zum »Zähl-Appell« zitiert. Erstmalig in der Geschichte der Republik müssen sich alle Asylbewerber eines Bundeslandes gleichzeitig bei den Sozialämtern melden, um – wie es heißt – Mißbräuchen bei der Inanspruchnahme von Sozialhilfe auf die Spur zu kommen. Ziel und Erfolg der Aktion werden unterschiedlich bewertet: Ein »Griff in die Wahlkampf-Trickkiste« schimpft CSU-Generalsekretär Huber aus

Bayern, ein Herumdoktern an Symptomen statt an die Ursachen und damit an die Änderung des Grundgesetz-Artikels 16 zu gehen. »Alles Quatsch«, kontert Jansen. Nicht das Asylrecht, sondern dessen Mißbrauch müsse bekämpft werden, und genau dieses geschehe durch den »Zähl-Appell«. Tatsächlich entdeckt man einige Asylbewerber, die sich an verschiedenen Stellen gemeldet und mehrfach Unterstützungsleistungen in Anspruch genommen haben.

Für die CDU im Lande bleibt das Asylthema »das innenpolitische Thema Nummer eins«, wie Oppositionschef Kribben formuliert, und deshalb werde man es auch in der »heißen Phase des Wahlkampfes« nicht tabuisieren. Gestützt wird das christdemokratische Ackern auf diesem Themenfeld durch eine Umfrage des Allensbacher Instituts im Auftrag von SAT 1 und der *Frankfurter Allgemeinen Zeitung*. Dort war mit Blick auf den schleswig-holsteinischen Wahlkampf unter anderem ein »Kompetenzprofil« der Parteien abgefragt worden. In neun von fünfzehn Themenfeldern schneidet darin die CDU besser als die sozialdemokratische Regierung ab. Nirgendwo aber ist die Diskrepanz so groß wie bei der Frage, wer besser dafür sorge, »daß nicht so viele Ausländer und Asylanten ins Land kommen«. Nur acht Prozent setzen bei dieser Frage auf die SPD, 43 dagegen auf die CDU; 16 Prozent geben »beide gleich« an. Für CDU-Spitzenkandidat Hennig, der die Umfrage nach eigenem Bekunden »sehr ernst« nimmt, ist dieses Ergebnis geradezu eine Bestätigung seiner Wahlkampfstrategie und das weitere Thematisieren des »Asylproblems«.

Ansonsten aber sehen die Verhältnisse für die Christdemokraten eher flau aus: Aus der »Sonntagsfrage« zeichnet sich eine verheerende Wahlschlappe für die CDU ab. Nur 35,2 Prozent wollen der Allensbach-Umfrage zufolge rund vier Wochen vor der Wahl die Union wählen, 49,3 Prozent dagegen die SPD. FDP und Grünen werden mit 5,4 bzw. 4,9 Prozent realistische Chancen zum Einzug in den Kieler Landtag eingeräumt. Der Union dagegen hängt im öffentlichen Ansehen immer noch der Barschel-Skandal in den Kleidern: »Ganze 26 Prozent der Wähler«, zitiert die *FAZ*[5] aus der Wählerbefragung, »sind heute überzeugt, daß die CDU nach Barschel einen wirklichen Neuanfang unternommen hat; selbst von den eigenen Anhängern glaubt das nur gut die Hälfte.«

Das Pfund, mit dem die SPD wuchern kann, heißt ganz eindeutig Björn Engholm. Die Allensbacher Analyse liefert dafür gleich zahlreiche Belege: 80 Prozent der Wähler sagen: »Dieser Kandidat paßt zu Schleswig-Holstein.« Bei Herausforderer Hennig können sich dagegen nur 28 von Hundert für ein solches Votum erwärmen. »65 Prozent der Schleswig-Holsteiner haben von Björn Engholm eine gute Meinung, bei seinem Herausforderer Ottfried Hennig sind es nur 33 Prozent.« »Engholm«, so weiter, »genießt die Sympathien der Wähler, gilt als fair, tolerant, optimistisch, ehrgeizig, fortschrittlich, als gutaussehend und als guter Redner. Eine klare Linie und überzeugende Argumente mögen ihm zwar nur vier von zehn Wählern attestieren. Entschlußfreude 28 Prozent. Aber der Mensch Björn Engholm beeindruckt sie.«[6]

Ein anderes wichtiges Ergebnis dieser Umfrage wird nur wenig wahrgenommen: Noch, so die Situationsbeschreibung Anfang März, wissen immerhin 23 Prozent der Schleswig-Holsteiner nicht sicher, wie sie am 5. April abstimmen werden! Und so sind dann wohl auch, wie sich am Wahltag bestätigen soll, die erfreuten Kommentierungen in den Medien des Landes hinsichtlich des rechtsradikalen Wählerpotentials im Lande verfrüht. Die Rechtsparteien, so und ähnlich ist in verschiedenen Blättern zu lesen, »scheinen im Norden kein politisches Kapital aus der Asyldebatte schlagen zu können«.[7]

Dieser Eindruck wird auch durch den Umstand bekräftigt, daß die Rechten in diesem Wahlkampf physisch so gut wie gar nicht präsent sind. Lediglich in den Briefkästen taucht per Postwurfsendung das rassistische Gedankengut auf. Zum Beispiel in Wahlkampfzeitungen der Deutschen Volksunion, in denen die einfachen Devisen nach dem Muster »Anatolien den Türken – Schleswig-Holstein den Deutschen« verbreitet werden. Im übrigen aber gibt es so gut wie keine öffentlichen Auftritte, kaum jemand kennt die braunen Kandidaten. Obendrein versuchen sich mit »Republikanern« und »DVU« gleich zwei Bewerber, das in Schleswig-Holstein gering geschätzte rechtsradikale Wählerpotential streitig zu machen. Das alles scheint dagegen zu sprechen, daß sie schließlich ins Kieler Landeshaus einziehen könnten.

Direktvergleich: »Elmshorn« kontra »Henning«

Kein Wunder also, daß sich das bescheidene öffentliche Interesse an diesem dahindümpelnden Wahlkampf weitgehend auf die Hauptkontrahenten Engholm und Hennig konzentriert. Insgesamt fünfmal treffen sie im Verlauf dieses Wahlkampfes in Talkshows und TV-Duellen direkt aufeinander. In der SPD allerdings sind über diese Veranstaltungen nicht alle begeistert. Viele befürchten, daß Hennig damit aufgewertet und im Glanze des Amtierenden erst richtig populär gemacht werde.

Selbst bei Engholm ist der neue erste Mann der CDU offenbar noch nicht so richtig bekannt. Seinem Namen zumindest pflegt er – bewußt oder unbewußt – zuweilen einen Buchstaben zuviel zuzufügen. Den scheint das zu wurmen, und er kontert mit überraschendem Humor, als er bei einem der wenigen Direktkontakte den Ministerpräsident mit »Herr Elmshorn« begrüßt. Den verdatterten Engholm klärt er auf, er heiße schließlich auch nicht »Henning«, sondern »Hennig«.

Das Klima zwischen den beiden Spitzenkandidaten ist insgesamt eher unterkühlt. Kein Vergleich jedenfalls zu dem persönlichen und freundschaftlichen Verhältnis zwischen Engholm und Hennig-Vorgänger Heiko Hoffmann. Auch unter Ausschluß der Öffentlichkeit ändert sich die Distanz zwischen beiden kaum. Als sie vor einem gemeinsamen Fernsehauftritt hinter den Kulissen aufeinandertreffen, spricht Hennig den an einer Melone knabbernden Engholm mit den Worten an: »Na, kalorienbewußt?« Der seinerseits reagiert auf sein Gegenüber von der Hardthöhe, der von der SPD wegen einer von ihm im Wahlkampf veranstalteten aufwendigen Bundeswehr-Leistungsshow heftig kritisiert worden war, nur spitz mit der Gegenfrage: »Na, wieder mit SAR-Hubschrauber eingeflogen?« Sofort herrscht eisiges Schweigen am kalten Buffet.

Auch öffentlich, auf den Podien dieses Wahlkampfs, reden die beiden nicht sehr viel freundlicher mit- und übereinander. Hennig über Engholm: Das sei zwar ein netter Mensch, aber das allein reiche nicht für die Politik. Engholm über Hennig: Sein plakatierter Anspruch, handeln zu wollen, sei zwar lobenswert, finde aber in der Praxis keine Entsprechung.

In der Sache aber sind die Konfrontationen zwischen den Kandidaten ungefähr so aufregend wie der Gesamtwahlkampf. Und im Ergebnis registrieren die Punktrichter in den Redaktionen des schleswig-holsteinischen Blätterwaldes überwiegend ein Patt im Kandidatenduell. Dort, wo leichte Vorteile ausgemacht werden, kommen sie eher dem Herausforderer als dem Platzhalter zugute. Tatsächlich dokumentiert der Mann aus Bonn überraschend detaillierte landespolitische Sachkunde, während der Ministerpräsident seinen Gegenkandidaten, wie es scheint, unterschätzt und zuweilen in den Talk-Runden genervt, gelangweilt und ein wenig müde wirkt.

Das Jungvolk im Lande sieht sich währenddessen angesichts der trägen politischen Auseinandersetzung gar genötigt, eine Initiative aus dem Boden zu stoßen, die mit untypischen Veranstaltungen und ohne lange Reden gegen die verbreitete Politik-Verdrossenheit und Wahlmüdigkeit zu Felde zieht. Ziel des landesweiten und parteiübergreifenden Zusammenschlusses aus verschiedenen Jugendorganisationen ist die Mobilisierung zur Wahl, weil es ohne den eigenen Stimmzettel »eher schlimmer als besser« werde, wie es heißt. Der Titel, den sie ihrer Initiative geben, hat durchaus programmatischen Gehalt: »Am 5. April«, so heißt sie wörtlich, »kriegen wir den Arsch hoch.«

Spitzentypen: Kurdirektor, Zahnpastavertreter und Kondomverkäufer

Die Parteien indessen werben mit weitaus konventionelleren Methoden und Parolen für ihre politische Sache und – wie gewohnt – vor allem mit Köpfen: »Einer von uns« haben die Sozialdemokraten unter das Konterfei ihres Wahlmotors Engholm gesetzt. »Hennig handelt« lautet die programmatische Aussage ähnlicher Qualität auf dem christdemokratischen Plakatpapier mit dem Kopf des Kandidaten. Die FDP setzt in Anspielung auf Engholms Vorliebe auf Pfeifenköpfe und die erhellende Unterzeile, daß Schleswig-Holstein Feuer brauche. Die Grünen neigen ebenfalls mehr zur Symbolik und haben den Griff ins Gemüse getan. Sie ziehen mit dem Comic-Hasen »lütt Matten« und Peperoni durchs Land. Motto: »Die Grünen sind einfach schärfer.«

Weil Personalisierung noch nie so recht die Sache der inzwischen vom Fundi-Flügel geschiedenen Grünen war, erfährt man von ihren Plakaten auch in diesem Wahlkampf nicht, wer denn da für sie ins Parlament an der Kieler Förde soll. Anders bei den Etablierten: Hennig und Engholm lächeln fast unter jeder Straßenlaterne, und selbst die FDP setzt neben der Pfeife zuweilen auf den Kopf ihres Kandidaten Kubicki.

Was das Wahlvolk mit diesen Konterfeis assoziiert, lassen die *Kieler Nachrichten*[8] im Februar von zwei Psychologen der örtlichen Universität in einer Spontanumfrage erforschen. Bei der Typenbildung der rund hundert Befragten entlockt das Porträt des leicht ergrauten, aber braungebrannten Sommerfrischlers Engholm eine Mischung aus »Schlagerstargesicht« und »Nachdenklichkeit«. »Dieser Mann könnte Urlaub für gestreßte Manager anbieten«, so das Fazit der Eindrücke. Oder: »Man könnte ihn für einen Kurdirektor halten.«

CDU-Repräsentant Hennig mit dem »offensiven Werbelächeln« bekommt das Klischee »Vertreter« verpaßt. Die Objekte, die seiner potentiellen Berufsalternative zugeordnet werden, heißen: Versicherungen, Gesundheitsprodukte für Senioren und Zahnpasta.

Anders bei FDP-Kandidat Kubicki. Für ihn werden Attribute wie »Sympathischer Krimiheld der bösen Seite, Lebemann, Dunkelmann, halbseidener Showmaster« bemüht. Als Vertretertyp ist auch er vielen vorstellbar, seine Produktpalette aber sähe danach schon ein wenig aufregender aus. Nach den Ergebnissen der Tester könnte der Vierzigjährige mit dem graumelierten Kopf- und Barthaar für Kaffee, Likör, Parfüm und Kondome hausieren gehen.

Das Konkurrenzblatt aus Engholms Heimatstadt möchte bei dieser Art Kandidaten-Analyse nicht hintenan stehen und schickt seinerseits ebenfalls psychologischen Sachverstand der Kieler Universität ins Rennen. Das Ergebnis fällt vergleichbar aus, wird aber noch um eine besondere »Vertrauensfrage« angereichert. »Von welchem Politiker«, so die insistierende Forschungsfrage im Auftrag der *Lübecker Nachrichten*[9], »würden Sie einen Gebrauchtwagen kaufen?« Das Votum für Engholm fällt auch auf Basis dieser Alltagsentscheidung deutlich aus: Mit annähernd 50 Prozent würden ihm auch dabei mehr als doppelt so viele Befragte das Vertrauen schenken wie dem Herausforderer Hennig, der bei nur 20 von 100 Befragten auf Absatz-Chancen hoffen kann. Am schlechtesten aber schneidet FDP-Mann Kubicki ab, dem noch weniger Wähler den »Gebrauchten« abkaufen würden als einem Kandidaten der Grünen.

Aber auch im etwas ernsthafteren politischen Wählerwerben hat Hennig Schwierigkeiten, Boden gutzumachen, und entnervt seine Basis eher mit politischen Ungeschicklichkeiten. Als er seine Wahlmannschaft vorstellt, erntet er für sein weitgehend aus Unbekannten bestehendes Ensemble nicht nur in den Medien Unverständnis. Als »brav« und »hausbacken« wird das schwarze Schattenkabinett nicht eben hochgelobt. Und selbst einer aus der eigenen Mannschaft, Landesfraktionschef Kribben, rügt die Präsentation der zwölf CDU-Köpfe als dilettantisch. Wie »Heringe in einer Tonne« seien die Beteiligten bei einer Dampferfahrt auf der nebeligen Kieler Förder den Medien vorgestellt worden. Die Fotos der Kandidatinnen und Kandidaten in den Zeitungen des Landes seien tags drauf entsprechend trübe ausgefallen. Aber auch über die Kandidaten selbst, läßt Kribben durchblicken, habe es in der CDU heftige Diskussionen gegeben. Hennig, der nach Kritiker Kribbens Meinung die Crew auch viel zu spät vorgestellt hat, wiegelt zwar ab, ihm seien Schwierigkeiten bei der Mannschaftsaufstellung »nicht erinnerlich«. Gleichwohl sickert schon bald durch, daß er sich bei der Kandidatensuche mehrfach Körbe eingehandelt hat. Und einige der Parteifreunde und -freundinnen, wie etwa die Bundestagsabgeordnete Ingrid Roitzsch oder der ehemalige CDU-Wirtschaftsminister Jürgen Westphal, düpieren ihren schleswig-holsteinischen Spitzenkandidaten schließlich zusätzlich damit, daß sie ihre Absage an Hennigs Werben auch noch ungeniert öffentlich verkünden.

Schädlich für Hennig und seine CDU wirkt es darüber hinaus wohl auch, als er wenige Wochen vor der Wahl öffentlich die Berechtigung der Kirchensteuer in Frage stellt und über deren Abschaffung philosophiert. Die schleswig-holsteinischen Bischöfe der Nordelbischen Kirche reagieren deutlich, die Parteibasis, wenn auch weniger laut, »mit Bestürzung«. Hennig schwächt zwar ab, er habe die Diskussion nicht begonnen und nur zu Äußerungen anderer Stellung genommen. Dennoch, auch wenn die Kirchensteuer letztlich quasi wieder zum Heiligtum erklärt wird, sein Infragestellen der kirchlichen Einnahmen hat offenkundig Porzellan zerschlagen. »Wie kann man so wenig Gespür haben«, wird ein »Parteiinsider« zitiert.[10]

»Panzeraffäre«: Ferkeleien zum Finale

Richtig heftig kommt es für Hennig schließlich nur wenige Tage vor der Wahl. Trotz einer Sperre durch den Haushaltsausschuß des Bundestages – so wird gut eine Woche zuvor bekannt – waren deutsche Leopard-Panzer in die Türkei geliefert worden. Der zuständige Staatssekretär im Verteidigungsministerium, Ottfried Hennig, soll zugesagt haben, diese Ausschußentscheidung zu akzeptieren. Gleichwohl war eindeutig geliefert worden. Ein Kompetenzgezerre um die Frage, wer dafür die Verantwortung zu tragen hat, führt schließlich zur Entlassung eines leitenden Ministerialbeamten.

Doch nicht zuletzt in den Medien will man den Fall damit nicht bewenden lassen. Die Kritik an der Führung des Stoltenberg-Ministeriums wird zunehmend schärfer. Die nicht gerade regierungsfeindliche *Bild* kommentiert die Aktion am 29. März als »schäbig«. Für Verteidigungsminister Stoltenberg »gibt es seit Monaten nur noch eins zu verteidigen: sich selbst. Und nicht einmal das macht er gut.«[11] Tags darauf fordert sie in riesigen Lettern »Stoltenberg wegtreten!« Doch der geht nach scharfen öffentlichen Attacken erst, als er schließlich von Kanzler Kohl, der die anstehenden Wahlgänge in Baden-Württemberg und Schleswig-Holstein schweren Belastungen ausgesetzt sieht, massiv gedrängt wird. Zur Wahrung der Fassade darf Stoltenberg seinen Rücktritt selbst und als freiwillig verkünden, doch beides ändert an dem letztlich jämmerlichen Bild nicht mehr viel. Die Frage, welchen Anteil Hennig an der illegalen Lieferung der Panzer trägt, bleibt in der Bewertung bis zum Schluß strittig, in der politischen Konsequenz allerdings ist das ohnehin nur wenig bedeutend. Denn das Schicksal des Parlamentarischen Staatssekretärs ist unmittelbar mit dem seines Dienstherren verknüpft. Das Ende von Stoltenbergs Amtszeit ist zugleich auch das Aus für Hennigs Job auf der Hardthöhe.

Im schleswig-holsteinischen Wahlkampf schlägt die Affäre zwangsläufig hohe Wellen. Im Kreis Steinburg versucht die CDU noch am 31. März, ihren beiden Schleswig-Holsteinern an der Spitze des Verteidigungsministeriums mit einem bemerkenswerten Zeitungsinserat Flankenschutz zu geben. »Sollen die Türken entscheiden oder eine Kurdische Terrororganisation, wer in Kiel regiert?« fragt der CDU-Kreisverband per Annonce in der *Itzehoer Zeitung* angesichts der gegen Hennig und Stoltenberg gerichteten Rücktrittsforderungen. Für die SPD eine »widerliche Unappetitlichkeit«, so der Kommentar des Landesvorsitzenden Willi Piecyk. Eine »Ferkelei« dagegen ist wiederum für die Union ein Flugblatt des SPD-Ortsvereins Tremsbüttel im Kreis Stormarn. Die Devise »Hennig handelt«, die zuvor schon auf einigen Plakaten um den handschriftlichen Zusatz »... mit Zitronen« ergänzt worden war, hatten die Tremsbütteler nun zur Schlagzeile »Hennig handelt mit Waffen« umgemünzt.

Hennig selbst versucht nach dem Stoltenberg-Rücktritt und der damit verbundenen eigenen Entlassung die Flucht nach vorn: Jetzt sei jedenfalls der letzte Zweifel beseitigt, daß er auch nach dem Wahlgang in Schleswig-Holstein bleibe, verkündet er in verkrampft guter Laune. Dennoch, der Wind weht ihm scharf ins Gesicht: Die Medien vermelden prominente Parteiaustritte. Am spektakulärsten ist der von Irmlind Heiser, die dem Landtag elf Jahre angehört und sich vor allem im Zuge der Aufklärung der Barschel-Affäre als engagierte Erneuerin einen Namen gemacht hat. Fünf Tage vor dem Wahlgang gibt sie als Reaktion auf die Steinburger Wahlannonce ihr Parteibuch demonstrativ mit den Worten zurück: Diese CDU sei nicht mehr ihre Partei und keine mehr, die sie noch wählen könne.

Die Stimmung in den Unionsreihen ist auf dem Nullpunkt. Auf CDU-Veranstaltungen und auf Kundgebungen schlägt den Wahlaktivisten immer wieder das gleiche Thema entgegen: Die »Panzeraffäre« und die politische Verantwortung der beiden Schleswig-Holsteiner. Mehr noch als die Bonner Kehrt-Marsch-Bewegung Hennigs trifft die Christdemokraten im Norden der Abgang des ehemaligen Landesvaters Stoltenberg: »18 Jahre stand er an der Spitze der Landes-CDU, holte für sie absolute Mehrheiten. Auch wenn sein Stern in Bonn schon lange versunken war, zu Hause genießt er größte Autorität. Sein Abgang wird mit einer Mischung aus Wut, Niedergeschlagenheit und Respekt vor seinem Schritt aufgenommen.«[12]

Alles in allem ist der Wahlkampf nun kurz vor seinem Ende schließlich doch noch ein wenig aufregender als über weite Strekken, aber eben auch etwas »schmuddelig« geworden. Trotz alledem befindet Karl-Otto Meyer, der mit 21 Parlamentsjahren zu den »ältesten« Kieler Abgeordneten gehört, daß dies der langweiligste war, den er je erlebt habe. Von regional-politischen Themen keine Spur, alles sei – wie zuletzt durch die »Panzeraffäre« – von Bundespolitik überschattet worden.

Wahlabend: Blaues Auge und Rote Karte

Die Stimmung am Wahltag in der Kieler Staatskanzlei zwischen kaltem Buffet, trockenem Weißwein, Flensburger Flaschenbier und flimmernden Fernsehern ist locker und entspannt. Nach dem gemeinsamen Gang zum Lübecker Wahllokal, wo Engholm mit Frau und Töchtern gleich vor einem ganzen Pulk klickender und surrender Kameras seiner Bürgerpflicht nachkommt, ist die Familie zusammen ins Landeshaus nach Kiel gefahren. Die Atmosphäre in diesen hellen, weiß-grauen Regierungsbüros, die nach Engholms Einzug mit gründlicher Renovierung und modernem Mobiliar vom Mief der Barschel-Zeit befreit worden sind, hat an diesem frühen Abend etwas von Familienfeier. Nach und nach teffen Mitarbeiter und politische Freunde ein. Die Begrüßungen sind herzlich, manche haben sich eine Zeitlang nicht gesehen und tauschen eifrig den neuesten Klatsch und den Stand der Informationen über das Befinden von Gattin, Kindern oder gemeinsamen Freunden aus.

Mittendrin ein entspannter, fast fröhlicher Ministerpräsident. Als er gegen 17.50 Uhr, kurz vor der 18-Uhr-Prognose und in Erwartung der bald danach anstehenden Fernsehinterviews zur »Maske«, in eines der Büros verschwindet, scherzt er gut gelaunt noch mit seinem Büroleiter Püstow: »Kurt, daß du mir da keinen reinläßt.« Kein Vergleich zu der gespannten Stimmungslage Engholms am Wahlabend knapp vier Jahre zuvor.

Selbst als die ersten Trends und Hochrechnungen über die Mattscheibe flimmern, ändert sich daran nicht viel, obwohl die absolute Mehrheit der Mandate, die er selbst in Interviews öffentlich als seine Zielmarke ausgegeben hat, längst nicht sicher scheint. Trotz der deutlichen Verluste seiner Nord-SPD aber ist er viel mehr entsetzt und überrascht von den parallel verkündeten baden-württembergischen Resultaten und dem sich dort abzeichnenden zweistelligen Prozentwert der rechtsradikalen »Republikaner«. Zu diesem Zeitpunkt liegt die Schleswig-Holstein-SPD in den Hochrechnungen von ARD und ZDF noch bei rund 48 Prozent, die kleinen Parteien pendeln sämtlich um die Fünf-Prozent-Marke. »Wenn die Braunen rausfliegen und wir bei 48 bleiben«, kommentiert er vor einem der Fernsehgeräte stehend gelassen, »dann ist doch alles in Ordnung.« Nur einmal zeigt er an diesem Wahlabend etwas heftigere Emotionen. Als in einer der ersten Stellungnahmen ein führender schleswig-holsteinischer Unions-Politiker vor laufender Kamera über den inzwischen sicheren Einzug der rechtsradikalen DVU lamentiert, zischt Engholm den Bildschirm an: »Dafür habt ihr doch gesorgt! Wer immer wieder Asyl und Kriminalität thematisiert, treibt die doch rein.«

Ansonsten aber bleiben heftigere Gefühlsausbrüche trotz der deutlichen Schlappe für die SPD aus. Engholm und seine Beratercrew, darunter sein Freund Gerd Walter, ziehen sich zur Lagebesprechung in eines der nicht von Gästen okkupierten Büros zurück. Hier wird unter anderem die Formel für die Öffentlichkeit erdacht, die in den nächsten Tagen die Devise für die Wertung des Wählervotums bleiben soll: »Das Ergebnis war eine Gelbe Karte für die Politik und eine Rote für die Bonner Regierung.«

Tatsächlich sind die Verlierer dieser Wahl im Südwesten wie im Norden die großen etablierten Parteien, CDU und SPD. Insbesondere aber den Christdemokraten hat das Wahlvolk eine deutliche Abfuhr besorgt. Nur 33 von hundert Wählern votieren im traditionell konservativen Schleswig-Holstein für die Union, die damit in der Wählergunst auf dem historischen Tiefstand des Wahlgangs im Gefolge der Barschel-Affäre steckenbleibt. Ein Umstand, den Engholm mit seiner Nord-SPD nicht nutzen kann: Mit einem Minus von mehr als acht Prozent lassen sie deutlich mehr Federn, als im Vorfeld dieses Wahlganges kalkuliert worden war.[13]

Das eigentlich Markante dieser Wahl aber ist der völlig überraschende Einzug der rechtsradikalen DVU – nicht nur für Schleswig-Holstein. »Der Trend zu den Rechten«, konstatiert Engholm am Wahlabend, »ist schlimm. Er wird für das Image des Landes im Ausland verheerend sein.«

Draußen vor der Landtagstür machen, schon bevor Engholm diese Stellungnahme abgibt, rund 500 Demonstranten mit Pfiffen, Knallkörpern und ein paar fliegenden Steinen ihrer Wut über den Einzug der braunen Stimmungsprofiteure in den schleswig-holsteinischen Landtag Luft: »Nie wieder Faschismus« – »Stoppt die DVU« skandieren die Protestler draußen. Und auch drinnen ist niemandem so richtig nach Feiern zumute.

Neue Nachfolge-Spekulationen: Zwei und ein »Herzbube«

Mit der knappen absoluten Mehrheit hat Engholm nicht zuletzt auch seine sommerfrische Haut gerettet. Statt in zeit- und kräftezehrende Koalitionsverhandlungen im kühlen Kiel kann er nun doch in den geplanten Urlaub unter spanischer Sonne gehen, um dort in Ruhe über die Bewältigung des heimischen Machterhalts nachzudenken.

In den Medien des Landes wird, während Engholm auf Ibiza Urlaub macht, vor allem über mögliche Varianten seiner Kabinettsumbildung nachgedacht. Doch viel zu spekulieren gibt es nicht. Zwei Namen sind es lediglich, um die sich die denkbaren Maßnahmen einer eventuellen Kabinettsumbildung drehen: Wirtschaftsminister Franz Froschmaier und Bundesratsministerin Eva Rühmkorf. Doch nicht etwa, daß Engholm auch nur einen der beiden aus der Kabinettsriege feuern will. Die Ministerin und ihr Kollege Froschmaier hatten »Amtsmüdigkeit« durchblicken lassen und Engholm auch brieflich mitgeteilt, daß das Ende der Legislaturperiode zugleich das Ende ihrer Amtszeit sein würde.

Als schließlich am 28. April das – weitgehend alte – neue Kieler Kabinett vorgestellt wird, nehmen die Medien das Ereignis kaum zur Kenntnis. Nicht nur, weil es ohnehin nicht viel Überraschendes zu bieten hat. An diesem Tag, an dem die keine 24 Stunden zuvor als neue Bundesaußenministerin ausgelobte Irmgard Schwätzer fast handstreichartig wieder aus dem freidemokratischen Kandidaten-Karussell gekippt und durch den freidemokratischen Hoffnungsträger Kinkel ersetzt wird, beherrschen die Bonner Ereignisse um die Genscher-Nachfolge die Nachrichtenlage.

Ohnehin war weitgehend im Vorfeld durchgedrungen, was sich da auf der Kieler Regierungsbank ändern würde. Daß der Europa-Parlamentarier und Engholm-Freund Gerd Walter Eva Rühmkorf im Ministerium für Bundesangelegenheiten ablösen sollte, war inzwischen bekannt. Lediglich bei Froschmaiers Nachfolge schieden sich die spektakulären Geister. Während die einen auf Wahrung des weiblichen Gleichgewichts im Kabinett und somit auf eine Frau und vor allem auf die DGB-Vize Ursula Engelen-Kefer setzen, behalten schließlich die recht, die den Staatssekretär im Wirtschaftsministerium, Uwe Thomas, in der Nachfolge seines Ressortchefs wähnen.

Alles das ist auch für die Medien im Lande nur wenig aufregend. Viel interessanter ist die Entscheidung Engholms, Günther Jansen als Nachfolger von Eva Rühmkorf in die Funktion des stellvertretenden Ministerpräsidenten zu berufen. Auch wenn er bemüht ist, solche Verknüpfungen zu dementieren, wird diese Personalie doch als deutlicher Hinweis auf 1994 und Engholms Nachfolge im Amt des Ministerpräsidenten interpretiert.

Doch die entsprechenden Schlagzeilen sind noch nicht ganz trokken, als der Auserwählte selbst einen Strich durch die Spekulationen macht. Schon am Tag nach seiner Benennung läßt Jansen, der selbst von den eher konservativen Gazetten zu diesem Zeitpunkt noch als »Superminister« und »Glücksfall für das Land«[14] gefeiert wird, wissen: »Ich bin nicht der Richtige!« Da gebe es andere, befindet er kurz und trocken, und ihm habe schließlich noch nie etwas an »Repräsentations-Veranstaltungen« gelegen. Und mit einem Schmunzeln fügt er hinzu: »Meine Frau würde eher Auswanderungsüberlegungen anstellen, als dabei häufig an meiner Seite zu sein.«[15] Das alles und daß er sich nicht um seine Nachfolge bewerben werde, so sagt der Mann, der zehn Monate später als »der mit der Schublade« bundesweit durch die Medien gehen wird, habe er im übrigen Björn Engholm schon vor einiger Zeit wissen lassen.

Von Stund an darf also unter drei Kandidaten weiterspekuliert werden: Fraktionschef Börnsen und Finanzministerin Heide Simonis sind nach wie vor im Rennen, wobei die Chancen der »zierlichen Powerfrau« – von Freunden wie Gegnern auch gern »Häuptling flinke Zunge« genannt – deutlich höher gehandelt werden. Als Favoriten aber sehen, nach seiner Verankerung im Lande durch ein Ministeramt, derweil viele Engholms Freund Gerd Walter an – darunter wohl auch dessen Amtsvorgängerin Rühmkorf. Als sie ihrem »Wunsch nach mehr Freizeit« nachkommend das Amt übergibt, läßt sie tränengerührt wissen, daß sie überglücklich über ihre Nachfolge sei, nicht nur weil mit Walter Kontinuität im Amt gewährleistet würde, sondern auch, weil er doch der »Herzbube des Ministerpräsidenten« sei.

Doch das Blatt ist damit längst nicht ausgereizt. Im April 1993 – Engholm hat gerade mitgeteilt, er werde sein Ministerpräsidentenamt bereits im Spätsommer 1994 aufgeben, um sich ganz dem Bundestagswahlkampf zu widmen – meldet ein weiterer Sozialdemokrat Nachfolgeambitionen an. Der Kieler Bundestagsabgeordnete Norbert Gansel artikuliert zum Erstaunen vieler Genossen sein deutliches Interesse an Engholms Amt. Er habe »Lust zum Regieren«. Und eben das habe er auch schon die stellvertretende Ministerpräsidentin Simonis wissen lassen.

Daß sich die Nachfolgefrage indessen schon sehr viel früher stellen wird, ahnt zu diesem Zeitpunkt niemand. Bereits wenig mehr als einen Monat nach der Anmeldung des Ganselschen Anspruchs ist plötzlich der Regierungssitz in Kiel vakant. Als Engholm am 3. Mai den Rücktritt vom Amt des Ministerpräsidenten und von allen seinen Parteifunktionen erklärt, wird noch am gleichen Tag im Landesvorstand der SPD die Vorentscheidung für die Besetzung des Kieler Chefsessels getroffen.

Neben Heide Simonis hat zu diesem Zeitpunkt nur Gansel »den Hut im Ring«. Alle anderen halten ein Konkurrieren mit der agilen Finanzministerin offenbar von vornherein für aussichtslos. Und auch der Bonner Abgeordnete aus Kiel, der obendrein Mühe hat, Vermutungen zu entkräften, er habe gegen Engholm mit Indiskretionen gegenüber dem *Spiegel* intrigiert, bekommt in der Landesvorstandssitzung die verbreitete Stimmung zu spüren. Wohl auch um sich nicht allzu lädiert aus der Affäre zu ziehen, baut er schließlich hohe Hürden für seine Kandidatur und fordert eine »Urwahl« für das Ministerpräsidentenamt unter den sozialdemokratischen Mitgliedern.

Der Landesvorstand, der die Nachfolge rasch geregelt haben will, lehnt diesen Vorschlag erwartungsgemäß ab. Gansel zieht daraufhin seine Kandidatur zurück. Die schleswig-holsteinische Führungscrew nominiert einstimmig Heide Simonis als Kandidatin für die Wahl auf dem nur wenige Tage darauf anstehenden SPD-Landesparteitag. Sie soll Nachfolgerin Björn Engholms und die erste Ministerpräsidentin in der Geschichte der Bundesrepublik werden.

Wahl-Geschenke: Rosen, Chrysanthemen und vier Stimmen von der Opposition

Der Umstand, der Engholm zu Beginn der Legislaturperiode überraschend doch noch Landtagsmandat und Diäten beschert, und der ihm damit über den 3. Mai 1993 hinaus noch den Status eines Abgeordneten sichert, ist für die Parlamentarier weit über die SPD-Fraktion hinaus ein betrüblicher. Ursprünglich hatte der Ministerpräsident, obwohl auf Platz eins der Landesliste, das Mandat verpaßt, weil sämtliche Wahlkreise von der SPD direkt geholt wurden und damit die Liste gar nicht mehr zum Zuge gekommen war. Er rückt automatisch nach, als die Kieler Abgeordnete Lianne Paulina-Mürl aus gesundheitlichen Gründen verzichtet.

Die 47jährige Politikerin, die in der vorangegangenen Legislaturperiode als erste Frau in der Geschichte des schleswig-holsteinischen Landtages zu dessen Präsidentin gewählt worden war, ist bereits von einem Krebsleiden gezeichnet. Im Juli erliegt die engagierte und im Kieler Landtag hochgeschätzte Politikerin, die sich insbesondere für die Rechte der Frauen engagiert hatte, ihrer schweren Krankheit.

Ihre Nachfolgerin im Amt der Landtagspräsidentin wird Ute Erdsiek-Rave, bis dahin stellvertretende SPD-Fraktionsvorsitzende. Am 5. Mai, einen Monat nach der Landtagswahl, leitet sie in ihrer ersten Amtshandlung die konstituierende Sitzung des neuen Kieler

Parlaments, an der vor allem die Wahl des Ministerpräsidenten auf der Tagesordnung steht. Draußen vor dem von 200 Polizisten geschützten Landtag demonstrieren erneut rund 100 Jugendliche gegen den Einzug der rechtsradikalen DVU. Und auch im Inneren des Hohen Hauses an der Förde kommt es zum Konflikt mit der Splitterpartei. Die 69jährige Fraktionsangehörige der DVU, Karin Voß, ist zwar die älteste Abgeordnete im Parlament; dennoch verweigern ihr die anderen Fraktionen das Recht, als Alterspräsidentin die Sitzung zu eröffnen. Als auch weitere DVU-Anträge abgelehnt werden, zieht der braune Club der Neuparlamentarier unter Protest aus dem Plenarsaal aus und sichert sich damit wieder einmal die Aufmerksamkeit der Medien.

Erst zur Wahl des Ministerpräsidenten sind auch sie wieder vollzählig versammelt. Und als die Ergebnisse des Wahlgangs bekanntgegeben werden, erhält Engholm vier Stimmen mehr als die 45 seiner SPD-Fraktion, dazu rote Rosen von der neuen Landtagspräsidentin und gelbe Chrysanthemen von seinem Fraktionschef Börnsen. Zu den Stimmgeschenken aus den Oppositionsreihen bekennt sich neben dem Dänen Meyer, der schon vorher verkündet hatte, Engholm zu wählen, allerdings niemand. Weder die Union noch die FDP will Stimmen zugefüttert haben, die berühmten, »für gewöhnlich gut unterrichteten Kreise« allerdings wollen wissen, daß das Zubrot aus den liberalen Reihen stammt.

Für den überraschten Engholm ist das in diesem Moment zweitrangig. Ihm gibt das unerwartete Stimmenpolster ein »gutes Gefühl« und einen »Puffer des Vertrauens«, wie er den Einstieg in seine zweite Legislaturperiode als schleswig-holsteinischer Landeschef kommentiert. Doch dieses Gefühl soll nicht einmal ein Jahr lang Bestand haben. Nach 363 Tagen ist seine zweite Amtsperiode, deutlich früher als geplant, beendet. Die »Barschel-Affäre« hat ihr Opfer eingeholt.

Asyldebatte:
»Sieg« nach einer Zerreißprobe

Fünf vor zwölf in Bonn. Diesmal allerdings nicht *high noon,* sondern Geisterstunde. Die wegen des großen Andrangs aus allen Fugen berstende Beethoven-Halle erlebt in dieser Novembernacht 1992 eine parteihistorische Wendemarke der Sozialdemokraten. Mit mehr als 90 Prozent votiert ein Sonderparteitag für den neuen Kurs der SPD in der Asylpolitik. Nach einer dreimonatigen, selbstquälerischen bis selbstzerstörerischen Debatte über eine mögliche Änderung des einschlägigen Grundgesetzartikels 16 zum Asylrecht machen die rund 400 Delegierten den Weg frei für die, wie es heißt, »Asylwende Björn Engholms«. Denn obwohl die Zahl jener groß ist, die sich mit dramatischen Appellen, Vorschlägen, Änderungen und Kritiken zu Wort gemeldet haben, wird das Asylthema zu einer, wie der Parteivorsitzende es selber sieht, »politischen Existenzfrage« für ihn persönlich in seinen Spitzenämtern. Noch am Wochenende vor dem Bonner Konvent hat Engholm unverhohlen in der WDR-Fernsehsendung ZAK mit seinem Rücktritt gedroht, falls ihm der Parteitag nicht folgen sollte: »Mit einem Nein des Parteitags, mit einer Barriere gegen jedwede Form der Änderung, würde ich zwar immer noch gern Kanzler werden wollen, könnte es aber objektiv nicht mehr... Wenn die Partei nein sagt – null Änderung –, so eine Option kann ich natürlich nicht tragen, das ist klar.« Schon in diesen Tagen sucht Engholm nach einer überzeugenden Begründung für einen Ausstieg aus seinen Parteiämtern, die ihn offenbar mehr belasten als er sich selbst eingestehen will.

Tatsächlich hat in den Wochen vor dem Parteitag innerhalb der SPD eine Zerreißprobe stattgefunden, wie sie nur vergleichbar ist mit den hitzigen Debatten der Sozialdemokraten in den fünfziger Jahren über Wiederbewaffnung und Westintegration der Bundesrepublik Deutschland. Ausgangspunkt der Debatte sind die sogenannten Petersberger Beschlüsse. Im August treffen sich in dem als Gästehaus und Konferenzzentrum der Bundesregierung wiedererrichteten Nobelhotel auf dem Petersberg bei Königswinter die programmatischen Vordenker der SPD, um mit einem Sofortprogramm »Antworten der SPD auf die drängenden Fragen der Zeit zu geben«. Hierbei geht es zunächst einmal vor allem um die Wirtschafts- und Finanzpolitik, die Aufbauprogramme Ost, die »Blauhelm«-Frage und – natürlich – das Asylthema. Obwohl die Konferenz zu allen Bereichen konkrete Vorschläge unterbreitet, rückt die Asylfrage schnell in den Vordergrund. Eher zufällig ergreift Engholm hierbei die Initiative. »Einer mußte die Reißleine ziehen«, kommentiert er später seinen Vorschlag, es müsse – »auch auf die Gefahr hin, daß wir gewaltig Prügel bekommen« – eine Wende in der Asylpolitik herbeigeführt werden. Dabei gelte es leider, das im Grundgesetz verbriefte Asylrecht anzutasten.

Im Klartext heißt der Beschluß vom Petersberg, daß die Sozialdemokraten sich nicht länger einer prinzipiellen Grundgesetzänderung verschließen wollen, um den Weg für eine gesetzliche Neuregelung des Asylrechts freizumachen. Ziel ist es, die Verfahren zu beschleunigen, »Scheinasylanten« abzuwehren und Listen von Ländern aufzustellen, in denen es praktisch keine politische Verfolgung von Oppositionellen gibt.

Engholm beruft sich bei seiner Initiative darauf, daß in den letzten Wochen und Monaten, vor allem im Zuge des Bürgerkrieges im ehemaligen Jugoslawien, Deutschland mit Asylbewerbern geradezu überschwemmt werde. Aus seinem eigenen Bundesland Schleswig-Holstein weiß er zu berichten, daß die zuständigen Regional- und Kommunalbehörden mit dieser Welle hoffnungslos überfordert sind, daß allein die jedem Asylbewerber zunächst einmal zustehende Unterstützung die Sozialbudgets der Kreise und Kommunen unerträglich belastet und daß deshalb eine Vielzahl sozialer Dienste eingestellt bzw. gekürzt werden muß. Daß dies für Unruhe in der Bevölkerung sorgt, müßte jedem klar sein, so Engholm, der von seinem alles andere als ausländerfeindlichen Sozialminister Günther Jansen in dieser Frage mit Daten und Prognosen unterstützt wird.

Engholm stört vor allem, daß die Sozialdemokraten in einer Art unrealistischer Links-Schwärmerei die Augen vor den »neuen Realitäten« verschließen. Er hätte erwartet, daß insbesondere im Zuge der Demokratisierung im Osten Europas die Menschen »sich dort, wo sie wohnen, nun häuslicher einrichten, nicht aber auf Völkerwanderung gehen«. Immerhin hat Herbert Wehner schon zehn Jahre zuvor seine Partei geradezu visionär vor diesem Problem gewarnt und programmatische Antworten gefordert. Am 15. Februar 1982 sagte der damalige Fraktionsvorsitzende der SPD im Bundestag vor dem SPD-Parteivorstand: »Wenn wir uns weiterhin einer Steuerung des Asylproblems versagen, dann werden wir eines Tages von den Wählern, auch unseren eigenen, weggefegt. Dann werden wir zu Prügelknaben gemacht werden. Ich sage euch – wir sind am Ende mitschuldig, wenn faschistische Organisationen aktiv werden. Es ist nicht genug, vor Ausländerfeindlichkeit zu warnen – wir müssen die Ursachen angehen, weil uns sonst die Bevölkerung die Absicht, den Willen und die Kraft abspricht, das Problem in den Griff zu bekommen.«

Engholm orientiert sich bei seiner Initiative genau an dieser Vorgabe, zumal er als Lübecker sich besonders eng mit dem Lebensweg Willy Brandts verbunden fühlt: »Das Schicksal eines Willy Brandt, der bei Nacht und Nebel über die Ostsee flüchten mußte, ist nicht vergleichbar mit dem Schicksal von Menschen, die mit einem Touristenvisum kommen und dann Asyl beantragen.«

Das Thema Asyl wird sehr schnell zum bestimmenden Diskussionsstoff im Deutschland des Herbstes 1992. Dies um so mehr, als mit den Übergriffen auf Asylbewerberheime etwa in Rostock und Hoyerswerda und den schrecklichen Morden an drei Türkinnen in Mölln sehr schnell offenbar wird, daß sich in dem vereinten Deutschland eine manifeste Ausländerfeindlichkeit auf offener Straße dokumentiert, daß die Täter sogar auf mehr oder weniger klammheimliche Unterstützung aus der Bevölkerung hoffen können. Angriffe auf Ausländer – nicht nur auf Asylbewerber – gehören zum Alltagsbild, auch andere Minderheiten, wie etwa Behinderte, können plötzlich ihres Lebens nicht mehr sicher sein. Eine Pogromstimmung breitet sich aus, es könnte ein Flächenbrand werden, von rechts entfacht, der auch und besonders das Ausland beunruhigt. Schon droht aus dem wiedererstarkten Deutschland angeblich ein »Viertes Reich« zu werden, aus der Klamottenkiste des Faschismus wird der häßliche deutsche Alt- und Neonazi hervorgekramt. Vor allem in angelsächsischen Zeitungen und Magazinen wird die Parole vom Ausländer als dem Juden im modernen Deutschland strapaziert.

Allein in Schleswig-Holstein, so argumentiert Engholm in dieser Phase, habe sich die Zahl der Asylbewerber in sieben Monaten verdoppelt, gleichzeitig halbiert sich die Quote der Anerkennungen. »Es kommen also vorwiegend Menschen aus Staaten, in denen mit großer Wahrscheinlichkeit politisch nicht verfolgt wird. Diese Entwicklung ist dramatisch gegen unser Asylrecht gerichtet, das ja gerade jenen Schutz bieten soll, die zu Hause ihres Lebens nicht mehr sicher sein können. Das kann man in diesen Tagen etwa von Polen, der Tschechoslowakei und anderen Staaten des veränderten Osteuropa nicht gerade behaupten. Und so wollten wir auf dem Petersberg ganz einfach dafür sorgen, daß eine Änderung in zwei Richtungen erfolgt: eine Trennung zwischen denen, die mutmaßlich verfolgt sind, und denen, die wirtschaftliche und soziale Motive haben, die wir zwar nicht ignorieren wollen, die aber nicht zum klassischen Asyl gehören. Natürlich war mir klar, daß die Reaktion ein Aufschrei ohne Ende sein würde, aber da mußten wir durch.«

Tatsächlich entwickelt sich sehr schnell eine lebhafte Grundsatzdebatte über die Identität der Sozialdemokratie. Engholm, der in dieser Zeit die Beliebtheitsskala der Politiker einsam anführt, gilt nach den vielfältigen Vorwürfen, er sei ein Zauderer, ein aussitzender Schöngeist und führungsschwach, unversehens als ein Pragmatiker, der mit dem Schielen auf den Kanzlerthron in Bonn essentielle Grundwerte der Sozialdemokratie über Bord werfe. Allerdings, besonders peinlich muß diese Kursänderung der SPD im August auch deshalb wirken, weil sie im Umfeld der Rostocker Krawalle fällt und der Vorwurf, die SPD beuge sich nur allzu schnell dem Druck der Straße, nur sehr schwer zu widerlegen ist. In der Öffentlichkeit indessen wirbt Engholm für diese in seinen Augen praktisch vorbeugende Maßnahme: »Wir sind es jetzt, die gefragt sind. Wir müssen jetzt handeln, bevor ein Sturm losbricht, bei dem die etablierten Parteien weggefegt werden und andere, weitaus rechter stehende Organisationen das Heft in die Hand bekommen.« Engholm hat Angst davor, »daß die großen Parteien, indem sie Handlungsfähigkeit verlieren, zuviel Zustimmung verlieren an andere Gruppierungen. Das muß nicht nur der ganz rechte Rand sein, das können auch Splitterparteien ganz neuer Art sein. Eine Auseinanderdifferenzierung des Parlaments wie in Weimar, das ist es, was ich fürchte. Die Vorstellung, da säßen dann zwei Volksparteien, die mit jeweils 24 oder 25 Prozent nicht mehr mehrheitsfähig wären.«

Doch zunächst einmal bricht ein Sturm der Empörung in der eigenen Partei los. Bis zum letztlich nach Bonn einberufenen »Asyl-Parteitag« am 16. November 1992 distanzieren sich insgesamt sieben Landesverbände von der Engholm-Initiative, offen wird auch in der SPD kolportiert, der Vorsitzende könnte über dieses Problem stürzen. Dazu kontert Engholm – zumindest äußerlich – kühl, er habe Freude an seinem Amt in Kiel und sei von solcherlei Drohungen oder Andeutungen keinesfalls zu beeindrucken. Letztlich kulminiert die parteiinterne Diskussion an dem Punkt, ob mit dieser »Attacke auf das Grundrecht Asyl« auch der verbriefte individuelle Anspruch in Frage gestellt werde. Nach vielem Hin und Her einigen sich die Parteistrategen letztlich auf Formulierungen, die zwar eine Änderung des Artikels 16 vorsehen, jedoch gleichzeitig am Individualanspruch auf Asyl festhalten. Ziel der SPD-Initiative ist es, zumindest den ungesteuerten Zulauf von Asylbewerbern zu stoppen, die Prüfungsverfahren abzukürzen und den professionellen Schlepperorganisationen das Handwerk zu legen. In Engholms Augen muß die deutsche Asylpolitik, die per Grundgesetzänderung nur mit Zustimmung der SPD zu verwirklichen ist, ein tragfähiger Kompromiß für alle politischen Kräfte werden, denn vor allem am rechten Rand der Union, besonders aus der CSU, stehen die Forderungen im Raum, de facto das gesamte Asylrecht zu liquidieren.

Engholm, der als vielumjubelter Sieger aus diesem Parteitag hervorgeht, hat dennoch mit dem Asylthema erhebliche Blessuren davongetragen. Den Vorwurf, er habe mit seiner plötzlichen »Petersberger Schlittenfahrt« die Partei total überfordert, will er nicht dementieren: »Vielleicht hätte ich auf dem Petersberg einen anderen Weg der innerparteilichen Demokratie in Gang setzen können; es war nicht das Optimum.«

Das ist wohl wahr, zumal im Laufe der Diskussionen sein Kurs einer restriktiven Asylpolitik erheblich verändert wurde. So ist aus dem Leitantrag unter anderem die Idee der Einführung von Länderlisten herausgefallen. Damit sollten jene Länder benannt werden, bei denen von vornherein eine Asylberechtigung ausgeschlossen würde. Vor allem der Engholm-Vorgänger im Amt des Parteivorsitzenden, Hans-Jochen Vogel, und der niedersächsische Ministerpräsident Gerhard Schröder doktern noch gewaltig mit an dem SPD-Vorschlag herum, bevor er in Antragsform gegossen ist. Dabei müssen sowohl der Einser-Jurist Vogel, der die Seinen bisweilen mit akribischer Rechtsphilosophie nervt, und der karrierebewußte Schröder sich auch in der Partei den Vorwurf gefallen lassen, sie zeigten wenig innerparteiliche Solidarität, ja verfolgten sogar sehr deutlich persönlich unlautere Absichten, um Engholm faktisch zu demontieren. Vor allem Vogel sieht innerhalb des bestehenden Grundrechts und der Gesetze genug Spielraum, um das Asylproblem in den Griff zu bekommen. Ungeachtet des Genossenspotts, Vogel könne nicht verwinden, nicht mehr die Nummer eins in der SPD zu sein, wirbt er für seine Rechtsposition. Vogel bei einer Bürgerversammlung in Mecklenburg-Vorpommern: »Wenn hier in Greifswald 1000 Leute einen Bauantrag stellen, dann wird ja nicht das Bauamt abgeschafft, sondern es werden mehr Leute eingestellt, um die Anträge zu prüfen, zu genehmigen oder abzulehnen.« Tatsächlich wirft die Opposition der Regierung vor, viele Verfahren bewußt mit gesteuertem Personalmangel zu verschleppen, um das Asylproblem dringlich erscheinen zu lassen und die SPD in eine Zwangssituation zu bringen.

Auch kurz vor Mitternacht, auf dem Parteitag in der Bonner Beethovenhalle, spielt sich Vogel persönlich noch einmal bis zur Peinlichkeit, wie nicht nur seine Kritiker meinen, mit einer engagiert vorgetragenen halbstündigen Rede zu rechtlichen Fragen der Asylpolitik dermaßen in den Vordergrund, daß der hoch hinter ihm auf der Vorstandsterrasse plazierte Engholm kreidebleich wird. Vogels Wort, Engholm verdiene Respekt, auf dem Petersberg eine wichtige Diskussion angestoßen zu haben, wird als verkappter Tadel des »Oberlehrers« für einen talentierten, aber unreifen Schüler interpretiert; viele Beobachter sehen in Vogels Auftritt den Versuch, noch einmal zu zeigen, wer der tatsächliche Chef im Ring ist. Niemand indessen kann leugnen, daß Vogel in der ihm eigenen Art des Disziplinierens durch Sachkompetenz letztlich die Partei in dieser Grundsatzfrage zusammengehalten und einen wesentlichen Anteil an dem überwältigenden Votum des Parteitages hat.

Der Vorsitzende selbst, der die gesamte Debatte im Rücken der Redner von der letzten Stuhlreihe an der Stirnseite des Saals mitverfolgt hat (»Ich wollte dokumentieren, hier geht es um die Sache, nicht um mich«), wirkt nach dem Votum geradezu überwältigt. Mit vier Konfirmanden-Verbeugungen bedankt er sich schließlich linkisch bei den Delegierten, die ihm minutenlang zujubeln. Die Stimmung in diesen Minuten faßt der stellvertretende Parteivorsitzende und Ministerpräsident von Nordrhein-Westfalen, Johannes Rau, mit den Worten zusammen: »Kanzlerkandidat ist kein Job für dich, aber Kanzler, das ist doch was, und das sollst du werden. Nicht mehr Kandidat, sondern Bundeskanzler in Deutschland – das ist unser Auftrag an dich.«

Nur sechs Monate später wird Rau als kommissarischer Parteivorsitzender das von Engholm niedergelegte Führungsamt der SPD übernehmen. Rau selbst gehört in dieser unerwarteten Krisenzeit der Sozialdemokraten auch zu jenen Personen, die als mögliche Kanzlerkandidaten nach Engholm öffentlich gehandelt werden. Beim Bonner »Asylparteitag« indessen steht noch Engholm im Mittelpunkt des Interesses, und nach dieser fast väterlichen Empfehlung tobt der Parteitag in einer eigenartigen Mischung aus Erleichterung und Hoffnung. Jetzt wollen alle nach vorn sehen, und Engholm selbst, über den der bayerische Abgeordnete Ludwig Stiegler spottet: »Er hat sich durchgesetzt, mit unseren Vorschlägen«, sieht in dieser Stunde ein Wort Willy Brandts verwirklicht, das er selbst zum Leitgedanken dieses Parteitags gemacht hat: »Besinnt euch eurer Kraft und darauf, daß jede Zeit neue Antworten braucht.«

Engholm selbst weiß, daß er zwar die Delegierten gezähmt, der Partei eine Richtung gegeben und die Fraktion mit einer Gebrauchsanweisung für die Koalitionsgespräche versorgt hat. Doch die Mühsal dieses politischen Kraftaktes ist ihm anzumerken. »Wenn es jetzt noch einmal losgeht«, so formuliert er in kleinem Kreise,

»dann war's das wirklich. Dann müssen die sich einen anderen suchen.« Doch die ganz große Kontroverse bleibt aus. Die Fraktionsdelegation unter Leitung ihres Vorsitzenden Hans-Ulrich Klose, der ausdrücklich ein imperatives Mandat für die Abgeordneten aus der Partei ablehnt, handelt mit der Regierungskoalition einen Kompromiß aus, »in welchem sich alle wiederfinden können. Es war doch klar, daß wir mit unserem 33prozentigen Anteil im Parlament nicht alles würden durchsetzen können.«

Schließlich einigen sich Koalition und SPD in Bonn auf eine Grundgesetzänderung, bei der zwar das individuelle Asylrecht erhalten bleibt, aber ausgehöhlt wird, wie es Heribert Prantl am 8. Dezember 1992 in der *Süddeutschen Zeitung* auf den Nenner bringt: »Zwar soll es das Asylrecht weiter geben – nicht aber die Flüchtlinge, die es in Anspruch nehmen.« Der neue Artikel 16a Grundgesetz müsse als die verklausulierte Umschreibung eines bitteren Satzes gelesen werden: »Politisch Verfolgte genießen Asylrecht – aber nicht in Deutschland.«

Politik und Familie: Der Verlust des Privaten

Rollenprobleme: Ehemann, Vater, Politiker

Lübeck, Jürgen-Wullenwewer-Straße 9, ein heißer Sommertag anno 1991. Sonntagnachmittag – Kaffeezeit auf dem Balkon bei Engholms. Eine der wenigen Gelegenheiten, wo die Familie einmal komplett ist. Entspannung ist angesagt. Der prominente Genosse Familienvater hat es sich auf einem Liegesessel bequem gemacht, Frau Barbara und die Töchter Kerstin und Britt freuen sich auf ein paar Stunden abseits von Politik; bei Tee, Kaffee und Streuselkuchen wird über Privates geplauscht. Über der breiten Allee des feinen Bürgerviertels von Lübeck liegt eine brütende Hitze, selbst die Überdachung des kleinen Balkons bietet nur unzureichenden Schutz vor der aufdringlichen Sonne.

Dann der Störfall. Ein Omnibus biegt in die Straße, wird immer langsamer und hält schließlich direkt vor der protzigen Villa, in welcher die Familie Engholm die oberste Etage bewohnt. Durch die leichtgeöffneten Fahrzeugfenster dringt die plärrend-verzerrte Stimme des Fremdenführers. Wortbrocken wie »Ministerpräsident«, »bescheidene Hütte« und »prominenter Hanseat« schallen von den Häuserwänden zurück. Dann der fordernde Ruf zweier besonders kesser Touristinnen, die den leicht angegrauten Haarschopf des SPD-Politikers zwischen den auf der Balkonbrüstung plazierten Azaleen- und Alpenveilchentöpfen entdeckt haben.

Die Warnung seiner Tochter Britt »Björn, duck dich« kommt für eine Sekunde zu spät. Björn Engholm ist unversehens aus seiner privaten Idylle wieder ins öffentliche Leben zurückgezerrt worden. Mit einem stöhnenden »Na, dann muß ich wohl mal« quält er sich aus seinem Liegestuhl empor, beugt sich über die Brüstung und winkt linkisch wie ehedem Willy Brandt aus einem Hotelfenster in Erfurt. Die Lübeck-Besucher sind begeistert: Beifall, Klicken von Fotokameras und freundliche Zurufe wie »Na, denn machen Sie's mal gut« verwandeln die bis eben dösige Stimmung in ein lebendiges Durcheinander. Von unten muß die Szene aussehen wie in einem Kasperletheater, doch trotz seines leise gezischelten Protestes gegen diese Zur-Schau-Stellung scheint Engholm die Szene irgendwie zu genießen. Barbara strahlt in dieser Minute die Freundlichkeit einer Ehefrau aus, die am liebsten das Kaffeeporzellan in Richtung Bus schleudern würde, die beiden Töchter flüchten mit der Bemerkung »Unmöglich, so etwas« ins Hausinnere. Doch nach einer Minute setzt der Bus seine Fahrt fort, die alte Ruhe kehrt wieder ein. Sonntagsalltag eines Politikers eben, dessen Privatleben zum faktischen Bestandteil einer Stadtrundfahrt geworden ist.

Das Familienleben eines Politikers, oder besser: eines Politikers mit Familie. Erinnerungen an Dieter Lattmanns Buch »Ein Mann mit Familie« werden wach, in welchem der ehemalige SPD-Bundestagsabgeordnete aus dem Wahlkreis Oberallgäu sein »Doppelleben« zwischen München und Bonn mit allen Irrungen und Wirrungen für ihn und die Familie schildert.

Für Engholm, nach Aussagen von Frau und Kindern alles andere als ein idealer Familienvater, ist die Preisgabe des Privaten die unabdingbare Konzession an ein öffentliches Leben. Der »Wochenendvati« seiner Bonner Jahre hat auch als Kieler Oppositionsführer und Ministerpräsident und erst recht als SPD-Vorsitzender und Kanzlerkandidat kaum noch Zeit »für die eigenen vier Wände«, geschweige denn für Ehefrau und Kinder.

Tochter Britt, die sich total als Vaterkind bezeichnet, hat schon darunter gelitten, daß sie vor allem in den ersten Jahren nur sehr wenig von ihrem Vater haben konnte. Meist sind es die gemeinsamen Urlaubsreisen nach Jugoslawien, Schweden, Griechenland und England, die die Familie über längere Zeit zusammenbringen. Den Alltag im Haushalt des Lübecker Politikers bestimmt und prägt ausschließlich die Mutter. Für Barbara Engholm sind die Abgeordneten- und Ministerjahre in Bonn eine allerdings nicht nur belastende Phase: »Nach der Wahl 1969 zeichnete sich für Björn dann ein anderer Weg ab, und ich blieb zurück mit den Kindern. Das war natürlich etwas, was ich nicht so gut fand.« Schon während des Wahlkampfes, als Britt geboren wird, nervt es sie total, »daß wir doch tatsächlich zusammen für politische Zwecke abgelichtet wurden«. Barbara Engholm, die, wie sie sagt, eigentlich unpolitisch ist und Politik erst gelernt hat, macht aus der Not allerdings eine Tugend: »So allein fühlte ich mich aber auch nicht, ich habe dann wieder angefangen mit der Bildhauerei, habe dann aber gemerkt, daß ich doch lieber bei der Malerei bleibe. Inzwischen mache ich wieder beides.«

Sie genießt es allerdings auch, daß Engholm mit dem Turnus drei Wochen Bonn, eine Woche Lübeck sich, so oft er kann, um die Kinder kümmert. »Das waren dann meine freien Stunden«. Überhaupt kann sie es sich nicht vorstellen, einen Mann zu haben, der jeden Abend nach Hause kommt: »Die schlimmste Drohung war, daß Björn gesagt hat: ›Warte nur ab, bis ich jeden Abend pünktlich um acht Uhr zu Hause bin.‹ Also, wenn die Kinder im Bett gewesen sind, konnte ich machen, was ich wollte. Und das war gut so.«

Als besonders belastend empfinden es alle, daß sich die Erziehungsprobleme überwiegend auf das Wochenende konzentrieren, Engholm oftmals den strafenden Vater spielen muß, der nicht wenige Male tagelang den Kindern als Drohung nach Verfehlungen ins Haus steht. »Aber wenn er dann kam, war alles gar nicht so schlimm«, erinnert sich Britt, die es immer gut versteht, »meinen Didi« um den Finger zu wickeln. »Meistens war er total süß, total süß war der mit uns.«

Alle drei bis vier Wochen ist dann auch der Besuch bei der Engholm-Mutter Alma angesagt, die in den letzten Jahren allein in einer Stadtwohnung lebt. Barbara findet zu ihrer Schwiegermutter nur sehr schwer Zugang. Besonders anfangs »war ich in ihren Augen keine Frau für Björn. Ich war eben zu verrückt, ein wenig exotisch.« Und so ist es wohl auch ein kleiner, stummer Protest gegen die Konventionen der Engholm-Familie gewesen, daß Barbara bei der Hochzeit 1964 darauf bestanden hat, ganz in Schwarz zu heiraten: »Schwarzes Kleid, schwarzer Mantel, schicke Kappe. Weiß war viel zu konventionell.«

Die beiden führen schon sehr früh eine im besten Wortsinne emanzipierte Ehe. Zusammen so oft wie möglich, getrennt so oft wie nötig. Nur während der Barschel-Affäre, da hängt die Familie wochenlang wie ein Klettengewächs zusammen. »Da brauchte Björn uns alle, und wir brauchten auch ihn.« Auch die Töchter finden, daß »damals die ganze Familie richtig wieder zusammengewachsen ist«. Und Engholm selbst weiß, daß er »die ganze Sache ohne die Familie überhaupt nicht durchgestanden hätte«.

Trotzdem macht er kein Hehl daraus, daß für ihn bisweilen die häusliche Ruhe über alles geht. Da wird dann klassische Musik oder Jazz gehört, manchmal auch nur – vorzugsweise zur späten Stunde – ein Videofilm geguckt. Auch schon mal in Tateinheit mit dem Verspeisen einer Schweinshaxe. Entspannung und Regeneration eines Spitzenpolitikers. Barbara Engholm, die sich inzwischen ihr eigenes Leben eingerichtet und eine Rolle außerhalb der Repräsentation gesucht und gefunden hat, langweilt sich beim Fernsehen total. »Ich rede dann immer dazwischen. Wenn er dann ungeduldig wird, kann ich immer noch in mein Atelier an der Untertrave gehen.« Hier hat sie ihr kreatives Refugium und malt für Ausstellungen im In- und Ausland. Ähnlich wie die Kinder hat sie auch bisweilen Probleme mit dem Namen Engholm. Obwohl sie sich in Fachkreisen längst einen Namen als Malerin gemacht hat, gibt es hin und wieder immer noch die Häme, hier male eine frustrierte Prominentengattin, auf der krampfhaften Suche nach eigenem Profil. Wenn Engholm dies hört, kann er ausrasten. In einem Fernsehinterview auf die Kritiker der Kunst seiner Frau angesprochen, giftet er zurück: »Wer das nicht versteht, hat keine Ahnung von moderner Malerei.«

Gleichwohl gibt es einen ernsthaften Zielkonflikt zwischen Politik und Privatem, als die Präsidentin des schleswig-holsteinischen Landtags Lianne Paulina-Mürl für 5000 Mark ein Bild von Barbara Engholm für das Kieler Landeshaus erwirbt. Als dies ruchbar wird, bricht eine Provinzposse aus, von Begünstigung und latenter Korruption ist die Rede, außerdem sei das Ganze überhaupt keine Kunst. Ein paar Tage überlegen die Engholms, die erkennen, daß dieses Thema die Lufthoheit über den Stammtischen im Norden dominiert, ob sie das Bild zurückkaufen sollen, sehen aber schnell ein, daß dies die Sache nur noch »verschlimmern« würde.

Für Barbara Engholm ist diese spießige Attacke auf ihre Kunst und die Integrität ihres Mannes der letzte Beweis dafür, daß es für sie richtig ist, sich weitgehend aus den offiziellen Repräsentationsveranstaltungen herauszuhalten. »Ich bin weder gewählt noch Landesmutter, und mein Mann respektiert und unterstützt dies.«

Und so muß bisweilen eine der Engholm-Töchter – wenn überhaupt verfügbar – »die Frau an seiner Seite« spielen. Zumeist präsentiert sich dann ein stolzer Vater. Manchmal allerdings geht es nicht gerade harmonisch ab. Bei einem Diplomatenempfang kommt Tochter Britt – mit Absicht, »damit alle es sehen« – ein paar Minuten zu spät. Doch nicht dies erregt Aufsehen, sondern ihr nicht gerade angepaßter Aufzug. Sie hat sich gerade eine Punkfrisur zugelegt, ein paar Sprayfarben gleichmäßig auf dem zerzausten Kopf verteilt, »ein Bein rot, ein Bein grün, Stirnband, zwei verschiedene Turnschuhe, dazu irgendwie klirrende Ketten, richtig scharf war das«.

Den sich mühsam an ihre Sektkelche klammernden und an den Getränken fast verschluckenden Diplomaten verschlägt es vollends die Sprache, als die ihnen unbekannte junge Dame auf den Gastgeber zugeht und demonstrativ herzlich umarmt und küßt. »Du siehst unmöglich aus«, zischelt der gleichermaßen verärgerte wie peinlich berührte Vater seiner ihn liebkosenden Tochter bei dieser filmreifen Szene ins Ohr. Doch zum angedrohten Nachspiel zu Hause kommt es nicht. »Irgendwie fand er es hinterher ganz witzig«, sagt Britt, »aber ich war sowieso immer das Problemkind. Auch als ich ›Kröte‹, einen Freund aus der Punkszene, mal mit nach Hause brachte.« Den Vater habe der Anblick des »heavy-metal-freaks« völlig und sofort aus dem »Schaukelstuhl gehauen«. Eine eigentlich doch wohl ganz normale Familie, wobei Engholm von sich aus niemals seine Angehörigen zwingt, mit ihm gemeinsam öffentlich aufzutreten, zu Fototerminen oder Fernsehveranstaltungen mitzuerscheinen. Barbara: »Er fragt stets, ob wir wollen, und ist völlig einverstanden, wenn wir nein sagen.«

So begleiten ihn denn bei einem Auftritt in »Boulevard Bio« im Ersten Fernsehprogramm auch nur Britt und Kerstin, Barbara will sich nicht öffentlich »zur Schau stellen lassen«. Der Talk, der den Gästen in gewiß fragwürdiger Weise Gelegenheit zu einer grandiosen Selbstdarstellung gibt, wird von der Union scharf gerügt, weil er zu Beginn der heißen Phase des Landtagswahlkampfes 1992 stattfindet, kurz nachdem Engholm seine Kanzlerkandidatur bekanntgegeben hat. Unzulässige Wahlhilfe und einseitige Parteipolitik, so tönt es aus dem Unionslager, das somit *nolens volens* einen gelungenen Auftritt des ersten Mannes der SPD konzediert.

So sehr Engholm sich aber auch mitsamt seiner Töchter als offener und liberaler Familienvater gibt, in letzter Zeit verweigert er von sich aus die Einbeziehung seiner engsten Angehörigen in politische Entscheidungen.

Die Bereitschaft zur Kanzlerkandidatur erklärt er im Alleingang. »Die wären zu Hause doch nur entsetzt gewesen und hätten alles nur noch schwerer gemacht.« Allerdings sieht er auch eine gewisse Legitimation in seinem Verhalten, weil die Töchter praktisch aus dem Hause sind und seine Frau überwiegend ihre eigenen Wege geht. Britt studiert in Kiel, Kerstin arbeitet in der Düsseldorfer Galerie des Malers Jörg Immendorff, und Barbara hat ihre alte, neue Welt in der Malerei gefunden. »Ich habe mein Leben lang gemalt, angefangen mit Realismus und Naturalismus, mein Stil ist jetzt abstrakt-informell.« Ihre Vorbilder sind Kandinski, Nolde, de Koning und Fußmann.

Engholm unterstützt seine Frau in ihrer Malerei vorbehaltlos, er bezeichnet sich selbst als einen ihrer Fans. Auch er bevorzugt die Informellen. Bilder verschiedenster Maler bedecken praktisch jede Fläche an den Wänden der Wohnung. Schon sehr früh hat er zu sammeln begonnen. Anfangs lokale und regionale Künstler wie Lethgau, Jäger, Teubert und Kleinschmidt. Später dann Werke von Klaus Fußmann, Fritz Winter, Fred Thieler, Gerhard Hoehme, Max Neumann, Walter Störer, Andros Marcos und Emil Schumacher. Gute Kontakte hat er zudem schon im Jahre 1987 mit der DDR-Künstler-Gruppe Galerie »Oben« in Karl-Marx-Stadt.

Eine Musenfreundschaft, die sich auch über die Vereinigung hinaus mit der Chemnitzer Gruppe hält. »Manchmal gelingt es mir, für nur relativ wenig Geld, oftmals auch zufällig, bei irgendeiner Vernissage oder einem Atelierbesuch ein Schnäppchen zu machen«, kann er sich bisweilen diebisch freuen, der ansonsten, wie Freunde glaubwürdig versichern, in Gelddingen nicht gerade sehr großzügig ist. Was sich allerdings nicht auf den Weingenuß bezieht, denn hier ist der Beste gerade gut genug: zumeist Riesling oder ein trockener italienischer »Weißer«.

Halbes Jahrhundert: eine »historische« Geburtstagsfeier

Klar, daß Engholm mit der engsten Familie und den besten privaten und politischen Freundinnen und Freunden seinen fünfzigsten Geburtstag »auf seinem Weinberg« im hessischen Kiedrich feiern will. Es wird ein denkwürdiger Abend, dieser 10. November 1989, einen Tag nach seinem Geburtstag und der Öffnung der DDR-Grenzen einschließlich der Berliner Mauer in der Nacht zuvor.

Zu seinen Gästen aus der Politik zählen etwa Günter Gaus, Holger Börner, Ernst Welteke und Hugo Brandt, aus der Künstler- und Kabarettszene sind neben anderen Dieter Hildebrandt, Thomas Freitag, Hans Scheibner und Heinz Rudolf Kunze erschienen, dazu wichtige Wegbegleiter, die Engholm nicht nach öffentlicher, sondern privater Bedeutung ausgewählt hat. Natürlich überlagert alles die sich anbahnende deutsche Einheit. Engholm hebt »in aller Bescheidenheit« die Bedeutung des 9. November für die deutsche Geschichte hervor. Günter Gaus, der langjährige »Ständige Vertreter« Bonns in Ost-Berlin, kann seine tiefe Bewegung angesichts der unglaublichen Vorgänge in Deutschland an diesem Tag kaum verhehlen.

Er, wie Egon Bahr stets ein gesamtdeutscher Patriot, hat noch sechs Jahre zuvor in seinem Buch »Wo Deutschland liegt« formuliert: »Hier ist nicht von der Wiedervereinigung der Deutschen die Rede. Die Geläufigkeit, mit der die politischen Kräfte rechts von der Mitte über diese Möglichkeit, die auf alle vorhersehbare Zeit keine ist und vielleicht niemals mehr eine sein wird, nun schon jahrzehntelang schwätzen ...«[1]
An diesem Abend behauptet niemand, sich in der »deutschen Frage« nicht geirrt zu haben. Und als die Geburtstagsgäste beim Frühstück am nächsten Morgen Fotos von den Mauertänzern auf den Frontseiten der Zeitungen noch immer fassungslos betrachten, wird allmählich klar, welche historischen Dimensionen die letzten zwanzig Stunden gehabt haben.

Engholm will an diesem Wochenende unbedingt nach Berlin, kurzfristig wird ein Sonderflug arrangiert, am Abend besucht er eine Pop-Freudenfeier zur Vereinigung. Als er am nächsten Tag nach Ost-Berlin will, bemerkt er, daß er in der Aufregung seinen

Paß vergessen hat. Der damals Regierende Bürgermeister und Parteifreund Walter Momper stellt Engholm einen handgeschriebenen Passierschein, einen »Momperpaß« aus, Engholm hat kein Problem, in den Osten zu gelangen. »Ein Geburtstag, den ich aus vielen Gründen niemals vergessen werde.«

Personenbeschreibung: Preußische Pflicht – mediterrane Muße

Markenzeichen: Der städtische Feingeist

Er gilt als »frisch gebügelt, glatt rasiert und wohlerzogen«. Er hat was »von Alain Delon und von einem der Buddenbrooks«. Kaum einem bundesdeutschen Politiker hängen so viele Klischees an wie dem gescheiterten Vormann der Sozialdemokraten: Für die Medien der Republik ist Engholm der »Beau aus Kiel«, der »Genosse Genießer«, der »Feinsinnige«, der »Kunstsinnige« oder der »Sozi mit Bügelfalten, aber ohne Kanten« und immer wieder gern der »Freund von Muße und Museen« und der »Müßiggänger«.

Die Palette der Schlagworte und charakterbeschreibenden Begriffsschöpfungen ließe sich schier ins Unendliche verlängern. Engholm reizt offenbar geradezu durch Lebensstil und Erscheinungsbild zu immer wieder neuen Kreationen beim Versuch seiner Personenbeschreibung. Und wie bei wohl keinem anderen Politiker der bundesdeutschen Gegenwart interessiert die veröffentlichte Meinung an ihm weniger die Politik und das, wofür er steht, als seine personalen Eigenschaften und Interessen.

Aber auch wenn Engholm Teile dieses Image, das bisweilen geradezu exzessiv erkundet und beschrieben wird, zumindest in den letzten Jahren seiner politischen Amtszeit nicht gerade goutiert. Es ist nicht nur ein elementares Stück von ihm. Er trägt überdies selbst wohl nicht eben unmaßgeblich dazu bei, daß dieser Teil seiner Persönlichkeit immer wieder in den Vordergrund öffentlichen Interesses rückt. Engholm kultiviert einen Hauch von Eleganz und Bildungsbürgertum, pflegt den Umgang mit Künstlern und Kulturschaffenden. Er redet von Kunst, Genuß und Ästhetik, preist die Sinnlichkeit und entdeckt auch schon einmal den Reiz der Langsamkeit. Der

Mann, der Watt und Wiesen regieren will, attestiert ihm das *Hamburger Abendblatt* bereits im April 1988, kurz vor dem Amtsantritt als schleswig-holsteinischer Ministerpräsident, ist »ein städtischer Feingeist und ein feinsinniger Mann«, der fast zu jeder Tages- und Nachtzeit politische Kultur vorführt: »Mit leicht näselnder Stimme geht es da mal eben um die ›Zerstörung der Sinnlichkeit‹ ...«[1]

Und die Partei scheint ganz zufrieden damit. Ob mit oder ohne Engholms Zutun vermarktet sie diesen Teil der Persönlichkeit ihres Vormannes zeitweise selbst per Wahlwerbung. Der etwas andere Sozi wird zwar ein wenig nebulös und unbeholfen kokett präsentiert. Aber immerhin werden in einer kleinformatigen, bunten Broschüre zum Kieler Wahlgang 1987 kleine Geschichten über den norddeutschen Hoffnungsträger kolportiert, die genau in dieses Klischee passen: »Was hat der Betrachter davon«, so darf man beispielsweise in dem Wahlprospekt lesen, »wenn er weiß, daß Björn Engholm Jazz liebt und Mozart, gerne Pfeife raucht und Weinkenner ist; daß Ehefrau Barbara nicht nur wie ihr Mann Kunst sammelt, sondern selbst malt. Was erfährt man über den Politiker Engholm, wenn man um seine große Lust am Kriminalroman weiß oder daß er in seiner Bonner Zeit auch schon mit John le Carré, dem berühmten Agenten und Autor, zu Mittag gegessen hat.«

Selbstverständlich, so möchte uns der nicht genannte Prospekt-Autor unausgesprochen sagen, erfahren wir durch diese banalen Informationen rein gar nichts über diesen Politiker. Aber nun ist es gesagt, und weitertransportieren werden sich die Vorlieben des Mannes schon von alleine, über den auf der ersten Seite des kleinen Wahlprospekts nichts anderes als dieser Satz zu lesen ist: »Diese Broschüre erzählt die Geschichte eines Mannes, der es nicht mag, daß man über ihn Geschichten erzählt.«

Und dieses Bild wird auch weiterhin bescheiden gepflegt, ohne daß der neue Ministerpräsident im Norden mit allzu großem Protest gegen dessen Verbreitung auffällt. Im Gegenteil: Fast scheint es so, als würde geradezu an einer neuen Typologie des integrierten Gesamtsozialdemokraten gebastelt, in die sich der Lübecker wunderbar einpaßt. Die Zeiten der hemdsärmelig-proletarischen Sozialdemokratie sind ohnehin längst passé. Schließlich bemüht sich die alte Arbeiterpartei schon seit Jahren um Mittelständische und Aufsteiger und benötigt dazu auch in den eigenen Reihen die vorzeigbaren Identifikationsfiguren. Mit der Riege der »Enkel« ist dieser Schritt bereits ein gutes Stück vollzogen. Schließlich pflegen sie längst nicht mehr den traditionellen Politik-Stil, wo in rauchgeschwängerten Ortsvereins-Hinterzimmern noch immer gelegentlich bei Bier und Korn die Befreiung der Arbeiterklasse ausgerufen wird. Nein, es ist inzwischen kein sozialdemokratischer Makel mehr, sondern geradezu schick, schick zu sein. »Die neuen Linken«, schreibt Evelyn Roll 1990 in ihrer kleinen Lafontaine-Biografie, »kultivieren die neue Freßkultur und pflegen schicke Kontakte zu schicken Künstlern. Sie verkörpern damit das neue Lebensgefühl der neunziger Jahre, deren Jugend sich auch deswegen wieder mit diesen Politikern identifzieren kann.«[2]

Engholm repräsentiert diesen neuen Politikertypus nicht mit der Strategie eines Marketing-Managers in eigener Sache. Er ist ziemlich genau so, wie er sich präsentiert, und empfindet gegenüber der klassisch-traditionellen Verkörperung der Sozialdemokratie eher einen gewissen Widerwillen. Stinksauer, so wird erzählt, soll er beispielsweise geworden sein, als bei einem »bunten Abend« im Rahmen eines Landesparteitages die feuchtfröhlichen Delegierten damit begannen, Arbeiterlieder anzustimmen. Natürlich, sagt er, darauf angesprochen, muß in einer Partei eine Vielzahl von Kulturen zusammenkommen. Und er habe auch gar nichts gegen das »Schreiten Seit an Seit« und »Wenn das Elend aus dem Nächtlichen quillt«. Aber alles dann doch lieber an der passenden Stelle. Und wenn da ein Oberstudienrat im lichten Lebensalter von 37 Jahren, der sich gerade anschickt, Staatssekretär einer Landesregierung zu werden, aus voller Kehle solche Lieder dröhnt – das kommt ihm dann irgendwie alles nicht mehr so gerecht vor gegenüber denen, die das alles erlebt haben und wissen, was das bedeutet.

Kleine Fluchten: »Sonst ist Politik Schiet«

Die Partei zeigt sehr wohl mit einem gewissen Stolz auf diese »schmucke Riege« erfolgreicher Nachwuchspolitiker mit dem anderen, dem moderneren und schickeren Lebensstil, zu der ganz vornan über lange Zeit eben auch und gerade Björn Engholm zählt. Die neue Aufgeschlossenheit gegenüber einer veränderten sozialdemokratischen Politik- und Lebensart wird durchaus bewußt und gewollt gepflegt. Und so hat dann wohl auch das *Manager-Magazin* nicht ganz unrecht, wenn es in einer seiner Ausgaben 1991 über Engholm schreibt: »Er ärgert sich, wenn er sich seinem neuen Image konfrontiert sieht. Dabei ist er selber schuld daran. Nur allzu gern hatte er sich nach seiner Wahl zum Regierungschef vor drei Jahren als Genießer, als Liebhaber der schönen Künste, eines guten Tropfens und als Spätaufsteher porträtieren lassen.«[3]

Alle diese Eigenschaften lassen sich in der Tat nahtlos unter Engholms Kultur-Kategorie subsumieren: Essen ist Kultur, Gespräche sind Kultur, Muße ist Kultur. Aber dennoch ist die Verkürzung auf den »Genossen Genießer« wohl mehr als nur unzulänglich. Natürlich vor allem aus Engholms Sicht. Geradezu allergisch reagiert der SPD-Chef auf den Mode-Topos von der »Toscana-Fraktion«, mit dem ein wenig konstruiert der neue sozialdemokratische Hedonismus der sogenannten Enkel-Generation zum Ausdruck gebracht werden soll. Als er in einem Rundfunk-Interview zum ersten Jahrestag seiner Amtszeit als Parteivorsitzender danach gefragt wird, wie er denn nun mit der Doppelbelastung als SPD-Chef und Kieler Ministerpräsident zurecht komme, und ob er denn überhaupt noch Zeit für seine Hobbys habe, insbesondere für seine Reisen in die Toscana, reagiert er ziemlich stinkig. Zum wiederholten Mal versichert er leicht zischend nun auch gegenüber dieser Fragerin, daß er in seinem Leben bisher ein einziges Mal in der Toscana gewesen sei. Das war 1977. Und dort habe er nur solche Menschen wie die Interviewerin getroffen, also lauter Journalistinnen und Journalisten. Davon habe er dann so die Nase voll gehabt, daß er seitdem diese Region gründlich meide.

Etwas sanfter reagiert er da schon, wenn er darauf angesprochen wird, wie er es mit der Verwirklichung der von ihm so oft beschworenen Muße hält. Dann philosophiert er gerne über die Menschen der Mittelmeerländer, die anders als hierzulande viel besser begriffen hätten, daß Muße nunmal notwendig für Selbstbesinnung und schöpferische Wiederbelebung sei: »Wenn Politiker nicht mehr die Muße haben, sich geistig und sinnlich zu regenerieren, fangen sie an, in Luftblasen zu reden. Dann sagen die Leute zu Recht: Politik ist Schiet. (...) Gelegentliches Nichtstun kann eine unglaublich sinnvolle Beschäftigung sein. Es muß Stunden geben, in denen man sich einfach treiben läßt, Tagträume hat und spinnt. Diese Idee hat in Deutschland leider einen schlechten Ruf. Bei uns heißt es: Müßiggang ist aller Laster Anfang. Ein bedenklicher Spruch, wenn er sich auf die Freizeit bezieht.«[4]

Trotz meist mehr als 80 wöchentlichen Arbeitsstunden in seiner Doppelfunktion als Ministerpräsident und Parteichef versucht Engholm immer noch Raum zu finden, um sich in zwangsläufig eng begrenztem Umfang dieser Art von Muße hinzugeben. Das sind für ihn bescheidene kleine Fluchten und schlichte Regenerations-Notwendigkeiten. Nur so kann er funktionieren und überhaupt das gelegentlich brutale Soll an Aktenlektüre, Sitzungen und Terminen durchhalten. Ohne zwischenzeitliche Distanz zur Politik, und sei sie noch so eng geschnitten – das würde ihn zerfressen, letztlich für die Politik funktionsuntüchtig machen. Zuweilen an der heimischen Küste spazierenzugehen oder auf dem Balkon seines Lübecker Wohnhauses die Beine auszustrecken, natürlich zu einer Ausstellung, in ein Museum, eine Galerie zu gehen, das alles zählt ebenso zu diesen bescheidenen Vergnügungen wie ein gutes Essen, ein erlesener Wein und Musik. Seine diesbezüglichen Vorlieben gehören dem Jazz und der Klassik. Aber er hört auch aktuelle, populäre Musik. Fast hochachtungsvoll konstatiert das *Hamburger Abendblatt* über die musikalische Spannbreite des Björn Engholm: »Über Mozart redet er mit Wärme, über moderne Komponisten mit Achtung und über Rockbands wie Queen und Chicago mit offensichtlichem Vergnügen.«[5]

Darüber hinaus greift Engholm häufig – meist abends vor dem Einschlafen – zur Lektüre: zu einem Krimi von John le Carré oder Sjöwall und Wahlöö oder dem Roman einer seiner Lieblingsschriftsteller. Etwa Günter Grass, Peter Rühmkorf, Mark Twain, Jurek Becker, François Villon, Hans Magnus Enzensberger, Sarah Kirsch, Günter Kunert, Erich Fried ... – und wie sie sonst noch alle heißen mögen, die seinen Vorzug genießen. Das literarische Interesse des Björn Engholm ist von Jugend an nicht eben eng geschneidert.

Aber es darf auch gerne weniger anspruchsvoll und leichter konsumierbar sein. Häufig wird spät abends noch der Fernseher angeknipst, insbesondere wenn noch »Scheibenwischer«, »Spiegel-TV« oder »Aspekte« im Programmheft stehen. Natürlich kann es auch ein sehenswerter Spielfilm sein. Zumal seit Engholms 52. Geburtstag nun auch schon mal der Griff zur Konserve möglich ist, wenn er dem audiovisuellen Vergnügen frönen will. Zu diesem Jubeltag nämlich erhielt er von Freunden einen Video-Recorder, so daß nun also auch schon mal spätabends und programmunabhängig die Bilder über die Mattscheibe laufen können. Zum Beispiel mit einem Italo-Western. Engholms Lieblingsprodukt dieses Genres heißt immer noch »Spiel mir das Lied vom Tod«.

Aber es sind natürlich keineswegs die flimmernden Bilder allein oder auch nur vornehmlich, die Engholms visuellen Genuß ausmachen. Seit jungen Jahren ist er Kunstliebhaber und hat seitdem eine stattliche Galerie vorwiegend abstrakter Bilder in seinen privaten Gemächern angesammelt. Kunst, so sagt er, stärke die sensiblen Potentiale in einer Welt, die sich im wesentlichen von kühler Rationalität leiten lasse. »Mit Kunst leben«, schreibt er, »heißt, der Phantasie Schneisen und der Entsinnlichung unserer technisch-industriellen Welt Schnippchen zu schlagen.«[6] Und gerade die abstrakte Kunst, befindet Engholm, diene dazu, die Wahrnehmung breiter zu machen. Natur, einen Baum etwa, findet er in der Landschaft schlicht schöner als auf dem Bild daheim. Und deshalb möchte er dort lieber etwas hängen haben, wo er jedesmal wieder »neu entdecken«, wo die Phantasie spielen kann. Und dazu bietet nach seinem Empfinden die abstrakte Malerei die besten Voraussetzungen.

Ein bißchen von dem, was für ihn Kultur und Muße repräsentiert, bindet er während seiner Amtszeit auch schon mal in eine Dienstfahrt ein. Wenn nicht gerade Akten studiert werden müssen, dann widmet er sich auch hier gelegentlich angenehmerer Lektüre. Im Dienst-BMW liegt überdies allzeit ein stattlicher Satz Mozartkassetten bereit. Und nicht selten befindet sich eine Art Picknick-Korb von der etwas feineren Art im Kofferraum, in dem dann natürlich auch die Flasche vom guten Weißen nicht fehlt. »Es gibt nur ein Leben«, stellt Engholm fest, »und das besteht im wesentlichen aus Anforderungen der Politik. Da muß man Kultur einbauen – ein kleines Essen, Musik im Auto, ein Glas Wein.«[7]

Ihn trifft es, wenn sein Begriff von Muße nicht verstanden wird und die Leute ihn für faul halten. Schließlich sei er ja nicht aus Faulheit Bundesminister geworden, sagt er dann. Das ginge gar nicht, und – da hebt er den Zeigefinger, schiebt die Stirn nach vorn – schon gar nicht unter Helmut Schmidt. Zudem könnten sich die Erfolge seiner schleswig-holsteinischen Amtszeit ja durchaus sehen lassen, fügt er dann noch hinzu, und das schaffe man nun mal auch nicht in einer 35-Stunden-Woche. Er wisse sehr wohl, konstatiert der Kulturliebhaber, daß es viele Deutsche nicht mögen, wenn ein Ministerpräsident gerne ins Theater gehe oder auch nur mal einen Tag zum Ausschlafen benötige. »Aber jeder hat ein Anrecht auf ein Stück Muße, Kultur und Regeneration. Wer sich nicht erholt und täglich 15 Stunden arbeitet, wird erleben, daß irgendwann die Kraft-Quelle versiegt.«[8]

Muße, das hat für Björn Engholm auch etwas mit »Identität« zu tun – mit dem Versuch, mit dem, was man öffentlich oder privat tut, zufrieden zu sein. Das sei schwer, sagt er, und man schaffe es eben nur, wenn man über winzige Räume für sich – über eben jene Muße – verfüge. Aber diese Ich-Identität scheint Engholm in hohem Maße zu konservieren.

Langjährige politische Wegbegleiter und Mitarbeiter versichern, er sei stets so gewesen, wie er ist. Sein Stil und seine Umgangsformen seien trotz unterschiedlicher Arbeitsbelastung und unterschiedlicher Nähe zur Macht weitgehend die gleichen geblieben. Er habe sich nicht wesentlich verändert – egal ob einfacher Abgeordneter, Bundesminister, Oppositionsführer, Regierungs- oder SPD-Chef.

Engholm vermittelt den Eindruck, daß seine äußere Ruhe und Gelassenheit mit der Kontinuität seiner Persönlichkeits-Entwicklung korrespondieren. Als er in einem Interview mit der Zeitschrift *Cosmopolitan* darauf angesprochen wird, daß Willy Brandt in Engholms Alter einmal gesagt haben soll, er könne sich mit dem Jungen, der er selbst einmal war, nicht mehr identifizieren, der sei für ihn ein Fremder geworden, antwortet Engholm: »Bei mir gibt es keine großen Identitätsbrüche. Ich habe jeweils einen Schritt nach dem anderen gemacht. Zu diesen ganzen Etappen aus meiner

Jugend kann ich nur sagen, die passen eigentlich gut zu mir. Was ich damals erlebt habe, beschäftigt mich heute noch. Ich bin nach wie vor Jazz-Anhänger, kenne mich in der Rockmusik ganz ordentlich aus. Nein, ich kann nicht sagen, daß ich mir fremd geworden wäre.«[9]

Popularität: Der Mann ist »irgendwie anders«

»Ist das ein schöner Mann«, seufzt eine von drei Frauen, die sich angeregt über das Erscheinungsbild dieses inzwischen fast Mittfünfzigers am Rande einer Parteiveranstaltung unterhalten, als der Ministerpräsident freundlich lächelnd und ganz dicht an dieser Gruppe vorbei in Richtung Podium schlendert. Die Damen, die offenbar erstmalig des SPD-Vormanns ansichtig werden, sind erkennbar positiv von dessen Äußerem angetan. Sie befinden sich bereits in dem Alter, in dem nicht mehr ganz sicher auszumachen ist, ob sich da die Herzen mehr als Frauen oder potentielle Schwiegermütter öffnen. Aber ob etwas jünger oder älter – die Bilder bei den Auftritten des Björn Engholm ähneln sich. Frauen zeigen sich nicht eben selten von dem Norddeutschen beeindruckt.

Die Frauenzeitschrift *Brigitte* schwärmt ihren Leserinnen bereits 1987 in einer Engholm-Story vor: »Er kann gut zuhören und macht keine voreiligen Versprechungen. Er ist freundlich, aber nicht hemdsärmelig. Er sagt, was er will, aber er inszeniert sich nicht. Und fällt trotzdem auf, weil er souverän in Gedanken, groß in Zentimetern und auch noch, um's mal ganz unpolitisch zu sagen, sehr angenehm anzuschauen ist. Dunkles Haar, das sich hier und da entschließt, ein bißchen grau zu werden. Blaugrüne Augen. Schöne Hände. Und Pullover, Anzug und Schuhe sehen auch nicht so aus, als seien sie mal eben auf die Schnelle im Laden um die Ecke gekauft worden.«[10] Ungefähr so ist er, und genauso – so scheint es – will die aufgeschlossene, moderne *Brigitte*-Frau ihren Traummann offenkundig haben.

Engholm ist der Typ »Dandy«. Zu diesem aufschlußreichen Resultat jedenfalls gelangt der *Kölner Express* in einer Studie über den Erotikfaktor von verschiedenen Politikern. Engholm sticht dieser tiefsinnigen Analyse zufolge nicht nur durch sein gepflegtes Äußeres, braune Haut und volle Haarpracht von der Masse der Politkonkurrenten ab. Er sorgt angeblich »selbst beim Vorlesen der Speisekarte für Bewunderung«. Die Gesamtbilanz in Sachen »Erotikfaktor« aber fällt schließlich dennoch eher gemischt aus: »Perfekte Eleganz, schlank. Verschmitztes Lächeln, schöne Hände, sinnliche Lippen. Kunstkenner, Gourmet«, ist dort zu lesen. Aber es gibt eben auch ein »Minus«: »Kokettiert mit dem Alter, gibt sich jovial (das wirkt unsexy). Oft zu weichlich, spricht zuviel über solche Themen. Hat schwarzgerauchte Zähne.« Dennoch, unterm Strich ist das Votum deutlich positiv, insbesondere im Verhältnis zu den Mitbewerbern auf dem politischen Parkett der Republik. So auch die Schlußbewertung des vermeintlich wissenschaftlichen Fachverstandes des herbeibemühten »Sexualpapstes« Wawerzonnek, der im gleichen Blatt konstatiert: »Bei Engholm fangen Frauen an zu träumen. Er strahlt Sensibilität, Stärke und Kultiviertheit aus, aber er ist auch ein Aussitzer, das macht ihn langweilig.«[11]

Die optische Wirkung des Björn Engholm ist aber offenkundig nicht allein auf das andere Geschlecht und die nach oben offene Erotikskala des deutschen Boulevard-Dschungels begrenzt. So einer wie er wirkt auch auf ausgebuffte Vermarkter. Als er als Mitglied einer sozialdemokratischen Delegation in den USA zum Studium des amerikanischen Wahlkampfs weilt, wendet sich einer der Campaining-Strategen fragend an jemanden aus der deutschen Hospitanten-Gruppe, wer denn der da sei. Dieser Mann, versichert er dann auf Engholm weisend, sei der ideale Spitzenkandidat. Mit dem würde man in den USA wahrscheinlich jede Wahl gewinnen.

Gewiß, Engholm hat was vom Outfit amerikanischer Winner-Typen à la Kennedy oder Clinton. Merkmale, die aber wohl nicht einmal im verpackungsorientierten Nord-Amerika hinreichende Bedingungen für Erfolg ausmachen. Aber schädlich ist es eben auch nicht, der »schöne Björni«, »Beau aus Kiel« oder gar »moderne Symbolfigur« zu sein.

Engholm holt nicht zuletzt aufgrund solcher äußeren Merkmale beachtliche Sympathiewerte bei Wählerinnen und Wählern. Kein anderer Sozialdemokrat punktet in dem in Meinungsumfragen diagnostizierten Wählervotum wie er – jedenfalls bis zum Popularitätseinbruch im Zuge der »Schubladenaffäre«. Und das, obwohl die meisten der Befragten keine klar erkennbaren politisch-programmatischen Konturen bei dem SPD-Chef ausmachen können. Dennoch ist es wohl nicht das körperliche Erscheinungsbild allein, was Engholm in seiner politischen Laufbahn zu einem der angesehensten Politiker der Republik macht. Fairneß, Sachlichkeit und Toleranz werden ihm beschieden. Selbst als noch keine 100 Tage nach der Wahl innerparteiliche Kritik an Zaghaftigkeit und Zurückhaltung des neuen SPD-Chefs laut wird, bekommt er vom Wahlvolk satte Sympathiewerte. In einer »Forsa«-Umfrage im Auftrag von *Bild am Sonntag* wird er mit Spitzenwerten in den Kategorien »weltoffen«, »fleißig«, »zuverlässig«, »durchsetzungsfähig« und »dynamisch« ausgestattet. Und immerhin 46 Prozent aller und 58 von 100 SPD-Wählern halten ihn dieser Umfrage zufolge für »stark«, nur fünf beziehungsweise drei Prozent für »schwach«. Insgesamt wird seine nur knapp dreimonatige Amtszeit von 63 Prozent der Befragten als »gut« oder »sehr gut« bewertet. Nur 18 Prozent halten seine Amtsführung für »weniger gut« oder gar »schlecht«.[12]

Wegbegleiter Engholms führen seine Popularität in dieser Zeit unter anderem auch darauf zurück, daß er so etwas wie eine Symbolfigur für einen »offenen Dialog« darstelle. Er sei jemand, der Politik nicht in verstaubten Hinterzimmern mache, sondern offen diskutiere und auch in der Lage sei, zuzugestehen, »was wir nicht können«. Aus schleswig-holsteinischer Sicht ist er für einige im Kabinett vor seinem Rücktritt so etwas »wie eine neue Persönlichkeit im Sinne von Willy Brandt«. Jemand, der den Mut hat, etwas Neues zu versuchen, und das mit »Brillanz und konstruktiver Politikfähigkeit«, schwärmt Günther Jansen, bis zum Bekanntwerden seiner denkwürdigen Sozialleistungen an Reiner Pfeiffer Engholms Sozialminister.

Andere sind davon überzeugt, daß Engholms Wirkung auf die Menschen auch ganz maßgeblich damit zu tun hat, daß er sich seine vielbespöttelte »Muße-Kultur« zumindest in bescheidenem Umfang auch unter stärkster Anspannung bewahrt und nicht zum Allerwelts-Routinier degeneriert, der Termine und Grußworte nur noch abspult. »Auch Björn«, sagt einer, »wirkt manchmal müde, aber er kriegt es hin, auf diese Art und Weise trotz des politischen Geschäfts sich noch selber als einen lebenden Menschen zu empfinden.«

Engholm gilt lange Zeit als moderner Politikertypus – und das heißt, auch wenn es für viele nicht präzise faßbar ist: Er ist im positiven Sinne »irgendwie anders« als der klassische Politikertypus. »Für mich«, schreibt 1989 Günter Stiller offenkundig beeindruckt in der »Tischgespräch«-Kolumne des *Hamburger Abendblatts*, »ist er ein Politiker wie kein anderer: Er spricht anders, argumentiert anders und beschäftigt sich mit anderen Themen als seine seltsam gleichförmigen Kollegen. Er sieht sogar anders aus.«[13]

Zuweilen allerdings wirkt dieses »Andere« auch ein wenig gespreizt. Etwas verkrampft verbildungsbürgerlicht sind zuweilen seine sonderbaren Wortschöpfungen, die Erich Maletzke, ein langjähriger Beobachter der schleswig-holsteinischen Verhältnisse, so beschreibt: »Er spricht von ›konfligierenden Parteien‹, er ›händelt‹ und ›partizipiert‹, blickt nicht nach vorn, sondern ›prospektiviert‹. Sprachpsychologen könnten aus diesem Hang zum vermeintlich feinen Fremdwort eine Neigung zur intellektuellen Hochstapelei ablesen, wie sie bei Aufsteigern aus niederen Bildungsschichten zu beobachten ist. Bei Engholm allerdings wäre diese Deutung überstrapaziert. Zwar hat er das Gymnasium vorzeitig verlassen und eine Schriftsetzerlehre angetreten, später aber Versäumtes eifrig nachstudiert. Vielleicht läßt sich bei den von Engholm sehr geschätzten Buddenbrooks eine Erklärung finden. Auch dort macht manches Mitglied der besseren Gesellschaft den Mund spitzer, als es nötig wäre.«[14]

Dennoch wirkt es manchmal schon ein wenig unfreiwillig komisch oder doch zumindest aufgesetzt, wie Engholm Sprache einsetzt, wenn er – noch im Besitz dieser Funktionen – »der SPD-Vorsitzende« oder der »Ministerpräsident« statt ein schlichtes »ich« in den Satz einbaut oder zum wiederholten Mal ein »Ich sag mal ...« an den Satzanfang stellt. Und zu seinen zahlreichen, immer wieder auftauchenden Begriffen neben Muße, Kultur, Ästhetik oder Wahrnehmung zählt ganz vorn das Wörtchen »Anstand«. Eine moralische Kategorie, die wohl unzweifelhaft im Engholmschen Wertesystem Priorität hat, aber dann doch in seiner inflationären Verwendung – nicht erst nach seinem Rücktritt – schon mal leicht grotesk wirkt. Ein besonders gelungenes Beispiel dieser Art hat die *Berliner Zeitung* aufgeschnappt, in der das Folgende nachzulesen ist: »Gelegentlich klingt das so albern und hohl wie bei der Eröffnung der Fachmesse InterNorga ... Den im dumpf pompösen Hamburger Kongress-Center versammelten Gastronomen empfahl der Freund wohltemperierter Speisen: ›Lassen Sie sich durch meine Rede nicht abhalten, mit Anstand Ihre Suppe zu essen.‹ Dem Publikum gefällt's.«

Engholm ist schwer zu fassen und nicht aus einem Guß, diagnostiziert dann auch die Yuppie-Zeitschrift *Max* in ihrem Politiker-Porträt. Mal schaue er wie ein mittelalterlicher Minne-Sänger, dann wieder so verkniffen, als sei er höchstpersönlich der Geschäftsführer aller Mühseligen und Beladenen. Bei diesem Mann, bilanziert das Blatt, schlagen mindestens zwei Herzen in einer Brust: »Das eine – Arbeit und Vernunft – ziemlich laut und heftig. Das andere – Muße und Dolce Vita – ist auf piano eingestimmt. Die Grundmelodie von Björn Engholm – in Moll gespielt – ist leise, norddeutsch, nüchtern, sentimental, karg, dennoch variationsreich. Zurückgezogenheit und Stetigkeit machen stets den Kern des Engholmschen Wesens aus.«[15]

Hanseatisches: Bürgerlich, liberal und leicht betulich

Dieses Wesen des Björn Engholm ist vor allem und zuerst norddeutsch. Obendrein mit preußischem Einschlag versehen, wie Engholm selbst zuweilen zu ergänzen pflegt. Und letzteres wird von seinen ehemaligen Ministern und Mitarbeitern bestätigt. »Einen Oberpreußen mit höchster Selbstdisziplin«, nennt ihn sein langjähriger Referent Jörn Thießen sogar, »der – egal wie spät es am Vorabend war – nie einen Termin versäumt.«

Vor allem aber ist dieser Preuße ein Norddeutscher, und das bedeutet mehr als Geburtsort und Wohnsitz. Heimat, das ist für Engholm ein gesellschaftlicher Begriff, der die Summe der sozialen Bindungen und Lebensinhalte umfaßt. Und er ist stolz auf seine Heimat. »Wir im Norden sind wer – und wir können etwas!« proklamiert er gelegentlich in leichter Fahnenschwenkermanier. Und zuweilen geraten seine Heimatbekenntnisse dann auch schon mal hart in den Bereich, wo sich Banalität und Schwülstigkeit ein Stelldichein geben: »Wer seine eigene Heimat liebt«, philosophiert er dann, »weiß auch die anderer zu schätzen.«

Engholm ist Hanseat mit der dazugehörigen Portion an Distanz und Distinguiertheit. Engholm ist Lübecker mit Überzeugung. Er ist stolz, daß er jetzt, nach Willy Brandt und von dem so genannt, »der Lübecker« ist. Er liebt diese Stadt, dieses »Gebäude der eigenen Erfahrung«, wie er – an Bloch angelehnt – immer wieder gerne bemerkt. Er liebt deren winkelige Gassen, Holstentor und Trave und jene Aura der Buddenbrooks, die für diese Stadt noch immer ein wenig kennzeichnend ist.

Die Lübecker sind stolz auf ihre Stadt. Und Engholm ist Lübekker mit Gefühl und Verstand. Lübeck, das ist für seine Einwohner mehr als Architektur, Straßen, Wasser, Natur, Denkmäler, Wahrzeichen und Häuserzeilen. Lübeck ist, wie Thomas Mann, der prominenteste Sohn dieser Stadt, es einmal beschrieben hat, eine »geistige Lebensform«. »Lübecksche Lebensform« in seinem Sinne bedeutet letztlich nichts anderes als »bürgerliche Lebensform«. Und Thomas Manns Begriff von »deutscher Bürgerlichkeit« meint eine Lebensform, die eng mit der »Idee der Menschlichkeit, der Humanität und aller menschlichen Bildung selbst« verbunden ist und »nichts Klasseninteressenmäßiges, nichts Antisozialistisches« im Sinn hat, wie er in dieser bemerkenswerten Hommage an seinen Geburtsort formuliert.[16]

Ein Gedankengut und eine Atmosphäre, die die Menschen, die hier groß geworden sind, prägt. Diese Stadt ist vielleicht in der Tat ein wenig wie Engholm – oder besser umgekehrt. Bürgerlich, liberal und offen und zugleich auch schwerfällig. Sie war, sagt Engholm in einem Interview und korrigiert sich zugleich, sie ist »eine Ecke zu betulich«. »Es bewegt sich immer was in Lübeck, aber es bewegt sich immer etwas langsamer als anderswo.«[17] Und das ist wohl ein Stück der Mentalität, die der des Björn Engholm – der zuweilen das Bild von der Schnecke zur Beschreibung politischer Fortschrittsgeschwindigkeit bemüht – entspricht.

Natürlich ist da auch noch Engholms schwedische Abstammungslinie, die sein Naturell mitformt – die kosmopolitische Seite, wenn man so will. Zu den skandinavischen Ländern fühlt er sich bis heute hingezogen. Nicht nur in politischen Dimensionen, wie sie etwa in seiner Idee von der »Neuen Hanse« zum Ausdruck kommen. Und ebenfalls nicht nur, weil hier viele zu Freunden gewordene Sozialdemokraten leben oder um – wie etwa noch mit Olof Palme – Wahlkampf für die skandinavischen Genossinnen und Genossen zu machen. Auch privat zieht es ihn immer in den noch höheren Norden. Viele Urlaube hat er hier mit seiner Familie und mit Freunden verbracht. Und so ist es ihm dann auch Freude und Ehre zugleich, als ihm im Frühjahr 1992 aus den Händen der schwedischen Königin der neugeschaffene »Hanse-Preis« der südschwedischen Handelskammer verliehen wird – eben für sein Engagement um das kulturelle, soziale und wirtschaftliche Zusammenrücken der Nordregion. Eine schwedische Königin mit deutschem Vater überreicht die Ehrung einem deutschen Ministerpräsidenten mit schwedischen Vorfahren – das empfindet er als besondere Konstellation und Auszeichnung. Aber der schwedischen Abstammungslinie und skandinavischer Vorlieben zum Trotz ist es mit der Kommunikationsfähigkeit im Land der Vorfahren nicht allzuweit bestellt. Für den schwedischen Satz in seiner Dankesrede bedarf es nicht nur der schriftlichen Vorlage. Sicherheitshalber hat man Engholm einen Zettel parat gelegt, auf dem der kleine Text in Lautschrift umgesetzt ist.

Norddeutsch, das ist wohl auch seine zuweilen bis an die Grenze der Koketterie zelebrierte Bescheidenheit, sein hanseatisches »Understatement«. Nach dem Grund seiner Popularität befragt, befindet er – lange vor dem 3. Mai 1993 –, daß wohl die recht haben werden, die es eher spöttisch meinen und von ihm sagen: »Das ist einfach ein netter Kerl.« Er spricht dann von »einem gewissen Anstand« und »Zurückhaltung«, sich nicht immer nur in »Keulenschlägen« zu üben, sondern um sachliche Lösungen zu bemühen. Eben das würde er tun. Und das würden die Menschen wohl bemerken und schätzen. Und außerdem sei dies ein Zeitalter, in dem wieder stärker Rationalität und auch wieder mehr vom Geist der Aufklärung gefordert sei. Und ein bißchen davon, so vermutet Engholm, verkörpere er wohl.

Er geht eher verhalten auf die Menschen zu, sucht nicht unbedingt das sprichwörtliche »Bad in der Menge«. Engholm haßt Leute, die auf jedes Baby ungefragt zustürmen und dem armen Kind den Kopf streicheln, sofern nur ein Fotograf dabei ist. »Ich muß auch nicht eine Million Hände schütteln pro Woche.«[18]

Überhaupt liegt es ihm nicht, von sich aus auf Menschen zuzugehen und sie anzusprechen. Und geradezu eine Schreckensvorstellung muß es für ihn sein, wenn das dann auch noch quasi »vor dem Aufstehen« – sprich: früher als zehn Uhr morgens, zu einer unleidlichen Zeit also – stattfinden soll. Der wohl schwierigste Versuch dieser Art, so berichten Mitarbeiter, war wohl im Wahlkampf 1987, als man ihm einen Termin morgens in aller Frühe vor einer Lübekker Werft aufdrücken wollte, wo er vor Beginn der ersten Schicht Flugblätter verteilen sollte. Zähneknirschend nimmt er den Termin zur Kenntnis und stimmt mit gebremster Begeisterung zu. Doch dann stirbt ein Genosse, an dessen Grab Engholm an diesem Tag um zehn Uhr die Trauerrede zu halten hat. Er könne nicht vorher Flugblätter verteilen, wenn er um zehn Uhr eine Grabrede zu halten habe, stellt Engholm daraufhin fest. Kurzum, so ein Mitarbeiter aus jener Zeit: »Engholm hat nie ein Flugblatt verteilt.«

Dennoch ist er nicht gerade jemand, der sich scheu vor massenwirksamen Auftritten zusammenduckt. Er nutzt die Bühnen, die sich ihm bieten, mit einer gewissen kühlen Professionalität. Er geht mit den Töchtern zum »talken« in Alfred Bioleks »Boulevard Bio«. Bei »Wetten daß ...« mit Thomas Gottschalk pflegt er sein nettes Schwiegersohn-Image ebenso wie beim Krabbenpulen, wo er die verlorene Wette aus der Unterhaltungsshow einzulösen hat. In Büsum fährt er im Sommer 1992 mit dem Kutter »Wattenmeer« auf Krabbenfang, begleitet von einem weiteren Schiff, auf dem die Zahl der Journalisten, Fotografen und Kamerateams fast so groß ist, wie auf dem anderen die der Meerestiere. Das Medienereignis wird durch das Zuschauerspektakel an Land ergänzt. Tausende erwarten den rückkehrenden Ministerpräsidenten an Land, wo er seiner »Pulpflicht« nachzukommen hat. Wohl angeregt von einer Büsumer Fischerfrau, die ihm rät, »zärtlich« zu pulen, weil die Krabbe ein weibliches Wesen sei, bringt er es in fünf Minuten auf 20 Entschalungen. Die mitpulende Ortschefin aus dem benachbarten Friedrichskoog schafft in gleicher Zeit die Entkleidung von vergleichsweise stattlichen 114 Schalentieren. Doch selbst dieses bescheidene Resultat der Langsamkeit mit 20 nackten Krabben wird vom beeindruckten Publikum mit stürmischem Applaus gefeiert. Und Büsums Bürgermeister ist ebenfalls begeistert. Für ihn steht fest: »Das ist das größte Ereignis dieses Sommers.«

Für die Medien bleibt es nicht das einzige Spektakel. Wenige Wochen später macht er obendrein Karriere als Kleindarsteller in der ZDF-Seifenoper »Der Landarzt«. Dort spielt er einen gestürzten Ministerpräsidenten, der nach dem Fahrradunfall vom Titelhelden der Serie verarztet wird. Auch diese Aufgabe – Humpeln und Leiden mit schmerzverzerrtem Gesichtsausdruck und der aus »Moin Moin« bestehenden Textpassage – meistert er nach Auffassung der beeindruckten Beobachter mit Bravour. Kommentar eines Kameramannes: »Wie ein Profi.«

Trotz solcher Auftritte ist Engholm kein Populist. Man hat den Eindruck, daß solche Einlagen eher zur professionellen Pflicht gehören, ihm aber letztlich ein wenig unangenehm und »genant« sind. Und die eher pflichtgemäße Kritik der Opposition am TV-Auftritt des Ministerpräsidenten wird dann von Engholms Pressesprecher Rink auch eher kühl abgewiesen: »Bunte« TV-Shows habe man bisher »ausgesprochen restriktiv« wahrgenommen, und dabei solle es dann auch künftig bleiben.

Engholms Sache waren schon in den frühen Anfängen seines Politikerdaseins immer die eher sachbezogenen Kontakte zur Parteibasis, zu Gewerkschaften, Verbänden, Unternehmen und Betriebsräten. Er geht auf Parteiveranstaltungen, auch um mit den Menschen zu reden, um festzustellen, wie er sagt, »ob ich noch der bin, den sie gewählt haben«[19]. Und die Menschen kommen zu dem Ministerpräsidenten. Im Norden der Republik ist er sogar ein »Zuschauermagnet«[20], wie das *Flensburger Tageblatt* feststellt. Er gilt als Politiker, der zuhören kann. »Und er strahlt zu keinem Zeitpunkt jene intellektuelle Kälte aus, die zuweilen von Lafontaine ausgeht. Der Mann aus dem Norden bleibt immer Mensch«, befinden die *Stuttgarter Nachrichten*, »nicht ohne Distanz gegenüber jenen, die ihm allzu jovial auf die Pelle rücken wollen, aber doch stets verbindlich und ohne Hochmut.«[21]

Diese freundliche Charakterisierung wird indessen nicht allenthalben so geteilt. Selbst aus dem Kreis seiner engsten Mitarbeiter und Mitarbeiterinnen kann man hören, daß Engholm zuweilen überheblich und arrogant wirkt – wie einer, der nicht mit allem und jedem etwas zu tun haben will. Sie berichten, daß bei ihm insbesondere in der Anfangszeit des Kennenlernens und der Zusammenarbeit ein gewisses Mißtrauen vorhanden sei. Er duzt zwar so ziemlich jeden, aber dieses »Kumpelhafte« ist allenfalls eine äußerliche Nebensächlichkeit, die wenig mit Engholms Wesen zu tun hat. »Er bringt es nicht, sich nach einer Veranstaltung einfach mit an den großen Tisch zu setzen und einfach mit rumzublödeln«, berichtet ein langjähriger Parteifreund. Manchmal allerdings, so fügt er hinzu, kriegt er das fertig. Dann nämlich, wenn er die Leute gut kennt, sie taxieren und einschätzen kann: »Der muß erst mit den Leuten warm werden.«

Tatsächlich ist dieses Grundvertrauen gegenüber Menschen eine wichtige Komponente für das Engholmsche Verhalten. Auch aus den Reihen seiner Mitarbeiter ist zu vernehmen, daß er Leute braucht, denen er »blind vertrauen« kann. Und hinzu kommt seine schwankende Stimmungslage. Wenn die, etwa durch allzu große Arbeitsbelastung, im Keller ist, kann er unleidlich werden. »Dann nölt er«, wissen Untergebene wie Freunde zu berichten.

Aber er kann auch ganz anders: Er kann fröhlich, aufgeräumt und kommunikativ sein, wenn Umfeld und Stimmung stimmen. Selbst in der bescheiden zugeschnittenen Freizeit geht er Menschen, die ihn ansprechen, nicht aus dem Weg. Im Gegenteil: Er nimmt sich Zeit, gleichgültig, ob da bei einem der wenigen Restaurant- oder Kneipenbesuche, die in den letzten Jahren seiner politischen Laufbahn noch stattfinden, jemand nur wegen eines Autogrammwunsches an den Tisch rückt oder den »Herrn Ministerpräsidenten nur mal was fragen« will. Engholm legt in der ihm typischen Haltung den Kopf zu Seite, macht die Lippen spitz, hört zu, spricht selbst nach einigen Gläsern Wein ernsthaft und interessiert mit den Fragern und gibt Rat – so er kann.

Selbst zu sehr vorgerückter Stunde scheint es ihn nicht zu nerven, noch immer nicht ausschließlich Feierabend zu haben, sondern als öffentliche Person zur Verfügung stehen zu müssen. Im Gegenteil, er genießt den Abend, die seltene Gelegenheit eines Kneipenbesuches bei einem Lübecker Griechen, der ein italienisches Restaurant betreibt, und mit dem er in kleiner Runde, noch Stunden, nachdem die Tür längst hinter dem letzten Gast geschlossen wurde, zusammensitzt. Eine Ausnahmesituation, die nur selten in sein Zeitbudget paßt. Und auch aus so etwas wie Vernunftgründen finden solche

Abende kaum noch statt: Schließlich, so sagt er, habe er ja auch feststellen können, daß man jenseits der Vierzig nicht mehr so ungestraft ein paar Gläser mehr trinken und länger aufbleiben kann.

Doch an diesem Abend geht es selbst nach dem Restaurantbesuch noch weiter in jene Lübecker Bar nahe am Theater der Hansestadt, in der bereits zu Engholms Jusozeiten bei häufigen Besuchen zu später Stunde Kungelei und politische Nachbearbeitung stattgefunden hatten. Die Wirtin, die sofort mit einer Flasche Champagner anrückt, ist noch immer die gleiche. Entsprechend fröhlich die Stimmung. Und der Abend soll auch mit dieser Station noch nicht endgültig ausgeläutet werden. Tochter Britt, ebenfalls in der kleinen Runde mit auf dem »Kneipenswutsch«, schafft es, Vater Björn noch zu einer Visite in ihrem Stammlokal zu überreden. Und selbst dort ist das Willkommen von einer charmanten Herzlichkeit. Hier wird er zwar nicht mit einem Champagner-Schluck begrüßt. Statt dessen schiebt ihm einer der jugendlichen Gäste mit Punk-Outfit und einem »Hallo Engholm« eine Flasche Pils über den Tisch.

Das alles findet statt in jenen Tagen, in denen Engholms Parteivize Lafontaine gerade mit der sogenannten »Rotlicht-Affäre« zu kämpfen hat. Und ein gutgelaunter Vorsitzender frotzelt in den frühen Morgenstunden: »Wenn jetzt ein Journalist kommt und wissen will, warum wir hier sind, dann sagen wir einfach: Wir suchen Oskar.«

Deutsch, weiß und trocken: Der Weinberg ruft

Es war ein harter Tag. Morgens noch Termine in der Bonner Baracke. Anschließend ein Gespräch mit Polens Präsident Walesa, der zu seinem ersten Staatsbesuch in der vereinten Republik weilt. Danach schnell auf ein paar freundliche Worte und eine kleine Ansprache zu Egon Bahr, der an diesem Tag 70 Jahre alt wird. Engholm selbst hatte die Feier für den verdienten Genossen angesetzt und bedeutende Begleiter auf dem ostpolitischen Weg des Jubilars, wie Hans-Dietrich Genscher, Valentin Falin und – natürlich – Willy Brandt, geladen. Doch auch das Erfüllen dieser angenehmen Pflicht muß sich kurz halten. Die Maschine nach Stuttgart, wo der Vorsitzende noch die Abschlußkundgebung im baden-württembergischen Wahlkampf zu halten hat, wartet bereits.

Aber jetzt endlich, kurz nach acht Uhr am Abend – nach rund zweistündigem Flug von Stuttgart aus –, ist das Grand Hotel im schwedischen Kristianstad erreicht. Doch von Politikerfeierabend und Entspannung kann noch immer keine Rede sein. Einige schwedische Journalistinnen und Journalisten warten bereits im Hotel auf den Ministerpräsidenten und Parteichef aus Deutschland: Internationale Pressekonferenz, heißt das, was da noch auf der Abendordnung steht. Das Ganze in englischer Sprache. Das streßt zusätzlich an einem Tag, an dem es, mitten in zwei Landtagswahlkämpfen, ohnehin schon wieder hart an den Rand der physischen Substanz gegangen ist. Aber immerhin, ein aufmerksamer Geist aus Engholms Umgebung hat zumindest dafür gesorgt, daß ein Glas Wein über den Tisch geschoben wird.

Mitten in der englischsprachigen Konversation mit dem schwedischen Journalistengrüppchen genehmigt sich der Befragte einen ersten Schluck. Das Gesicht verzieht sich abrupt, der Mund wird spitz, das Englische muß für einen kurzen Satz pausieren. »Mensch, haben die hier einen fürchterlichen Wein – der ist ja ekelig süß«, entfährt es ihm. Nach einem solchen Tag auch noch ein solcher Wein, da ist wahrhaft männliche Leidensfähigkeit gefordert. Und auch als er eine kurze Zeit später noch einmal zu deutschen Vokabeln greift und ein ermunterndes »Jetzt wollen wir aber mal 'nen anständigen Wein trinken« in die Runde wirft, vernimmt das kein dienstbares deutschkundiges Ohr. Erst viel später, nach Abschluß dieser Pressekonferenz, findet sich nach einigem Suchen in den Regalen der Hotelbar dann endlich doch noch ein »trockener Italiener«, der dem verwöhnten Genossen-Gaumen wenigstens einigermaßen gerecht wird. Der Kampf gegen den stechenden Durst ist gewonnen. Endlich Feierabend.

Abschalten am Ende eines langen Tages ohne das »Verkosten« von noch wenigstens einem Gläschen Wein ist für Engholm wohl kaum die Hälfte des feierabendlichen Vergnügens. Besonders wenn der verfügbare Tropfen trocken, deutsch und weiß ist. Rund 200 verschiedene davon gibt es, erläutert er am späten Abend eines anderen Tages in Bad Segeberg Caroline Mas, einer amerikanischen

Rocksängerin, die wie er bei einer Veranstaltung der schleswig-holsteinischen Jusos in der Karl-May-Stadt zu den Gaststars zählt. Eigentlich geht das launig angeregte Gespräch zwischen dem Pop- und dem Politstar um das Thema Drogen. Und natürlich, räumt Engholm ein, sei ja der Wein, den er gerade in der Hand hält, auch so etwas aus dieser Kategorie. Aber das mit dem Rebensaft sei da doch schon von Vorteil. Wer daran erst einmal Gefallen gefunden habe, dem liege das Verlangen nach härterem Stoff fern. An diesen rund 200 Sorten, philosophiert er, könne man sich schon ein ganzes Leben lang aufhalten.

Ganz an der Spitze dieser Sortenvielfalt, da läßt »Genießer« Engholm keinen Zweifel aufkommen, steht für ihn ein wohlgewachsener Riesling. Zum Beispiel aus dem Rheingau, dort wo inzwischen selbst Mitbesitzer einer kleinen Zahl von Rebstöcken in der Lage »Wasserros« ist.

Bei einer Wanderung durch die Region hatte er Kiedrich, eine 3600-Seelen-Gemeinde unweit von Wiesbaden, durchschritten und diese Gegend als »so schön empfunden«, daß gemeinsam mit Freunden der Wunsch aufkam: Hier ein paar eigene Quadratmeter Weinberg zu besitzen, »als Hobby – das hätten wir gern«. Vier Jahre später klingelt dann tatsächlich das Telefon. Ein älteres Gemeindemitglied ohne Erben, so die frohe Kunde aus dem Kiedricher Bürgermeisteramt, hätte da so knapp 600 Quadratmeter anzubieten. Diese Gelegenheit ließ man sich nicht durch die Lappen gehen. Frei nach dem Motto »Elf Freunde sollt ihr sein« teilt man sich in eben dieser Kopfzahl insgesamt 17 Anteile an den bescheidenen 250 Rebstöcken. Engholm, als »Ursprungsnehmer« dieser winzerischen Glücksofferte, hält davon drei.

Üppig ist nicht gerade, was da pro Kopf und Jahr fließt. Rund 400 Flaschen pro Jahrgang im Durchschnitt. Und so wird dann auch nur ein geringes Volumen der köstlichen Tropfen im Sofortverfahren verkostet. Das meiste bewahrt man sich auf – »für später«, wie Engholm sagt. Optisch ansehnlich verziert werden die Flaschen obendrein mit wertvollen Etiketten, die eigens für die einzelnen Jahrgänge von bekannten Künstlern erstellt werden. Zum Beispiel ziert die »Kiedricher Wasserros«-Flaschen des 91er Jahrgangs ein – so Engholm – »affenbunter« Aufkleber, den der Maler Jörg Immendorff kreiert hat. Eine Wertanlage allemal, allein schon der limitierten Flaschen-Auflage und ihrer künstlerisch wertvollen Etiketten wegen.

Aber es muß nicht immer Weißwein sein. Auch »Roten« weiß Engholm zu genießen, besonders wenn er schon ein paar Jährchen gelegen hat. »Je älter – desto roter«, beschreibt er seine Vorliebe. Und auf die grundsätzliche Frage einer Winzer-Zeitschrift, ob denn für ihn Wein mehr Grundnahrungs- oder Genußmittel sei, ist Engholms Antwort unzweideutig: »Eindeutig beides.«[22]

Eitelkeit und Mode: »Nur nicht so ludrig rumlaufen«

Engholm gilt als adrett und ansehnlich. Und das nicht erst, seit die Bonner Journalistinnenwelt ihn angesichts der stets gepflegten äußeren Schale zum »Mr. Kabinett« der Schmidt-Regierung auserkor. Schon als Schüler sticht er äußerlich von den Mitpennälern ab. Und selbst bei der Ausgestaltung der Arbeitskleidung in den frühen Lehrjahren ist Engholm das Thema *outfit* eine Herzenssache. Damals ist in den Setzereien das Tragen von langen Kitteln üblich. Sie gelten als ausgesprochen praktisch im Schutz gegen Druckerschwärze, Schmiere und scharfkantige Buchstaben. Doch die modische Seite dieses praktischen Bekleidungsutensils läßt aus Sicht des Lehrlings deutlich zu wünschen übrig. Vor allem die Länge des erst kurz vor den Füßen endenden Kittels stört massiv das noch reifende ästhetische Empfinden des angehenden Schriftsetzers. Kurzum entschließen sich Engholm und Mitlehrling Möbusz, mit scharfem Schnitt das Kleidungsstück mit dem modischen Mief von Gutenberg zu revolutionieren. Per Schere wird der Kittel auf Knielänge zurückgestutzt, und erwartungsgemäß geht ein empörter Aufschrei durch die Reihen der traditionsbewußten Gesellen, die in diesem massiven Einschnitt eine Verballhornung der ehernen Schriftsetzer-Kunst ausmachen. Aber, wie es mit modischen Revolutionen nun mal so ist: Schon bald kehrt nicht nur wieder allgemeine Beruhigung ein, es dauert kein Jahr, bis auch der Restbetrieb es den jungen Trendsettern gleich getan hat und »Mini« trägt.

»Er hat schon immer auf sein Äußeres Wert gelegt«, berichtet Mitstreiter Möbusz. Außerhalb der Arbeitsstätte fällt er durch messerscharfe Bügelfalten und strahlend weiße Hemden auf. Damals sind sie noch aus modisch knitterfreiem Nyltest, dazu eine Strickkrawatte und stets ein grauer Anzug darüber. Schon zu dieser Zeit ist ihm eine gewisse gepflegte Gleichförmigkeit im Erscheinungsbild eigen. Und dennoch wird sein bescheidenes privates Budget nur in engen Grenzen von dem Ausgabenposten für Bekleidung belastet. Mit zwei guten Hemden und einem gepflegten grauen Anzug kommt er in den jungen Jahren über die Runden und läßt sich darin auch nicht von seinen frühen Freundinnen beirren, die ihn gerne schon einmal anders gewandet sehen würden.

Nein, dieser Björn Engholm hat gar kein »besonderes Faible für Mode«, versichert er. Aber genauso überzeugt sagt er, daß gut und gepflegt auszusehen ja wohl doch auch ein Gebot der Höflichkeit sei. Und dieses Höflichkeitsgebot beachtet er nur allzu gründlich: »Kein Haar, das nicht richtig liegt«, stellt der *Stern* fest. »Kaum ein Spiegel, in den er nicht schnell einen Blick wirft.«[23] Eine »gewisse Ästhetik des Äußeren«, wie er es nennt, solle nun einmal nicht nur allein für Frauen gelten. Und überdies: »Ein geringes Maß an Eitelkeit sollte jeder haben. Das hat auch was mit Selbstachtung zu tun, daß man nicht nur ludrig rumläuft. Daß Männer sich ein bißchen pflegen, finde ich auch nicht so schlecht.«[24] Und etwas koketter empfiehlt Engholm zum gleichen Thema in seinem Buch über den »öffentlichen Gebrauch der Vernunft«, sich bitte schön »nicht zu flott kleiden (sonst denkt alle Welt, man sei eitel, was man auch ist) ...«[25].

Nein, allzu flott mag er es nicht, aber immer seriös und norddeutsch gediegen ist sein gepflegtes Äußeres doch allemal. Den Anzug zum Wechseln trägt er als Ministerpräsident in aller Regel selbst in den Kofferraum des Dienstwagens, damit er möglichst ordentlich und knitterfrei bleibt. Und wie schon in frühen Jugendjahren achtet er bis heute darauf, daß die notwendige äußere Ästhetik nicht allzusehr in den Geldbeutel schneidet. Teure Mode-Boutiquen meidet er – aus Sparsamkeit und Prinzip. Es darf gerne schon einmal einer der Anzüge unter Konfektionsgröße 98 von der C&A-Stange sein.

Und in den seltenen Fällen, da zwischen zwei Terminen in irgendeiner Stadt noch ein bißchen Luft ist, stöbert er gerne schon mal in den Konfektionsläden und freut sich, wenn er ein »Schnäppchen« macht. Wenn eifrige Konfektions-Verkäufer und Boutiquen-Betreiber ihn gelegentlich mit erlesenen Nobelartikeln bedrängen, läßt er sie deutlich und offen wissen: »Nee, das ist mir zu teuer.« Er hat präzise Vorstellungen, was er kaufen will – geschmacklich wie preislich. Es muß »chic«, aber darf nicht »überkandidelt« sein, leicht muß es sein und bloß nicht schwer. Überwiegend hält er es mit gedeckten Farben in der engen Palette zwischen grau und schwarz. Sein Lieblingsjackett zählt bereits zehn Jahre – natürlich schwarz und seidig. Zu Hause und in der Freizeit dürfen es dann auch schon mal Jeans und Polo-Shirt oder Rollkragen sein – auch hier dominiert natürlich der dunkle Ton.

Gut angezogen will Björn Engholm sein, aber Yuppie-Klamotten und teure Modedesigner trägt er nicht. Selten werden für einen Anzug mehr als 500 Mark ausgegeben. Manchmal geht er auch nur mit ein paar neuen Socken aus dem Geschäft, oder er ersteht sich ein weiteres Paar der geliebten schwarzen Slipper – in der Regel italienisch, Größe 43/44, ohne Fransen, ohne Bommel, gelegentlich mit einer Zusatzfarbe.

Die »Schnäppchen-Suche« wird allerdings nicht nur dem Prinzip Zufall überlassen. Zuweilen geht der stets kostenbewußte Hanseat auch mit Plan an die günstige Gelegenheit. Wenn sein Büro ihm in seiner Zeit als Ministerpräsident die dienstlichen Reiserouten vorlegt, dann kann es schon einmmal vorkommen, daß er an passender Stelle einen handschriftlichen Vermerk macht, der da heißt »Fabrikeinkauf«. Björn Engholm kennt ein paar solide Anzugnäher, die im Direktverkauf ihr gutes Tuch zu deutlich günstigeren Preisen anbieten – und da schaut er schon mal gerne rein, wenn Zeit und Fahrplan den Abstecher zulassen.

Dieses Stück Engholmscher Eitelkeit reproduziert sich nicht nur bei der Wahl von Tuch und Krawatte. Auch sein bei rund 80 Kilogramm liegendes Körpergewicht ist der stets strengen Überwachung seiner Waage ausgesetzt. Wenn die Anzeige unangenehm nach oben pegelt, rückt die Diät auf die Tagesordnung: Knäcke, Mango, Möhren lautet dann in der Regel der Menüplan. Gelegentlich mal ein paar Obsttage und das Nutzen des hauseigenen Schwimmbeckens in diesem oder jenem Hotel runden die körperliche Kontrollroutine ab. Aber arg viel ist es letztlich nicht, was da an sportlicher Aktivität stattfindet. »Eigentlich gar nichts«, sagt er und faßt sich mit leicht schmerzverzerrtem Gesicht an die linke Schulter, die durch die zu mager ausgefallene körperliche Bewegung und das permanente Verharren an Schreib- und Sitzungstischen mal wieder völlig hart, verkrampft und verspannt ist.

Arbeits- und Führungsstil: Regieren ist nicht befehlen

Es ist kein Zufall, daß eine der ersten Amtshandlungen des frischgekürten Kieler Ministerpräsidenten zunächst darin besteht, die morgendlichen Kabinettsitzungen von zehn auf elf Uhr zu verlegen. Daß der allgemeine Biorhythmus um etwa diese Zeit auf Hochtouren rollt, ahnt er. Daß sein eigener um etwa diese Zeit zu voller Leistung fähig ist, weiß er. Engholm, der meist zwischen eins und halb zwei ins Bett geht, benötigt nicht nur seine sechs bis sieben Stunden Schlaf: »Ich bin kein Sechs-Uhr-Mensch«, sagt er. »Halb acht ist so meine Normzeit.« Er braucht auch seine morgendliche Anlaufphase, um in Schwung zu kommen. Das hat, wie er sagt, nichts mit Langschläferei zu tun. Auch nicht nur damit, daß er morgens unleidlich sei und auch so aussehe. Er benötigt seine zwei Stunden so ungefähr, zum Aufwachen, für »rituelle Waschungen«, »laute Musik«, Zeitunglesen und Frühstücken.

Insbesondere letzteres betreibt er ausgiebig. Bei diesem Frühstück verschafft er sich nicht nur einen Überblick über die wichtigsten Zeitungen. Dies ist in aller Regel auch die Phase, in der er sich für die anstehenden Sitzungen und Termine präpariert. Hier betreibt er sein Aktenstudium. »Eisern«, wie er versichert. »Und dann lese ich alles, was in den nächsten Stunden von hoher Bedeutung ist.« Dieses Morgenritual scheint mit einiger Effektivität und Präzision über den Frühstückstisch zu gehen. Engholm ist, wie er selbst sagt, ein »Schnelleser«. Und wie seine Mitarbeiter und auch die Kieler Kabinettsmitglieder damals festgestellt haben, bleibt das, was er sich angelesen hat, dann auch hängen. Fast immer ist er in den

Sitzungen auf dem Stand der Diskussion. Zuweilen bringt der wohlpräparierte Engholm mit gezielten Nachfragen seine Ressortminister sogar in Verlegenheit.

Er ist »ein harter Arbeiter«, konstatiert dann entgegen dem verbreiteten Image vom »Müßiggänger Engholm« auch der Kieler SPD-Fraktionschef Börnsen. »Der hat, wenn es sein muß, die Akten noch in der Nacht vor der Kabinettsitzung wirklich im Detail durchgearbeitet. Das macht er, auch wenn er noch so müde ist. Deswegen ist er auch immer bis ins Detail informiert. Das gehört zu seiner Art, ein Kabinett zu führen, ganz offensichtlich dazu.« Eine Eigenschaft, die zwischenzeitlich offenbar auch auf Bundesebene der Partei durchzudringen beginnt. Als Engholm mit dem stellvertretenden Ministerpräsidenten von Baden-Württemberg, Dieter Spöri, im Auftrag der Partei in Paris weilt, gibt er dem Sozi aus Stuttgart Anlaß zum Staunen: In der Hauptstadt von Kultur, Muße und Sinnlichkeit verzog sich Engholm abends um halb elf aufs Hotelzimmer, um seine Kabinettsunterlagen zu lesen. Spöri: »Der ist wahnsinnig diszipliniert. Von wegen die Leichtigkeit des Seins – alles Schablone.«[26]

Nur selten gibt es während seiner Zeit im Kabinett Entscheidungen, die allein aus der Perspektive des Ressortministers gefällt werden, heißt es in Kiel. Das, was sich Engholm insbesondere in den Bonner Jahren unter Schmidt angeeignet hat, setzt er hier um: Er ordnet die Einzelentscheidungen ein, versucht Auswirkungen auf andere gesellschaftliche Bereiche zu analysieren und fragt, wie diese oder jene Entscheidung insgesamt in die politische Konzeption oder auch in die bundes- und europapolitische Landschaft passe, berichten seine Mitstreiter.

Einer, der ihn schon lange aus der politischen Arbeit kennt und dennoch angesichts dieses Arbeitsstils von Engholm zunächst verblüfft ist, sagt: »Ich habe zunächst gedacht, er sei aus der Staatskanzlei gut vorbereitet, aber dann habe ich gemerkt: Das ist er selbst. Der schmeißt eine Kabinettsvorlage in der Sitzung um, gibt sie zurück und sagt: So nicht. Die Tatsache, daß er ein freundlicher Mensch ist und Sympathie ausstrahlt, mag ja sehr unterschiedlich interpretiert werden – aber in fachpolitischen Sachfragen ist er knallhart. Ich habe seit ewigen Zeiten niemanden erlebt, der so differenziert und politisch klug ist wie er. Und wenn die in Bonn glauben, das sei alles nur ›laissez faire‹, dann werden die sich noch wundern ... An dieser Konsequenz, über die Engholm im Kern politischer Strategie verfügt, daran wird einer nach dem anderen zerbrechen.«

Eine Prognose, die sich auf Bundesebene nicht mehr erfüllen soll, aber im Land zwischen den Deichen bereits verwirklicht hat. Engholm hat den ehemals linkslastigsten SPD-Landesverband der Republik inzwischen längst auf seinen Kurs gebracht. Mit einiger Selbstverwunderung konstatieren selbst einige Genossen heute, wohin sich diese SPD gedreht hat. »Wenn man sich die letzte Regierungserklärung von Engholm anguckt«, sagt einer aus dem unmittelbaren Führungszirkel der nordelbischen Sozis, »dann muß man sagen: Jochen Steffen würde sich im Grab umdrehen. Beklatscht von der gesamten sozialdemokratischen Landtagsfraktion ist das die Abkehr von demokratisch-sozialistischen Modellen hin zur Marktwirtschaft, hin zur Schmidtschen Politik, die wir damals bekämpft haben. Ein bißchen moderner vielleicht.« Schleswig-Holsteins ehedem linke und widerborstige Sozis sind auf bravem Regierungskurs und merken es nicht oder finden es gut – dank Engholm.

Er ist in Kiel bis zu seinem Rücktritt ganz ohne Zweifel der Chef im Ring. An seiner Autorität wird dort nicht gedeutelt, obwohl sie ohne demonstrative Härte oder gar Lautstärke auskommt. »Regieren ist nicht befehlen«, befindet Engholm. Freundlich, wie er ist, so formuliert es jemand aus dem Kieler Kabinett, gibt er einem Ressortminister die Hausaufgaben zurück und sagt ihm: Das machen wir nächstes Mal anders. Er staucht niemanden zusammen, führt niemanden vor. Und er kommt auch nicht damit, daß er ja schließlich die Verantwortung für Landespolitik nach außen zu vertreten habe und daß das jetzt deshalb so oder so gemacht werden müsse. Er ist von einer, so ein Kieler Minister, »entspannten Souveränität«. Allenfalls an dieser oder jener spitzen Formulierung merken die, die ihn länger kennen, daß er nicht gerade erbaut ist. Mehr nicht: »Das Bemerkenswerteste an ihm ist«, beschreibt ExReferent Thießen seinen langjährigen Chef, »er verliert nie die Selbstkontrolle. Daß der mal ausrastet, wie das bei jedem von uns normal ist, das erlebst du bei dem nicht.«

»Du mußt lernen, mit meinem Kopf zu denken«, pflegt er in seiner Amtszeit gegenüber Mitarbeitern schon mal zu formulieren, wenn es mal wieder nicht ganz nach seinem Geschmack ist. Mehr lachend setzt er dann schon einmal dazu: »Sonst ist deiner weg.« Aber das meint er wohl kaum so. Engholm ist kein Mann der Grausamkeiten. Einmal getroffene Personalentscheidungen revidiert er selten. Zumindest solange seine Mitarbeiter nicht durch Illoyalität auffallen, die er haßt wie die Pest, feuert er niemanden. Das gilt für Mitarbeiter ähnlich wie für Kabinettskollegen: So wie der Kohl den Geißler und den Biedenkopf abserviert habe, sagt er geradezu angewidert, das sei nicht seine Art. Dennoch ist Engholm aus Sicht seiner einstigen Mitarbeiterinnen und Mitarbeiter nicht nur ein Chef ohne Fehl und Tadel. Fast durchgängig ist zu hören, daß er kaum einmal »Danke« sagen kann oder ein Lob auszusprechen vermag, wenn eine Rede, eine Zuarbeit besonders gut ausgefallen ist. »Das tut er grundsätzlich nicht«, sagt ein eher frustrierter früherer Referent, »wenn er nichts sagt, ist es auch schon ganz gut.« Denn, wenn es ihm nicht paßt: »Dann mault er rum.«

In Schleswig-Holstein war dies angesichts der größeren Nähe und direkteren Beobachtungsmöglichkeiten ohnehin nie ein großes Thema, aber auch auf Bundesebene werden die anfänglich krassen Kommentare über »Engholm light«, das »politische Leichtgewicht« und »mangelnde Führungsfähigkeit« zeitweise leiser. Spätestens im März 1992 entdecken auch die Bonner Leitartikler plötzlich Engholmsche Führungsqualitäten. Nachdem sein Parteivize Lafontaine lautstark Nachbesserungen zu den Maastrichter Verträgen als Voraussetzung für eine sozialdemokratische Zustimmung im Bundesrat einfordert, blockt Engholm Lafontaine und die von ihm angezettelte Diskussion ab: Die SPD werde den Verträgen zustimmen, verordnet er kurzerhand in der Sitzung des Parteipräsidiums und beendet damit das Meinungsdurcheinander in der Führungsspitze der Partei. Und Lafontaine – wohl selbst ein wenig verwundert über die klare Marschroute des Vorsitzenden – fügt sich. Vom »Maulkorb für Oskar« ist daraufhin in einigen Schlagzeilen zu lesen. Und die *Süddeutsche* konstatiert – ähnlich wie andere Blätter – offenbar beeindruckt: »Es gibt wieder eine Autorität in der Partei, die Streit beizeiten beenden kann.«[27]

Engholm pflegt auch im Führungsverhalten einen anderen als den gemeinhin gewohnten und gängigen Stil. Er bemüht selten die sprichwörtliche Faust auf dem Tisch. Wer das von ihm erwarte, befindet er kurz, klebe an »autoritären Leitbildern«. Sein Leitgedanke ist die Aufklärung und die immer wieder zitierte »Diskursethik«. Engholm ist stets auf der Suche nach dem möglichen Konsens, er will »bündeln« und »zusammenbinden«, nicht verordnen. Das gilt innerparteilich wie über die Genossen-Grenzen hinaus, wenn er konfligierende Interessen und Ansätze, etwa Unternehmer und Gewerkschafter, zum Dialog an einen Tisch holt. Er »moderiert« Prozesse und Entscheidungen, wie vielfach in seinem damaligen Bonner wie Kieler Umfeld zu hören ist. Und nicht zuletzt deshalb spricht er auch solche Leute an, Konservative etwa, die sich nicht auf sozialdemokratischem Kurs befinden.

In seiner schleswig-holsteinischen Heimat wird diese Art in hohem Maße geschätzt und fast bewundert. Eine der Ministerinnen aus der Führungsrunde von der Förde erzählt geradezu angetan davon, wie schnell Engholm gleich zu Anbeginn aus der Kieler Regierung eine arbeitsfähige Einheit gemacht habe, in der ihm jeder zuarbeite, und wie er die teils unterschiedlichen Interessen am Kabinettstisch zu einem Team zusammenfügte, in dem Konflikte offen und fair miteinander ausgetragen werden. Er gilt – jedenfalls bis die schweren Fehler bei der Bewältigung der Barschel-Affäre bekannt werden – als ausgezeichneter Politikmanager, der die Kabinettsmitglieder nicht gängelt, sondern motiviert. Bei den Regierungserklärungen etwa macht er den Ressorts keine Vorgaben, sondern sagt den Verantwortlichen: »Schreibt mir auf, was nach eurer Meinung in der Regierungserklärung für diese Legislaturperiode drinstehen muß.« Diese Stoffsammlung bindet er dann zu einer Konzeption zusammen, zu dem, was er für vertretbar, finanzierbar und für richtig empfindet – und gibt es dann zurück ins Kabinett.

Aber nicht überall werden damals Stil und Eigenarten Engholms unumwunden geschätzt. Nicht einmal im eigenen SPD-Vorstandskreis auf Bundesebene. Nicht wenige kreiden ihm an, daß er zuweilen schweigend dasitzt, allenfalls zuhört und zuweilen auch genervt von den Debatten im SPD-Führungszirkel wirkt. Der »große Kommunikator« wird er von einigen höhnisch aufgrund seiner eher zurückhaltenden, manchmal schweigenden Art tituliert. Als einer der führenden Genossen sich bei Willy Brandt ein wenig darüber beklagt, daß man von Engholm ja nie gleich eine richtige Antwort bekäme, sagt der: »So sind die Lübecker, daran mußt du dich gewöhnen.«

Zumindest in wichtigen Fragen ist Engholm kein Mensch, der zu spontanen Entschlüssen neigt. Entscheidungen müssen bei ihm reifen. Solange er noch nicht vollständig überzeugt ist, bleibt er im Vagen, will sich nicht festlegen, noch mal überschlafen. »Er haßt wohl kaum etwas so wie unüberlegte Entscheidungen«, meint der SPD-Fraktionschef im schleswig-holsteinischen Landtag, Gert Börnsen. »Er ist durchaus auch bereit, unbequem zu entscheiden. Aber es muß eben so lange durchdacht sein, daß ihm nicht der Fehler unterlaufen kann, daß es eine bessere und sozial akzeptablere Lösung gegeben hätte, die ihm nur nicht rechtzeitig eingefallen ist.« Erst wenn er sich sicher ist, definiert er seine Position auch nach außen. Davor hat es dann zumeist längere, nicht nur innere Auseinandersetzungen gegeben. Er holt sich Rat und hört Argumente auch von Leuten, die eine andere Auffassung vertreten als er, um schließlich zu seinem eigenen möglichst austarierten Bild zu kommen.

Überhaupt und nicht nur, wenn es um die Lösung akut anstehender Probleme geht, pflegt Engholm den Dialog. Das Gespräch ist für ihn eine elementare Form des Lernens. Das »harte *briefing*« mit Referenten und die üblichen Politikrituale waren nie seine Sache. Er zieht den Dialog bei einer guten Flasche Wein, irgendwo im Restaurant oder auf dem Balkon, deutlich vor. Auch das ist sein Ansatz, überall »Kultur« einzuführen – Gesprächskultur in diesem Fall. Wenn schon so hohe Zeitanteile in Politik investiert werden müssen, dann bitte schön – zumindest dort, wo es geht – in kommunikativer und erträglicher Form. Und Engholm pflegt diesen Ansatz, auch wenn er, wie während seiner Doppelfunktion als Kieler Regierungs- und Bonner Parteichef, nur in Maßen durchzuhalten ist. Dieser Stil, Politik zu betreiben, das ist weniger Attitüde als ein Teil von ihm, mit dem er – wie ein enger Vertrauter noch einige Wochen vor dem 3. Mai 1993 glaubt – inzwischen selbst in Bonn ein Stück erfolgreich ist.

»Blev as du bist« – bleib, wie du bist –, hatte sein Freund Gerd Walter ihm vor dem Antritt als Parteichef auf einen Zettel geschrieben. Und er war sicher: Die in Bonn kriegen ihn nicht gebogen. »80 Prozent der Kritik, die man an seiner Parteiführung liest oder hört«, sagt Walter ein Jahr nach Engholms Amtsantritt als Parteichef, »sind darauf zurückzuführen, daß er nicht die Rituale der Bonner Politik kopiert. Wenn er sich darauf einlassen würde, so zu sein, wie er zu sein hat, dann wäre das die Grundlage für einen Mißerfolg.« Und davon ist auch Engholm lange Zeit überzeugt: Solange seine Art öffentlich trägt, so sagt er, solange könne sie auch für die Partei nur gut sein. Zu diesem Zeitpunkt allerdings hat die Öffentlichkeit noch keine Ahnung von der Schublade des Sozialministers Jansen und den Verwicklungen, die sich daraus für Engholm ergeben sollen.

Partei und Person: Engholm, der Gesamtsozi?

Totgesagt: Die Krise des demokratischen Sozialismus

Das Jahrhundert der Sozialdemokraten sei unwiderruflich vorbei, hat schon vor Jahren der gleichermaßen umstrittene wie brillante Sozialwissenschaftler und ehemalige FDP-Politiker Ralf Dahrendorf formuliert. Das darauffolgende aufgeregte Flügelgeflatter der offensichtlich von solchem Federlesen arg gerupften Sozialdemokraten täuscht wohl nicht darüber hinweg, daß auch die SPD nahezu Hand in Hand mit der Auflösung der Blöcke und der globalen Krise des real existierenden Sozialismus in arge Identitätsprobleme hineingerutscht ist. Gewiß, nach dem Motto, daß neue Fragen neue Antworten brauchen, bisweilen auch andere Personen, hat etwa die SPD mit der Fortschreibung von Godesberg durch das Berliner Programm 1989 und durch einen radikalen Wechsel in der Führungsetage nach dem Übergangsvorsitzenden Hans-Jochen Vogel und dem unglücklichen Oskar Lafontaine versucht, sich ein modernes Profil zu verpassen.

Doch in fast allen europäischen Staaten – vorläufig ausgenommen Spanien mit einem allerdings außerordentlich pragmatisch agierenden Felipe Gonzales – muß man jetzt zum Ausgang dieses Jahrhunderts tatsächlich von einer vielleicht sogar existentiellen Krise des demokratischen Sozialismus sprechen, der landauf landab nach neuer Legitimation sucht, ohne die alte über Bord gehen zu lassen.

Ähnliches gilt übrigens auch für die Arbeiterbewegung. Die inzwischen zu reinen Tarifvereinen degradierten Gewerkschaften hätten auch und gerade in dieser Zeit des Frontalangriffs auf die Arbeitnehmerrechte durch die sich immer mehr verdichtende multinationale Organisation der Konzerne und der ihnen zumeist zuarbeitenden konservativen Regierungen eine Jahrhundertaufgabe zu lösen.

Beim Bonner Sonderparteitag im November 1992 hat Engholm das ganze Dilemma der Sozialdemokratie in fatale Spagatformeln gegossen: »Realistisch und visionär, sozial sensibel und ökonomisch innovativ« wolle und solle die SPD um die Jahrtausendwende sein. Mit Tucholsky möchte man fragen: »Ja, was denn nun: ja oder ja?« Doch es reicht auch schon der Spott des *Spiegel*-Reporters Jürgen Leinemann: »Da steht er nun und kann auch anders. Wen Björn Engholm ›anführt‹, der muß wissen, daß dieses Wort einen doppelten Boden hat. Engholm täuscht wohl niemanden mit Mutwillen oder aus taktischen Überlegungen. Er scheint vielmehr habituell unfähig, sich ohne Vorbehalte zu entscheiden und dann mit sich selbst in Einklang zu verharren.«[1] Zumindest damals kann man diesen Eindruck haben, denn nichts deutet darauf hin, daß Engholm tatsächlich die Öffentlichkeit »anführt«, nämlich beschwindelt.

Tatsächlich ist nach einem Jahrzehnt des völligen Umbruchs in Deutschland und Europa auch die einst von Willy Brandt als »Weltmacht SPD« karikierte älteste und größte Partei Deutschlands in eine strukturelle Identitätskrise geraten. Und Engholm ist praktisch die Verkörperung dieser Organisation auf der Suche nach sich selbst. Die alten Parameter der sozial ausgerichteten Innen- und integral ausgerichteten Außenpolitik stimmen angesichts der weltweiten Rezession und des Endes des Kalten Krieges nicht mehr. Wie klar waren doch die Fronten, als die Sozialdemokraten mit den Schlagworten »Neue Ostpolitik« und »Mehr Demokratie wagen« der Brandt-Ära mit alten Visionen an einer neuen Wirklichkeit modellieren konnten. Oder wie Erhard Eppler es formuliert: »Wir leben nicht mehr in einem Europa, das sich zusammenschließen mußte, um sich gegen einen feindlichen Koloß im Osten zu behaupten. Dafür sehen wir mit Entsetzen, daß die Westeuropäer ihre Villen an den Rand von Slums gebaut haben und daß die Slumbewohner aus Ost und Süd neugierig und manchmal auch dreist nachsehen wollen, wie es sich in der Villa lebt.«[2]

Und schließlich zeigt der grausame und für uns Nachbarn kaum nachvollziehbare Bürgerkrieg in Jugoslawien, zu welchen Konflikten das Ausbleiben von politischen Antworten in ethnischen und sozialen Auseinandersetzungen führen kann. Dabei ist dies möglicherweise erst der Beginn von Regionalkriegen vor unserer Haustür, deren Bändigung in dem offenbar doch recht ungastlichen »Gemeinsamen Haus Europa« (Michail Gorbatschow) nach dringenden Konzepten sucht.

Rezession im Inneren und immer verbissener werdende Verteilungskämpfe, dazu das ungelöste Problem der deutschen Einigung und kaum noch steuerbare Verwerfungen »draußen vor der Tür« – sind das nicht gerade jene Herausforderungen, denen eine moderne und wandlungsfähige Sozialdemokratie sich stellen müßte? Ist nicht gerade umgekehrt zu der Dahrendorf-These dies der Anfang zumindest eines weiteren Jahrzehnts, wenn nicht gar Jahrhunderts der Sozialdemokratie oder des demokratischen Sozialismus?

Gefragt: Führungsstärke

Es ist gewiß kein Zufall, daß in solchen Zeiten die größte politisch organisierte Arbeiterbewegung in Deutschland namens SPD sich einen Mann an die Spitze gewählt hat, der viele politische Widersprüche verkörpert und daraus öffentlich keinerlei Hehl macht. Engholm – der typische integrierte deutsche Gesamtdemokrat der Machart »sozial«?

Man muß es befürchten. Gewiß, gerade jene, die in der SPD allzu oft und allzu häufig großmundig nach »Führungsstärke« und »Orientierung von oben« rufen, sind oft genug die ersten, die sogleich das demokratische Selbstverständnis strapazieren, wenn tatsächlich einmal eine Kursrichtung, die noch nicht einmal eine verbindliche Linie sein muß, aus der Führung aufgezeigt wird. Die »Petersberger Beschlüsse« und die parteiinterne Zerreißprobe in der darauffolgenden »Asyldebatte« sind geradezu ein Lehrbeispiel dafür, wie in der SPD heute kaum noch geführt werden kann. Man mag das bedauern, es spricht indessen nicht unbedingt gegen den lebendigen Charakter einer Volkspartei, wenn in wochenlanger Auseinandersetzung um den »richtigen« Kurs gerungen wird.

Verständlich natürlich die Enttäuschung des Vorsitzenden, wenn dieser, nachdem er zunächst zur Führung und Neuerung aufgemuntert wurde, ausgerechnet seine Antreiber auf der Tribüne wiederfindet, von wo aus sie genüßlich miterleben wollen, wie aus den Führungsfiguren politisch Hackfleisch gemacht werden soll.

Gewiß, man mag einwenden, auch unter der »Troika« Brandt/Schmidt/Wehner sei dies nicht anders gewesen. Doch da gab es die internen Zwistigkeiten und Zerwürfnisse erst, als die SPD an der Regierung war. Und in solchen Zeiten sind die Reibungsverluste zwischen Spitze und Basis, aber eben auch in der Führung selbst, wohl unvermeidbar. Das ging schließlich bis zum Kanzlersturz aus den eigenen Reihen und Parteiausschlußverfahren gegen aufmüpfige Jungsozialisten etwa in der Stamokap-Debatte.

Nein, so »links und frei«, wie Engholm nur allzu gern ein Brandt-Wort über die SPD zitiert, war die Partei am Ende auch nicht. Immerhin wurde der sogenannte Extremistenerlaß im Januar 1972 unter der Kanzlerschaft Brandts gemeinsam mit den Ministerpräsidenten entworfen und erlassen. Abhöraffären (Lauschangriff auf den Atomwissenschaftler Klaus Traube), Rasterfahndung sowie Parteispendenskandale haben alles andere als eine sozial-liberale Stimmung im Lande verbreitet.

Austritte: Die Intelligenzija desertiert

Insofern ist Engholm direkter und ehrlicher, wenn er zumindest kein Hehl daraus macht, daß die Sozialdemokratie, der die Mitglieder in Scharen davonlaufen, neue Antworten auf die drängenden Fragen der Zeit suchen und finden muß.

Ein fraglos schmerzhafter Prozeß, der schon beim sogenannten Asylkompromiß zeigte, daß die Belastbarkeit vornehmlich der Mitglieder aus der »Achtundsechziger-Generation« begrenzt ist. Wenn Intellektuelle wie Günter Grass und Jürgen Flimm die Partei verlassen, dann ist das, wie Engholm sagt, gewiß keine Katastrophe. Dies allerdings nur für die Mitgliederkartei. Es signalisiert nämlich nicht mehr und nicht weniger, als daß ausgerechnet in einer Zeit des Umbruchs und des Wiedererwachens des Rechtsradikalismus die SPD ihre alte Anziehungskraft auf die querdenkende Elite im Begriff ist zu verlieren. Das kann und darf nicht – schon gar nicht von Engholm selbst – auf die leichte Schulter genommen werden.

Natürlich ist es verständlich, wenn Engholm sich über den Paukenschlag eines Günter Grass ärgert, den er als persönlichen Freund schätzt, zumal dessen Parteiaustritt ohne vorherige persönliche Mitteilung vonstatten geht. Doch letztlich muß in der SPD zur Kenntnis genommen werden, daß auch und gerade unter einem Vorsitzenden Engholm die Intelligenzija desertiert. Dies auch, wenn Alternativen aus diesem Lager kaum angeboten werden, sondern letztlich nur Frust abgelassen wird.

In dieser Phase läuft die SPD allerdings sehr stark Gefahr, viel zu sehr, mehr auf jeden Fall als sie müßte, gemeinsame Sache mit der Regierung zu machen. Die faktische Superkoalition von CDU-CSU/FDP und SPD in vielen Sachfragen der deutschen Politik zeigt einen fatalen Trend auf. Die SPD ist nicht nur drauf und dran, durch eine mißglückte Mitmachtaktik mit der Regierung ihre Legitimation als eine glaubwürdige und alternative Opposition zu verlieren und ihre Anhänger zutiefst zu enttäuschen und zu erzürnen. Sie kann mit dieser gezielten Umarmungsstrategie nach dem Vorbild von 1966, als es dann zur Großen Koalition kam, nur verlieren. Das Kalkül Engholms, etwa in der Asylfrage nahezu identische Regierungsstandpunkte zu vertreten und zu glauben, es breche jetzt am linken Rand weniger ab als am rechten, ist eine politische Milchmädchenrechnung. Natürlich ist auch gerade in dieser Partei die Zahl der Mitglieder allein schon wegen des Beitrags- und Spendenaufkommens sehr wichtig, doch kann es sich die SPD zu allerletzt leisten, nach dem Motto »Mehr Masse als Klasse« zu verfahren.

Waren es gerade in den fünfziger, sechziger und siebziger Jahren nicht Leute wie Heinrich Böll, Günter Grass und Siegfried Lenz, die in der SPD eine moralische Autorität genossen und schon allein deshalb auch gesamtgesellschaftlich großen Einfluß hatten?

Es ist ein grober Fehler, die spektakulären Austritte einiger Prominenter faktisch als Ausdruck einer Profilneurose abzutun. Natürlich haben sich die Sozialdemokraten mit Intellektuellen noch nie leicht getan. Allerdings kann es schon verwundern, daß eine offenbar auf Pragmatismus ausgerichtete Parteiführung um solche Leute nicht mehr kämpft. Das mag ja einen real zu begründenden Machtanspruch verdeutlichen, dennoch begibt sich die SPD damit einer wichtigen und engagierten Truppe von Warnern und Mahnern, die die Partei früher so stark gemacht haben. »Verletzte Eitelkeiten« der Führungscrew sind noch längst kein Ersatz für Integration und Akzeptanz.

In seinem Buch »Vom öffentlichen Gebrauch der Vernunft« zitiert Engholm selbst in seinem Eingangskapitel »Ist der Ruf erst ruiniert ... Vom ›skandalösen‹ Vertrauensverlust der Politik« die »klassische Replik auf die wohlfeile Beschimpfung und Selbstbeschimpfung von Demokraten« durch Plato: »Diejenigen, die zu klug sind, sich in der Politik zu engagieren, werden dadurch bestraft, daß sie von Leuten regiert werden, die dümmer sind als sie selbst.« Nach Engholm ist dies eine der »Gehässigkeiten gegenüber den Politikern und ihrer Profession, dem Politikmachen«. Natürlich bezieht dies goldene Wort des griechischen Staatsphilosophen keiner der agierenden Politiker im neuen Deutschland und auch anderswo auf sich selbst, doch inzwischen ist es wohl unbestritten, daß sich in der Politik, im Bundestag allemal oder in den Parteizentralen nicht unbedingt die Creme der Gesellschaft wiederfindet. Engholm selbst beteuert gelegentlich, daß »Politiker auch keine besseren Menschen als die normalen Bürger sein sollen«. Aber wer sagt denn eigentlich, daß sie den allgemeinen Durchschnitt unterbieten müssen?

Der Trend zu Profis, die von der Hochschule direkt in die Politik gegangen sind und kaum das »richtige Leben« erfahren haben, ist unübersehbar. Und wenn schon parlamentarische Berufsgruppen dominieren, dann sind es die Beamten und Lehrer. Graf Lambsdorff hat dies mit dem Satz karikiert: »Der Bundestag ist mal voller und mal leerer, aber immer voller Lehrer.«

Auch in der Sozialdemokratie hat sich mittlerweile ein soziologischer Querschnitt etabliert, der mit der klassischen Arbeiterbewegung nur noch sehr wenig gemein hat. Genau darin aber liegt die eigentliche Identitätskrise der SPD. Eine Krise, die auch in anderen großen Parteien, wenn auch aus anderen Gründen, spürbar wird. Gewiß war und ist es richtig, daß die SPD die neuen, großen Herausforderungen dieses Zeitabschnitts angenommen und mit der Fortschreibung von Godesberg die eigene Programmatik modernisiert hat. Mit ihrem Programm »SPD 2000« sind zumindest die großen Herausforderungen der Zukunft in Sachen Kommunikation, Gentechnik und Hochtechnologie angenommen worden. Doch überzeugende Konzepte der Sozialdemokraten mit echten Alternativen zum phantasielosen Administrieren der konservativ-liberalen Regierung Kohl kommen zunächst einmal nicht in Sicht.

Umarmung: Eine Strategie auf dem Weg zur Macht

Eher das Gegenteil ist der Fall. Vor allem die Beispiele Asylpolitik und Mehrwertsteuererhöhung lassen einen erschreckenden Mangel an Alternativkonzepten der SPD offenbar werden. Selbst der allerdings eher diskrete Versuch Lafontaines, etwa bei »Maastricht« eine aggressive Oppositionsrolle einzunehmen, scheitert an einem plötzlichen »Machtwort« Engholms. Abgesichert durch eine breite Unterstützung in der Parteispitze, will er den Weg in die weitere europäische Integration nicht ausgerechnet durch die SPD verbauen.

Dabei hätten die Sozialdemokraten gerade am Thema EG-Europa und seinen vielfältigen Ungereimtheiten eine Fülle von kritischen Ansatzpunkten, wie sie etwa in allerdings merkwürdiger »Tateinheit« von italienischen Sozialisten und britischen Konservativen eingebracht werden. Spätestens mit den Umwälzungen in Osteuropa und dem Drang sowohl der EFTA als auch der alten Comecon-Staaten in die bis dato westeuropäische Wirtschaftsgemeinschaft ist die Vertragsgrundlage von Maastricht im Prinzip überholt. Das in der holländischen Provinzstadt abgesegnete Konzept einer Wirtschafts- und Währungsunion schafft im Endeffekt neue Barrieren zwischen Ost und West, Nord und Süd.

Auch die angestrebte Sicherheitspartnerschaft muß neuformuliert werden, nachdem die Westeuropäische Union und die Nato nach der Auflösung der Blöcke nicht nur in eine Identitäts-, sondern auch Berechtigungskrise hineingerutscht sind. Genau hier aber könnten und müßten Sozialdemokraten den Hebel einer alternativen Politik ansetzen. Hier nämlich könnten sie über den Tellerrand der wirtschaftlichen und militärischen Westentaschenstrategen des kleinen, alten Europa hinaus Visionen einer neuen Alten Welt projizieren, die eine Fortschreibung der Ostpolitik in Ergänzung einer neuen gesamteuropäischen Integrationschance bedeuten würden. Dies um so mehr, als die Regierung Kohl allein von den Weiterungen der deutschen Einigung bis zur Lähmung in Bann gehalten wird.

In der Tat fehlt an der Spitze der SPD ein Mann mit Visionen und mutigen Schritten, wie sie Politiker vom Schlage eines Willy Brandt oder Egon Bahr gewagt haben. Gewiß, es ist natürlich ein trauriger Treppenwitz der deutschen Geschichte, daß ausgerechnet die »Lösung der nationalen Frage« den neuen deutschen Koloß derart fesselt, daß der Internationalismus völlig abgeschrieben wird. Mehr deutsches Selbstbewußtsein heißt keineswegs neue deutsche Großmachtallüren, sondern Verantwortungsbewußtsein.

An den Fragen »Blauhelm«, ständige Mitgliedschaft im ständigen UNO-Sicherheitsrat, Einsatz für eine europäische Lösung des Asylproblems, auch mehr Präsenz in internationalen Ökologieforen und schließlich eine bessere Kooperationsbereitschaft der deutschen Währungshüter auf den internationalen Finanzmärkten und mit den Notenbankgouverneuren im Europäischen Wechselkursmechanismus, vielleicht gar eine Neuorientierung im internationalen Krisenmanagement bei Umwelt-, Wirtschafts- und Sicherheitsproblemen, das wären genug Felder, die die Sozialdemokraten besetzen könnten. Initiativen? Fehlanzeige.

In der Innenpolitik sieht es fast noch schlimmer aus. Ausgerechnet die Opposition geriert sich in Zeiten, da die ratlose Regierung schon den »Staatsnotstand« auszurufen bereit ist, wie eine Regierungspartei. Gewiß, es hat keinen Sinn und wäre auch ziemlich verantwortungslos, wollte man die Regierung, die bei der finanziellen Lösung der deutschen Einheit grandios versagt, mit diesem Problem allein lassen und statt dessen nur darauf verweisen, wie recht doch Oskar Lafontaine im Wahlkampf 1990 mit seinen Warnungen und Mahnungen vor der zu schnellen Einigung gehabt hat.

Mogelpackung: Opposition ohne Alternativen?

Leider, so hat es den Anschein, ist die Opposition hierbei mindestens ebenso gelähmt und konzeptionslos wie die konservativ-liberale Regierung. In Bonn werden derzeit Probleme nur noch verwaltet, kaum jedoch gelöst. Eine Sternstunde also für die Opposition, sollte man meinen. Doch statt dessen sind unter der Führung Engholms die Sozialdemokraten zu der außerordentlich gefährlichen Strategie einer Umarmungspolitik übergegangen. Man will offenbar die Union mit den eigenen Mitteln bekämpfen, sie ähnlich wie in der Großen Koalition 1966/69 bis zum Erstickungstod umhalsen. Ein, zumal für die SPD, außerordentlich gewagtes Spiel. Denn natürlich bedeutet dies gleichzeitig einen fundamentalen Verlust des eigenen Profils.

Nicht zu Unrecht fragen Parteimitglieder und vor allem potentielle SPD-Wähler, was eigentlich noch den Unterschied zur Union ausmacht. Wird da möglicherweise mit dem Etikett SPD den Politverbrauchern eine Mogelpackung offeriert? Der Verdacht ist nicht ganz von der Hand zu weisen. Es ist doch wohl geradezu eine politische Bankrotterklärung, wenn SPD-Bundesgeschäftsführer Karlheinz Blessing fröhlich und wohlgemut erklärt, es gebe zur derzeitigen Regierungspolitik keine echte Alternative. Eine solche Aussage der Opposition allerdings ist neu in der deutschen Politik. Wenn auch fast schon sympathisch, so ist dies fraglos ein Eingeständnis des eigenen Mangels an Existenzgrundlagen.

Blessing ist schließlich nicht irgendwer. Der alerte Bonner Statthalter Engholms, der wiederum sich von all diesen Irritationen drinnen und draußen offenbar nicht beeindrucken läßt, wünschte sich seinen Chef öfter als bislang in Bonn präsent. In den Sympathiewerten hält Engholm dennoch bis zum Wiederaufleben der »Kieler Affäre« einsam die Spitze. Ist dies nicht Beweis genug, daß er den richtigen Kurs verfolgt? Denkbar, wenn die bundesdeutsche Parteiengeschichte nicht Besseres lehrte. Es war leider stets so, daß zunächst einmal mitten in einer Legislaturperiode eine Regierung die schlechtesten Werte hatte, sich jedoch, wenn es darauf ankam, bis zur Wahl wieder erholte. Und Stimmungen schlagen, wie man weiß, sehr schnell um.

Diese Erfahrung haben auch die Sozialliberalen gemacht, Engholm zuletzt sogar mit am Bonner Kabinettstisch. Schon nach drei Jahren schien die Ehe aus SPD und FDP zerrüttet. Nur eine undurchsichtige Manipulation des Mißtrauensvotums gegen Willy Brandt im April 1972 rettete die sozial-liberale Regierung. Dann, bei der Wahl, sieben Monate später, ein überraschend klarer Sieg des damaligen Kanzlers. Im Mai 1974, mit dem Rücktritt Brandts, eine jedoch erneut schwere Krise der SPD-geführten Bundesregierung, die offenbar die Folgen der ersten Ölpreiskrise nicht in den Griff bekommt. Erst der Wechsel auf den ökonomisch orientierten Helmut Schmidt bringt erste und letzte Rettung, wenngleich bei der Wahl im Oktober 1976 die Union mit Spitzenkandidat Kohl das bis dato beste Ergebnis erzielt. Doch auch die 48,6 Prozent und die ständige Forderung Kohls, er müsse jetzt Kanzler werden, helfen nicht. Es reicht, wenn auch knapp, erneut für die Regierung Schmidt/Genscher. Auch 1978/79 im Zuge der Diskussionen um Friedenspolitik und Nachrüstung gerät das sozial-liberale Bündnis wieder ins Schlingern. Doch bei der Wahl 1980 – diesmal tritt Strauß für die Union an – siegen erneut und ein letztes Mal die Frei- und Sozialdemokraten. Wiederum zwei Jahre später, im September 1982, dann das Ende der sozialliberalen Ära, der »Verrat« der FDP und eine neue Epoche: Die »Bonner Wende« ist da.

Fast die gesamten achtziger Jahre hindurch sind, trotz zweier Kanzlerkrisen 1985 nach dem Flickskandal und 1989 im Umfeld der Europa-Wahl, die Sozialdemokraten überwiegend mit sich selbst beschäftigt. Sie versuchen, sich in der Opposition zu regenerieren, doch der Wechsel in der Führung von Partei und Fraktion, der Abtritt der »Großen Drei« Brandt, Schmidt und Wehner und der von Diadochenkämpfen nicht freie Wechsel auf die neue Führung bringen in der SPD einen erheblichen Reibungsverlust mit sich.

Es ist dies allerdings auch die Phase der Regeneration an der Basis, vor allem auf Kommunal- und Länderebene. Länderparlamente und Rathäuser werden entweder wieder zurückgeholt oder aber neugewonnen, allein aufgrund der Frustration des Wahlvolkes über zu große Versprechungen Bonns für die Einheit und die »Steuerlüge« gelingt es der SPD, in neun Länderparlamenten die Regierung zu übernehmen. Das gab es noch nie in der Geschichte der Bundesrepublik Deutschland. Im Bundesrat geht nichts mehr gegen oder ohne die SPD. Mit neuen Persönlichkeiten an der Spitze von Partei und Fraktion, Engholm und Klose, sowie einer Umorganisation der Führungszentrale, der »Baracke« in Bonn, könnte so etwas wie ein neuer Aufbruch signalisiert und begonnen werden.

Doch in einer seltsamen Beharrung bleibt die SPD dort stehen, wo sie ist. Alle »Bewegungen« sind nur Rotationen auf derselben Stelle um die eigene Achse.

Hinzu kommt der fatale Verdacht, daß die »Hedonisten« an der Partei- und Fraktionsspitze, auch auf den Regierungsthronen der Landesfürsten, alles andere als machtbewußt sind. Vor allem Engholm vermittelt den Eindruck, die schwerste Disziplinarstrafe eines Politikers sei es, Kanzler werden zu müssen. »Engholm light« titelt der *Stern*, »Risiko Engholm« lautet die Coverstory des *Spiegel* schon zur Wahl des Lübeckers zum Parteivorsitzenden. Selbst die Jungsozialisten, die sich fast schon in ein politisches Nichts verabschiedet hatten, sind plötzlich wieder da. Ausgerechnet die Organisation, der zu früheren Zeiten jeder Führungsanspruch eines einzelnen in der SPD suspekt war, wirft dem neuen Chef vor, er zaudere zu viel und sei zu zaghaft. Hier müsse wieder Führungskraft demonstriert werden.

Auch Helmut Schmidt, in früheren, besseren Tagen der SPD Hauptzielscheibe der Nachwuchsorganisation, stimmt – trotz grundsätzlicher Unterstützung für Engholm – ein in den Chor der Kritiker und moniert vor allem, daß die SPD »von Kiel aus nicht zu führen« sei. Und als Engholm immer noch in stoischer Gelassenheit bedächtig an seiner Pfeife saugt, anstatt den aufmüpfigen Genossen eine Zigarre und der Regierung Lektionen zu verpassen, meldet sich der »weltreisende« Hanseat aus Hamburg noch einmal in Bonn zu Wort. »Was will unsere geliebte Partei?« fragt in geradezu rührender Anmut ein Mann, der mit dem Signum »Schmidt-Schnauze« einstmals, zu längst vergangenen Zeiten, auch jedem, der es nicht wissen wollte, zeigte, wo es langzugehen habe.

Führungsprobleme: Ein Karren will gezogen werden

Tatsächlich fehlt es der SPD seit einigen Jahren an handfester Orientierung. In seiner »Abschiedsrede« vom Amt des Parteivorsitzenden formulierte der »große Reformer« Willy Brandt am 14. Juni 1987 in Bonn: »Unsere Aufgaben sind klar: Die SPD darf sich nicht daran hindern lassen, noch energischer anzugehen gegen die Vernachlässigung deutscher Interessen in der Welt, gegen die Schande hoher Arbeitslosigkeit und sich ölfleckenartig ausbreitender Ungerechtigkeit. Ich nenne die Stichworte: aufgeklärte Vernunft, sozialer und ökologischer Humanismus, demokratische Kultur. Unsere Partei muß bleiben, was sie im Kern mehr als hundert Jahre gewesen ist: ein Zusammenschluß deutscher Patrioten mit europäischer Verantwortung und im unverdrossenen Dienst am Frieden und sozialen Fortschritt – im Innern wie nach außen.«

Gewiß, ziemlich vage und wolkige Worte, doch was gemeint ist, wird klar: Die SPD muß sich auf allen Feldern der Politik dynamisch einmischen und selbst in der internationalen Verantwortung für Frieden, Freiheit und Fortschritt kämpfen. In der Ära Vogel indessen dominiert ein Zusammenführen der unterschiedlichen Flügel, es wird eher verwaltet als gestaltet.

Mit Engholm kommt dann die große Chance auf einen Neuanfang, auf neue Programme, Profile und Personen. Es wird zum Marsch aufs Kanzleramt geblasen. Aber marschieren will so recht keiner, und wenn doch, dann geht jeder in seine Richtung. Nach der harschen Niederlage Lafontaines bei der Dezemberwahl 1990 – eine Bestrafung dafür, in der Deutschlandpolitik schonungslos die Wahrheit gesagt und den Wolkenkuckucksheimen Kohls Realismus entgegengehalten zu haben – hat sich der schwerfällige Tanker SPD fraglos mit Engholm einen »Mann mit Eigenschaften« als Kapitän auf die Brücke geholt.

Nicht alle »Eigenschaften« indessen werden umfänglich klar. Daß auch der von allen Seiten als »Saubermann« gewürdigte Engholm in dieser Zeit die große Chance verpaßt, durch Offenlegung der »ganzen Wahrheit« über das SPD-Wissen in der Barschel-Affäre eine ihn unweigerlich einholende Krise vorzeitig zu verhindern, ist und bleibt unbegreiflich. Statt dessen arbeitet er an einer Verfestigung seines Bildes von einem Verfechter der »neuen politischen Kultur«. Doch dabei läuft er Gefahr, nur als Galionsfigur zu dienen. Das allerdings ist ein Phänomen und könnte noch so manchen Stoff für Seminararbeiten von Politologen bieten. Engholm, dem man glaubt, daß er mehr als 80 Stunden die Woche arbeitet, der aber dennoch kein Profil »rüberbringt«, ist mit seiner leisen Art von Führung offenbar beliebter als so manch einer aus der Riege der Lauthälse. Der »Mann der leisen Töne«, der Verfechter des »Reizes der Langsamkeit«, der »nachdenkliche Aussitzer«, er scheint lange Zeit in der Tat und völlig überraschend das neue (Vor-)Bild eines akzeptablen Politikers – und dies ausgerechnet in Deutschland – zu sein.

Schließlich ist es niemand Geringeres als das deutsche Staatsoberhaupt, Bundespräsident Richard von Weizsäcker persönlich, der sich offen und ungeschützt in die Diskussion um die Parteien- und Politikverdrossenheit dieser Epoche einmischt. In einem bemerkenswerten Buch[3] stellt der Bundespräsident fest, daß das Ansehen der politischen Klasse in Deutschland das schlechteste seit 1945 ist. Die Parteien und die Politiker agierten konzeptionslos, machtversessen und verfassungsrechtlich bedenklich. Ist es da nicht geradezu eine Offenbarung, wenn sich nunmehr ein Mann um das höchste Regierungsamt bewirbt, der zwar ebenfalls konzeptionsarm sein mag, aber dem man Machtversessenheit oder gar Probleme beim Umgang mit der Verfassung gewiß nicht vorwerfen kann.

Der Großteil der Kritik an Engholm ist zumeist die Forderung genau nach den Eigenschaften, die die deutsche Politik und die in ihr Handelnden am meisten in Verruf gebracht haben. Wer sagt denn, daß ein Kanzleramtsbewerber stets im Bonner Klüngel mitmischen muß? Wo steht denn geschrieben, daß er Mitglied des Bundestages sein muß? Warum kann im Zeitalter der totalen Vernetzung durch Kommunikationsmittel eine Partei nicht auch aus 500 Kilometer Entfernung geleitet werden? Wieso müssen in demokratischen Institutionen noch immer »Machtworte« gesprochen werden?

In Schleswig-Holstein, »seinem« Bundesland, regiert er seit jetzt mehr als fünf Jahren ohne Machtworte, ohne mit der Faust auf den Tisch zu schlagen. Und dennoch führt er erfolgreich: »Rumschwafeln am Kabinettstisch, ›das ist nicht‹. ›Machtworte‹ und ›Stramme Max‹-Nummern gehörten aber auch nicht in der Regierung zu Engholms Repertoire. Er pflegt, könnte man sagen, einen Stil der freundlichen Hartnäckigkeit. Auch wenn er lächelt, kann er eisig sein ... ›Björn führt anders‹, sagt die Frauenministerin Gisela Böhrk, ›ihr Bonner kennt das nicht, aber ihr werdet es kennenlernen.‹ Das klingt aufmunternd, ein bißchen aber auch wie Warnung.«[4]

Späte Folgen: Von der Barschel-Affäre eingeholt

Geld in der Schublade: Nicht alle Tassen im Schrank?

Ist es Rührung oder Sarkasmus? Vielleicht gar beides? Auf jeden Fall gut gemeint. Als Björn Engholm an einem sonnigen Samstag im März 1993 den SPD-Kreisparteitag in der Gemeinde Nahe (Kreis Segeberg bei Hamburg) besucht, um »endlich in die Offensive zu gehen«, greift der Altgenosse Klaus Knütter zur Klampfe und stimmt beim Einzug des Ministerpräsidenten in den kahlen Saal ein Lied von Hannes Wader an: »Bin auf meinem Weg schon so lang, zerschlagen und träg schon so lang. Bin müde und leer, will nach Süden ans Meer. Bin auf meinem Weg ohne Wiederkehr schon so lang.«

Da wischt sich so mancher Genosse, der den nur leise vorgetragenen Text vielleicht nicht so ganz mitbekommen hat, verstohlen eine Träne der Rührung entschlossen aus den Augen. Nein, man lasse, verdammt noch mal, den Björn nicht im Stich. So nicht, flüstert einer und versucht damit so etwas wie eine »stille Post der Solidarität« auf den Weg zu bringen. Doch die Parole versickert alsbald in dem Gewühle und Geschubse von Pressereportern und Kameraleuten, die Engholm an diesem »Tag der Offensive« auf Schritt und Tritt verfolgen. Schon in Altenholz (Rendsburg-Eckernförde) und in Kiel haben sie die Versuche Engholms beobachtet, sich und damit die gesamte SPD aus dem Schlamassel der sogenannten »Schubladenaffäre« zu befreien. So ganz gelingt dies zwar nicht, doch später, zu Hause bei einem Glas Wein, bilanziert er seine Auftritte recht zufrieden: »Mehr war heute wirklich nicht drin.«

Wohl wirklich nicht. Zum großen Befreiungsschlag konnte es angesichts der vielen Ungereimtheiten ohnehin nicht reichen. Kein

Zweifel, Engholm hat nun die bislang schwierigste Wegstrecke seiner politischen Laufbahn zu bewältigen. Und letztlich kommt er durch von den Sozialdemokraten selbst verteilte Stolpersteine doch noch ins Straucheln.

Engholm ist sehr schnell aus dem Gleichgewicht gebracht. Und dies aufgrund einer, wie er es nennt, »Riesendummheit« seines Sozialministers Günther Jansen in »Tateinheit« mit dem Engholm-Intimus Klaus Nilius. Ende Februar wurde Engholm von Jansen darüber unterrichtet, daß er dem nach seiner Meinung von allen allein gelassenen »Mann fürs Grobe« der Barschel-Affäre, Reiner Pfeiffer, in zwei Sendungen – kurz vor Weihnachten 1988 und im Sommer 1989 – je rund zwanzigtausend Mark habe zukommen lassen. Zeugen dieser für Engholm »zunächst unfaßbaren Erklärung« sind in Jansens Sielbeker Haus bei Eutin der SPD-Landesvorsitzende Willi Piecyk, der Vorsitzende der SPD-Landtagsfraktion Gert Börnsen, Landesgeschäftsführer Werner Kinsmüller und der Chef der Staatskanzlei Stefan Pelny. Auch Jansens Ehefrau Sabine ist an diesem Sonntagnachmittag des 28. Februar 1993 mit von der Partie. Sie beide, so Jansen, hätten immer mal wieder ein paar Scheine, »die wir übrig hatten«, in eine Schreibtischschublade gelegt und gesammelt. Und dies ausgerechnet für den verlängerten Arm Barschels bei dessen »schmutzigen Tricks« gegen Engholm im Wahlkampf 1987.

Engholm, schon seit Wochen von einer Grippe geplagt, fährt seinen Parteifreund kurz und knapp an: »Günther, das hättest du mir nicht antun dürfen.«

Obwohl Engholm die ganze Sache anfangs noch für eine Provinzposse hält, wird ihm bald klar, daß die an politischer Naivität kaum zu überbietende »Sozialtat« des für diesen allgemeinen Bereich durchaus zuständigen Ministers auch ihn selbst sehr schnell in Schwierigkeiten bringen wird. Denn natürlich wird und muß damit noch einmal die längst überwunden geglaubte Barschel-Affäre aufgerollt und damit auch die damalige »Glaubwürdigkeitslücke« der SPD erneut erörtert werden. Schließlich haben seinerzeit Sozialdemokraten – auch Engholm selbst – über Art und Umfang ihres frühzeitigen Mitwissens von »Barschels Ferkeleien« nicht immer die volle Wahrheit gesagt, ja sogar eindeutig gelogen. So recht war Engholm nie abgenommen worden, erst am Wahlabend von den »aus der Staatskanzlei gegen ihn gesteuerten Aktionen« Genaueres gehört zu haben. Doch vor dem Hintergrund des eigentlichen Skandals rückte dies in den Bereich eines Nebenkriegsschauplatzes der Kieler Schlammschlacht.

Jetzt indessen, nach der Aufklärung und Verarbeitung des Riesenskandals und dem durch Parteivorsitz und Kanzlerkandidatur erfolgten Aufrücken Engholms in die Bundespolitik, hat sich eine völlig andere Bedeutung für die Glaubwürdigkeit der SPD im allgemeinen und Engholms im besonderen ergeben. Hat nicht der neue Star der SPD bislang überzeugend und unangreifbar landauf, landab für eine »neue politische Kultur« geworben? Gilt Engholm nicht seit Monaten als einer der wenigen Spitzenpolitiker mit einer weißen Weste, als Hoffnungsträger nicht nur der Sozialdemokraten in der deutschen Politik? Und nun dies.

Durch die Zahlungen Jansens muß sich doch zwangsläufig der Eindruck aufdrängen, da sei womöglich zwischen Pfeiffer und der SPD ein Komplott geschmiedet worden. Von später Belohnung, ja von Schweigegeld ist sehr schnell die Rede, die mannigfaltigen Spekulationen schießen alsbald ins Kraut. Dabei hätte eigentlich niemand von den Zahlungen erfahren sollen. Doch Günther Jansen ist keine andere Wahl als die Flucht in die Öffentlichkeit geblieben, nachdem er erfahren hat, daß der *Stern* eine Geschichte über den konspirativen »Geldumschlag« bringen wird. So informiert Jansen zunächst die Spitzengenossen und am Tag darauf die Öffentlichkeit. »Nobody is perfect« steht auf seiner Krawatte, als Jansen und seine Frau sich der Presse präsentieren.

Die Eheleute beteuern nachdrücklich, man habe eben Mitleid mit Pfeiffer gehabt, der nach Aufdeckung des schmutzigsten Skandals der deutschen Nachkriegsgeschichte von allen fallengelassen worden sei. Während viele Akteure der damaligen CDU-Regierung entweder erneut in Staatsdiensten oder anderswo existentiell abgesichert worden seien, sei Pfeiffer, der immerhin seine gesamte persönliche Existenz aufs Spiel gesetzt habe, anschließend arbeitslos gewesen. Jansen: »Ich habe es als nicht gerecht empfunden, daß die einen aus dem Umfeld Barschels ihre Berufe behielten ..., während Herr Pfeiffer keine neue berufliche Chance bekam.« Und so habe man zu Hause in einer Schreibtischschublade »oben rechts« Scheine gehortet, bisweilen auch schon mal aus einem Bankomaten der Sparkasse in der Kreisstadt Eutin Nachschub besorgt. Zudem, so Jansen, sei in der Schublade der monatliche Mietbeitrag der im Hause wohnenden Schwiegermutter »zwischengelagert« worden.

Natürlich haben auch die Jansens anfänglich Bedenken gehabt. Sollte man dem Handlanger Barschels wirklich Geld zukommen lassen? Doch letztlich habe bei allen Vorbehalten die Menschlichkeit gesiegt. Auch enge Freunde des Ministers hätten unter dem Siegel der Verschwiegenheit prinzipiell zugeraten. Zumal Pfeiffer, den Jansen von dem denkwürdigen Treff im Hotel »Lysia« kennt, damals keinen Pfennig für seine sensationellen Offenbarungen gefordert habe. Später hält Jansen allerdings in einem Vermerk fest, er habe dem damals verunsicherten Pfeiffer den Arm um die Schulter gelegt und gesagt: »Kopf hoch, es wird schon werden.« Im Augenblick, vor der Wahl, könne ihm auch die SPD nicht helfen; nach der Wahl sehe alles ganz anders aus.

Als der erste Geldumschlag auf den Weg gebracht werden kann, stellt sich für Jansen die Frage nach dem Boten. Und dabei verfällt der »gute Mensch von Eutin« auf die nächste Fatalität. Er selbst kann natürlich für die Bescherung Pfeiffers kurz vor Weihnachten nicht selbst den Nikolaus spielen. Doch da gibt es ja noch Klaus Nilius, den »SPD-Mittelsmann« von 1987. Immerhin hat Pfeiffer seinen »Nili« seinerzeit oft genug kontaktiert und über Einzelheiten von Barschels schmutzigen Tricks informiert. Wegen dieser relativen »Vertrauensbasis« zwischen den beiden ist Nilius für Jansen der richtige Mann.

Doch Nilius zögert zunächst. Ihm ist seine dubiose Rolle, in deren Zusammenhang er später gesteht, gelogen zu haben, noch in böser Erinnerung. Er galt und gilt als enger Berater Engholms, und so fragt die Öffentlichkeit wohl nicht ganz zu Unrecht: Hat er seinen Chef nicht rechtzeitig vor der Wahl von den gegen diesen laufenden Intrigen detailliert informiert. Seinerzeit ist er zunächst beurlaubt, dann jedoch – nach einer Schamfrist – in Engholms unmittelbare Nähe als Verbindungsmann der Regierung zu Gewerkschaften, Vereinen und Verbänden zurückgeholt worden. Für viele, auch enge politische Freunde Engholms ist dies von

Anfang an suspekt, zumal Nilius als ein Mann gilt, der zwar gern den »Geheimen« spielt, es aber eigentlich gar nicht kann. Engholm selbst sieht in Nilius einen »Mann mit Loyalitätsüberschuß«.

Schließlich läßt sich Nilius doch noch von Jansen breitschlagen, den Geldboten zu spielen. Engholms spätere Fragen, warum Jansen denn das Geld nicht einfach per Post geschickt habe, beantwortet dieser mit der entwaffnenden Feststellung, das sei zu unsicher gewesen. Und so inszenieren Nilius und Pfeiffer, offenbar in nostalgischer Erinnerung an ihre konspirativen Treffs des Jahres 1987 auf Hinterhöfen, in Wandelgängen und Autos, auch diesmal Begegnungen ganz besonderer Art. Eine Autobahnraststätte zwischen Hamburg und Bremen wird von ihnen ausgeguckt. »Die zwei von der Tankstelle« treffen sich sozusagen auf halbem Wege. Nilius, der verhinderte Superagent, jetzt als »Mann fürs Groteske« agierend, eröffnet dem angeblich zunächst völlig verdutzten Pfeiffer, dies seien persönliche und private Zuwendungen von einem anonymen Spender, der ihm helfen wolle. Mit der SPD habe das alles nichts, aber auch gar nichts zu tun. Pfeiffer solle das Geld nehmen und die ganze Angelegenheit total diskret behandeln. So wolle es der »big spender«.

Pfeiffer indessen, in jener Zeit mit einer Dame namens Elfriede Jabs liiert, gibt die »Sozialeinnahmen« an seine Lebensgefährtin weiter, die »das Geld wahrscheinlich angelegt hat«. Er selbst ist unmittelbar nach seinen Enthüllungen finanziell nicht schlecht abgepolstert worden. Schließlich hat allein der *Spiegel* seinen Hauptinformanten mit 165000 Mark abgefunden. Doch ein Jahr später sieht die Sache schon anders aus. Nach einer Fehlinvestition mit einem Sonnenstudio gerät Pfeiffer in Bedrängnis, zeitweise muß er mit monatlich 500 Mark vom Arbeitsamt auskommen. Ihm wäre damals, so sagt Pfeiffer später zu den Zahlungen Jansens, ein Job viel lieber gewesen.

Doch damit ist diese Farce längst nicht beendet, wenngleich Jansen seine Zahlungen nach der zweiten Übergabe einstellt. In der Zwischenzeit trennt Pfeiffer sich von seiner Gefährtin, die offenbar deshalb auf Rache sinnt. Irgendwann steckt sie einem ihr bekannten pensionierten Bremer Kriminalbeamten die ganze Story, mit der Pfeiffer ihr gegenüber geprahlt habe. Sogar von einem eigens für

Pfeiffer eingerichteten »SPD-Fonds« habe er gesprochen. Der pensionierte Polizist, Herbert Schäfer, einst Chef des Bremer Kriminalpolizeiamtes, gibt die Hinweise an die Kieler Staatsanwaltschaft weiter. Diese nämlich bereitet gerade ein Gerichtsverfahren gegen den ehemaligen Barschel-Vertrauten Herwig Ahrendsen wegen falscher eidesstattlicher Versicherungen vor. Ahrendsen hat entgegen den Aussagen Pfeiffers beteuert, von der anonymen Steueranzeige gegen Engholm nichts gewußt zu haben. In dem Prozeß steht somit auch die Glaubwürdigkeit Pfeiffers auf dem Spiel. Seine ehemalige Geliebte hat inzwischen dem *Stern* verraten, der Geldbote sei Nilius gewesen. Ein Skandal nimmt Gestalt an.

Dazu gehört auch, daß eine entsprechende Mitteilung der Staatsanwaltschaft an die Kieler Staatskanzlei über die Pfeiffer-Gelder von deren Chef, Stefan Pelny, entweder unterschätzt oder aber heruntergespielt wird. Engholm, der später einräumt, mit dieser merkwürdigen Meldung konfrontiert worden zu sein, ihr jedoch »nur spekulative Bedeutung beigemessen« zu haben, sieht »null Handlungsbedarf«. So etwas habe es in der Vergangenheit schon öfter gegeben und sich als falsch herausgestellt. Jedenfalls schrillen angeblich nirgendwo im Regierungslager die Alarmglocken, so daß sich die Kieler Freien Demokraten eine Sottise auf Engholms mögliche Kanzlerschaft nicht entgehen lassen wollen: »Man stelle sich vor«, so FDP-Chef Kubicki, »ein Kanzler Engholm erhält eine Warnung seines Geheimdienstes und legt sie als unbedeutend beiseite.« Engholm selbst hätte sich spätestens bei seinem ersten Presseauftritt zur »Schubladenaffäre« von selbst an den frühen und angeblich nicht beachteten Hinweis aus der Staatsanwaltschaft erinnern müssen. Erst als auch dies durch die Presse bekannt wird, räumt die Regierung diesen Tatbestand ein. Nur eine »Panne«?

Stolpersteine: Was wußte Engholm wann?

In Kiel indessen weitet sich die »Schubladenaffäre« zu einem handfesten Skandal aus, der letztlich Engholm selbst erfaßt. Zunächst einmal zieht der »entsetzte« Ministerpräsident keinerlei Konsequenzen. Sein Minister und Stellvertreter Jansen, der sich wegen eines

Bandscheibenleidens in eine Malenter Klinik begibt, bleibt zunächst ebenso im Amt wie dessen Bote wider Willen, Klaus Nilius. Wer Jansen kennt, so Engholm, der müsse diese eigentlich abstruse Geschichte ganz einfach glauben. So sei er eben, der liebe Günther.

Tatsächlich gilt Jansen bis dahin nicht nur als der fähigste Minister in Engholms Kabinett, sondern auch als der »barmherzige Samariter von Nordelbien«. Auch ohne sein Zutun stellt sich irgendwann heraus, daß er seinem ehemaligen persönlichen Referenten Bernd Michels zur Behebung von Spielschulden Anfang der achtziger Jahre rund 120000 Mark geliehen und dafür eine Hypothek auf sein Haus aufgenommen hat. Einem Bedürftigen kauft er auf einem Zeugmarkt schon mal spontan eine neue Hose. Aber über 40000 Mark ausgerechnet für den – wenn auch geständigen – Akteur der gegen Engholm gerichteten »Barscheleien«, das will niemandem so recht in den Kopf.

Natürlich kommen sehr schnell Verdächtigungen auf. Pfeiffer war Doppelagent, wird gemutmaßt. Die SPD sieht sich aus eigener Schuld aufgrund der Mauscheleien und Unwahrheiten sehr schnell in die Rolle des duldenden Mitmachers versetzt. Dazu paßt das Wort des forschen FDP-Vorsitzenden Kubicki: Wer wissentlich schmutzige Tricks gegen sich geschehen lasse, sei kein Opfer. Der Bonner CDU-Generalsekretär Peter Hintze prägt das griffige Wort vom »Judaslohn« der SPD für Pfeiffer. Wie dem Kieler Oppositionsführer Ottfried Hennig wird ihm auf Antrag der SPD gerichtlich die Behauptung verboten, das Geld stamme von den Sozialdemokraten.

Eine politische Affäre entwickelt ihre Eigendynamik. Vor allem gerät zunehmend Engholm selbst in den Mittelpunkt der Kritik. Zunächst wegen seiner erneut unter Beweis gestellten Führungsschwäche und seines Zauderns, Konsequenzen zu ziehen. Dann aber auch wegen der vielen Ungereimtheiten in Sachen Mitwisserschaft der SPD. Engholm bleibt noch offiziell bei der Formel, vor der Wahl 1987 nur Gerüchte und Andeutungen gekannt zu haben. Doch gegenüber Vertrauten erinnert er sich erneut an eine Begebenheit aus dem Sommer desselben Jahres. Da sei er auf dem Lübecker Markt von einem ihm inzwischen bekannten Mitarbeiter des dortigen Finanzamtes darüber informiert worden, daß man »meine

Steuerakte gezogen habe«. Dem sei er natürlich nachgegangen, denn so etwas habe im Wahlkampf schon seine Bedeutung. Letztendlich habe der Staatssekretär im Kieler Finanzministerium, Schleifer, diese Sache, die bei der »Lübecker Behörde Kantinengespräch gewesen sein muß«, zu seiner Zufriedenheit aufgeklärt. Daraus lasse sich ja wohl kaum konkretes Mitwissen oder gar Mittun konstruieren, zumal alle Aktionen gegen ihn bereits im Februar 1987 abgeschlossen gewesen seien, argumentiert Engholm. Es sei doch wohl absurd, in sein spätes Halbwissen und das schwache Hantieren dieser Affäre durch die SPD ein gleichrangiges Vergehen hineinzulegen.

Doch der politische Druck und das öffentliche Nachfragen werden so stark, daß Engholm sich gezwungen sieht, erste – allerdings unzureichende – Konsequenzen zu ziehen. Jansen verliert sein »Nebenamt« als Stellvertreter des Ministerpräsidenten, Nilius wird sofort beurlaubt. Engholm: »Er wird sich mit unserer Hilfe um eine andere Verwendung bemühen.«

Immerhin fünf Tage hat er sich für diese »kleine Entscheidung« Zeit gelassen, erneut wird Kritik an seiner zögerlichen Haltung laut. Engholm indessen sieht das Ganze immer noch als eine landespolitische Angelegenheit, wehrt sich auch gegen den naheliegenden Vorwurf, er habe ein Bauernopfer gebracht und will sich vor allem »nicht noch nachträglich die Barschel-Affäre in die Schuhe schieben lassen«. Da werde »volle Pulle« gegengehalten. Davon, daß er schon am späten Abend des 7. September 1987 durch seinen Anwalt Peter Schulz über den genauen Inhalt des »Lysia-Treffs« unterrichtet wurde, sagt er auch jetzt noch nichts. Ein verhängnisvoller Fehler.

Schon sind die ersten Signale aus Bonn zu hören. So spricht der Vorsitzende der SPD-Fraktion im Bundestag, Hans-Ulrich Klose, von einer »ganz schwierigen Situation für Engholm. Wenn die Sache mich schon irritiert, wird sie viele in der Partei und in der Bevölkerung irritieren.« Bald werden erste Rufe auch in der SPD nach persönlichen Konsequenzen des Parteivorsitzenden und Kanzlerkandidaten laut, wenngleich die Parteispitze und vor allem die »Enkelriege« sich zunächst noch in plakativer Solidarität vor Engholm stellen. Dieser bleibe trotz aller Irritationen Vorsitzender und Kandidat, heißt es in dieser Phase einmütig.

Wenn derartige Erklärungen in Bonn nötig sind, so signalisieren sie zumeist das Gegenteil. Hinzu kommt, daß mit Niedersachsens Ministerpräsident Gerhard Schröder schon ein Nachfolger im Wartestand vernehmlich und unruhig »mit den Hufen scharrt«. Zwar dementiert Schröder stets direkte Ambitionen in dieser Situation, kokettiert aber durchaus mit der Aussicht, als möglicher Engholm-Ersatz gehandelt zu werden. Natürlich stünde er bereit, aber diese Frage stelle sich ja im Augenblick überhaupt nicht ...

Einbruch auf der Beliebtheitsskala: Sympathie und Solidarität bröckeln

Auch in der Bonner »Baracke«, der SPD-Parteizentrale, macht sich aufgrund der Kieler Krise »Entsetzen« breit. Fast schlagartig fallen bei ersten Umfragen die bis dahin unangefochtenen Spitzenwerte für Engholm auf der Beliebtheitsskala von Politikern. Auch die SPD sackt bei der »Sonntagsfrage« über Wahlchancen wieder um einige Prozentpunkte ab. Und eine empfindliche Schlappe der SPD bei der Kommunalwahl in Hessen unmittelbar nach Bekanntwerden der »Schubladenaffäre« wird den Kieler Genossen mit angelastet.

Unterdessen breitet sich selbst in der Kieler SPD-Fraktion Unbehagen aus. Man gerät in die Defensive, sieht sich Angriffen der Union wehrlos ausgesetzt, die »ein neues Kapitel zur Beteiligung der SPD an der Barschel-Affäre« geschrieben sehen will. Führende CDU-Politiker halten manche Sozialdemokraten nicht nur für Mitwisser, sondern auch für Mittäter. Und so etabliert sich sehr schnell, vor allem auf Betreiben der Oppositionsparteien, erneut ein Parlamentarischer Untersuchungsausschuß in Kiel. Zwar mahnt noch die SPD, dann werde der gesamte Barschel-Skandal erneut aufgerollt, auch mögliche Verwicklungen der Union in Waffengeschäfte mit Südafrika und dubiose DDR-Besuche Barschels, doch die gerade von den Sozialdemokraten stets betonte und geforderte neue politische Kultur gebietet geradezu die Aufklärung der »Schubladenaffäre« und ihrer möglichen Hintergründe.

Damit kehrt in Kiel und Bonn keineswegs Ruhe ein. Praktisch Tag für Tag kommen neue Merkwürdigkeiten an die Öffentlichkeit. Ein weiterer »nachhaltiger Schock« ist es für Engholm, als er während einer Parteitagung in Berlin von einer öffentlichen Erklärung des beurlaubten Klaus Nilius erfährt. Darin gesteht Nilius, vor dem Untersuchungsausschuß zur Barschel-Affäre 1987 zweimal gelogen zu haben. Zum einen habe er, entgegen seinen Beteuerungen, dem *Spiegel* Anfang September 1987 Informationen »gesteckt«, die er von Pfeiffer hatte. Somit habe er »als Pressesprecher aktive Pressearbeit betrieben, damit die Affäre das Licht der Öffentlichkeit erblicken« konnte.

Auch habe er sehr wohl Unterlagen von Pfeiffer zugespielt bekommen, die er seinerzeit an den *Stern* lancierte. Dabei handelte es sich um einen vertraulichen Brief der Mutter des beim Lübecker Flugzeugunglück am 31. Mai 1987 getöten Piloten an Uwe Barschel, dem sie in diesem Schreiben schwere Vorwürfe machte. Und schließlich gibt Nilius auch zu, von Pfeiffer einen Redeentwurf Barschels erhalten zu haben, den er damals an Engholm weiterleitete. Engholm zitierte später im Parlament aus diesem Papier eine Passage, die in der tatsächlichen Rede Barschels gar nicht vorkam. Zudem versäumte er es, sich bei Nilius danach zu erkunden, woher dieser den Entwurf habe. Engholm argumentierte, es sei durchaus üblich, daß vor wichtigen Landtagssitzungen die Opposition den Redeentwurf des Ministerpräsidenten sozusagen unter der Tür hindurchgeschoben bekomme.

Zur Geldübergabe an Pfeiffer erklärt Nilius in einer mit seinem Anwaltsbüro fein säuberlich abgestimmten Mitteilung: »An den Motiven Herrn Jansens hege ich nicht die geringsten Zweifel. Er hat damals unter vier Augen nicht anders argumentiert als jetzt in der Öffentlichkeit. Ebensowenig hege ich Zweifel an der Herkunft des Geldes. ... Ich bedauere heute zutiefst, die Dummheit der Übergabe vorgenommen zu haben und in den Gesprächen mit Jansen nicht standhaft ablehnend geblieben zu sein.«

Selbst für eingefleischte Sozialdemokraten ist dies starker Tobak. Sowohl an der Parteibasis als auch bei den Mandatsträgern regt sich erheblicher Unmut. Einzelne Sprecher der Kieler SPD-Landtagsfraktion fordern lautstark, es dürfe nicht weiter gemauschelt und verschleiert werden. Die ganze Wahrheit, auch wenn sie noch so unbequem sei, müsse jetzt auf den Tisch. Union und FDP sprechen von einer Salami-Taktik der Umgebung Engholms. Es werde immer nur soviel zugegeben, wie gerade bekanntgeworden sei. Und vor allem: Immer lauter werden Fragen nach dem exakten Wissen und der möglichen Beteiligung des Ministerpräsidenten an den Kieler Affären gestellt.

Zudem tauchen in der Presse erneut Geschichten über Klaus Nilius auf, die allerdings von der Regierung als »Uraltklamotte« abgetan werden. Es geht dabei um mehrere Stasi-Anwerbeversuche bei Nilius in den siebziger und achtziger Jahren. Sie scheitern indessen, eine Ermittlung der Bundesanwaltschaft hat keinerlei Belastung für Nilius ergeben, Generalbundesanwalt von Stahl sieht «keine subjektive Tatseite«. Doch die Stories sind zunächst einmal draußen, etwas bleibt schon hängen, vor allem in den Kleidern Engholms, der in dieser Phase eigentümlich inaktiv wirkt. Erneut denkt er über Rücktritt nach, denn noch einmal »die ganze Chose von 1987 über mich und meine Familie ergehen lassen, das kommt nicht in Frage«. Auch nach einem Kurzurlaub auf Ibiza im April 1993 kommt Engholm aus einer gewissen politischen Lethargie nicht heraus. Das sei verständlich, sagt SPD-Fraktionschef Klose: »In einer solchen Situation ist man zu mindestens 30 Prozent politisch gelähmt.« Von Bonn aus jedenfalls wird Engholm in dieser Phase zumindest aus dem Parlament große Unterstützung signalisiert. Der Parlamentarische Geschäftsführer der SPD-Fraktion, Peter Struck, beteuert, Engholm sei und bleibe die »Nummer eins zur Bundestagswahl«. Die Fraktion stehe voll hinter ihm, allerdings müsse man auch erwarten, daß Engholm selbst diesem Druck wegen der Affäre standhalte.

Das Sinken seiner Beliebtheit in der Öffentlichkeit und der erneute Einbruch der SPD sind für Engholm allerdings schon im März 1993 ein Grund, »irgendwann – und das kann sehr bald sein – die Brocken hinzuwerfen«. Dies steht jedoch in eigentümlichem Widerspruch zu seinen öffentlichen Erklärungen, in denen er den Konservativen nicht den Triumph gönnen will, »daß Barschel noch nachträglich Erfolg hat«. Plötzlich, in seiner »Offensive«, bezeichnet sich Engholm als jemand, »der im nächsten Jahr als Kanzler zu euch kommt«, er kündigt seinen rechtzeitigen Wechsel nach Bonn im Wahlkampf 1994 an, eröffnet damit auch eine Nachfolgediskussion für sein Kieler Ministerpräsidentenamt. Aktionismus eines Politikers, der bereits ahnt und befürchten muß, gescheitert zu sein?

In Kiel und Bonn brodelt die Gerüchteküche weiter, es gärt an der Basis. Keine Frage, Engholm, die »Lichtgestalt« und der Hoffnungsträger der Sozialdemokraten, hat mehr als nur einen Kratzer abbekommen. »Der Lack ist ab«, »Engholm unter Druck«, »Unmut über Engholm« – so und ähnlich lauten die Schlagzeilen nach dem *outing* der Engholm-Vertrauten Jansen und Nilius.

Eine weitere Irritation bedeutet die »merkwürdige Rolle«, die der Hamburger Anwalt und ehemalige SPD-Bürgermeister Peter Schulz bei dem sogenannten »Lysia«-Gespräch am 7. September 1987, also sechs Tage vor der Wahl, gespielt hat. Schulz, dessen Klienten sowohl Engholm als auch Jansen wegen der Affäre zu dieser Zeit sind, ist von Jansen als Augen- und Ohrenzeuge für Pfeiffers Erzählungen hinzugebeten worden. Tags darauf vermittelt er für Pfeiffer einen Kollegen, der dessen Rechtsvertretung übernimmt.

Nach dem Wiederaufleben der Skandalhintergründe durch die »Schubladenaffäre« taucht in der Öffentlichkeit alsbald die Frage auf, ob, wann und was Schulz vor allem seinem Mandanten Engholm über das Gespräch in Lübeck berichtet hat. Denn eine Aussage des Anwalts, der sich auffallend häufig auf standesrechtliche Vorschriften beruft, könnte ebenfalls die in den Mittelpunkt des Interesses gerückte Frage beantworten, ob Engholm nicht doch noch vor der Wahl und ziemlich umfassend informiert worden ist. In vielen Presseveröffentlichungen wird betont, es sei ja wohl die verdammte Pflicht und Schuldigkeit eines Anwaltes, seinen Mandanten über alle Einzelheiten im Rahmen des Rechtsbeistands so schnell wie möglich in Kenntnis zu setzen. Schulz indessen darf vorläufig nicht reden, denn sowohl Jansen als auch Engholm entbinden ihn zunächst nicht – wie immer wieder gefordert – von seiner Schweigepflicht.

Erst nach zunehmendem öffentlichen Druck erteilen die beiden SPD-Politiker dem Hamburger Juristen ein begrenztes Rederecht. Schulz darf vor dem Untersuchungsausschuß über den Verlauf des »Lysia«-Gesprächs aussagen, nicht mehr und nicht weniger. Die

Tage davor und danach bleiben im Dunkel des Anwaltsgeheimnisses, eine im Prinzip für alle fatale Situation. Natürlich weckt und schürt dies den Verdacht, die SPD habe eben doch Wichtiges zu verbergen. Auch der Anwalt selbst kommt damit nicht direkt aus seiner Bredouille heraus. Engholm indessen will unter allen Umständen seine Privatsphäre geschützt wissen. Er bezeichnet es als Skandal, daß Politiker unter öffentlichem Druck eine staatsbürgerliche Rechtsposition aufgeben müßten. In der Tat wäre es einleuchtender und konsequenter gewesen, entweder die Verschwiegenheitspflicht ganz oder gar nicht aufzuheben. Ersteres geschieht schließlich am 20. April 1993, im zeitlichen Umfeld der Rücktrittsoperation Engholms, der inzwischen eingesehen und gegenüber engen Freunden geäußert hat, er sitze jetzt in »einer Klemme«.

Doch in der wie ein Hühnerhaufen aufgescheuchten Kieler Landesregierung scheinen allmählich Überblick und politische Professionalität verlorengegangen zu sein. Dazu gehört dann auch, daß Engholm nach langem Zögern letztendlich Sozialminister Jansen zum Rücktritt veranlaßt. Bei einem Besuch am Krankenbett drängt der Ministerpräsident seinen langjährigen politischen Förderer und Weggefährten zu diesem Schritt, den Jansen nicht von sich aus vollzogen hätte. Er habe plötzlich spüren müssen, daß man ihn nicht mehr wollte, kommentiert er diesen für ihn eigentlich nicht nötigen Vorgang lakonisch. Daß ausgerechnet ihm auch noch öffentlich vorgehalten worden ist, er wolle nur noch ein paar Wochen im Amt bleiben, um seine Ministerpension zu sichern, schmerzt ihn besonders. Hier dokumentiert sich in der Tat eine gewisse Gnadenlosigkeit, die eine jahrelang allgemein anerkannte Arbeit gegen einen einzigen politischen Fehler als wertlos erscheinen läßt.

Genau damit aber muß auch Engholm rechnen. Er hatte – gewiß vor einem anderen politischen Hintergrund und in einer unvergleichbaren Skandalsituation – offenbar den Überblick verloren. Das ist menschlich nachvollziehbar und verständlich, aber letztlich unverzeihlich. Daß es noch zu einer späten Abrechnung kommen würde, hat eigentlich niemand ahnen können. Nun indessen rächt sich der Dilettantismus der SPD in einer Krisensituation.

In Kiel stellt sich die Frage der politischen Glaubwürdigkeit. Die des Kronzeugen Reiner Pfeiffer wird im Prozeß gegen Ahrendsen noch einmal in Zweifel gezogen. Pfeiffer, der Ahrendsen beschuldigt hat, frühzeitig von der gegen Engholm fabrizierten anonymen Steueranzeige gewußt zu haben, verheddert sich bei seinen Aussagen mehrmals in Widersprüche. Schließlich wird er vom Gericht vorzeitig entlassen, weil seine Aussagen wertlos seien. Ahrendsen indessen, gewiß kein politisches Unschuldslamm, wird in dieser Sache nach einem gleichlautenden Plädoyer von Staatsanwaltschaft und Verteidigung »im Sinne der Anklage freigesprochen«. Der Intimus des in Genf umgekommenen früheren Ministerpräsidenten verkündet daraufhin, damit müsse auch die Barschel-Affäre in einem neuen Licht gesehen werden. Der SPD-Kronzeuge Pfeiffer indessen verliert noch mehr an Glaubwürdigkeit.

Neuauflage: Der Ausschuß tagt

Auch im Untersuchungsausschuß wird in der ersten öffentlichen Anhörung am 21. April 1993 die Glaubwürdigkeit des »Betroffenen« Günther Jansen auf die Probe gestellt. Dabei hält Jansen an der Schilderung von Ablauf und Motivation der Geldübergabe fest. Vor allem die schwache Befragung durch die hilflos ausforschende Union läßt ihn zum klaren Punktsieger werden. Allerdings fragen Kommentatoren anschließend, wie ein solch routinierter und ausgebuffter Politprofi die Dummheit der Zahlungen an Pfeiffer begehen konnte.

Jansen selbst schildert mit einer gewissen Selbstironie, die auch seine Einschätzung des Stellenwertes der »Schubladenaffäre« als lächerlich widerspiegelt, die Einzelheiten bisweilen kabarettreif. Die Schublade habe das Ausmaß von 33 × 44 × 7 Zentimetern. Nach seinen Berechnungen hätten darin gut 800000 Mark Platz. Das ganze sei seit mehr als dreißig Jahren seine »kleine Sparkasse«. Für Pfeiffer habe er noch ein drittes Mal rund 20000 Mark bereitgehalten, doch Nilius habe eine weitere Geldübergabe abgelehnt. Und mit einem Seitenhieb auf den *Stern*, der behauptet hatte, die angeblichen Geldumschläge seien zu klein für die Summen, hält Jansen im Ausschuß ein Kuvert hoch, mit, wie er sagt, genau 21950 Mark – und zusätzlich einer ganzen, allerdings in der Mitte geteilten *Stern*-

Ausgabe. Zum Beleg dafür, daß das Geld für Pfeiffer aus keinem »SPD-Fonds« stammte, präsentiert Jansen die einschlägigen Bankauszüge von seinen Kontobewegungen in der fraglichen Zeit.

Keine Frage, Jansen beherrscht das politische Geschäft. Sein Auftritt wird einhellig als souverän gewertet und bringt keine entscheidenden neuen Erkenntnisse. Dennoch bleibt das Thema Nachtrag zum Barschel-Skandal auf der politischen Tagesordnung. Vor allem die anstehenden Vernehmungen von Nilius, Schulz und Engholm versprechen noch politische Sprengkraft.

Wendeweg: Der Rücktritt

Lübeck, Jürgen-Wullenwever-Straße 9, Sonntag, der 2. Mai 1993. Ein Frühlingstag, wie er im Buche steht. Auch in Schleswig-Holstein. Die Bäume in der breiten, alleeartigen Straße stehen in üppigster Blüten- und Blätterpracht, fröhliche Spaziergänger und lärmende Kinder überall.

Während draußen Fauna und Flora das Neuerwachen der Natur signalisieren, wird im obersten Stockwerk der alten Senatoren-Villa das letzte Kapitel eines zu Ende gehenden politischen Lebens formuliert. Björn Engholm arbeitet, gemeinsam mit seinem Weggefährten Gerd Walter und seinem Bonner Büroleiter Michael Hoffmann, an der Rücktrittserklärung, die er am nächsten Tag in Bonn der Öffentlichkeit präsentieren will. Engholms Frau Barbara und Tochter Britt sind in der Nähe; sie bereiten auf dem Balkon, eine Etage tiefer, mit Nachbarn ein deftiges Abendbrot vor und halten Ausschau auf eine stattliche Galerie von Kameraleuten und Reportern, die auf dem Gehweg gegenüber ihre Apparate aufgebaut haben und seit Stunden jeden, der rein- oder rausgeht, vorsichtshalber ins Visier nehmen und ablichten. Man kann ja nie wissen. Dort etwa hatten sich auch vor mehr als sechs Jahren jene dilettantischen Detektive auffällig-unauffällig postiert, die sehr schnell von den Bewohnern gesichtet und später enttarnt wurden.

Engholm findet dies alles unerträglich. Während er den Entwurf korrigiert, flucht er über diesen menschenfeindlichen Belagerungszustand, der jeglichen Rest von »vergnüglichem bürgerlichen Leben« raube. Das sei Teil einer wochenlangen Kampagne gegen ihn und seine Familie. Das Ganze hätten wir schon einmal gehabt. Nein, nein – mit ihm und seiner Familie nicht. Jetzt sei Schluß. Und so sind auch die letzten vorsichtigen Versuche, Engholm doch noch umzustimmen, zum Scheitern verurteilt. Es gibt kein Zurück mehr, zumal er schon längst den engsten Führungszirkel seiner Partei informiert hat. Auch SPD-Schatzmeisterin Inge Wettig-Danielmeier, die sich wegen eines längst verabredeten, aber jetzt überholten Termins am späten Nachmittag kommentarlos den Weg an den Journalistenteams vorbei ins Haus bahnt, beschwört ihren Vorsitzenden eine gute Stunde lang vergeblich, doch die Folgen für ihn persönlich, für die Partei und für die deutsche Politik zu bedenken.

Engholm hört, offenbar geistesabwesend, zu, nickt hin und wieder, blafft auch schon mal zurück, ob irgendwer im Raum schon jemals Ähnliches wie er vor sechs Jahren durchgemacht habe. Es gebe Grenzen der politischen und persönlichen Belastbarkeit, und die seien nun erreicht. Der Kleinstcomputer des Bonner Büroleiters Michael Hoffmann druckt derweil den Vier-Seiten-Text aus, peinliches Schweigen dazwischen, dann wieder verzweifeltes Kopfschütteln der Getreuen. Engholm erkundigt sich, ob das Essen nicht bald fertig sei – das sei jetzt viel wichtiger, er habe Hunger – und ob denn nicht diese verfluchte Pressemeute abgehauen sei. Deutschland sei doch inzwischen zu einem politischen Schlachthaus verkommen, tagtäglich würden Politiker wie Frischfleisch zu Markte getragen und förmlich seziert. Das könne aushalten, wer wolle; er jedenfalls werde dies nicht tun.

Zwei Tage zuvor hat der *Spiegel* in einer Vorabmeldung bekanntgegeben, Engholm habe gegenüber engen Freunden eingeräumt, bei seiner Aussage vor dem Barschel-Untersuchungsausschuß 1987 »die Wahrheit gebeugt« zu haben. Engholm ist »stinksauer« über diese Meldung, die ihm den schon zuvor beschlossenen freiwilligen und honorigen Rücktritt vermasselt. Denn natürlich wird und muß es jetzt so aussehen, als habe er sich erst aufgrund der *Spiegel*-Meldung entschlossen, »den Kram hinzuwerfen«.

Tatsächlich hat er bereits am Tag vor dieser Meldung, also am Donnerstag, dem 29. April, seinen engsten politischen Mitarbeitern die definitive Rücktrittsabsicht mitgeteilt. Seit Beginn der »Schubladenaffäre« hat er mit diesem Gedanken gespielt. So notiert Engholm schon am 1. März 1993, dem Tag also, nach dem Günther Jansen ihm und anderen die Zahlungen an Pfeiffer mitgeteilt hatte: »Gestern bei Günther. Fassungslos. Er hat Pfeiffer mit Geld geholfen. Ich kriege die Krätze. In einer Minute ist die ganze Kampagne wieder lebendig. Nochmals wegen einer Provinzposse die ganze Affäre nacherleben? Das kann ich weder meiner Familie noch mir selbst, geschweige denn meiner Partei zumuten. Ich rieche schon die erneute Verquerung von Realität und Fiktion. Klar ist, so typisch Jansen das ist, und so wenig dahinterstehen kann, so wenig werden die Menschen das glauben mögen. Ohne Konsequenzen wird das nicht gehen, auch für mich, denn ich trage die Verantwortung, ohne auch persönlich involviert zu sein. Nach fast 24 Jahren aktiven Politikerdaseins mit mehr Erfolgen, aber auch Niederlagen und Ärger als die meisten sollte ich meine Koffer packen?!«

Es ist ihm also sehr schnell klargeworden, daß die neuerliche Affäre alsbald auch ihn tangieren wird. Dies um so mehr, als er die wahre Qualität der »Glaubwürdigkeitslücke« von 1987 aus besserem Wissen ganz genau einzuschätzen weiß. Eine »verdrängte Läßlichkeit« (!) droht nun zu einer schweren Belastung für seine politische Karriere zu werden.

Drei Tage später schon, bei einer vollbesetzten Tagung der »Denkfabrik«, findet Engholm seine Befürchtungen deutlich bestätigt. Zwar sind die Teilnehmer durchweg sehr freundlich, aber eben auch neugierig auf die Kieler Geschichten. »Das Gefühl trügt nicht, da bröckelt was weg. Bei Licht besehen ist das alles auch nur zu erklären, wenn man Günther so kennt, wie ich ihn kenne, und vor allem die damalige Zeit in Kopf und Bauch hat. Damals, unter mörderischem Öffentlichkeitsdruck, der die Familie, Freunde und Partei bedrohte, haben sich andere Denkverhalten und Empfindungsmuster entwickelt, als heute noch begreifbar ist«, notiert Engholm. Er sei sicher, daß Jansen an jenem Abend im Lübecker Hotel »Lysia« eine Art »Fürsorgepflicht« empfunden habe, »so etwas gar wie Verantwortung für den Missetäter. Beide saßen da in einer geradezu existentiellen Situation. Da kann sich so etwas wie eine ›Täter-Betroffenen-Identität‹ ergeben.«

Bereits an diesem 4. März bildet sich in Kiel eine Art Krisenstab, eine Beraterrunde, die in dieser Zeit wesentlichen Einfluß auf Engholm hat und, wie man später feststellen muß, gravierenden Fehleinschätzungen unterliegt. Die Hauptpersonen sind der Vorsitzende der SPD-Landtagsfraktion, Gert Börnsen, der SPD-Landesvorsitzende Willi Piecyk, SPD-Landesgeschäftsführer Werner Kinsmüller, der Chef der Kieler Staatskanzlei Stefan Pelny und der Kieler Bundestagsabgeordnete Norbert Gansel, den Engholm schon in diesem Anfangsstadium zur Beratung nach Kiel holt. Gansel betrachtet sich »als einen der wichtigsten Berater«, der in der Folgezeit mit Engholm mehrere »Vier-Augen-Gespräche« führt, was den Rest der Runde zumindest verunsichert, wenn nicht gar mißtrauisch macht.

Bei diesem ersten Treffen des Krisenstabs wird die Teilentlassung Jansens und die Beurlaubung Nilius' beschlossen, zudem die Pressekonferenz des folgenden Tages, wo Engholm dies bekanntgibt, vorbereitet. Hier unterläuft der erste gravierende Fehler: Noch immer wird der Hinweis der Staatsanwaltschaft an die Regierung über die Zahlungen an Pfeiffer unterschätzt. Spätestens vor der Presse hätte der von der »Schubladenaffäre« überraschte Engholm an den nunmehr logisch erscheinenden Hinweis erinnern müssen. Man muß den Eindruck haben, daß zumindest in dieser Phase eher eine Strategie des Abwiegelns und Verschleierns denn des Offenlegens eingeschlagen wird. Ein fataler Fehler mit schwerwiegenden Konsequenzen.

In den folgenden Tagen werden die internen und öffentlichen Zweifel an der Darstellung der Affären-Hintergründe immer lauter. Am Abend des 10. März ruft SPD-Landesgeschäftsführer Werner Kinsmüller den beurlaubten Klaus Nilius an, um sich nach dessen Befinden zu erkundigen. Beide vereinbaren ein Treffen für den nächsten Tag. Am 11. März eröffnet Nilius in der Kieler Parteizentrale am Kleinen Kuhberg dem verdutzten und erschreckten Funktionär ziemlich unvermittelt, die Version Jansens über die Geldzahlungen an Pfeiffer stimme so nicht. Vielmehr stamme das Geld von jemand anderem; Nilius kenne auch den Namen, wolle jedoch auf Jansen einwirken, damit dieser die Wahrheit selbst sage. Kinsmüller könne dabei helfen.

Vier Tage später gibt Nilius eine öffentliche Erklärung zu seinen Lügen vor dem Parlamentarischen Untersuchungsausschuß anno 1987. Der höchst alarmierte und beunruhigte Kinsmüller schreibt wenige Tage danach einen Brief an Engholm, in dem er darauf hinweist, daß sich die Lage inzwischen erheblich verschärft habe und daß Engholm den Vertrauensverlust bekämpfen müsse. Nilius sollte entlassen werden, Engholm, wenn es denn so war, seine Erklärung vor dem Ausschuß von 1987 über das Datum, wann er zuerst von der Affäre erfahren habe, noch einmal bekräftigen. Schließlich müsse Engholms ehemaliger Anwalt Peter Schulz total von der Schweigepflicht entbunden werden.

Bei einem weiteren Treffen der Krisenrunde im Kieler Gästehaus der Landesregierung am 18. März spitzt sich die interne Lage zu. Kinsmüller und Gansel fordern, jetzt müsse endgültig und in diesem Kreis die volle Wahrheit auf den Tisch. Auf Vorschlag Gansels, der Jurist ist, entwirft Engholm ein Schreiben an seinen Anwalt Schulz und entbindet diesen gegenüber Gansel von der Schweigepflicht. Engholm selbst bleibt weiterhin zurückhaltend wie bislang. Gansel und Kinsmüller machen sich sofort auf den Weg ins mecklenburgische Wismar, wo sie den Hamburger Anwalt Schulz treffen wollen. Man verabredet sich im Gasthaus »Die alte Schmiede«. Dort berichtet Schulz im Gespräch mit Gansel – Kinsmüller ist bei der Unterhaltung nicht dabei –, daß er noch am Abend des 7. September 1987 nach dem »Lysia«-Treffen zu später Nachtstunde in Wedel mit Engholm zusammengetroffen sei und ihn über die Mitteilungen Pfeiffers in Kenntnis gesetzt habe.

Auf dem Rückweg von Wismar nach Kiel unterbrechen Gansel und Kinsmüller, der auch jetzt keine Einzelheiten erfährt, ihre Fahrt in Lübeck. Dort treffen sie den inzwischen ausfindig gemachten Mitarbeiter des Lübecker Finanzamtes, der im Sommer 1987 Engholm auf dem Marktplatz angesprochen und auf die gegen ihn laufenden Steuerermittlungen aufmerksam gemacht hatte. Doch der Mann will sich mit Rücksicht auf seine Stellung und seine Familie nicht öffentlich melden, taugt also nicht zum Zeugen. Nach Schulz' Aussage gegenüber Gansel ist dies allerdings auch nicht mehr so wichtig. Die beiden SPD-Politiker setzen ihre Fahrt fort und treffen schließlich in Kiel wieder mit dem »Krisenstab« zusammen.

Gansel teilt sein Wissen dieser Runde nicht mit, sondern bittet Engholm in einen Nebenraum. Die beiden sprechen über die damaligen Vorgänge in Wedel. Engholm hat dort einen Wahlkampftermin gehabt und anschließend mit Freunden zusammengesessen. Er war vom Inhalt des *Spiegel*-Artikels vom selben Tag total erschüttert. Er versucht, seinen Schock zu ertränken. Engholm begreift offenbar nur eines: daß er dies alles gar nicht wissen dürfe und wolle. Damit wird ein Passus seiner Rücktrittserklärung vom 3. Mai zumindest etwas verständlicher, in dem es heißt: »In meinen Äußerungen und Reaktionen an jenem Abend hat mich mein Anwalt als einen Menschen erlebt, der sich durch die vorangegangenen Geschehnisse in einer Ausnahmesituation befand. Der dadurch sehr intime Charakter des Gesprächs ließ es mir gerechtfertigt erscheinen, meinen Anwalt nicht von der Schweigepflicht zu entbinden. Das Recht auf Privatheit, die Chance, schwerste Belastungssituationen ausschließlich für mich allein zu behalten, war und ist für mich eine unabdingbare Lebensvoraussetzung.« Die für sein politisches Leben und später Überleben zentrale Mitteilung des Anwalts ist nach Engholms Worten bei ihm nicht angekommen. Vergessen? Verdrängt? Informationen von solcher Brisanz?

Als Engholm und Gansel aus dem Nebenraum zurückkommen, sagt der SPD-Chef kurz und knapp: »Ich trete zurück.« Niemand nimmt dies ernst, zumal man weiter in der Diskussion bleiben will. Kinsmüller nutzt die Gelegenheit, Engholm von seinem Gespräch mit Nilius über die angebliche Geldquelle zu berichten. Engholm hält dies für Unsinn, will jedoch mit Jansen darüber sprechen. Dieser versichert ihm wenig später, seine Aussage sei richtig und werde auch vor dem Ausschuß bestehen.

Es gelingt der Runde schließlich, Engholm von einer in Panikstimmung getroffenen Entscheidung abzubringen. Gansel, der mehr weiß als die anderen und seither, so Gert Börnsen, »merkwürdige kryptische Bemerkungen fallenläßt«, argumentiert jedoch, Engholm müsse jetzt mit der Wahrheit um seine Ämter kämpfen. Gansel weiß, daß Engholms Angaben vor dem Untersuchungsausschuß 1987 »korrekturbedürftig sind und daß sie mit einem unkalkulierbaren juristischen und politischen Risiko nicht wiederholt werden dürfen«.

Die anderen jedoch, die weniger wissen, bestärken Engholm eher, im Amt zu bleiben und die Sache durchzustehen. Allerdings erhalten auch sie von dem mehr und mehr sich verschließenden Ministerpräsidenten, Parteivorsitzenden und Kanzlerkandidaten keine klare Antwort auf die mehr oder weniger vorsichtig formulierte Anfrage, »ob da noch was kommen kann«.

Engholm selbst empfindet diese Zeit als die »härtesten Wochen meines politischen Lebens«. Er steckt mitten in den Vorbereitungen für die Solidarpakt-Verhandlungen in Bonn, in Kiel steht er aus Gründen des Zwangs zum Sparen vor unlösbaren Haushaltsproblemen, zudem streitet die SPD auf Bundesebene unablässig über Asyl, Bundeswehreinsätze und Einheitsprobleme. Schließlich wird die Verschwiegenheitspflicht seines Anwalts zum »öffentlichen Spielball« gegen Schulz selbst, gegen Engholm und gegen die SPD. Engholm mutmaßt in jenen Tagen, »dann ist es nur noch eine Frage der Zeit, daß Ärzte und Seelsorger gleichfalls aufs Korn genommen werden«.

Inzwischen üben sich die Krisenmanager in Kiel und Lübeck weiterhin in politischer und persönlicher Schadensbegrenzung. Ein Rücktritt wird zu diesem Zeitpunkt für völlig absurd gehalten. Am 20. März trifft sich die Runde, diesmal erweitert um Engholms Bonner Statthalter Walter, in der Wullenwever-Straße. Engholm erklärt erneut, er werde zurücktreten, weil er keine Wiederbelebung der Barschel-Affäre mit all den leidlich bekannten Auswirkungen möchte. Das alles gehe über seine Kräfte, und zudem wolle er Rücksicht auf seine Familie nehmen. Hintergründe werden auch diesmal nicht offenbar.

Unterdessen versuchen Willi Piecyk und Werner Kinsmüller in einem persönlichen Gespräch mit Jansen in der Klinik, die Irritation über die angebliche Herkunft des Geldes für Pfeiffer auszuräumen. Jansen antwortet ihnen, das müsse Nilius total falsch verstanden haben. Er habe vielmehr seinerzeit versucht, die Chancen auszuloten, die Pfeiffer bei einer Jobsuche habe. Dabei sei auch Geld angeboten, aber niemals verlangt oder von Dritten bezahlt worden. Nilius indessen bestreitet bei einem späteren Rückruf, sich geirrt zu haben, und bleibt bei seiner Version.

Am 21. März besucht Engholm Jansen in der Klinik und scheint ihn davon zu überzeugen, daß jetzt nur noch dessen Rücktritt bleibe, weil die Zweifel in der Öffentlichkeit immer größer würden. Noch scheint bei den unmittelbar Beteiligten die trügerische Hoffnung zu bestehen, ein Jansen-Rücktritt würde die Affäre und damit auch Engholm selbst aus den Schlagzeilen holen. Am Nachmittag trifft sich das Beraterteam erneut in Engholms Wohnung.

Wegen »mangelnder Glaubwürdigkeit« werden die Angaben von Klaus Nilius nicht weiter diskutiert. Gerd Walter formuliert statt dessen die Rücktrittserklärung für Jansen, die ihm am Abend von Stefan Pelny ans Krankenbett gebracht wird. Der solchermaßen gedemütigte Jansen entschließt sich jedoch zu einer anderen, eigenen Erklärung. Zudem hat die Runde beschlossen, Engholm müsse bei mehreren Kreisparteitagen am 27. März in die Offensive gehen.

Daß Engholm dies tatsächlich macht und damit auch der Basis, die ihn unterstützen soll, nicht die Wahrheit erzählt, ist für die Genossinnen und Genossen im Norden nachträglich besonders enttäuschend. In seiner Rede sollte zunächst sogar eine Formulierung vorkommen, die darauf hinauslief, er werde auch vor dem neuen Untersuchungsausschuß seine Erklärung von 1987 bekräftigen. Gansel bringt ihn davon mit den Worten ab, er müsse sich die Option auf die Wahrheit offenhalten. Er hält dann eine wesentlich andere Rede mit neuem Tenor, in der es unter Berufung auf Kurt Schumacher heißt: »Die Demokratie beruht auf dem Prinzip der Gegenseitigkeit und Ehrlichkeit. Die Demokratie kann nur leben, wenn die Menschen selbständig sind und den Willen zur Objektivität haben. Aber die technokratische und geradezu kriegswissenschaftliche Handhabung der politischen Mittel führt zum Gegenteil.«

Engholm sieht dies auf die politischen Gegner zugeschnitten, die tatsächlich versuchen, die Barschel-Affäre und den SPD-Dilettantismus gleichzusetzen. Doch die Wahrheit ist und bleibt unteilbar. Spätestens hier wird wegen der Unfähigkeit, diese Krise angemessen zu bewältigen, der Absturz ins Bodenlose vorbereitet.

Sein unumkehrbarer Entschluß, von allen öffentlichen Ämtern zurückzutreten und damit die Verantwortung für alles, vor allem auch für die eigenen Fehler zu übernehmen, fällt endgültig bei einem Kurzurlaub der Familie mit Freunden über Ostern auf Ibiza. Er weiß, »daß ein anderer formal vielleicht mit sturer Haltung alles durchstehen könnte«, er selbst kann es jedoch nicht. »Dafür ist die Glaubwürdigkeitslatte zu hoch gesetzt und zu tief internalisiert«. Was ihn vorläufig noch hält, die Aufgaben bis Anfang Mai zu tragen, ist »die Hoffnung, ein letztes politisches Werk vollenden zu können, den Solidarpakt unter Dach und Fach zu bringen«.

Eine Strategie zur Bewältigung der Krise wird nicht mehr sichtbar, Engholm scheint wie gelähmt, die Beraterrunde unfähig, ihn aus dieser Klemme zu befreien. Die Parteiführung in Bonn und Kiel ist orientierungslos, weil sie bis dato nicht alles weiß. (Auch Johannes Rau wird von Gansel erst am Ostermontag, dem 12. April, informiert.) Es gibt eine Fülle hilfloser bis peinlicher öffentlicher Solidaritätsbekundungen. Spätestens nach Ostern wird freilich klar, daß man auch in der SPD das zu tun beginnt, was CDU-Generalsekretär Peter Hintze längst zuvor mit der Formulierung beschrieben hatte, »man stelle sich jetzt auf die Zeit nach Engholm ein«.

Offenbar in der Absicht, zumindest nach außen noch so etwas wie politische Führungskraft zu demonstrieren, macht Engholm zudem Äußerungen und Ankündigungen, die eher verwirren als hilfreich sind. Nachträglich betrachtet wirken sie wie hilflose Ablenkungsmanöver. So erklärt er seine Bereitschaft, schon im Spätherbst 1993 nach Bonn zu wechseln, um dort für die Kanzlerkandidatur rechtzeitig präsent zu sein. Dies führt in Kiel natürlich prompt zu einer Debatte über seine Nachfolge als Ministerpräsident. Am 5. April versucht Gansel, der sich selbst als Nachfolger ins Spiel gebracht hat, in einer persönlichen Erklärung die erhitzten Gemüter zu beruhigen: »Für mich haben die Loyalität zur SPD und ihren Mitgliedern und eine bürgernahe Politik immer Vorrang gehabt vor Postenambitionen und der damit verbundenen Abhängigkeit zu führenden Personen.« Aber auch das hindert einige aufgeregte Genossen nicht daran, in Gansel schon sehr früh den »Königsmörder« zu sehen.

Dann annonciert Engholm eine Kernmannschaft für den Wahlkampf noch vor der Sommerpause, und schließlich sorgen neue Einlassungen zur Blauhelmpolitik der SPD und zu einem »Zweiten Arbeitsmarkt« für eine völlige Verwirrung und Verärgerung bei Partei und Gewerkschaften. Auch in diesem Zusammenhang wird, wie bei der Asyldebatte, gemutmaßt, Engholm suche einen anderen, einen politischen Ausweg aus seinen Ämtern.

Am 20. April hinterlegt Engholm bei seinem neuen Anwalt Gerhard Strate eine Erklärung, nach der er seinen früheren Anwalt Schulz von der Verschwiegenheitspflicht entbindet. Wenige Freunde werden gebeten, gemeinsam mit ihm die Folgen seines

Rücktritts zu analysieren und eine neue Führungsstruktur in Kiel und Bonn vorzubereiten.

Am 22. April schließlich gibt Engholm nun auch seinen engsten Beratern anläßlich einer weiteren Krisensitzung in seiner Lübecker Wohnung bekannt, daß er 1987 den Ausschuß belogen habe und daraus die nötigen Konsequenzen ziehen werde. Die Runde ist geschockt, Engholm wird von allen gebeten, das Ganze noch einmal zu überdenken und zu überschlafen. Doch auch ihnen dämmert allmählich, daß es kein Zurück mehr gibt, nachdem Engholm jahrelang von neuer politischer Kultur, von Wahrhaftigkeit und Offenheit gesprochen hat und damit auch selbst identifiziert worden ist. Es mag noch einige Chancen für ein frühzeitiges Bekenntnis gegeben haben, doch nun ist es zu spät. Norbert Gansel und Werner Kinsmüller, die stets auf eine frühzeitige öffentliche Offensive mit der Wahrheit gedrängt haben, sind bei diesem letzten Treffen in Lübeck nicht mehr dabei.

Am 26. April wird Engholm auch in Bonn anläßlich einer Vorstandssitzung gedrängt, vor allem von Christoph Zöpel, Vorstandsmitglied aus Nordrhein-Westfalen, »etwas zu Kiel zu sagen«. Engholm indessen wiederholt hier lediglich seine Anschuldigungen gegen die CDU und spricht von einer konzertierten Kampagne gegen ihn und die SPD. Gansel, der mehr als die anderen weiß, bemerkt, schließlich seien alle Profis und wüßten, was ist, wenn keine Antworten kämen. Man müsse deshalb mit der Solidarität sehr verantwortlich umgehen, weil die Genossinnen und Genossen draußen keine Fragen stellen könnten. Es wird im Bonner Parteivorstand gefordert, daß sich das Präsidium am 3. Mai ausführlich mit den Vorgängen in Kiel beschäftigen solle.

Am 29. April schließlich – es ist der Tag vor der *Spiegel*-Vorabmeldung, Engholm habe die Wahrheit gebeugt – informiert dieser nacheinander sowohl Gert Börnsen als auch Norbert Gansel, daß er am 3. Mai seinen Rücktritt von allen politischen Ämtern bekanntgeben werde. Beide versuchen nicht mehr, ihn nochmals umzustimmen. Börnsen ermutigt ihn ausdrücklich, jetzt die Konsequenzen zu ziehen.

Die Folgen sowohl für die Landes- als auch die Bundespartei sind fatal. In Bonn brechen die Diadochenkämpfe um die Nachfolge für den Parteivorsitz und die Kanzlerkandidatur offen aus. Zunächst einmal wird Johannes Rau zum kommissarischen Parteichef ernannt; Engholm könnte sich ihn für eine längere Zeit als integrierende und versöhnende Kraft in diesem Amt vorstellen. Und die Kanzlerkandidatur wird zum Zankapfel praktisch zwischen allen »Enkeln« Willy Brandts. Engholm würde den Ministerpräsidenten von Rheinland-Pfalz, Rudolf Scharping, vorziehen, zumal der niedersächsische Ministerpräsident Gerhard Schröder, im Gegensatz zu allen anderen im Präsidium, bei Engholms Rücktrittserklärung jedes persönliche Wort gegenüber dem Kieler vermieden hat.

In Kiel schließlich wird Finanzministerin Heide Simonis zur kommissarischen Ministerpräsidentin ernannt. Norbert Gansel, der am frühesten und am meisten gewußt hat, muß sich gegen den gezielten Verdacht wehren, der heimliche Informant des *Spiegel* gewesen zu sein. Doch zu diesem Zeitpunkt wußten schon mehrere Eingeweihte in Kiel und Bonn von Engholms Absicht. Gansel: »Da stehen die dahinter, die Björn Engholm in der Vergangenheit falsch beraten haben und jetzt den glatten, besinnungslosen Übergang wollen.«

Björn Engholms politische Karriere ist zu Ende. Wegen einer von ihm als *petitesse*, als Kleinigkeit angesehenen Läßlichkeit gerät seine Partei in die tiefste Krise ihrer Nachkriegsgeschichte. An der vielzitierten »Basis« empfindet man den Vorgang als politischen GAU.

Wie viele Hoffnungen haben sich mit dem Norddeutschen verbunden! Hoffnungen von Sozialdemokraten, die sich kurz vor dem Ziel wähnten, die orientierungslose Regierung aus Union und Liberalen nach zwölfjähriger Oppositionszeit wieder abzulösen. Nun scheint Wehners Schreckensvision von den fünfzehn regierungsfernen Jahren eher noch untertrieben.

Enttäuschte Hoffnungen aber auch unter jenen Deutschen, die von führenden Politikern Wegweisung, Orientierung in schwierigen Zeiten erwarten. Der Mann, der Maßstäbe für eine bessere politische Kultur, für eine Politik mit moralischem Anspruch in einer Zeit der beinahe täglich ans Licht der Öffentlichkeit geförderten Affären setzen wollte, stolperte selbst über eine Affäre.

Bleibt die Frage: Was nun, Herr Engholm? Vorläufig, sagt der Landtagsabgeordnete B. E., gelte für ihn die alte Boxer-Regel: »They never come back.« Vielleicht werde er sich aber doch eines Tages – an anderer Stelle – wieder in die Politik einmischen. Man mag sich an sein Sisyphos-Zitat erinnern: Wer sagt denn, daß Björn Engholm ein unglücklicher Mensch werden muß?

Nachbemerkung: Gescheiterte Hoffnung

Nein, es sind weder dunkle, organisierte Kräfte noch Sachzwänge oder gar hinterhältige Intrigen, schon gar nicht eine Halunkenkumpanei der bei solcherart Anlässen immer gern gescholtenen Medien, die den Politiker Björn Engholm »zur Strecke gebracht« haben. Hier ist jemand noch einmal geopfert worden – ein unausweichliches Schicksal?

Engholm, Hauptbetroffener der Barschel-Intrigen, ist ein spätes Opfer seiner selbst. Seiner persönlichen und politischen Unzulänglichkeiten, seiner offenbar jahrzehntelang erfolgreich kaschierten Machtfurcht, ja seiner erst in einer wirklichen Krise offenbar gewordenen selbstverordneten »Machtlosigkeit« – einer verstehbaren, aber nicht verständlichen Entscheidungsphobie, die schlimme Folgen hätte haben können, wäre er jemals »Mieter« im Kanzleramt geworden. Geradezu wie das Kaninchen auf die Schlange hat Engholm wochenlang auf die ihn unweigerlich ereilende Katastrophe gestarrt, die – weil sie ihn von einer offenbar aus der Verdrängung geholten, unerträglichen Last befreite – in irgendeiner Weise von ihm gewollt sein muß. Auch das ist eine Entscheidung – für die Bereinigung persönlicher, nicht jedoch für die Lösung politischer Probleme geeignet.

Das alles muß überhaupt nicht gegen Björn Engholm sprechen, ja es macht ihn nur menschlicher. In der Politik aber ist jede *petitesse* – Willy Brandt hat dies schmerzlich erfahren müssen – im Zweifel ein *grand malheur*. Dies allerdings – ungerechterweise – vor dem Hintergrund äußerer Umstände, die der Betroffene kaum zu steuern vermag. Noch immer regieren in Deutschland Politiker – und reißen bisweilen auch heute noch den Mund auf –, die ähnliche oder schlimmere Lügen auf dem politischen Kerbholz haben, ja hier und da auch bereits im juristischen Sinne als vorbestraft gelten. Man ist eben hierzulande nicht zimperlich im Umgang mit der Macht.

Engholm ist ein Mann ohne die notwendige Fortune und vor allem ohne die Chuzpe, die erst die Bonner Salonfähigkeit begründen. Wer behauptet, ein Mensch wie er sei eben zu gut für die Politik (so mag er es bisweilen auch sehen), liegt daneben. Politik schafft sich ihre eigenen Akteure und zieht, vor allem, die Kompatiblen an. *Trial and error* – Engholm, ein Politprofi aus zwei Dekaden, hätte es besser wissen müssen. Sein Scheitern war letztlich vorgezeichnet, ja vielleicht gar von ihm selbst in kleinen Skizzen angedeutet. Ein Menetekel für jeden der anderen hochgelobten »Enkel«, aus denen ebenfalls schnell gefallene Engel werden können.

Engholm muß gewußt haben, wie die Usancen der Politik nach innen wie nach außen lauten. Er hatte höchste Positionen inne, kannte die Spielregeln in einer Demokratie, die sich das Volk nicht selbst errungen hat, sondern die vor fast einem halben Jahrhundert als Importware aus Übersee ins Land kam und die, wie die Entwicklung seit dem Herbst 1989 es auf bittere Weise verdeutlicht, noch immer nicht überall akzeptiert worden ist. Die Zahl der Schwachköpfe, die das auf offener Straße und in düsteren Hinterzimmern dokumentieren, wächst offenkundig. Nein, die Ware moderne Demokratie trägt nicht den Stempel »made in Germany«.

Vor diesem Hintergrund ist Engholms Scheitern mehr als nur eine persönliche Tragödie. Es ist ein Dilemma für die deutsche Politik, die eine neue, eine glaubwürdigere Orientierung dringender denn je benötigt. Björn Engholm wollte ja gerade mit seinem oft als aufgesetzt erscheinenden Stil des »anderen, des neuen Politikers« ein Signal setzen für einen überfälligen strukturellen Wandel in einer egozentrischen Selbstbedienungsgesellschaft, in welcher persönliches Fortkommen mit gesellschaftspolitischem Engagement verwechselt wird. Das nach Engholms Rücktritt prompt eingetretene unwürdige Schauspiel der SPD-Erbschaftsgrabenkriege mag Beleg genug sein. Dazu gehört auch die gleichermaßen taktisch berechtigte wie zeitgemäß-zynische Strategie der Regierenden, möglichst nichts zu tun. Die »Roten« werden ihnen schon das Geschäft besorgen!

Der sogenannte politische Skandal ist dabei zumeist ein eher verräterisch-betrüblicher »Betriebsunfall«, gehört also gewissermaßen »zum Geschäft«. In dieser Logik ist es dann aber ein »Schlag ins Kontor« der Firma Deutschland, wenn »einer von uns«, Björn Engholm, als genau das entlarvt wird, was man zur Genüge kennt. Er ist der persönlich haftende Gesellschafter. Aber wenn Engel lügen, dann wird der Normalfall eben zum GAU. Hier liegt – so traurig das klingen mag – der selbstverschuldete Anteil Engholms an seinem Versagen. Er hätte nicht mit der Lüge leben, sondern, wie es sein langjähriger Wegbegleiter Gansel formuliert, »mit der Wahrheit kämpfen« müssen. Gelegenheit dazu gab es, fast bis zuletzt, in Hülle und Fülle.

Nun mag jeder, der sich selbst schon einmal bei einer Notlüge ertappt hat, nachvollziehen können, daß Gelegenheiten zur bußfertigen Beichte nur allzugern ausgelassen werden. Muß man sich wirklich diesen – vielleicht unnötigen – Ärger einhandeln? Ist es nicht geradezu »blauäugig« und unpolitisch, mit der Wahrheit zu hantieren. In dieser Hoffnung wird sehr schnell, wie im »Fall Engholm«, verdrängt und vergessen. Wird schon gutgehen! Und es geht ja zumeist auch gut, wenn nur die rabiaten und rigiden Gesetzmäßigkeiten des politischen Geschäfts gekannt, beherrscht und akzeptiert werden. Wer mit den Wölfen heult, hat seine Beute sicher.

Doch wehe, es kommt einer daher, der die Regeln der Etablierten in Frage stellt. Der »Machtworte« ebenso verabscheut wie politisches Taktieren und Finassieren, ja der, eine vermeintlich »weiße Weste« vor sich hertragend, tagaus, tagein zeigen will, daß es auch anders gehen kann: daß Politik eben nicht das »dreckige Geschäft« ist, als das es in den letzten Jahren – wahrlich nicht nur in Deutschland – entlarvt worden ist. Im Italien der Politmafia und Korruptionsskandale schüttelt man über Engholms Rücktrittsgründe nur mitleidig den Kopf. Doch hierzulande sieht man es anders, und dies deshalb zu Recht, weil Engholm sich selbst ein anderes Image verpassen wollte, als es letztlich der Realität entsprach.

Es mag ein Thema für Psychologen sein nachzuforschen, warum Politiker, oftmals gegen ihre eigene »Natur«, eine Figur spielen, die die Öffentlichkeit ihrer Meinung nach wünscht, herbeisehnt und akzeptiert. Die Beliebtheitsskala hat Engholm lange, allzulange bestätigt. Offenbar, so jedenfalls haben uns die Demoskopen wissen lassen, wollte das deutsche Volk so »einen wie ihn«, der ein Anti-Konzept zum gemeinen *homo politicus* zu sein wünschte. Doch Schein und Wirklichkeit klafften auch in diesem Fall auseinander, weit genug allemal, um eine hoffnungsvolle Karriere, eine neue Art des *making of policy* und damit auch eine Hoffnung für das Deutschland der Jahrtausendwende zu beenden.

An den besten englischen Universitäten streiten die Gelehrten dieser Tage um einen neuen Begriff, um *political correctness*. In übertragenem Sinne ist er in der Zwei-Drittel-Gesellschaft des Major-Thatcherismus auch auf der Insel ein Fremdwort. Die Apologeten der dynamischen Prozeßphilosophie in der Politik sehen *political correctness* als Ziel, nicht als Voraussetzung einer erfolgreichen Politik. Erst am Ende, wann immer das erreicht sein mag, wird eben abgerechnet. Und so gesehen kann eine Unkorrektheit im Rahmen der Spielregeln pragmatischer Politik durchaus »korrekt« sein. Engholm hat sich gegen diese Regeln vergangen, weil er korrekt erscheinen wollte, dies aber nicht war.

Die deutsche Politik hat mit Björn Engholm mehr als nur einen »Hoffnungsträger« verloren. Verlustig gegangen ist ein neuer Entwurf, ein neues Konzept von Politik, das mehr Dialog als Monolog, mehr Diskussion als Disziplinierung, mehr Menschlichkeit als Funktionsfähigkeit gewollt hat. Es bleibt aber die Frage, ob verqualmte Klaustrophobie und selbstzweiflerisches Grübeln in diesen schweren Tagen der *res publica* in Deutschland wirklich mehr zum »Machthaben« geeignet wären als das phantasielose, aber professionelle Management des politischen Alltags. Daß der politische Medienstar Engholm nur allzugern die Presse, die er zu besseren Zeiten so gut zu nutzen wußte, nun ebenfalls zum Sündenbock für seine »Läßlichkeiten« abstempeln möchte, sei ihm verziehen. Man hat ihm bisweilen sehr ungerecht zugesetzt. Diesmal allerdings nicht.

»Meine politische Glaubwürdigkeit ist in Frage gestellt«

Die Erklärung des scheidenden SPD-Vorsitzenden und Kieler Ministerpräsidenten Björn Engholm im Wortlaut

Zu seinem Rücktritt von allen Ämtern erklärte Björn Engholm am Montag, dem 3. Mai 1993, in Bonn:

1. In diesen Wochen ist die Erinnerung an die beispiellose Kampagne der CDU und ihres Spitzenkandidaten im Vorfeld des schleswig-holsteinischen Landtagswahl 1987 wieder wach geworden. Die Kampagne zielte darauf ab, meine und meiner Familie Integrität zu zerstören und damit einen Wahlerfolg der SPD zu verhindern. Dabei wurde auch vor kriminellen Machenschaften nicht haltgemacht. So wurde damals von meinen politischen Kontrahenten behauptet, wir wollten die »Abtreibung bis zur Geburt« freigeben, die Jugend »zu Haß und Klassenkampf« erziehen, »Sex mit Kindern straffrei« machen. Meine Frau und ich wurden bespitzelt; es wurde mit einer anonymen Steueranzeige operiert, in anonymen Anrufen wurde sogar behauptet, ich hätte Aids. Das alles und vieles andere mehr ist bei mir wahrscheinlich nie wirklich vernarbt.

2. Der gegenwärtige Versuch, die SPD durch pauschale Verdächtigungen in Mißkredit zu bringen, gar zum Mittäter der damaligen Machenschaften zu stempeln, ist abwegig. Damit wird das Ziel verfolgt, den notwendigen Regierungswechsel in Bonn zu verhindern. Das darf nicht gelingen. Es gibt keinen Grund, die Geschichte der Barschel-Affäre umzuschreiben. Auch die privaten Zahlungen Günther Jansens an Herrn Pfeiffer rechtfertigen dies nicht.

3. Um den haltlosen Spekulationen in diesem Zusammenhang den Boden zu entziehen und dem Untersuchungsausschuß des Schleswig-Holsteinischen Landtages die Aufklärung zu erleichtern, habe ich Rechtsanwalt Peter Schulz für seine Aussagen vor dem Untersuchungsausschuß insgesamt von seiner Schweigepflicht entbunden.

Herr Schulz hat mich am sehr späten Abend des 7. September 1987 kurz über das Gespräch unterrichtet, das zuvor in Lübeck stattgefunden hatte. Ich stand in jener Nacht unter dem Eindruck des an jenem Wochenende veröffentlichten *Spiegel*-Artikels, in dem über schmutzige Aktionen gegen mich berichtet wurde. Innerlich war ich, erstmals in meiner politischen Laufbahn, entschlossen, alles aufzugeben. Die Tatsache, daß Aktionen gegen mich direkt aus der Spitze der Staatskanzlei gesteuert sein könnten, war für mich unvorstellbar, erschütterte mein Verständnis von Politik. Und die Wahrscheinlichkeit, daß meine Familie und ich einer schonungslosen Mischung von Intrige, Häme und Verleumdung ausgesetzt sein würden, stürzte mich in tiefe innere Konflikte.

Ich war an jenem Abend in einer existentiellen Grenzsituation: Auf der einen Seite stand die Einsicht, daß ein lebenswertes Leben und damit der Schutz der Intimsphäre angesichts perverser Formen von Politik nicht möglich ist; auf der anderen Seite stand meine Partei, die dafür kämpfte, nach 38 Jahren erstmals die Mehrheit zu erringen, und deren Vertrauen ich nicht durch einen Rückzug enttäuschen durfte. Dazu mußte ich die Schmutzkampagne für mich verdrängen; ich habe sie vor der Wahl politisch nicht genutzt.

In meinen Äußerungen und Reaktionen an jenem Abend hat mich mein Anwalt als einen Menschen erlebt, der sich durch die vorangegangenen Geschehnisse in einer Ausnahmesituation befand. Der dadurch sehr intime Charakter des Gesprächs ließ es mir gerechtfertigt erscheinen, meinen Anwalt nicht von der Schweigepflicht zu entbinden. Das Recht auf Privatheit, die Chance, schwerste Belastungssituationen ausschließlich für mich allein zu behalten, war und ist für mich eine unabdingbare Lebensvoraussetzung. Den Untersuchungsausschuß von dem Anwaltsgespräch nicht unterrichtet zu haben, war ein Fehler, der mich bedrückt und für den ich das Parlament um Entschuldigung und die Öffentlichkeit um Verständnis bitte.

4. Wegen dieses Vorgangs ist meine politische Glaubwürdigkeit in Frage gestellt worden, auf die viele Menschen in Schleswig-Holstein, in der ganzen Bundesrepublik und insbesondere in meiner Partei gebaut haben. Ohne dieses Vertrauenskapital könnte ich weder mein Land Schleswig-Holstein noch meine Partei mit dersel-

ben Unbefangenheit und dem gleichen Erfolg vertreten wie bisher. Zugleich sind meine Familie und ich es leid, Veröffentlichungen ausgesetzt zu sein, die nicht mehr davor zurückschrecken, erneut das Privatleben auszuforschen und zu vermarkten. Ich habe meinem Land fast 24 Jahre in vielen unterschiedlichen Bereichen gedient: als Ausschußmitglied der Lübecker Bürgerschaft, als Bundestagsabgeordneter, als Parlamentarischer Staatssekretär und Minister, als Oppositionsführer und Ministerpräsident. Das ist mehr, als den meisten vergönnt ist.

Im Bewußtsein der getanen Arbeit und in der Absicht, mein Land und meine Partei davor zu bewahren, mit meinem politischen Fehler identifiziert zu werden, gebe ich mein Amt als Ministerpräsident und meine Funktionen in der SPD auf.

5. Ich weiß, daß meine Partei vor schwierigen Zeiten steht, die unseren Mitgliedern Mut, Stehvermögen und Solidarität abverlangen. Es lohnt sich, für diese Partei zu arbeiten, der ich seit über 30 Jahren angehöre. Ich wünsche der SPD einen glücklichen personellen Neubeginn. Loyalität zur großen Idee, Beweglichkeit auf neuen Wegen, Gemeinschaftsgeist und Disziplin sind wichtige Voraussetzungen für den Weg zum Erfolg. Je leidenschaftlicher die SPD dabei für die Interessen der arbeitenden Menschen eintritt, je überzeugender sie auch mit den Gewerkschaften für Gerechtigkeit und Solidarität, für wirtschaftliche Innovation und neue Arbeit kämpft, je mutiger sie ökologische Reformen voranbringt, desto eher wird sie Erfolg haben.

6. Schleswig-Holstein, für das ich fünf Jahre als Oppositionsführer und weitere fünf Jahre als Ministerpräsident tätig sein durfte, hat schwierige Jahre vor sich. Die Einheit der Deutschen und die Vereinigung Europas erfordern Umdenken und enorme Anstrengungen auch in unserem Land. Dafür haben wir in den letzten Jahren ein solides wirtschaftliches, soziales und ökologisches Fundament gelegt. Unsere Arbeit seit 1988 kann sich sehen lassen. Die Bereitschaft der wichtigen gesellschaftlichen Gruppen, unser Land gemeinsam voranzubringen, hat dabei enorm geholfen. In diesem Geist wird Schleswig-Holstein eine gute Zukunft haben.

Dank

Möglich wurde dieses Buch nur durch die Unterstützung vieler Menschen aus dem Umfeld Björn Engholms. Persönliche wie politische Freunde, aber auch Gegner und Kritiker haben zu der Entstehung dieses Porträts in ungezählten Interviews beigetragen. Ganz besonders möchten wir den Familienangehörigen Björn Engholms danken, die uns in zahlreichen Gesprächen bereitwillig Auskunft gegeben haben. Wir danken darüber hinaus ehemaligen Mitschülern und Lehrern Engholms, Mitarbeitern seiner Lübecker Ausbildungsstätte, politischen Freunden aus der Juso-Zeit, Wegbegleitern, Mitarbeitern, Kabinettskolleginnen und -kollegen aus der Bonner und Kieler Zeit, politischen Beobachtern, Journalistinnen und Journalisten verschiedenster Medien sowie den Archiven, die uns bei unserer Arbeit unterstützt haben. Dem Verlag danken wir für verständnisvolle Beratung und Begleitung.

Rainer Burchardt / Werner Knobbe

Anmerkungen

Anfänge: Herkunft – Kindheit – Schuleintritt

1 Björn Engholm: »Dor fung heibi Mecklenborg an«, in: *Merian*, Sonderheft Mecklenburg-Vorpommern, 1991, S. 30.
2 Ebd.
3 Hans-Jürgen Wohlfahrt: Es war wirklich Dr. Engholm – Anmerkungen zu Ernst Barlachs Namensgebung in seinem Drama »Der arme Vetter«, in: *Lübecker Nachrichten* v. 15. 1. 1989, S. 12.
4 Björn Engholm: »Dor fung heibi ...«, a. a. O., S. 30.
5 Ebd.
6 Annaluise Höppner: Lübeck – eine Stadt macht Geschichte, Lübeck, 2. Auflage 1990, S. 136.
7 Vgl. ebd., S. 137.
8 Björn Engholm: »Eis am Stiel und Lollies zuhauf«, in: *Kieler Nachrichten* v. 20. 5. 1989.

Die Schule – nichts fürs Leben?

1 Zit. nach: 100 Jahre Johanneum zu Lübeck, Festschrift, Lübeck 1972, S. 51.
2 Peter Koch: Willy Brandt – Eine politische Biographie, Berlin–Frankfurt/M. 1989, S. 49.
3 Ebd., S. 49 f.
4 100 Jahre Johanneum, a. a. O., S. 7.

Noch ein Versuch: Vom mäßigen Schüler zum »besten Lehrling«

1 Peter Koch: Willy Brandt ..., a. a. O., S. 51 f.
2 Vgl. ebd., S. 62 ff.

Der zweite Weg: Vom Setzkasten zur Studierbank

1 Zit. nach *Bergedorfer Zeitung* v. 12./13. 9. 1987.
2 »Karrieren außer der Reihe«, in: *Die Mitbestimmung*, Heft 3/92, S. 31.
3 Ebd., S. 32.

Lübsche Karriere: Ein Juso für den Bundestag

1 Theo Pirker: Die SPD nach Hitler. Die Geschichte der Sozialdemokratischen Partei Deutschlands 1945–1964, München 1965, S. 301.

Bonner Jahre: Von links unten nach ganz oben

1 Am Ende haben SPD und FDP eine Mehrheit von zwölf Mandaten. CDU/CSU erhalten 46,1% der Stimmen (−1,5), die SPD bekommt 42,7% (+3,4), die FDP 5,8% (−3,7).
2 Björn Engholm: »Alltag«, in: Hugo Brandt (Hg.), Hoffen, zweifeln, abstimmen. Seit 1969 im Bundestag – 14 Abgeordnete berichten. Reinbek 1980, S. 14.
3 Ebd.
4 Dieser Gruppe gehören damals die sozialdemokratischen Abgeordneten Anbuhl, Bothmer, Brandt-Grolsheim, Engholm, Fiebig, Hauff, Junker, Kern, König, Koockert, Lenders, Matthöfer, Meinecke, Schlaga, Schmude, Slotta, Sperling, Walkhoff, Wichert und Zander an.
5 Björn Engholm, Alltag ..., a.a.O., S. 14.
6 *Frankfurter Rundschau* v. 23. 6. 1971.
7 *Süddeutsche Zeitung* v. 21. 7. 1971.
8 *Der Spiegel* v. 26. 6. 1972.
9 Die SPD erhält am 19. November 1972 45,8%, die CDU 44,7%, die FDP 8,4% der abgegebenen Stimmen.
10 Zit. nach *Nordwoche* v. 12. 2. 1971.
11 *Politisch Parlamentarischer Pressedienst* v. 3. 5. 1977.
12 Zit. nach *Lübecker Nachrichten* v. 23. 11. 1975.
13 Zit. nach *Hamburger Abendblatt* v. 2. 9. 1989.
14 Zit. nach *Berliner Morgenpost* v. 19. 5. 1977.
15 *Frankfurter Allgemeine Zeitung* v. 1. 6. 1977.
16 Der Juso-Vorsitzende Klaus-Uwe Benneter hatte sich in diesem Jahr 1977 als Vertreter des »Stamokap-Flügels« in Zeitungsinterviews für eine Zusammenarbeit mit Kommunisten ausgesprochen, was zunächst zu seiner Amtsenthebung durch den Parteivorstand und schließlich zu seinem Ausschluß aus der SPD führte.
17 *Frankfurter Allgemeine Zeitung* v. 1. 6. 1977.
18 Björn Engholm: »Alltag«, in: Hugo Brandt, a.a.O., S. 13.

19 Zit. nach *Die Welt* v. 18. 5. 1977.
20 *Süddeutsche Zeitung* v. 28. 5. 1977.
21 Ebd.
22 Zit. nach *Vorwärts* v. 2. 6. 1977.
23 Björn Engholm: »Alltag«, in: a. a. O., S. 20.
24 Zit. nach *Hamburger Morgenpost* v. 17. 5. 1977.
25 Björn Engholm: »Alltag«, in: a. a. O., S. 19.
26 *Deutsches Allgemeines Sonntagsblatt* v. 15. 3. 1981.
27 Björn Engholm: »Alltag«, in: a. a. O., S. 19.
28 *Vorwärts* v. 4. 12. 1980.
29 *Tageszeitung* v. 14. 10. 1980.
30 *Die Welt* v. 16. 10. 1980.
31 *Vorwärts* v. 4. 12. 1980.
32 Ebd.
33 Ebd.
34 *Deutsches Allgemeines Sonntagsblatt* v. 15. 3. 1981.
35 *Handelsblatt* v. 29. 1. 1981.
36 *Die Zeit* v. 14. 8. 1981.
37 Ebd.
38 *Stuttgarter Zeitung* v. 8. 8. 1981.
39 *Die Welt* v. 28. 1. 1981.
40 Susanne Miller/Heinrich Potthoff: Kleine Geschichte der SPD, 7. Aufl., Bonn 1991, S. 250f.
41 *Süddeutsche Zeitung* v. 11. 8. 1981.
42 Stellungnahme Engholms in: *Der Spiegel* v. 23. 11. 1984.
43 *Handelsblatt* v. 29. 10. 1981.
44 *Kölner Stadtanzeiger* v. 29. 10. 1981.
45 *Stuttgarter Nachrichten* v. 29. 10. 1981.
46 *Süddeutsche Zeitung* v. 29. 10. 1981.
47 *Die Zeit* v. 24. 5. 1981.
48 *Der Spiegel* v. 5. 4. 1993.
49 *Stern* Nr. 29 v. 15. 7. 1982, S. 55f.
50 Zit. nach Miller/Potthoff, a. a. O., S. 256.

Einstieg in Kiel: Neuanfang in einer linken Diaspora

1 *Die Zeit* v. 14. 8. 1981.
2 In: Frank Lubowitz: Wilhelm Käber, Regierung und Opposition, Kiel 1986.
3 Ebd.
4 Ebd.
5 Ludger Fertmann: Björn Engholm, München 1991.
6 Ebd.

Wahlkampf 1987: »Zeit zum Aufklaren«

1 Vgl. Norbert F. Pötzl: Der Fall Barschel, Anatomie einer deutschen Karriere, Reinbek bei Hamburg 1988.
2 *Stern* v. 29. 10. 1987.
3 *Der Spiegel* v. 7. 9. 1987.
4 Herbert Wessels: Ein politischer Fall, Weinheim 1988.
5 *Vorwärts* v. 11. 7. 1987.
6 *Der Spiegel* v. 7. 9. 1987.
7 Cordt Schnibben/Volker Skierka: Macht und Machenschaften, Hamburg 1988.
8 *Die Zeit* v. 13. 5. 1987.
9 Ebd.

Die Macht im Land: Wende nach fast vierzig Jahren

1 Mitglieder der ersten Regierung Engholm: Eva Rühmkorf, Heide Simonis, Gisela Böhrk, Marianne Tidick, Franz Froschmaier, Hans-Peter Bull, Berndt Heydemann, Klaus Klingner, Hans Wiesen, Günther Jansen.
2 *Die Zeit* v. 29. 4. 1988.
3 Ebd.
4 *Frankfurter Allgemeine Zeitung* v. 10. 2. 1992.
5 *Die Zeit* v. 19. 10. 1990.
6 *Europäische Zeitung*, März 1989.
7 Reinbek bei Hamburg 1988.
8 *Welt am Sonntag* v. 12. 3. 1989.

Parteivorsitz: »Wat mutt, dat mutt«

1 Gunter Hofmann: Zwischen Bonn und Saarbrücken, in: Werner Filmer/ Heribert Schwan: Oskar Lafontaine, Düsseldorf/Wien/New York, 1990, S. 293f.
2 Das Ergebnis der ersten gesamtdeutschen Bundestagswahl in Prozenten: CDU/CSU 43,8, SPD 33,5; FDP 11,0; Grüne 3,9; PDS 2,4; Bündnis 90/ Grüne 1,2.
3 *Der Spiegel* v. 10. 12. 1990.
4 Zit. nach *Frankfurter Rundschau* v. 6. 12. 1990.
5 Zit. nach *Quick* v. 27. 12. 1990.
6 Zit. nach *Kieler Nachrichten* v. 12. 12. 1990.
7 Zit. nach *Hamburger Morgenpost* v. 28. 12. 1990.
8 Zit. nach *Flensburger Tageblatt* v. 11. 12. 1990.
9 *Vorwärts* Nr. 1/Januar 1991.
10 *Süddeutsche Zeitung* v. 26. 1. 1991.
11 Zit. nach *Hamburger Abendblatt* v. 12. 12. 1990.

12 *Der Spiegel* v. 4. 3. 1991.
13 *Die Tageszeitung* v. 19. 3. 1991.
14 *Stuttgarter Zeitung* v. 19. 3. 1991.
15 *Der Spiegel* v. 27. 5. 1991.
16 *Frankfurter Allgemeine Zeitung* v. 25. 5. 1991.
17 *Hamburger Abendblatt* v. 30. 5. 1991.
18 *Die Zeit* v. 7. 6. 1991.
19 *Frankfurter Rundschau* v. 1. 6. 1991.

Kanzleramt: Kunstdebatte auf sozialdemokratisch

1 *Frankfurter Rundschau* v. 22. 1. 1992.
2 *Hamburger Abendblatt* v. 20. 11. 1991.
3 *Kieler Nachrichten* v. 18. 1. 1992.
4 *Süddeutsche Zeitung* v. 17. 1. 1992.
5 *Frankfurter Rundschau* v. 29. 1. 1992.
6 *Der Spiegel* v. 27. 1. 1992.

Kiel: Wahl und Wahlkampf '92

1 *Bild* (Hamburg-Ausgabe) v. 23. 2. 1992.
2 Zit. nach *Pinneberger Tageblatt* v. 24. 2. 1992.
3 *Kieler Nachrichten* v. 19. 3. 1992.
4 *Lübecker Nachrichten* v. 22. 2. 1992.
5 *Frankfurter Allgemeine Zeitung* v. 11. 3. 1992.
6 Ebd.
7 *Schleswig-Holsteinische Landeszeitung* v. 12. 3. 1992.
8 *Kieler Nachrichten* v. 26. 2. 1992.
9 *Lübecker Nachrichten* v. 22. 3. 1992.
10 Zit. nach *Die Welt* v. 28. 2. 1992.
11 *Bild* v. 29. 3. 1992.
12 *Lübecker Nachrichten* v. 1. 4. 1992.
13 Ergebnis der Landtagswahl in %: SPD 46,2 (−8,6; 45 Sitze), CDU 33,8 (+0,5; 32 Sitze), FDP 5,6 (+1,2; 5 Sitze), Grüne 4,97 (+2,0; –), REP 1,2 (+0,6; –), DVU 6,3 (+6,3; 6 Sitze), SSW 1,9 (+0,2; 1 Sitz). Den Grünen fehlen exakt 382 Stimmen zum Einzug ins Kieler Landesparlament.
14 *Kieler Nachrichten* v. 22. 4. 1992.
15 Zit. nach *Hamburger Morgenpost* v. 30. 4. 1992.

Politik und Familie: Der Verlust des Privaten

1 Günter Gaus: Wo Deutschland liegt, Hamburg 1983.

Personenbeschreibung: Preußische Pflicht – mediterrane Muße

1 *Hamburger Abendblatt* v. 23. 4. 1988.
2 Evelyn Roll: Oskar Lafontaine, München 1990, S. 24.
3 *Manager-Magazin* 5/91 v. 5. 5. 1991.
4 Zit. nach *Brigitte* 13/89 v. 27. 3. 1989.
5 *Hamburger Abendblatt* v. 23. 4. 1988.
6 Björn Engholm: Vom öffentlichen Gebrauch der Vernunft, Düsseldorf 1990, S. 200.
7 Zit. nach *Bunte* v. 30. 1. 1992.
8 Zit. nach *Bild der Frau* v. 19. 6. 1989.
9 Zit. nach *Cosmopolitan*, April 1992.
10 *Brigitte* v. 26. 8. 1987.
11 *Kölner Express* v. 15. 9. 1991.
12 *Bild am Sonntag* v. 18. 8. 1991.
13 *Hamburger Abendblatt* v. 2. 9. 1989.
14 *Deutsches Allgemeines Sonntagsblatt* v. 13. 5. 1991.
15 *Max* v. 9. 9. 1991.
16 Thomas Mann, Lübeck als geistige Lebensform, in: Autobiografisches, Frankfurt/Main 1968, S. 193.
17 *Lübecker Nachrichten* v. 4. 3. 1992.
18 Zit. nach *Cosmopolitan*, April 1992.
19 Zit. nach *Kieler Nachrichten* v. 25. 7. 1986.
20 *Flensburger Nachrichten* v. 10. 4. 1991.
21 *Stuttgarter Nachrichten* v. 7. 12. 1990.
22 *Der Deutsche Weinbau* v. 5. 5. 1989, S. 504.
23 *Stern* v. 20. 10. 1988.
24 Zit. nach *Kölner Express* v. 6. 12. 1987.
25 Björn Engholm: Vom öffentlichen Gebrauch der Vernunft, a. a. O., S. 210.
26 *Stern* v. 30. 1. 1992.
27 *Süddeutsche Zeitung* v. 11. 3. 1992.

Partei und Person: Engholm, der Gesamtsozi?

1 *Der Spiegel* v. 23. 11. 1992.
2 *Die Zeit* v. 30. 10. 1992.
3 Gunter Hofmann/Werner A. Perger: Richard von Weizsäcker im Gespräch, Frankfurt/Main 1992.
4 *Die Zeit* v. 30. 8. 1991.

Tabellarischer Lebenslauf

9. 11. 1939	in Lübeck als zweites Kind des Speditionskaufmanns Kurt und seiner Ehefrau Alma (geb. Siegel) geboren. Wächst mit der Schwester bei den Eltern in der Lübecker Katharinenstraße auf. Der Vater verstirbt 1955, die Mutter 1987 Gymnasium in Lübeck (Johanneum)
1958	Abgang in der Unterprima
1959–1962	Lehre als Schriftsetzer bei dem sozialdemokratischen »Wullenwever«-Verlag; Mitglied der IG Druck und Papier; Tätigkeit als Metteur und Setzer
Seit 1962	Studium an der Hochschule für Wirtschaft und Politik in Hamburg, anschließend an der Universität Hamburg: Politik (Hauptfach), Volkswirtschaft und Soziologie (Abschluß als Diplompolitologe – nach zwischenzeitlicher Unterbrechung – 1972) Parallel zum Studium: Dozent in der gewerkschaftlichen Bildungsarbeit und an der Volkshochschule, freiberuflicher Journalist
Seit 1962	auch Mitglied der SPD, zuvor bereits bei den Lübecker Jungsozialisten 1965 Juso-Vorsitzender in Lübeck
1964	Heirat; Geburt der Töchter Kerstin (1966) und Britt (1969)
1969–1983	Mitglied des Deutschen Bundestages Mitglied im Bildungsausschuß 1977 Vorsitzender des Arbeitskreises Inneres, Bildung und Sport der SPD-Fraktion, Mitglied der Medienkommission, Vorsitzender der Unterkommission Presse
1977–1981	Parlamentarischer Staatssekretär beim Bundesminister für Bildung und Wissenschaft; Vorsitzender der »Deutsch-Skandinavischen Parlamentariergruppe« des Bundestages
1981–1982	Bundesminister für Bildung und Wissenschaft, für vierzehn Tage auch Bundesminister für Ernährung, Landwirtschaft und Forsten
1983, 1987,	1988 und 1992 SPD-Spitzenkandidat bei den schleswig-holsteinischen Landtagswahlen
Seit 1983	Mitglied des Landtages in Schleswig-Holstein

1983–1988	Vorsitzender der SPD-Fraktion im schleswig-holsteinischen Landtag
Seit 1983	Mitglied des Kuratoriums der »Friedrich-Ebert-Stiftung«
Seit 1984	Mitglied des SPD-Vorstandes und Kulturbeauftragter des Parteivorstandes
1984–1987	Leiter der Kommission für Jugendpolitik beim Parteivorstand
Seit 1988	Ministerpräsident von Schleswig-Holstein. Mitglied des Präsidiums des SPD-Parteivorstandes
29. 5. 1991	Wahl zum fünften Vorsitzenden der SPD seit 1946 und damit Nachfolger von Kurt Schumacher, Erich Ollenhauer, Willy Brandt und Hans-Jochen Vogel
21. 1. 1992	Engholm erklärt sich zur Kanzlerkandidatur bereit
3. 5. 1993	Rücktritt vom Amt des schleswig-holsteinischen Ministerpräsidenten und von den Funktionen in der SPD, verbunden mit dem Eingeständnis, vor dem Barschel-Untersuchungsausschuß 1987 die Unwahrheit gesagt zu haben

Namenregister